A OUSADIA DE SER LÍDER

RICHARD BRANSON

A OUSADIA DE SER LÍDER

A história do homem que construiu a Virgin

Tradução
Sérgio Rodrigues

AGIR

Título original: Business Stripped Bare

Produção editorial
Daniele Cajueiro
Ana Carla Sousa
Rachel Rimas

Revisão de tradução
Lucas Nunes

Revisão
Eduardo Carneiro
Eni Valentim Torres
Flávia Midori

Diagramação
Rafael Alt

Capa
Leandro B. Liporage

CIP-BRASIL. CATALOGAÇÃO NA FONTE
SINDICATO NACIONAL DOS EDITORES DE LIVROS, RJ

Branson, Richard
A ousadia de ser líder: a história do homem que construiu a Virgin / Richard Branson ; tradução Sérgio Rodrigues. - Rio de Janeiro : Agir, 2010.

Tradução de: Business Stripped Bare
Inclui índice
ISBN 978-85-220-0810-0

1. Branson, Richard. 2. Virgin. 3. Negócios. 4. Sucesso. I. Título.

CDD: 923.3
CDU: 929:330

Texto estabelecido segundo o Acordo Ortográfico da Língua Portuguesa de 1990, em vigor no Brasil desde 2009.

Agir é um selo da Editora Nova Fronteira Participações S.A.
Rua Nova Jerusalém, 345 – Bonsucesso
Rio de Janeiro – RJ – CEP 21042-235
Tel.: (21) 3882-8200 – Fax: (21) 3882-8212/8313
www.ediouro.com.br

Quero dedicar este livro às pessoas maravilhosas — do passado e do presente — que fizeram da Virgin o que ela é hoje.

Sumário

Agradecimentos

Escrever *A ousadia de ser líder* foi mais uma lição de vida para mim. Consegui relembrar muitas das aventuras empresariais nas quais me envolvi ao longo dos anos. Sei que alguns de meus colegas na Virgin estão extremamente apreensivos com o que posso dizer — e com a possibilidade de eu passar a "ideia errada", como dizem os políticos —, mas um verdadeiro ponto positivo do Virgin Group é que posso falar com franqueza.

Naturalmente, eventuais lapsos de memória a respeito dos fatos são de minha inteira responsabilidade. Como costumam dizer ao fim de programas baseados na vida real? Que "alguns nomes e datas foram alterados"? Isso não é necessário neste caso, mas minha intenção não é constranger nem ofender ninguém.

A história da Virgin é um fenômeno — a construção de um negócio global no espaço de uma vida — e ainda tem um longo caminho pela frente. A bagagem que acumulamos é enorme. Ao longo dos anos, houve um grande número de pessoas notáveis e dedicadas no comando dos empreendimentos da empresa. Eu gostaria de agradecer a todas, uma por uma, mas, se fizesse isso, o livro teria o dobro do tamanho e os editores não ficariam lá muito felizes comigo. Assim, vou limitar meus agradecimentos àqueles que tiveram uma influência direta em nossos negócios nos últimos anos.

Gostaria de agradecer à eficiência e à assistência de Stephen Murphy, executivo-chefe da Virgin, que costuma ser pouco reconhecido pelo trabalho magnífico que realiza; Gordon McCallum, Mark Poole, Patrick McCall e Robert Samuelson; Jonathan Peachey e Frances Farrow nos Estados Unidos; Andrew Black no Canadá; Brett Godfrey na Austrália; Dave Baxby na Ásia; e Jean Oelwang na Virgin Unite, nosso empreendimento filantrópico. Na Virgin Atlantic Airways, Steve Ridgway tem sido um grande amigo e confidente há muitos anos, enquanto Alex Tai, da Virgin Galactic, compartilhou comigo várias aventuras, e seu colega Stephen Attenborough vem trabalhando duro em nosso excitante empreendimento espacial. Meus agradecimentos a Tony Collins na Virgin Trains, Jayne-Anne Gadhia na Virgin Money e Matthew Bucknall na Virgin Active; a nosso departamento jurídico, dirigido por Josh Bayliss, que tem nos mantido num caminho estreito e reto; a nossos gurus de RP, Nick Fox e Jackie McQuillan; à minha equipe perfeita de assessores pessoais, Nicola Duguid e Helen Clarke, instalada aqui na ilha Necker; e a Ian Pearson, por cuidar dos arquivos Virgin em Oxfordshire.

Gostaria de agradecer a Will Whitehorn, presidente da Virgin Galactic e meu velho conselheiro e amigo, por supervisionar o projeto deste livro. Na Virgin Books, agora um braço da Random House, quero agradecer a Richard Cable, Ed Faulkner e Mary Instone pelo trabalho incansável na definição do formato do livro. Minha gratidão também aos bons amigos Andy Moore, Andy Swaine, Adrian Raynard, Holly Peppe e Gregory Roberts, pela camaradagem e por seus comentários.

Quero registrar ainda meu reconhecimento ao trabalho do jornalista Kenny Kemp, colaborador e pesquisador deste texto, que me perseguiu mundo afora e utilizou todas as brechas de tempo possíveis de minha agenda lotada para me ajudar a organizar as ideias, e ao de Simon Ings, que tão bem me ajudou a dar forma a elas.

E, por fim, um agradecimento supremo à minha mulher, Joan, a meus filhos, Holly e Sam, e a meus queridos pais, por todo o amor e apoio.

Richard Branson
Ilha Necker, agosto de 2008

Prefácio à segunda edição

Eu tinha vinte e poucos anos quando o dono de uma boate da zona oeste de Londres convidou a mim e a meus amigos para um drinque. Aparecemos por lá naquela noite, e o porteiro, sem a menor cerimônia, nos botou para fora. Estávamos de jeans.

Em casa, liguei para o sujeito que nos convidara:

— Será que alguém está achando isso engraçado?

O dono da boate pediu desculpas:

— Por favor, Richard, foi um terrível engano. Não deixe de vir, quero realmente conversar com você.

E queria mesmo. Revelou-se que a boate era um ralo de dinheiro, e o dono estava desesperado para passá-la às mãos do primeiro alvo em potencial que visse pela frente. Nas primeiras horas da manhã seguinte, apertamos as mãos e fechamos um negócio que me tornou proprietário de um terraço ajardinado em Kensington High Street. Como se veria depois, acabei não ficando descamisado por causa disso (permitimos a entrada de clientes de jeans!), e a boate é minha até hoje.

A última vez que estive lá foi no dia 29 de setembro de 2008, para lançar a primeira edição — em capa dura — deste livro. Os editores pediram que eu proferisse algumas palavras. As manchetes daquele dia haviam me fornecido material perfeito para o lançamento de um livro de aconselhamento empresarial. Acabávamos de atingir um dos grandes e memoráveis marcos da atual recessão global. O Congresso dos Estados Unidos estava para conceder, naquele dia, a exorbitante quantia de setecentos milhões de dólares a bancos americanos e estrangeiros, numa tentativa de conter o colapso dos mercados de crédito.

— Por mais doloroso que seja — disse eu —, é bom que isso esteja acontecendo. Fico atônito de ver como bancos do mundo inteiro deixaram de precaver-se contra o pior e me irrita tanto quanto a qualquer pessoa que nós, ricos e pobres, tenhamos de limpar a sujeira que eles fizeram. Temos uma escolha simples e dura: esse pacote de auxílio ou outra Grande Depressão.

Minha fala teve um efeito inesperado. Um *zumbido* percorreu a plateia. As pessoas se encolheram. Começaram a encarar a palma das mãos — e um silêncio profundo e cheio de expectativa caiu sobre todos. Achei aquele comportamento estranho, mas segui em frente.

O que eu disse naquela ocasião — e repito muitas vezes neste livro — é minha primeira regra nos negócios, e, se você não aproveitar mais nada desta leitura, guarde isto: *você tem que se precaver contra o pior*.

Nos negócios, como na vida, o risco é fundamental. Se você não correr risco algum, não terá sucesso. Leve a moderação a extremos em sua vida pessoal e não conseguirá sequer viver de verdade. Antes de correr um risco, porém, você precisa compreendê-lo. Tem de reduzi-lo ao máximo. E deve saber, em detalhes, como ficará o seu mundo se tudo der errado de forma catastrófica. Não estou dizendo: "Não corra grandes riscos." Ao longo dos anos, corri riscos que poderiam ter prejudicado seriamente a Virgin. O que estou dizendo é: *Eram riscos calculados* — riscos que eu e as pessoas à minha volta, depois de ponderarmos todas as circunstâncias, estávamos dispostos a correr. Independentemente do que achassem aqueles que observavam de fora, o fato é que *sabíamos* o que estávamos fazendo. Será que todos os CEOs[1] do mercado bancário podem afirmar o mesmo hoje? Ou todos os ministros da Fazenda?

Quando acabei o discurso, um amigo editor, Richard Cable, veio a mim e me ofereceu uma taça de champanhe.

— Melhor beber isto — disse ele.

— O que houve?

— A ligação chegou bem quando você estava falando — e ele me mostrou a mensagem em seu BlackBerry. — Pensei que você tivesse percebido.

Agora eu entendia: a plateia estava cheia de empresários, e todos tinham ajustado seus telefones para vibrar, para ler a notícia assim que ela chegasse. E lá estava ela. Eu também a li.

E li outra vez.

Richard ergueu a taça. Não sorriu.

— Eles rejeitaram a proposta?

— Por 23 votos — disse Richard, tirando gentilmente seu telefone de minha mão.

A Câmara dos Deputados havia acabado de rejeitar o pacote de resgate — e no dia seguinte o índice Dow Jones teve sua maior queda em um único dia, despencando quase 7%.

Os editores me pediram que atualizasse este livro à luz dos eventos recentes.

— Umas dez páginas devem ser o suficiente — disseram-me.

Dez páginas?!

Seis meses se passaram desde que saiu a edição em capa dura, e ninguém precisa me dizer que seis meses são um longo tempo quando o mundo está à beira da ruína financeira. As coisas hoje têm outro aspecto. Em muitos sentidos, parecem

[1] O termo CEO (em inglês, *chief executive officer*) é comumente usado no mundo dos negócios e designa a pessoa encarregada de tomar as decisões em uma empresa. Pode ser traduzido como diretor-geral. (N. do E.).

piores. Os deputados acabaram autorizando o pacote de resgate de setecentos milhões de dólares do presidente Bush e, poucos meses depois, aprovaram também o "pacote de estímulos" de novecentos bilhões de dólares do presidente Obama. Será que os Estados Unidos evitaram o colapso de seu sistema financeiro? A verdade brutal é que ninguém sabe. Isso tornou a ideia de oferecer "conselhos de negócios" uma tarefa estranha e talvez até um tanto traiçoeira.

Mesmo assim, mantenho os conselhos deste livro — palavra por palavra. Aqui, você aprenderá sobre os negócios do meu ponto de vista. À exceção, talvez, da dívida que tenho com minha família por ter me ensinado o valor do dinheiro, aprendi a fazer negócios apenas fazendo negócios. Não dei trela para teorias, porque não sigo nenhuma. Em vez disso, mantenho os olhos abertos. Esses comentários lhe darão uma ideia de onde acho que estamos hoje. Os capítulos que se seguem lhe mostrarão como eu vou lidar com o amanhã.

*

Em fevereiro de 2009, o governo britânico injetou 25 bilhões de libras no Royal Bank of Scotland e empatou 325 milhões de libras em papéis podres num esquema de seguros, à custa dos contribuintes britânicos. À luz desses fatos, o que eu vou dizer não é fácil, mas (pausa para uma respiração profunda) acho certo que os governos promovam a salvação de bancos.

Na verdade, realmente acredito que eles não fizeram o suficiente. Em especial, penso que o governo americano jamais deveria ter deixado o Lehman quebrar. Por que não? Porque sem bancos confiáveis não pode haver nem negócios, nem empregos, nem dinheiro. As pessoas precisam colocar a cabeça no travesseiro à noite sentindo-se seguras, sabendo que o dinheiro que depositaram hoje estará lá para ser sacado amanhã.

Isso é vital para que as empresas e os empreendedores possam fazer planos para o futuro. O quase colapso do Halifax Bank of Scotland deve ter deixado muitas empresas preocupadas e com medo de perder o dinheiro que tinham. A encampação do HBoS pelo Lloyds Bank, nosso banco habitual, acalmou as coisas por algum tempo — antes que a verdadeira extensão das perdas do HBoS ficasse aparente. Depois de muitos anos recebendo ligações do Lloyds para checar se eu não estava falido, foi minha vez de dar um ou dois telefonemas, "só para conferir se vocês aí não estão dando um passo maior do que as pernas...".

Neste livro, você encontrará um capítulo sobre nossa tentativa de assumir o Northern Rock. No outono de 2007, nossa equipe, liderada por Sir Brian Pitman, fez um estudo longo e severo do banco. Então, após calcular quanto as coisas ainda poderiam piorar, fez sua oferta para encampá-lo. No fim das contas, o governo sentiu que a nacionalização era a melhor saída e rejeitou nossa proposta. Fiquei muito desapontado por não termos podido criar o Virgin Bank e injetar um pouco de concorrência de volta no mercado. Sinto que tínhamos um plano cauteloso com boas chances de dar certo. O colapso subsequente do Bradford & Bingley, do HBoS e do RBS apenas reforçou minha visão de que existe a demanda por um novo banco confiável.

Mas isso foi naquela época. Temos de olhar para a frente. As coisas chegaram agora a um ponto em que até eu estou começando a louvar a nacionalização! Mas convém explicar logo que tipo de nacionalização tenho em mente.

A nacionalização deve sempre ser apenas uma manobra de emergência. A longo prazo, é desastrosa. Você sabe como funciona. Para um político, entre dar um empurrãozinho providencial na economia e imaginar que pode controlar todo o sistema econômico, não custa nada. Isso seria um erro tenebroso. É como se fosse sentar na praia num momento de maré baixa e ordenar às ondas que não o cubram.

Ou seja: vamos tornar públicos esses bancos em apuros e dividi-los em pequenas unidades competitivas. Dessa forma, as pessoas poderão ver de onde seu dinheiro está vindo e, o mais importante, onde está sendo empregado. E então (esta parte é essencial), vamos devolvê-los ao setor privado o mais rapido possível, para criar uma concorrência verdadeira e oferecer ao consumidor um serviço de qualidade.

Neste momento, precisamos de vários bancos privados, pequenos e saudáveis. (A Virgin Money, que emprega um total de duzentas pessoas, vai muito bem, obrigado.) Se um desses bancos pequenos fracassar, garantir os depósitos será relativamente barato para o governo — pelo menos em comparação com as somas que ele tem distribuído por aí nos últimos meses —, e o mercado como um todo não estremecerá suas bases. Essa é, na minha opinião, uma ideia brilhante, pela qual eu adoraria levar o crédito.

O problema é que a ideia é velha. Tem seiscentos anos de idade, para ser preciso.

O Banco Medici durou um século inteiro. O que talvez não represente uma vida tão longa para uma instituição financeira — até nos lembrarmos de que isso ocorreu no século XV. O Banco Medici era mais sólido que a maioria dos Estados europeus e fez dos Medici a família mais rica da Europa por séculos. Como ele chegou a dominar o mercado? Permanecendo pequeno.

O Banco Medici não empregava nenhum gerente de agência. Tinha, em vez disso, centenas de sócios minoritários. Eles não eram pagos, mas pagavam a si mesmos, levando um percentual dos lucros de sua agência. Cada sócio era financeiramente independente. Se um deles se atrapalhasse, isso não afetava as centenas de outros. Diferentemente de seus concorrentes, o Banco Medici só existia no papel. Um contrato renegociado regularmente ditava como essas centenas de sócios deviam trabalhar para sustentar o todo. Se você quiser saber mais, leia o excelente livro de Niall Ferguson, *A ascensão do dinheiro*. Eu li — e, na página 44, escrevi a lápis na margem: "Igualzinho à Virgin!"

Os concorrentes do Banco Medici eram monólitos. Para eles, um único corretor mal-intencionado ou uma dívida substancial não honrada podia significar (e frequentemente significava) a ruína. Não para o Medici. Eles tinham protegido seu negócio contra as adversidades. Seu pessoal corria riscos, às vezes grandes, mas seguro de que nenhum risco individual faria desmoronar a companhia inteira.

Como tantas pessoas talentosas e inteligentes, em nossa época, conseguiram ignorar uma lição de negócios tão fundamental é uma pergunta que seria melhor fazer a um padre ou a um psiquiatra. Quanto a mim, estou mais interessado em aplicar essa lição ao futuro.

Aquele tipo jurássico de homem de negócios que se gaba de ter cem mil pessoas na folha de pagamento e de faturar cem bilhões de libras está com os dias contados. O planeta já não o suporta: em uma década ou menos, estará extinto. Se ao menos ele tivesse dividido sua empresa em duzentas companhias, cada uma faturando meio bilhão e sendo obrigada a andar com as próprias pernas... Nesse caso, como todos nós, ele agora estaria ferido. Mas vivo.

Sou velho o bastante para não fazer pouco de uma grande recessão. Por outro lado, já vi tempos difíceis antes e estou começando a desenvolver uma sensibilidade para esses altos e baixos cíclicos do mercado. Cada geração de políticos e economistas tenta equilibrar o ciclo de explosão e recessão — e todas as gerações fracassam. Acho que chegou a hora de uma nova abordagem: aceitar a existência dos pontos altos e dos pontos baixos e, investindo com sabedoria, reduzir os estragos que estes últimos provocam.

Se pudesse viver outra vez (e se eu estivesse interessado apenas em fazer meus investimentos renderem o máximo, o que não é o caso), só investiria durante as recessões, quando tudo custa de 50% a 90% menos do que nos momentos promissores. Isso seria bom para mim como investidor, e a economia como um todo se beneficiaria do fluxo de investimentos que eu poupara para aquela eventualidade. Para fazer isso, entretanto, teríamos de aprender a diminuir nossa velocidade, escolhendo os momentos com maior sabedoria.

Duas razões fazem disso algo difícil de se pôr em prática. Em primeiro lugar, o ciclo econômico é lento. Da explosão à recessão pode se passar uma década ou mais. Teríamos de aprender a ser pacientes. O segundo problema é mais complicado. Além de reagir ao mercado, temos de reagir a ideias. Há momentos em que uma ideia está madura, mas o mercado está inadequado. O que fazer nesse caso? Simplesmente dar de ombros e desistir? É claro que não. Não conseguimos. Não podemos matar o entusiasmo apertando um botão. Não podemos correr o risco de tornar os negócios uma atividade entediante, do contrário nenhuma pessoa com algum talento vai se meter nisso.

A resposta é pensar como os Medici. Pense grande, mas aja pequeno. Crie alguma coisa que lhe dê orgulho, mas não deixe que ela o engula financeiramente. Você não precisa destinar muito dinheiro às boas ideias. Uma boa ideia cresce sozinha. Veja o caso da Virgin Galactic. Por anos, o programa espacial da Virgin consistiu em uma série de visitas a cientistas entusiasmados que suavam no meio do deserto, acompanhando um lançamento fracassado de foguete atrás do outro. Hoje temos a primeira estação turística espacial viável do mundo. Pesquisa, comprometimento pessoal e pensamento estratégico são tudo.

Mesmo com toda a infelicidade que a recessão atual provocou, tenha certeza de que fortunas estão sendo feitas. Há oportunidades de dar água na boca espalhadas por aí. No ano passado, fui convidado a tentar quebrar o recorde de travessia a vela do Atlântico num barco que custava 15 milhões de dólares. A pessoa que construiu aquele barco nos tempos de bonança agora ficaria feliz de passá-lo adiante por um dólar, só para se livrar de seus custos de manutenção. E um investidor com um dólar para gastar — e os recursos para alugar o barco semanalmente e desse modo cobrir as despesas — poderia muito bem se ver, em breve, dono da maior frota de iates de luxo do mundo.

Esse princípio se aplica a tudo. Casas que valiam cinco milhões de libras hoje são vendidas por 2,5 milhões. Casarões amplos e elegantes próximos a universidades podem ser divididos em apartamentos de boa qualidade para estudantes e, quem sabe, num futuro próximo, talvez você consiga comprar aquela grande casa de campo que sempre quis.

O fio condutor entre essas ideias é que elas são simples — simples o bastante para que um indivíduo vá em frente e transforme-as em realidade. Todos precisamos tomar consciência de que os negócios pequenos, ágeis e empreendedores são agora o futuro dos negócios como um todo.

Nem todo mundo é empreendedor. E caso você queira descobrir se tem os requisitos necessários, guarde suas tentativas para as noites e os fins de semana. Se tem um emprego seguro, agora com certeza *não* é a hora de entregar sua carta de demissão, a menos que tenha uma ideia brilhante. Quem desfruta um salário regular sofrerá relativamente pouco nesses tempos difíceis. É bem possível que sua remuneração seja congelada, ou talvez até reduzida, mas, como o preço de *tudo* está caindo — até mesmo, vejam só, o do combustível —, os assalariados sofrerão muito pouco.

As perspectivas de quem perde o emprego são muito piores. Demissões são ruins para os empregadores também. No fundo, uma empresa é seu conjunto de talentos, especializações e relações. Mandar pessoas embora deve ser o último recurso. No Virgin Group instruímos os executivos-chefes a tentar todos os caminhos alternativos — da divisão de tarefas à semana reduzida, do congelamento de salários à licença não remunerada — antes de demitir funcionários.

E se você perdeu o emprego? Recentemente, um jornalista me perguntou que conselho eu daria aos recém-desempregados. Retorqui, com a maior gentileza possível, que havia muitas outras pessoas mais bem-qualificadas do que eu para responder à pergunta. Mas há um pensamento que eu gostaria de compartilhar. É pegar ou largar: trata-se do que eu tentaria fazer.

Se a empresa acaba de me demitir, procuraria meios de poupar-lhe dinheiro. Estejam crescendo ou falindo, sejam jovens ou velhas, butiques de luxo ou brechós de porão, todas as empresas adoram economizar dinheiro. Seu escritório tem conta com uma empresa de táxi cara? As lâmpadas convencionais queimam o tempo todo? A caminho do elevador, ande lentamente e conte as lâmpadas. Faça as contas. Mostre-lhes a economia que poderiam fazer, ofereça-se para cuidar disso por eles e peça uma fatia do bolo.

Vejo muitas pequenas oportunidades de empreendedorismo dando sopa por aí. A maior parte delas tem a ver com economia de energia. Se há uma coisa que sabemos com certeza, é que o combustível não permanecerá barato! Muitas empresas ainda precisam entender que negócios em apuros podem ser salvos simplesmente reduzindo o desperdício e usando a energia de forma mais eficiente. Muitas empresas não têm ideia de quanto dinheiro atiram na privada em impressões desnecessárias de documentos, lâmpadas velhas, maquinário de escritório de alto consumo de energia, viagens sem sentido (e em aviões de outras empresas!) e custos de frete. Mas você sabe. Você trabalhou lá. Conhece as coisas. Diga alguma coisa, venda uma ideia — e ponha um preço nisso.

No momento em que escrevo estas palavras, acho que o mundo inteiro apoia Barack Obama, e eu não sou exceção. Sua eleição para a Presidência dos Estados Unidos foi o primeiro sopro de ar puro que a política mundial experimentou em uma década. Como foi maravilhoso quando, em seu primeiro ato, ele aboliu o uso de tortura nos interrogatórios militares americanos! Certo, é claro que uma medida como essa nem deveria ser necessária, mas achei profundamente comovente perceber que esse capítulo horrível de nossa história recente — em que guerras movidas para derrubar ditadores criaram horrores como Abu Ghraib três meses depois — está chegando ao fim.

Na esfera econômica, Obama está preparado para pensar e agir de forma ousada. Neste momento, a procrastinação e a negação entre as elites políticas representam um desafio letal para a economia de seu país, e ele não vai tolerá-las.

Será que todos os seus atos terão bons resultados? Certamente não — e, como todo grande homem de ação, ele tem o bom senso de saber disso e a confiança para declará-lo. Não me esqueço nem por um segundo do drama dos trabalhadores desempregados do setor automotivo quando digo que, para o governo Obama, tentar resgatar a indústria antiquada — fabricante de carros ineficientes e nada econômicos que não interessam a ninguém — é uma loucura e um erro. Acho que seria muito melhor para a indústria americana e para seus trabalhadores se ela fosse forçada agora a se transformar radicalmente. Do contrário, melhor deixar as "velhas árvores" secarem e morrerem, dando a fábricas mais saudáveis, como Toyota, Honda e os fabricantes de carros elétricos, uma chance melhor de prosperar.

Por outro lado, Obama se engaja positivamente em questões ambientais e está disposto a promover, da melhor forma que puder, o desenvolvimento da "economia verde". E que sopro de ar puro isso representa! Não se trata apenas de conversa. É muito mais do que isso. Ele disse que quer criar cinco milhões de empregos no setor da energia ecologicamente correta. Grande parte desse dinheiro irá para uma "rede verde" em que as casas retirarão a energia de que precisam de pequenos geradores locais movidos a energia solar e eólica, devolvendo o que sobrar ao sistema.

É uma ideia maravilhosa — mas poderá sobreviver à recessão? Um dos problemas desses tempos difíceis é que precisamos estimular a criação de empregos muito rapidamente — e é mais fácil contratar pessoas para construir algo ordinário, como uma estrada, do que para trabalhar numa inovadora rede de distribuição de energia. Nem por um segundo duvido do compromisso do governo dos Estados Unidos, mas temos de ser realistas: com tão pouco crédito disponível, alguns projetos ambientais já sofrem as consequências, sobretudo pelo fato de o preço dos combustíveis estar tão achatado.

Na verdade, acho que a "rede verde" de Obama vai dar certo. Estou confiante no desenvolvimento de biocombustíveis eficientes e sustentáveis que amparem a economia americana e no florescimento de tecnologias ecologicamente corretas. Isso se deve em parte ao fato de Obama inspirar tanta confiança, em parte ao meu otimismo natural, mas sobretudo ao que eu, como Obama e todo mundo, sei: o preço do combustível está prestes a disparar de maneira inimaginável, mudando nossa paisagem energética e empresarial para sempre.

Na Virgin, nosso mais recente estudo econômico mostra que, por volta de 2015, a demanda por petróleo vai superar a oferta *definitivamente*. Aquele será o ano em que — não importa quantos novos poços de petróleo e gás a gente consiga abrir — não mais teremos como suprir a demanda galopante de uma população humana que será próspera e maciça numa escala sem precedentes. Precisamos criar urgentemente novos combustíveis limpos e conservar os combustíveis sujos que ainda nos restam para as gerações futuras.

Eis o resumo da ópera: temos cinco anos para construir um novo mundo e, nessa brincadeira, contamos apenas com um orçamento apertado. Diante de um desafio tão desalentador, onde podemos buscar inspiração?

Devemos olhar para Bangladesh, onde um dos membros dos Anciãos, o professor Muhammad Yunus, fundou — sim — um banco. O Banco Grameen oferece pequenos empréstimos a empreendedores pobres, tirando comunidades inteiras da miséria. Devemos olhar para a África, onde práticas bancárias mais cautelosas livraram as economias emergentes da região da pior parte da recessão mundial, de forma que, mesmo hoje, as empresas africanas continuam capazes de ter crescimento acelerado. Devemos olhar para nossos líderes e pensadores mais experientes e aprender com eles quais problemas profundos e urgentes podemos combater no momento em que reimaginarmos nossas empresas e nosso mundo. Este ano, os Anciãos decidiram se concentrar nas questões da mulher. Trata-se de um assunto que me fala ao coração também, especialmente no que se refere ao direito de conciliar trabalho e família sem penalizações — um direito que eu gostaria imensamente de ver entronizado nas próprias práticas empresariais da Virgin, tanto para mulheres quanto para homens.

No ex-próspero Ocidente, acho que logo veremos o fim dessa cultura absurda de horas excessivas de trabalho e carreirismo danosamente intenso. Acredito que os arranjos flexíveis de trabalho amadurecerão, permitindo a um número muito maior de pessoas passar mais tempo com suas famílias sem prejudicar a reputação profissional. Farei tudo o que puder para que essa mudança na forma de trabalhar seja planejada e remunerada adequadamente, de modo que o tempo extra, passado em casa, não seja gasto em discussões sobre de onde sairá a próxima refeição ou em preocupações sobre o que o chefe pode estar pensando.

É um pouco estranho, suponho, que eu, logo eu, termine estas notas dizendo como será bom passarmos menos tempo no trabalho. Mas é como eu digo no Capítulo 1: para mim, o trabalho começa em casa, é minha própria casa, e meus parceiros de negócios são meus amigos na vida. O tempo passado em casa não é ocioso: é a hora de reafirmar aqueles mesmos valores — criatividade, compaixão, confiança e trabalho em equipe — que mantêm vivos os grandes negócios.

Se estamos buscando inspiração para os negócios e todas as velhas certezas desmoronaram, vamos começar hoje, à mesa do jantar, cercados pelas pessoas que nos criaram e que nos amam; aqui, entre as crianças que nós criamos e das quais nos orgulhamos tanto. *Isso, sim,* é um modelo de negócio.

Richard Branson
Ilha Necker, março de 2009

Introdução

Eu conversava com ele quase todos os dias, aproveitando-o como conselheiro. Parecia-me o tipo de especialista em negócios que poderia aprimorar nossa inteligência. Deu-nos bons pareceres no caso da Virgin One. Seu nome é Gordon McCallum. Trabalhava para a empresa de consultoria McKinsey & Co., e eu sabia que andara prestando serviços para a Wells Fargo — algo relacionado a bancos, serviços financeiros e grandes cadeias de lojas, como a JC Penney. Confiava nele. Sabia bastante a seu respeito — até que, um dia, me veio a luz:

— Gordon, você trabalha para nós?

— Sim — respondeu ele.

— Quero dizer, você é nosso funcionário?

— Não, Richard, não sou. No momento, ainda trabalho como consultor *freelance*.

Ah!

— Bem — disse eu —, seria melhor você vir aqui fazer uma entrevista de emprego. Vejo você amanhã na minha casa — e desliguei o telefone.

Não me lembro muito bem daquela noite, mas devo ter me divertido bastante: quando Gordon apareceu na minha casa em Holland Park, às nove da manhã em ponto, eu ainda estava na cama. Na verdade, parecia totalmente incapaz de me levantar. Assim, enfiei-me debaixo do lençol, pedi a ele que subisse e disse:

— Bem, eu gostaria de lhe oferecer um emprego de tempo integral.

Aquele não era o tipo de reunião que Gordon estava esperando, mas ele não se fez de rogado:

— Que tipo de emprego?

— Que tipo de emprego você quer?

Por fim ele desatou a rir. Em todos os seus anos na McKinsey, jamais tinha visto aquela técnica de identificação de talentos corporativos. Caiu na gargalhada, mas não perdeu o foco.

— Gostaria de ajudar a Virgin a desenvolver uma estratégia de negócios mais clara para a marca e ajudá-los a expandi-la ainda mais internacionalmente.

Aquilo fazia muito sentido. Era exatamente o que eu esperava ouvir.

— E qual seria o seu cargo? — perguntei, esticando-me para pegar o roupão.

Ele pensou um pouco.

— Algo como diretor de estratégias?

— Ótimo, nós o chamaremos de diretor de estratégias do Virgin Group.

Chegamos a um acordo sobre a remuneração, e o negócio estava fechado — fui tomar um banho.

Isso lá é jeito de administrar uma empresa?

Claro que é.

No fundo, os negócios não têm a ver com formalidade, vitória, retorno do investimento, lucro, comércio ou qualquer dessas coisas que os livros de administração dizem. Um bom negócio é aquele que tem a ver com nós mesmos. Se você se importa com algo a ponto de tomar uma atitude a respeito, encontrará neste livro ideias que poderão ajudá-lo.

Este é um livro de negócios para todo mundo, inclusive para aqueles que não se veem como "pessoas de negócios".

Aproveitar ao máximo os talentos consideráveis de Gordon e lhe propor um acordo justo não foi uma "decisão de negócios" que eu precisei tomar. Era apenas o que eu fazia, o meu negócio, a minha preocupação. Não sou menos administrador quando estou de roupão. E com certeza também não o sou mais quando visto um terno.

Essa ideia ficou muito clara para mim em julho de 2007, durante uma conversa de uma hora que tive no Aspen Ideas Festival. Eu estava sendo entrevistado por Bob Schieffer, ex-âncora do jornal *Evening News*, da rede CBS. Ali estava o homem que tinha moderado o debate presidencial de 2004, entre George W. Bush e John Kerry. Bob sabe o que faz, e eu esperava uma entrevista dura. Percebendo que, por trás da fachada desinibida, eu ainda conservava algum nervosismo por falar em público, ele começou em um tom amigável e generoso, tratando de me deixar relaxado enquanto discorríamos sobre uma grande variedade de assuntos, de extremismo terrorista ao turismo espacial, para então desferir seu golpe. Eu tinha abandonado os estudos aos 15 anos de idade para lançar uma revista estudantil, e Bob me perguntou *por que eu tinha entrado no mundo dos negócios*.

Fiquei olhando para ele, mudo. De repente, eu me dava conta de que nunca estivera interessado em entrar "no mundo dos negócios". E, temerariamente, declarei isso, acrescentando:

— Eu estava interessado em criar coisas.

Por mais ingênuo que tenha soado no palco de Aspen, esse é o cerne de minhas ideias sobre os negócios. Eles não podem ser algo exterior a seu próprio ser. Não podem ser algo de que você consiga se afastar. Se são, alguma coisa está errada.

Ao longo dos anos, o Virgin Group passou a atuar na administração de ferrovias, na construção de uma espaçonave, em uma nova companhia aérea na África e na luta contra a aids e o HIV. Essas são preocupações nossas. Nem todas são "negócios" no sentido habitual do termo — e os jornalistas que acusam o Virgin Group de não fazer sentido do ponto de vista empresarial estão certos, mas pelos motivos errados. *A maior e mais incomum conquista do Virgin Group é que, ao contrário da maioria dos negócios, ele se lembra de qual é o seu propósito.*

Os negócios são uma atividade criativa. Como a pintura. Você começa com uma tela em branco. Pode pintar qualquer coisa — *qualquer coisa* —, e aí, exatamente aí, começam seus problemas. Para cada bom quadro que você produz, existe um zilhão de pinturas ruins loucas para sair de seu pincel. Está assustado? Deveria mesmo. Você começa. Escolhe uma cor. A próxima cor que você eleger precisa combinar com a primeira. A terceira precisa combinar com a primeira e a segunda. A quarta... Bom, você já pegou o espírito da coisa. Está comprometido agora. Você simplesmente não pode parar. Você investiu. Não existe marcha a ré nesse negócio. As pessoas que falam mal de homens e mulheres de negócios de modo generalizado estão erradas. Empreendedores bem-sucedidos tiveram de engolir o medo e se lançar à criação de algo especial, algo que faça diferença na vida das pessoas. Será que as cores estão certas? Será que os aviões estão limpos? A tripulação tem boa aparência? Os passageiros estão confortáveis? Os assentos são bons? Como é a comida de bordo? Quanto ela *custa*...?

E tanto faz se você é um artista ou um CEO, sempre haverá contas a pagar e o dinheiro sempre irá demorar mais a entrar do que você jamais sonhou ser possível. No ponto mais crítico de uma retração econômica, preocupações financeiras banais podem se transformar em crises gigantescas, abalando vidas e fazendo com que decisões duras precisem ser tomadas. É sobre esse lado dos negócios que os jornalistas gostam de escrever — o lado menos excitante e menos característico da atividade. Algo secundário. Chato. O que realmente importa é aquilo que você cria. Funciona ou não funciona? Você sente orgulho disso?

Quando encontro pessoas pelo mundo afora, elas frequentemente comentam que devo levar uma vida maravilhosa. Não estão enganadas. Sou uma pessoa de muita sorte. Tenho minha própria ilha paradisíaca, uma mulher e uma família maravilhosas, amigos leais e divertidos que andariam sobre brasas por mim — e eu por eles. Viajo bastante e já tive um punhado de experiências e aventuras que me mostraram quão prazeroso é viver. Até George Clooney já deixou escapar certa vez que gostaria de trocar de vida comigo — para grande euforia de minha mulher!

O sucesso tornou grande parte disso possível. Será que eu seria feliz sem o meu êxito nos negócios? Gosto de imaginar que sim. No entanto, isso depende do que você quer dizer com negócios. Será que eu seria feliz se não tivesse encontrado preocupações que me absorvessem, fascinassem e mobilizassem cada minuto da minha vida? Não, de jeito nenhum, eu seria profundamente infeliz.

Hoje o Virgin Group se espalha pelo mundo inteiro. É uma marca que tem verdadeiro reconhecimento internacional e conquistou a confiança de milhões de pessoas em todos os continentes. Será que ela pode entrar em colapso da noite para o dia? É quase certo que não: nós a construímos de forma a conter e absorver qualquer tipo de dano, organizando-a em torno de trezentas companhias limitadas. Acredito termos provado que um grupo composto de negócios *separados*, cada um deles com obrigações circunscritas a seus próprios interesses financeiros, faz sentido. Jamais teremos uma situação como a do Banco Barings, em que um operador canalha pudesse fazer desabar o grupo inteiro. Um desastre não vai provocar a demissão de cinquenta mil pessoas espalhadas pelo mundo. Quarenta anos de trabalho não irão escorrer pelo ralo da noite para o dia. E, embora o Virgin Group como um todo seja o maior conglomerado de empresas privadas da Europa, cada companhia individual é, em geral, relativamente miúda em seu setor. Dessa forma, temos a vantagem de ser pequenos e ágeis na maior parte dos mercados.

Em 2008, milhares de famílias americanas se viram sem dinheiro para pagar suas hipotecas. Perderam suas casas. A desventura delas refletiu-se no restante de nós em escala global, à medida que a crise das hipotecas *subprime* levou um banco atrás do outro a apertar o crédito. Um dos maiores bancos britânicos ruiu. Algumas instituições financeiras internacionais precisaram receber investimentos maciços do governo. Não se trata de um desastre — ainda. Mas o preço do petróleo está nas alturas e consumidores no mundo inteiro já sentem o impacto em seus gastos com combustível e calefação. A reação deles é perfeitamente sensata: pararam de comprar. Mas isso, por sua vez, pode significar um grande problema para empresas voltadas para o consumidor final, das quais dependem muitas economias nacionais.

Como qualquer negócio, o Virgin Group precisa contornar todos esses obstáculos. Em *A ousadia de ser líder*, examinaremos os elementos-chave que levaram nossas empresas ao sucesso, apesar de condições econômicas desfavoráveis e de mercados em mutação.

Nos negócios, como em vários outros empreendimentos criativos, os guias de idiotas são para idiotas. Eu, como você, já vasculhei as livrarias dos aeroportos. Como você, folheei diversos livros de administração. Como você, senti um profundo desalento. Há exceções — e vou citar as que me agradam à medida que avançarmos —, mas, em geral, os autores de livros de administração são um tipo bastante deprimente. A maioria parece escrever sobre os negócios vistos de fora — e não sobre como é *pôr a mão na massa.*

Eles descrevem, de modo um tanto abstrato, uma fórmula para pintar quadros. Não têm nada a dizer sobre como é pintar um quadro ruim, nem sobre o modo de diferenciar uma boa pintura em meio a uma dúzia de porcarias, nem sobre como não se deve insistir no erro quando um quadro que parecia bom se revela na verdade ruim, nem sobre como superar o fato de se ter jogado fora uma ótima pintura, nem...

Bem, você já entendeu. Todo negócio, como toda pintura, funciona de acordo com as próprias regras. Há muitas maneiras de administrar uma empresa de sucesso. O que dá certo uma vez pode nunca voltar a funcionar. Aquilo que todos lhe dizem para não fazer pode muito bem dar certo daquela vez. Não há regras. Você não aprende a andar seguindo regras. Aprende andando, caindo, e é por ter caído que aprende a evitar novas quedas. É a sensação mais excitante do mundo, que desaparece rapidamente quando se tenta controlá-la à força.

A maior parte das coisas que fiz no Virgin Group tem a ver com meus próprios instintos. Nunca analisei de modo formal o que estava fazendo. Qual seria o sentido disso? Nos negócios, como na vida, você nunca se banha duas vezes no mesmo rio.

Sendo assim, só o que posso fazer por você agora (e acredito firmemente que nenhuma pessoa honesta poderia pretender mais do que isso) é mapear o território que já percorri. Mas tenho uma boa notícia: percorri um território e tanto.

No dia 11 de novembro de 1999, cercado de mulheres seminuas, anunciei o projeto Virgin Mobile de dentro de um gigantesco telefone celular transparente em Trafalgar Square, em Londres. Três anos depois, em julho de 2002, em Times Square, prestei uma homenagem ao sucesso britânico do cinema *Ou tudo ou nada*: vestindo apenas um celular para cobrir minhas vergonhas, anunciei a parceria da Virgin Mobile com a MTV. A mensagem dessas performances altamente divertidas era que, com a Virgin, não há segredos — a verdade está à vista de todos.

Bem, como não há grandes apresentações aqui (o editor me disse que não temos como arcar com os custos de uma seção *pop-up*), serei obrigado a confiar apenas no título para passar a mensagem deste livro. Eu pus os negócios da Virgin a nu. Em vez de ficar me gabando de como eles são bem-sucedidos, escrevi sobre o verdadeiro propósito de minhas empresas. Quais eram nossas intenções? Quanto chegamos — ou não chegamos — perto de realizar nossas antigas esperanças? Pesquisei em meus diários e cadernos de anotações, caçando temas e ideias comuns, e dividi aquilo que encontrei em sete seções. Aqui, vamos examinar o seguinte:

As pessoas
A marca
Por que é vital cumprir o que se promete
O que aprendemos com nossos erros e tropeços
A inovação como motor dos negócios
O valor do empreendedorismo e da liderança
A responsabilidade maior dos negócios

Considero nossa marca uma das mais identificadas com "estilo de vida" em todo o mundo. Esteja você nos Estados Unidos, na Austrália, na Nova Zelândia, no Japão, na África do Sul, na Índia, na Europa, na Rússia, na América do Sul ou na China, a marca Virgin significa alguma coisa. Tem a ver com aproveitar a vida ao máximo. Ao oferecer a nossos clientes produtos e serviços de alta qualidade a bom preço, em diversos ramos, almejamos fazê-los mais felizes.

Esses valores não vieram de graça. Eles têm um custo. A Virgin Mobile americana ainda detém o recorde de empresa que mais rapidamente gerou receitas acima de um bilhão de dólares. Uma marca maior que a da Microsoft, Google e Amazon. Criamos mais multimilionários do que qualquer outra companhia europeia — e estamos na lista das vinte maiores empresas dos Estados Unidos. Negócios exigem liderança e tomadas de decisão astutas. Requerem disciplina e inovação. Também demandam atitude, um ótimo senso de humor e, se me permitem dizer, sorte.

Transformamos ideias empreendedoras em grandes negócios. Recebemos centenas de propostas todos os meses, frequentemente de forma direta, pelo nosso site. Temos uma guardiã dos portões — uma assistente de desenvolvimento corporativo — cujo trabalho é gravar, registrar e classificar todas as ideias à medida que elas chegam. Ela então as encaminha a nossos especialistas, que leem tudo e selecionam as melhores. Um número reduzido é então passado a nossos profissionais de investimento — equipes inteiras, trabalhando em Londres, na Suíça, em Nova York, em Xangai e em Sidney —, que são mais analíticos do que os detetives do seriado *CSI*.

E se gostarmos de sua ideia? Se você já assistiu ao programa *Dragon's Den*, da BBC — ou *American Inventor*, o equivalente americano —, então sabe o que o aguarda. Vamos deixá-lo nu.

Normalmente, convidamos as pessoas a virem apresentar seus planos diante do Conselho de Investimento (Investment Advisory Committee) da Virgin em Londres, Nova York ou Genebra; e, às vezes, também no Extremo Oriente, no Japão ou na China. Para esses encontros semanais, temos uma equipe de seis gerentes da Virgin que podemos convocar para ajudar na avaliação dos projetos. De forma a não deixar que nossos próprios interesses estabelecidos nos ceguem para novas oportunidades, nenhum dos membros do comitê administra uma das empresas da Virgin regularmente — mas todos trabalham próximos de nossos administradores de alto nível hierárquico e os bombardeiam com ideias o tempo todo.

Nosso executivo-chefe em escala global, Stephen Murphy, que trabalha na Suíça, e Gordon McCallum (nosso executivo-chefe no Reino Unido) costumam fazer perguntas muito difíceis. Eles vão examinar seu plano de negócio com o maior rigor possível e virá-lo do avesso para ver se existe uma oportunidade lucrativa em algum lugar ali dentro. Encarar o Conselho pode ser desencorajador para os novatos — e normalmente é esperado que você esteja preparado, com todos os dados na ponta da língua. Mas essas pessoas não mordem, e — diferentemente de alguns de seus equivalentes televisivos — nem de longe são grosseiras. Talvez convoquem novas reuniões para que questões mais profundas sejam respondidas. É comum o Conselho se reunir diversas vezes antes de chegar a uma decisão final. Examinamos as perspectivas de gasto, previsões de retorno, orçamento de marketing e até mesmo quando se espera que a empresa venha a falir. Então escolhemos uma estratégia de retirada — seria uma venda direta ou uma oferta no mercado de ações? E, acima de tudo, escolhemos os gerentes-chave que tocarão o negócio. Este último aspecto é como o Santo Graal para nós, porque, nos negócios, são as pessoas que fazem uma grande ideia funcionar.

O que ocorre com mais frequência é que, depois de considerar tudo isso, o comitê não recomende o investimento em seu negócio. As possíveis razões para isso são tantas e tão variadas que nem vale a pena perder tempo com elas. Sacuda a poeira. Aprenda as lições que puder. E dê o seu próximo telefonema.

A equipe da Virgin comporta-se exatamente como qualquer outra organização capitalista dedicada a empreendimentos comerciais. Avalia seu potencial, confere se ele se encaixa nas ambições e na estratégia do grupo — e, claro, em seus valores como marca —, além de examinar o retorno e os lucros possíveis. Depois, calcula quanto a Virgin deve investir no negócio. Em troca, a nova empresa se beneficia integralmente da experiência da Virgin — e estarei pronto a divulgá-la, estabelecer conexões cruciais e dar todos os conselhos possíveis.

Os membros do Conselho de Investimento são meus tenentes, gozam de minha confiança e sabem quase tudo o que há para saber sobre os negócios globais da Virgin. Raramente compareço a essas reuniões — a equipe não gosta de minhas interrupções e interferências. Sei disso porque eles me arranjaram um apelido: Dr. Yes — uma alusão ao maravilhoso filme do James Bond, *Dr. No*.

Quando gosto de sua ideia, mas o Conselho tem reservas e preocupações, normalmente lhes digo que procurem soluções para os problemas que identificaram. O tempo todo, encorajo-os a ousar. Lembro que, antes de desenvolvermos nosso negócio de telefonia móvel, eu ficava em cima deles toda semana, perguntando: "Por que ainda não entramos nessa?" O Conselho também não queria lançar a Virgin Blue, mas no fim acabou vendo sentido no investimento!

Mas, sabe, tenho um ás na manga. Se acredito em sua ideia, posso ser bastante persuasivo e fazer as pessoas aceitarem meu ponto de vista. Nunca faço isso de forma leviana ou impensada — mas, como disse antes, sigo meu instinto, desconsiderando volumes inteiros de pesquisa minuciosa. Adoraria ser capaz de dizer aqui que todos os ases que joguei acabaram se tornando uma Virgin Blue ou uma Virgin Mobile. Mas não posso fazer isso — motivo pelo qual deixo meus colegas veteranos na Virgin muito, muito nervosos!

Se decidirmos ir adiante com a sua ideia, assinaremos um contrato como empresa (em ocasiões mais raras, como investidores privados), assumindo uma parcela do capital do novo empreendimento e aguardando um retorno desse investimento num prazo entre dois e cinco anos.

E isso, diriam os cínicos, é tudo. Claro que empresas têm o dever de cuidar da saúde e do bem-estar de seu pessoal (e você já deve ter ouvido falar do que fizemos na África do Sul por nossos funcionários portadores do HIV). Fora isso, no entanto, negócios são "apenas negócios": uma simples disputa pelo maior lucro. Certo?

Bem, pode ser que isso seja uma boa definição de atividades criminosas, mas certamente não descreve o mundo dos negócios.

A ética não é apenas um fator importante nos negócios. Ela é todo o propósito dos negócios. Estamos nisso para fazer coisas. E no momento em que você decide o que vai fazer, isso já é uma decisão que requer uma postura ética.

Quanto mais sucesso você obtém, maiores e mais difíceis se tornam as questões éticas que tem de enfrentar. Gastei a primeira metade de minha carreira criando negócios dos quais pudéssemos nos orgulhar, que pagassem nossas contas e garantissem um futuro saudável para o Virgin Group. Nossa meta era estabelecer a Virgin como "a marca mais respeitada do mundo". Ela deve ser respeitada em cada um dos mercados em que atua. Acredito que, assim que o programa espacial da Virgin Galactic for lançado, teremos uma chance de ser a marca mais respeitada do espaço também!

Com base nesse trabalho, construí a segunda metade de minha carreira, criando aquilo que chamo de "gabinetes de guerra" para enfrentar problemas ligados ao meio ambiente e à saúde pública, aproximando líderes globais para formar o Grupo de Anciãos — pessoas que usam sua enorme influência pelo bem da humanidade. As habilidades empreendedorísticas que empregamos para pôr tais projetos de pé são as mesmas que usamos para criar a Virgin Records e a Virgin Atlantic. Por que seriam diferentes? A alma dos negócios é fazer as coisas acontecerem.

Não, apague a frase anterior: a alma dos negócios é fazer coisas *melhores* acontecerem (enquanto se tem lucro), e criar um negócio "social" e não lucrativo, no fundo, não é diferente de fundar um negócio comercial.

Não se engane: ser cada vez melhor é algo difícil, e fica ainda mais difícil à medida que você cresce. Se você tem uma marca que engloba trezentas empresas, é preciso ser diligente e certificar-se de que ninguém cometerá um erro que prejudique a reputação do negócio. Isso inclui não pagar propinas, subornos ou presentinhos por baixo dos panos para lubrificar as engrenagens do comércio. Inclui também tratar as pessoas de modo justo e igualitário.

Hoje os desafios são ainda maiores. A ameaça do aquecimento global é a maior que nosso planeta já enfrentou. A Virgin é, entre muitas outras coisas, um grupo de transportes. Uma companhia ferroviária. Uma companhia aérea. E uma empresa que dá os primeiros passos no turismo espacial. Isso quer dizer que estamos agravando a situação, certo?

Bem, não podemos voltar atrás e banir o transporte aéreo — nem, a propósito, as viagens espaciais. Ninguém no mundo dos negócios pode voltar atrás do que está feito, da mesma forma que uma banda não pode cancelar uma canção já lançada. Você consegue voltar atrás da realidade de uma ressaca? De uma indigestão? De seus filhos? Do trabalho que fez na semana passada? Não. Bem-vindo à primeira lei do empreendedorismo: *não existe marcha a ré nesse negócio.*

A Virgin dedica-se a desenvolver combustíveis, fontes de energia renováveis, tecnologias verdes e transporte ferroviário, aéreo e espacial, a fim de apagar todas as pegadas de carbono que deixamos. Está respondendo à crise atual de modo decidido e da única forma que uma empresa pode reagir: fazendo coisas. A Virgin está tentando lidar de maneira responsável com a questão do meio ambiente. Ao fazer coisas melhores, torna as coisas melhores — e, neste livro, espero lhe mostrar como.

Tive uma vida incrível, e tenho esperança de que muito ainda esteja por vir. Planejo trabalhar até cair duro e vou continuar a me desafiar enquanto gozar de boa saúde e estiver batendo bem das ideias. E quero que a fortuna que me foi concedida possa trazer grandes oportunidades para outras pessoas e fazer de fato uma diferença.

Espero que você ache *A ousadia de ser líder* uma leitura útil. Quem sabe minhas experiências possam abalar suas ideias sobre o que vem a ser o mundo dos negócios. Elas certamente abalaram as minhas.

Capítulo 1

Encontre as pessoas certas — e deixe-as livres

— Senhor Richard! Senhor Richard! O senhor tem um minuto, por favor?

Eu estava visitando Ulusaba, nossa reserva ecológica particular, perto do maravilhoso Parque Nacional Kruger, na África do Sul. Trata-se de um encantador pedaço de selva que, graças a Karl e Llane Langdon, é muito bem-administrado. Os proprietários anteriores tinham planejado cercar toda a sua extensão — que tem 2.060 hectares — para proteger os animais selvagens de caçadores ilegais. Decidimos, ao contrário, seguir o conselho de nossos guardas florestais e deixar que leopardos, leões, elefantes, guepardos e rinocerontes se movessem e migrassem à vontade entre nossa propriedade e o vizinho Kruger.

A reserva me custou quase seis milhões de dólares em 1999 — uma prova do talento de vendedor do então presidente sul-africano Nelson Mandela, que me convenceu a ter fé em sua terra. Mesmo nos momentos mais difíceis do Virgin Group, quando eu precisava de dinheiro vivo, nunca fui capaz de vendê-la.

— Senhor Richard!

Eu parei, me virei e fui fulminado por um dos sorrisos mais triunfantes que já vi em toda a minha vida.

— Senhor Richard.

Era uma mulher da vila, vestida numa túnica KwaZulu em tons vivos de vermelho e amarelo.

— Soube que o senhor é um homem muito generoso. Pode me emprestar dinheiro para comprar uma máquina de costura?

Àquela altura, a Virgin Unite, nossa fundação filantrópica, trabalhava intensamente nas vilas dentro e em torno da reserva. Como os nativos costumavam caminhar longas distâncias até o rio Sand para buscar água, que não era propriamente potável, a fundação tinha cavado poços artesianos para lhes propiciar fontes de água limpa perto de casa. Dedicava-se ainda a ensinar ofícios específicos e a ajudar na escola local. Também construímos uma clínica médica, áreas de recreação para as crianças e quiosques em que os aldeões podiam vender suas mercadorias para os turistas.

Os turistas também faziam parte de nosso negócio. Há quase dez anos, Ulusaba tem sido um lugar mágico, apreciado sobretudo pelas pessoas que alugam nossas acomodações de luxo, uma delas localizada na crista de uma pedreira, de onde se descortina uma vista assombrosa da selva; a outra uma casa na árvore com vista para o rio Mabrak, onde muitos animais se agrupam para matar a sede e brincar.

Já me pediram dinheiro centenas de vezes ao longo dos últimos trinta anos, mas raramente de forma tão direta. Você já ouviu falar do pregão de elevador, que tenta vender uma ideia em poucos segundos? Aquele foi o pregão da piscina de elefante.

Ela me disse que era uma costureira talentosa, mas que precisava de dinheiro para comprar uma máquina e pôr seu negócio de pé.

— De quanto você precisa?

— Trezentos dólares seriam suficientes — explicou a mulher. — E o mais importante: vou pagar a dívida em três meses e ainda dar emprego em tempo integral a seis pessoas.

A determinação e a ambição daquela mulher eram fantásticas. O foco também: ela sabia exatamente o que queria e por quê. Levou os trezentos dólares.

E, enquanto me afastava, disse a mim mesmo: "Nunca mais verei esse dinheiro."

Não estava sendo cínico. Apenas tinha experiência de como se equilibrava a balança de sucesso e fracasso. Em Ulusaba — que significa "lugar de pouco medo" —, eu conhecera muita gente: pessoas que trabalhavam na administração da reserva ou servindo nossos visitantes. E, vá por mim, todas tinham muitos medos. Malária, tuberculose e HIV/aids estão sempre à espreita em suas vidas.

Três meses depois, fui convidado a voltar ao vilarejo para inaugurar alguns projetos comunitários apoiados pela Virgin Unite, incluindo creches, orfanatos e uma clínica de conscientização sobre a aids. Quando cheguei lá, seis mulheres vieram a mim e me presentearam com belíssimas almofadas de algodão e tecidos tribais confeccionados por elas. E, para completar minha surpresa, me devolveram os trezentos dólares.

Mas onde estava a costureira empreendedora que começara tudo aquilo?, perguntei.

— Senhor Richard, ela lamenta muito não poder estar aqui para ver o senhor. Teve de ir ao mercado vender nossos produtos — disseram-me.

Pensei muito nela desde aquele dia: uma mulher confiante, direta, inteligente, que usou uma máquina de costura para melhorar sua própria vida e a das outras pessoas à sua volta. Esqueça programas de TV como o *Dragons' Den*: se quiser encontrar empreendedores, vá à África. É um continente cheio de oportunidades para a criação de riqueza, a livre-iniciativa e a prosperidade futura.

Desde meados dos anos 1970, o economista Muhammad Yunus diz mais ou menos a mesma coisa sobre as mulheres de Bangladesh. Mas como se pode incentivar o empreendedorismo em comunidades que, apesar de seu potencial, beiram a miséria completa?

Muhammad Yunus fundou o Banco Grameen como um projeto prático de economia em 1976. Em 2006, ganhou o Prêmio Nobel da Paz como pioneiro de um sistema econômico em que pequenos empréstimos e com juros baixos são concedidos a pessoas que não conseguiriam obter crédito num banco tradicional. O princípio básico do Grameen é manter a taxa de juros tão perto quanto possível dos valores que prevalecem no setor bancário comercial, longe das taxas exorbitantes dos empréstimos pessoais. Isso transformou a vida de milhões de pessoas, e hoje o banco tem 2.400 agências e 7,5 milhões de clientes. As taxas de inadimplência — 2% — são menores do que as de qualquer outro sistema bancário. A cada ano, 5% dos que pegaram o empréstimo do Grameen deixam a linha da pobreza. O trabalho do economista deflagrou um movimento global.

A proposta de Muhammad é o "negócio social". Em uma entrevista ao jornal *Santa Barbara Independent*, declarou:

> *Negócios comuns são voltados para ganhar dinheiro... não se leva em conta em momento algum como as pessoas se beneficiarão deles, só se pensa no lucro. O negócio social, por outro lado, está preocupado com os benefícios sociais, não com os ganhos pessoais. Os lucros são importantes para o negócio social, que busca vender produtos a preços que o tornem autossuficiente. Não se trata de um empreendimento de caridade. No entanto, os lucros não são seu objetivo final. Quando um deles se torna lucrativo, os investidores originais são ressarcidos, mas o restante do lucro permanece na companhia para que ela possa atingir sua meta a longo prazo, que é ajudar os pobres.*

De seu ponto de vista, muitos dos problemas do mundo permanecem sem solução porque o capitalismo é malcompreendido e malpraticado. O problema, diz ele, não é o sistema capitalista em si, mas a confusão que as pessoas fazem com ele. Muhammad rejeita por completo a visão comum de que o capitalismo só se preocupa com o retorno dos investimentos.

Diz ele: "Com essa interpretação limitada, criamos um ser humano unidimensional para exercer a função de empreendedor. Nós o isolamos de outras dimensões da vida, como a religiosa, a emocional, a política... Os seres humanos da vida real não são entidades unidimensionais, são multidimensionais e entusiasmantes e, na verdade, cheios de cores e tons."

Muhammad acredita que o capitalismo pode — e deve — enriquecer a pessoa como um todo.

Não sou bom em teoria. Quase tudo o que sei aprendi na prática. No entanto, as opiniões de Muhammad me empolgam. Elas confirmam uma série de conclusões intuitivas a que cheguei a respeito dos negócios ao longo dos anos. No topo da lista, está a seguinte: *os negócios devem dar às pessoas uma vida enriquecedora, compensadora; do contrário, simplesmente não valem a pena.*

Mais adiante vamos voltar às aventuras da Virgin na África e examinar algumas das questões políticas mais amplas que essa história implica. Mas, por enquanto — já que precisamos começar por algum lugar —, vamos olhar para nós mesmos. Comecemos com você. Não seria maravilhoso se sua empresa fosse cheia de pessoas como a costureira que me abordou aquele dia em Ulusaba? Pense no que você poderia conquistar.

Bem, não há nenhum motivo para que sua empresa não seja assim, e neste capítulo vou lhe contar como a Virgin tenta estimular o espírito empreendedor em todos os níveis de sua administração.

Em primeiro lugar, lance um olhar duro e frio à sua volta.

Será que você conseguirá realmente dar poder às pessoas que o cercam? Pergunto isso porque, até onde sei, seu local de trabalho pode ser um pântano de desalento. E, se é verdade que já obtivemos alguns sucessos nesse campo, devo reconhecer que existe uma dificuldade sobre-humana em mudar a cultura já existente numa empresa.

A Virgin aprendeu essa lição na marra, em 1996, quando compramos a Euro Belgian Airlines e a transformamos numa companhia aérea de baixo custo, alegre e amigável, chamada Virgin Express. Bem, pelo menos era isso que a Virgin Express deveria ter se tornado. Mudamos a marca e fizemos uma oferta pública de 49% das ações nas bolsas de Bruxelas e Nasdaq. Sabíamos que nossa tarefa não seria fácil, porque estaríamos competindo com companhias de baixo custo já sólidas no mercado como easyJet, Ryanair e Go, que tinham todas as vantagens de estarem baseadas no Reino Unido. E não apenas isso: nossa base seria na Bélgica (só de lembrar quanto nos custava trabalhar lá, até hoje me vêm lágrimas aos olhos). Ainda assim, eu acreditava que, com uma rápida transfusão do espírito Virgin, poderíamos ter sucesso.

Ah, como eu estava errado...

Nossa companhia aérea de baixo custo baseada em Bruxelas foi um dos desafios mais difíceis que já enfrentamos. As debilitantes leis europeias relativas à semana de trabalho de 35 horas e os custos fixos elevados não nos permitiam fazer mudanças radicais. Isso é um pesadelo quando você está tentando tocar um negócio de baixo custo, organizar planilhas de funcionários e montar tripulações. Se já era ruim para nós, imagine para os funcionários. Eles encaravam tudo com cinismo, pela excelente razão de que não havia diversão alguma ali, nenhuma camaradagem ou envolvimento real com a empresa.

Tratamos de mudar isso — ou tentamos — e caímos num terreno minado: regras sindicais estritas, negociações salariais tortuosas, ameaças constantes de greve. Tive de entrar pessoalmente na briga para tentar resolver o problema, e minhas lendárias reservas de carma pagaram um tributo alto. A lição crucial que aprendi foi esta: *evite assumir o legado de outra pessoa.* Em junho de 1999, tomei nota em meu diário sobre o tumulto na Virgin Express: "*Quase que pela primeira vez na minha vida, não consigo dormir à noite. Lutar contra o mundo lá fora é fácil. Tentar instaurar a paz entre seus próprios funcionários é um inferno. Nunca mais podemos permitir que uma de nossas empresas entre nesse tipo de confusão.*"

Mas a vida seguiu em frente, e, pouco tempo depois dessa anotação no diário, demos a Neil Burrows o cargo de CEO da empresa, e ele tratou de virar o negócio do avesso com incríveis doses de trabalho duro e grande poder de liderança. Contudo, mal Neil havia alinhado os custos da operação com os mais competitivos da Europa, finalmente transformando a Virgin Express num negócio popular que funcionava e tinha credibilidade, o 11 de Setembro levou à falência nosso maior sócio, a Sabena. No fim das contas, em março de 2006, a Virgin Express e a SN Brussels Airlines se fundiram para dar origem à Brussels Airlines, e Neil permaneceu à frente do novo negócio, combinando as duas culturas e criando o que é hoje uma companhia aérea de grande sucesso na capital da Europa. Foi uma experiência salutar, e a lição é clara: se você está a fim de comprar um novo negócio — espere. Mudar uma cultura empresarial pode levar muito tempo. Você tem certeza de que não seria melhor começar um negócio do zero? A razão de tantas aquisições terem resultado desastroso é que as pessoas envolvidas não compreendem os verdadeiros desafios de pôr gente diferente para trabalhar junto e compartilhar as mesmas metas. Elas olham apenas para os números.

Essa lição pode ser útil de maneira mais ampla, e é esse exercício que eu gostaria que você fizesse agora. Olhe à sua volta. Se as pessoas pelas quais você é responsável já foram esmagadas até o ponto de se tornarem irreconhecíveis, e se o seu chefe está mais interessado em lhe aplicar corretivos do que em ouvir o que você tem a dizer, então o melhor a fazer é sair à caça de um ambiente mais promissor.

Ou, melhor ainda, comece do zero. Procure pessoas que tenham o espírito adequado e que estejam prontas a utilizá-lo, e então trabalhe com elas.

As pessoas de que você precisa são raras, mas não são difíceis de identificar. Comecemos com elas.

É possível encontrar o "tipo Virgin" no mundo inteiro. Esbarro com eles com frequência em bares, cafés, hotéis, pequenas empresas, em bibliotecas, agências dos correios, hospitais, em um píer do Caribe e até em escritórios governamentais e no serviço público. O tipo Virgin pipoca em todos os lugares e em todos os países. Essas pessoas não sabem que são especiais, mas são; estão por aí, e você pode encontrá-las.

Se você é responsável por uma empresa ou por um departamento de recursos humanos (odeio esse nome — prefiro chamá-los de departamentos de pessoas!), também deveria estar à procura das pessoas certas. Esses indivíduos, por sua natureza e forma de encarar a vida, sentem prazer em trabalhar com os outros. São atentos. Sorriem abertamente. Com frequência são vivazes e é divertido estar em sua companhia. Não que eu subestime títulos e qualificações — apenas não acredito que me deem alguma informação sobre o caráter de alguém. Ser esperto é muito mais importante do que ser altamente gabaritado. O que você aprende nada mais faz do que complementar quem você é — e, no meu manual, quem você é conta muito.

Estou sempre à caça de talentos — não é fácil encontrar pessoas cheias de energia e entusiasmo e que tenham a atitude certa. Procuramos gente que possa crescer no trabalho e que responda com excitação quando lhe atribuímos mais responsabilidade. O modo de desempenhar as tarefas, afinal, é algo que pode ser aprendido. Recentemente, notamos dois sujeitos que faziam um trabalho excelente administrando atividades esportivas aquáticas num hotel da concorrência. Todo mundo os adorava. Não precisávamos de pessoas que entendessem de esportes aquáticos, mas precisávamos de gerentes, e convidamos os dois sujeitos para administrar nossa ilha-residência no Caribe, Necker. Nos negócios, alguém que consiga manter a calma e a cabeça fria sob pressão é um trunfo. Isso se aplica especialmente ao Virgin Group, uma vez que grande parte do que fazemos envolve contato direto com o público. Os consumidores de hoje podem ser muito exigentes, sobretudo quando as coisas não estão saindo de acordo com o planejado.

Como quero manter o frescor do Virgin Group, tenho me esforçado bastante para recriar, em cada empresa, a atmosfera de nossos primeiros anos. Não há um manual de instruções. O passado ficou lá atrás. Não é possível mantê-lo, seria estúpido tentar. O que podemos fazer é sair em busca da próxima geração de pessoas do tipo certo. Como todo mundo, estamos atrás de dedicação, crença e disposição de dar aquele algo mais para agradar a colegas e consumidores. Mas não perdemos de vista alguns outros aspectos. Parece-me que, quando você ama o que faz, fica ocupado demais para subir nas tamancas de sua dignidade. Quando você é bom no trabalho, não se preocupa tanto com sua imagem. Considero um sinal positivo quando as pessoas não se levam tão a sério.

Bons funcionários sempre estiveram no coração da Virgin, e isso se deve, em grande parte, ao fato de termos tentado manter nossos negócios pequenos e nossas equipes unidas.

Sinto que empresas menores e compactas são, em geral, mais bem-administradas. Isso ocorre em parte porque, em lugares como esses, as pessoas se sentem mais ligadas umas às outras.

Num ambiente empresarial ideal, todos deveriam ter pelo menos uma ideia do que se passa com os demais. As pessoas precisam se sentir livres para falar. O diálogo é essencial. Ambientes anônimos, formais em excesso e regulamentados demais produzem resultados medíocres. Contratempos irrisórios ou se tornam grandes problemas ou acabam parando na sua mesa, para que você os resolva. Ninguém está disposto a dar algo a mais por você.

E há outro fator que é preciso levar em consideração: se seus funcionários não conversam uns com os outros, como farão para ter ideias? Foi o físico Albert Einstein quem disse: "O que uma pessoa faz sozinha, sem ser estimulada por pensamentos e experiências dos outros, é, mesmo nos melhores casos, bastante insignificante e monótono."

Há poucas coisas mais deprimentes do que uma sala cheia de pessoas que não têm nada a dizer umas às outras. *Junte as pessoas de um modo que as faça trocar experiências, fazer amizades e cuidar umas das outras, e logo elas estarão procurando você, não com queixas e problemas, mas com soluções e grandes ideias.*

É claro que haverá atritos. Pessoas que trabalham próximas umas das outras, em equipes pequenas, tendem a se estranhar de vez em quando. Mas nada se torna um grande problema, nada empaca. Os problemas são logo superados. As pessoas chegam todo dia para trabalhar cheias de curiosidade sobre o que o dia lhes reserva. Não precisam lutar contra aquela dorzinha de cabeça crônica e terrível que vem do fato de não se sentirem próximas dos colegas com quem passam a maior parte do dia.

Como administrador, você vai precisar de uma certa dose de discernimento psicológico para montar excelentes equipes gerenciais. Mas a experiência o tornará melhor nisso, e você não deve perder o sono tentando encontrar "figuras" excepcionais. Se as condições corretas forem dadas, as pessoas excepcionais vão se revelar naturalmente. A agitação dos primeiros anos da Virgin foi gerada por uma mistura heterogênea de figuras incríveis. Lembro-me do brilhante Simon Draper, um estudante sul-africano que se tornou o comprador de músicas em nosso negócio incipiente. Na Virgin Records, era nosso consultor musical. Simon era antenado, esperto, adorava música e tinha uma capacidade infalível de descobrir sons fantásticos. Foi por intermédio dele que fechamos contrato com nossas melhores bandas, e a música que ele promoveu se tornou a base de nosso sucesso.

Existe outro aspecto a ser considerado em relação às equipes: elas não duram para sempre. Encare uma equipe como o elenco de uma peça teatral. Atores que trabalham juntos por tempo demais na mesma peça acabam perdendo o viço. Quando os negócios permitirem, dê uma ligeira sacudida nas coisas.

No início, quando acontecia de uma das empresas Virgin ficar com mais de cem funcionários na folha de pagamento, eu costumava me reunir com o vice-diretor-administrativo, o vice-gerente de vendas e o vice-diretor de marketing e lhes dizia: "Agora vocês são o diretor-administrativo, o gerente de vendas e o diretor de marketing de uma nova empresa." Então dividia a companhia em duas. E, quando uma dessas novas empresas chegava a ter mais de cem funcionários outra vez, eu me reunia novamente com os vices e fazia outra divisão.

A Virgin Records deu origem a cerca de vinte novas empresas na região de Notting Hill, em Londres. Cada uma delas era independente para competir no mercado, mas todas compartilhavam o mesmo departamento de finanças e de contabilidade. Ser o diretor-administrativo de um negócio pequeno

— em vez de ser o assistente do assistente do diretor de um negócio grande — dá mais foco às pessoas. Elas se orgulhavam de seus êxitos e eram obrigadas a aprender rápido com seus fracassos. Recebiam incentivos correspondentes aos resultados que obtinham. Embora cada empresa fosse relativamente pequena, em conjunto o grupo se tornou a maior gravadora independente do mundo — e a de maior sucesso também. Se tivéssemos mantido todo mundo no mesmo prédio, não creio que teríamos conseguido gerar as ideias que nos conduziram a tal resultado.

Mesmo hoje, cada uma das empresas Virgin é relativamente pequena, embora nossas companhias aéreas e ferroviárias, por sua própria natureza, tenham crescido de forma significativa. Já não posso dizer que conheço todo mundo pelo nome — na verdade, faz tempo que isso não é mais uma realidade —, mas tentamos manter uma cultura de intimidade. Se lançamos uma nova linha aérea, optamos por criar uma entidade completamente separada e independente. A Virgin Blue na Austrália, a Virgin Atlantic e a Virgin America são companhias autônomas. Nossa companhia aérea na Rússia também será autônoma, assim como a Virgin Nigeria, embora tenhamos levado uma equipe técnica da Virgin Atlantic para ajudá-la a se estabelecer. Estamos o tempo todo dividindo e trocando experiências de modo íntimo. Isso torna o grupo Virgin um ambiente fascinante para pessoas que trabalham no ramo da aviação comercial. Num determinado ano, nossos funcionários podem estar trabalhando no Reino Unido ou na África do Sul, e, no ano seguinte, se ver na Austrália. Trata-se de um jeito maravilhoso de reter pessoas talentosas por mais tempo. Na Virgin, o empréstimo de funcionários para fazer serviços fora de sua base é um modo de vida. É preciso fazer concessões mútuas, porque algumas de nossas empresas têm diferentes composições societárias. Mas nossos diretores-

-administrativos geralmente compreendem que seu pessoal pode se beneficiar com a interpenetração de ideias e culturas.

Não há nada mais desestimulante do que se matar de tanto trabalhar e, no fim das contas, ver estranhos serem promovidos às posições de comando que você almejava. Na Virgin, privilegiamos a prata da casa sempre que possível, promovendo pessoas que já fazem parte do grupo. A diretora-administrativa da divisão musical da Virgin começou a trabalhar para o grupo como faxineira nos estúdios de gravação Manor. A gerente do Kasbah, nosso hotel em Asni, Marrocos, teve a primeira chance de demonstrar sua habilidade especial para lidar com pessoas trabalhando como massagista na Virgin Atlantic.

Em 1995, estimei que cerca de trinta pessoas haviam se tornado milionárias ou multimilionárias por terem iniciado negócios da Virgin — e isso não incluía os cento e poucos músicos que tinham ficado milionários com a venda de discos. Desde essa época, podemos dizer que provavelmente outros oitenta executivos da Virgin se tornaram milionários. Essa recompensa é apenas um subproduto do sucesso nos negócios.

É uma realidade no mundo dos negócios que as pessoas vêm e vão. A oferta de melhores perspectivas de carreira em outros lugares vai naturalmente levar gente embora de vez em quando. A questão são os outros — aqueles que partem para fazer mais ou menos a mesma coisa, por mais ou menos o mesmo salário, em outro lugar. O que deu errado?

Administradores costumam supor que se trata apenas de uma questão de dinheiro, uma interpretação que denota preguiça da parte deles. Sim, o dinheiro é importante. É essencial pagar às pessoas um salário justo pelo trabalho que fazem e compartilhar os frutos do sucesso de uma empresa. Mas atirar pilhas de dinheiro sobre as pessoas não resolve o problema.

Quando alguém abandona uma boa empresa, geralmente o faz porque não se sentia bem do ponto de vista pessoal. São pessoas que se sentem marginalizadas. Sentem-se ignoradas, subutilizadas. Poucos gastam todas as suas horas livres esquadrinhando os classificados à procura de um salário mais alto. A maioria é atirada de volta ao mercado de trabalho pela frustração. Seus superiores não lhes dão ouvidos.

Se você tem uma ideia empreendedora e ela cai em terreno pedregoso, só há uma reação possível: "Dane-se, estou farto desses caras. Fui!"

Isso quer dizer que os administradores precisam ouvir mais, então?

Não faria mal nenhum. Na Virgin Blue, nossa companhia aérea doméstica na Austrália, o método administrativo do fundador, Brett Godfrey, determina que toda a equipe de gerentes saia do escritório a cada três meses e "carregue malas". Isso significa que o pessoal aparece para trabalhar às quatro da manhã e encara um turno completo no setor de bagagem. Dessa forma, todos ficam a par dos problemas e dificuldades do serviço. E, devido à grande importância do fator tempo no descarregamento de um avião, Brett também faz questão de incluir e recompensar os carregadores de bagagem. Deu-lhes incentivos para ajudar a pôr os aviões de volta na pista sem demora. Batizou-os de "Equipe do pit", uma analogia aos mecânicos da Fórmula 1, e vestiu-os de vermelho Ferrari. Em alguns aeroportos, os carregadores de bagagem são encarados como o ponto mais baixo da escala social. Não na Virgin Blue.

De minha parte, procuro, sempre que possível, quando visito uma cidade, me hospedar no mesmo lugar que os comissários de bordo. Sou um cliente assíduo do Holiday Inn de Potts Point, em Sydney, que certamente já teve dias melhores — mas a localização é perfeita. Lá, vejo-me ao lado de duzentos de nossos comissários e comissárias, e passo algum tempo com eles, ouvindo como estão se saindo e se há algum aspecto do trabalho que deveríamos aprimorar.

Mas esse ainda não é o ponto central. Talvez seu superior *seja* um bom ouvinte. Talvez até esteja ouvindo demais, ou a um número muito grande de pessoas ao mesmo tempo, prestando atenção a detalhes excessivos. A questão é que, se você tem uma boa ideia, por que deveria ter de pedir permissão o tempo todo? Por que não pode simplesmente ir em frente com ela? Por que não demonstrá-la na prática a seu superior? Por que as pessoas não lhe dão a liberdade de tentar ter sucesso, ou mesmo (que horror!) errar?

Na Virgin, empenhamo-nos ao máximo para fazer com que as pessoas se sintam como se estivessem tocando a própria empresa. Nossos administradores mais graduados têm participações acionárias ou societárias nas empresas que gerenciam e, em decorrência disso, criamos um grupo de pessoas muito bem-sucedidas ao longo dos anos. Mas, em qualquer função que estejam desempenhando, nossos funcionários devem sentir-se como se, sob determinados aspectos, fossem seus próprios chefes.

Nos limites racionais, isso é mais importante para as pessoas do que seus salários. Vou dar um exemplo: os comissários de bordo da Qantas ganham 66.400 dólares por ano, decorrentes da "experiência" que têm! O pessoal da Virgin Blue, muito mais jovem, ganha quarenta mil. Os nossos trabalham setecentas horas por ano. Os da Qantas, apenas 660 horas. É provável que essa diferença vá encolhendo com o tempo, à medida que a empresa amadurecer, mas, por enquanto, os clientes da Virgin Blue colhem os benefícios na forma de tarifas mais baixas.

Como isso é possível? Será que o pessoal da Virgin Blue é de qualidade inferior?

Não mesmo. Há quem imagine que o trabalho de atender os passageiros de um avião é fácil, e talvez até seja — na teoria. Experimentei ser comissário de bordo por alguns dias e sei como é difícil. Para fazer tudo direito e estimular a volta dos clientes, a tripulação precisa ser absolutamente perfeccionista em suas habilidades de relacionamento pessoal. Assim, enquanto em algumas companhias você poderia literalmente entrar num bar numa noite de sábado, distribuir alguns cartões profissionais, treinar um punhado de gente e fim de papo, a Virgin Blue submete sua tripulação, encarregada de lidar pessoalmente com os passageiros, a um rigoroso processo de treinamento composto de cinco estágios.

E por que eles se submeteriam a tudo isso em troca de um salário mais baixo? Porque Brett introduziu na Virgin Blue um sistema de recompensa. Em vez de instaurar uma atmosfera de medo, organizou as coisas de modo que os comissários de bordo possam assumir responsabilidade por seus atos. Ele chama isso de "Primeiro a saber, primeiro a resolver", e os membros da tripulação se sentem estimulados a solucionar os problemas que aparecerem, sendo recompensados depois com uma passagem aérea gratuita, que podem repassar para quem quiserem, algo típico do método de Brett. Outro aspecto em que insiste é que pessoas disciplinadas não sejam tratadas como se fossem alunos bagunceiros. É importante não punir quem comete erros, desde que tenham sido cometidos de boa-fé.

Afinal, temos apenas uma vida, e passamos a maior parte de nosso tempo no trabalho, de modo que *é vital podermos nos sentir bem com o que fazemos*. Atirar-se de cabeça num trabalho do qual você gosta é um dos maiores prazeres da vida — mas um prazer que alguns empresários importantes parecem determinados a eliminar.

O prazer no trabalho começa onde começam todos os outros prazeres: na boa saúde. Escrevo isso com certo peso na consciência, porque me vejo fora de forma de vez em quando. Às vezes se passam muitas semanas sem que eu respire outro ar que não o dos aeroportos. Aí me lembro de Nelson Mandela: em seus anos na prisão, ele se mantinha em forma com flexões e abdominais. Conservava o cérebro vivo com uma rotina diária de exercícios. Recentemente, passei cerca de quatro meses viajando de um lado para o outro na Austrália, e um pouco do espírito de Mandela teria me feito bem. Acho que tudo o que consegui fazer foi surfar por uma hora durante uma estada de uma noite em Bali, mas pelo menos a adrenalina de pegar aquelas ondas foi uma injeção de energia para os dias seguintes.

Não dá para negar: é mais fácil se manter em forma num ambiente agradável. As mega-academias Virgin tornam essa experiência o mais prazerosa possível, mas é muito mais fácil passar uma hora catando peixinhos numa praia de Necker do que ficar pulando dentro de uma piscina. Mesmo assim, os exercícios físicos precisam ser encarados, quaisquer que sejam o ambiente ou as pressões de sua rotina. Quanto mais energia formos capazes de injetar em nossa rotina de trabalho, melhor.

Se você flagrar alguém sobrecarregado, é importante recomendar-lhe: "Tire umas férias." Se a pessoa perdeu um membro da família, deixe-a tirar tantos dias de folga quantos precisar. *Não faz o menor sentido manter as pessoas trabalhando numa situação de estresse que não conseguem manejar. Você deve lhes dar tempo para resolver os problemas.* É a coisa mais decente a fazer, tem um sentido prático e, se você trabalha num ramo como o nosso, é até possível que, qualquer dia, salve uma vida. Lembre-se: administramos companhias aéreas e ferroviárias. Recebemos dinheiro das pessoas e, em troca, as deslocamos ao redor do globo a centenas de quilômetros por hora. Nossos engenheiros-chefes precisam se assegurar de que seus subordinados estejam satisfeitos, realizados e apreciando o trabalho que fazem. Trata-se do único método garantido que conhecemos de inculcar nas equipes uma cultura de segurança e excelência permanente — e o histórico de segurança da Virgin, em decorrência disso, não perde para o de nenhuma outra organização.

E já que tocamos nesse assunto, convém mencionar outras de nossas medidas de segurança. Você já deve ter notado que todos os nossos aviões e trens têm nomes próprios. Ao batizar de tal forma essas máquinas enormes, poderosas e potencialmente letais, ajudamos nosso pessoal a se lembrar onde estava trabalhando ontem, há uma semana ou no mês passado. Ajudamos os funcionários a recordar problemas e queixas específicas relacionados a motores, vagões ou fileiras de poltronas. Facilitamos a comunicação. Assim eles não precisam pegar uma planilha toda vez que lhes perguntam sobre algum detalhe específico. Nunca esquecemos que nossos engenheiros e nossas tripulações são pessoas, e achamos muito melhor humanizar nosso maquinário do que mecanizar nosso pessoal.

Acho impressionante que tantos administradores não deem atenção ao equipamento e à decoração de seus locais de trabalho. Como as pessoas vão acreditar na empresa se tudo o que veem, dia após dia, são algumas plantas moribundas num vaso e um extintor de incêndio? Na Virgin, damos às pessoas as ferramentas de que precisam para fazer o serviço direito. De que outra forma elas poderiam orgulhar-se do lugar onde trabalham? Funcionários da Virgin já me contaram que, ao fim de um dia atribulado, quando estão tomando um drinque no bar, ou jantando, vez ou outra lhes perguntam onde trabalham. E quando respondem: "Na Virgin", o interlocutor geralmente comenta: "Sorte a sua! Deve ser um ótimo lugar para trabalhar."

Nossos funcionários costumam concordar.

Para muitas de nossas empresas, o ambiente de trabalho é também um espaço público. Em nossos aviões, por exemplo, certificamo-nos de que os assentos sejam os mais confortáveis que existem, que a comida seja excelente, os uniformes, os melhores, e as aeronaves, modernas, seguras e eficientes. A bordo de uma delas, o serviço ao cliente e a satisfação dos funcionários são, em grande medida, a mesma coisa. É preciso tratá-los como algo único.

Mas a preocupação com o ambiente é parte da filosofia geral da Virgin. Perpassa todos os nossos negócios, lidem eles diretamente com o público ou não. Não se trata de ostentar ou gastar muito dinheiro. Trata-se de dar às pessoas as ferramentas certas para o serviço. Faça isso e seus funcionários vão chegar todo dia ao trabalho cheios de frescor e entusiasmo. Se você os arquivar e esquecê-los em alguma espécie de museu burocrático, mesmo o mais caloroso acabará murchando.

Acaba de me ocorrer que, até agora, estou lhe dando um monte de "nãos". Não administre de forma mesquinha. Não ignore as necessidades das pessoas. Há uma maneira melhor de encarar o trabalho do gerente, e a melhor forma de expressá-la é contar sobre a primeira vez que encontrei Gordon McCallum.

O voo inaugural da Virgin Atlantic pousou em São Francisco em 1996. Enquanto comemorávamos, fui abordado por uma executiva de marketing que trabalhava para a McKinsey & Co., uma irlandesa extremamente vivaz. Ela me convidou para conversar com um grupo de analistas e consultores da empresa em seu escritório, na California Street.

Os consultores da McKinsey passam a maior parte da semana nos escritórios das empresas para as quais trabalham. Como acabam tendo pouco tempo de convivência uns com os outros, instituíram o almoço de sexta-feira como uma chance de se encontrarem: uma sessão de confraternização regada a sanduíches de frango em sacolas de papel pardo e sucos de frutas. Normalmente, recebem um convidado para falar de negócios. E agora era a minha vez. Recebi o convite na quarta-feira e, na sexta, estava lá.

Se eu estava preparado? Não, não estava. Não consigo, por mais que me esforce, me lembrar do que falei. O que quer que tenha sido, porém, Gordon fez questão de permanecer em contato comigo. Anos mais tarde, perguntei-lhe o que eu havia dito naquele encontro que chamou a atenção do pessoal da McKinsey.

— Não faço ideia.

— Mesmo?

— A menor.

— Mas por que você manteve contato, então?

Gordon deu de ombros.

— Você apareceu com um sanduíche e um suco — disse. — Abriu um espaço na agenda para nós.

Quando eu tinha 21 anos, alguém descreveu a Virgin como uma "organização profissional não profissional", o que, juro pelo meu dinheiro, é provavelmente o melhor elogio por tabela que qualquer um poderia receber no mundo dos negócios. Administramos nossas empresas de modo profissional e fazemos questão de que todo mundo cumpra com as obrigações da melhor forma possível. Mas o modo que encontramos de assegurar isso é *nos certificarmos de que as pessoas estão se divertindo*. E, nesse caso, diversão não tem nada a ver com ficar de pernas para o ar fazendo besteiras. É a sensação que você tem quando está por cima. Fazemos de tudo para que as pessoas que entram em contato com uma empresa Virgin saiam com um sorriso estampado no rosto (o que nem sempre é fácil).

A formalidade se justifica quando simplifica as coisas: quando permite às pessoas ficar a par do que acontece e do que deve ser feito. Não se pode reinventar a roda toda vez que três pessoas fazem uma reunião. Isso posto, não gosto de formalidade. Para cada situação em que ela azeita as rodas do negócio, posso apontar cinquenta outras em que faz as coisas empacarem, deixando as pessoas numa situação desconfortável e dificultando a comunicação. O fato de que as pessoas fiquem *surpresas* de me ver entrar numa sala e comer um sanduíche com elas é um indicativo bastante revelador do estado em que se encontram os negócios.

O administrador perfeito para a Virgin é alguém que se importa com as pessoas, está verdadeiramente interessado nelas e quer trazer à tona o que elas têm de melhor. *Um gerente deve basicamente ser alguém atencioso que tem tanto interesse na telefonista ou na pessoa que limpa os banheiros quanto em seus gerentes.* De meu ponto de vista, um chefe que se disponha a participar de uma festinha com seus funcionários — e prestar atenção a seus problemas pessoais — tem tudo para ser um grande líder.

Ele conquistará a lealdade e a confiança de seus colegas, para começo de conversa. E, o mais importante, irá fazer amigos. Lembra-se do que eu disse lá atrás sobre os negócios estarem relacionados, em primeiro lugar e acima de tudo, ao fato de nos importarmos com as coisas? Não se trata de algo que você possa contemplar a distância. Sendo assim, não é surpresa nenhuma para mim que, ao longo dos anos, tenha me tornado amigo de pessoas com as quais trabalhei e tenha feito negócios com aqueles que já eram meus amigos.

Fico triste de constatar como é raro que as pessoas queiram sair de férias com seus colegas de escritório. Quando trabalho com alguém, faço questão de estabelecer laços pessoais. Quero conhecer sua família, seus filhos, seus pontos fortes e fracos e, sobretudo, quero que a pessoa conheça tudo a meu respeito também. Dessa forma, podemos chegar mais longe juntos.

Mas pode dar errado. Lembro-me de uma situação, muitos e muitos anos atrás, em que um amigo muito próximo veio administrar uma divisão da Virgin. Ambos estávamos muito felizes com isso. Então, algum tempo depois, quando ele estava passando por um momento conturbado em sua vida, alguns dos outros gerentes vieram me dizer que aquilo não estava funcionando. Tentei persuadi-lo de que ele estava tentando lidar com muitos problemas ao mesmo tempo e que devia abrir mão do emprego. Foi um momento realmente difícil, que pôs uma enorme pressão sobre nossa amizade. Mas o fato é que éramos amigos: conseguimos lidar com a situação como amigos e continuamos próximos. Ao comparecer à festa de 21 anos de seus trigêmeos, senti-me grato de, na Virgin, termos conseguido equacionar a amizade e a decência em nossos assuntos internos — foi isso que salvou nossa relação. Sei que isso nos faz mais felizes, e acredito firmemente que também beneficia nosso trabalho.

De um extremo ao outro do Virgin Group, estimulamos as pessoas a se tornar senhoras das questões que enfrentam no trabalho. Especialmente num ramo tão fortemente baseado em serviços, esse tipo de atitude paga dividendos elevados. Acredito que, se as pessoas são devida e regularmente reconhecidas por sua iniciativa, o negócio sempre dá certo. Por quê? *Porque se trata do negócio delas, uma extensão de suas personalidades. Elas têm uma parcela do sucesso.*

Herb Kelleher, da companhia americana Southwest Airlines, disse certa vez: “É difícil mudar a atitude de alguém. É melhor contratar com base na atitude e treinar a habilidade.” Já falei um pouco sobre o que procuro nas pessoas, mas há uma qualidade-chave que ainda não mencionei, e isso pode surpreender algumas pessoas: disciplina.

Em seu livro *Empresas feitas para vencer*, o guru dos negócios Jim Collins diz que todas as empresas têm uma cultura, mas poucas têm "uma cultura de disciplina". Isso não significa que as pessoas devem ser amarradas a uma árvore e chicoteadas se não trabalharem bem, ou que devem ter descontos no salário se chegarem com cinco minutos de atraso. Não é desse tipo de disciplina que estou falando. Tem a ver com dispor de pessoas disciplinadas. E temos pessoas disciplinadas espalhadas por todos os negócios da Virgin. Afinal de contas, se você vai deixar que elas façam o trabalho por conta própria e até o desenvolvam além do pretendido, precisa de gente em que possa confiar.

Algumas pessoas levam um certo susto quando falo bem da autodisciplina, e acho que isso ocorre porque elas associam disciplina à formalidade, com uma forma rígida de pensar — com uma devoção de escravo ou de máquina ao dever.

Elas logo pensam em um piloto de voos comerciais. Ele se senta na cabine, cercado por um painel cheio de computadores e instrumentos de leitura extremamente complexos. Passo a passo, com o copiloto, dá início às checagens pré-voo. Isso é feito de forma metódica e disciplinada. Então, antes da decolagem, o piloto fala com o controle de tráfego aéreo e, seguindo instruções precisas, se dirige à pista. Em seguida, sempre em contato com a torre de controle, aguarda a permissão para decolar. Quando ela é concedida, ele decide como o avião deve levantar voo e, uma vez no ar, faz tudo o que for preciso para manter a aeronave, os passageiros e a tripulação em segurança. Finalmente, ao se aproximar do destino, pousa o avião — muitas vezes em condições desfavoráveis — na pista de outro aeroporto. Um piloto trabalha com tremenda disciplina, em um sistema estrito e altamente regulado. Não se espera dele que seja criativo ou empreendedor e não deve fazer nada que fuja da rotina. Certo?

Bem, não exatamente.

Era 5 de novembro de 1997, dia de Noite das Fogueiras, quando as pessoas no Reino Unido fazem seus tradicionais festejos com fogueiras e fogos de artifício. No aeroporto Heathrow, uma equipe aguarda a chegada do Airbus A340-300 da Virgin Atlantic, o Maiden Tokyo, que está vindo de Los Angeles. Eu também estava lá, naquela manhã de fortes ventanias, aguardando um voo para Boston, quando me ligam para avisar que apenas um dos trens de pouso baixou no voo VS024.

O Maiden Tokyo ia fazer um pouso de emergência.

No comando estava o capitão Tim Barnby — homem muito modesto que é também um dos melhores e mais experientes pilotos do Reino Unido. Havia 114 pessoas a bordo — 98 passageiros e 16 tripulantes. Fico ouvindo tudo em meu celular, de boca bem fechada, enquanto Tim e o pessoal de operações examinam suas opções. A coisa não soava nada bem. Um Airbus de quatro motores aterrissar num só trem de pouso em meio a fortes ventos cruzados é uma situação que reúne todos os elementos de um acidente grave.

Como Tim não conseguia ver se o trem de pouso estava ou não em posição, ele deu um voo rasante sobre a torre para que o pessoal do controle pudesse ajudá-lo visualmente a avaliar a situação, que vai ficando cada vez pior: não só o trem de pouso esquerdo não baixou, como a portinhola sequer abriu.

Nesse momento, há apenas quatro pessoas no meio do caminho entre um avião cheio de gente e a catástrofe: Tim, acompanhado de seus dois copilotos, Andrew Morley, Craig Matheson, e nosso próprio chefe dos pilotos, Robin Cox, que fala com eles do solo.

Tim e seus colegas aterrissaram com apenas um trem de pouso. Então, já bem no fim da pista, ele deixou que a asa tombasse suavemente até tocar o solo. Brigadas anti-incêndio cobriram o avião de espuma, e os passageiros usaram os escorregadores de emergência para sair da aeronave. Nove pessoas receberam cuidados médicos, com ferimentos leves, mas todos os passageiros escaparam em segurança. E quanto ao avião? Tim o pousou com tanta suavidade e cuidado que, um mês depois, ele estava no ar outra vez.

Uso esse exemplo por causa de sua dramaticidade, mas a lição que eu gostaria de extrair dele poderia aplicar-se da mesma forma a um maquinista, a alguém que trabalha atendendo diretamente o consumidor ou, na verdade, a qualquer um que atue no ramo dos negócios. *Um funcionário disciplinado deve ter paciência para conduzir rotineiramente os negócios, talento para reagir de modo excepcional a circunstâncias excepcionais, e sabedoria para saber a diferença entre os dois.* Em determinados ambientes, isso é fácil. Para pilotos de carreira, a dificuldade é enorme, chegando a ser esmagadora. Eles trabalham dentro de moldes rígidos de conduta, mas não podem se dar ao luxo de permitir que essa rotina estrita lhes amorteça os sentidos e retarde suas reações.

Depois do pouso de emergência, convidei Tim e o restante da tripulação a me visitar em Necker, nossa ilha particular no arquipélago das Ilhas Virgens Britânicas, como agradecimento. Estou certo de que eles se divertiram, como estou certo de que trabalhar para a Virgin é mais compensador do que voar por outras companhias. No fim das contas, porém, podemos confiar apenas em Tim e em pilotos como ele para cuidarem de si, administrando o tédio da rotina dos voos de longa distância e, ainda assim, sendo capazes de reagir de forma brilhante quando tudo sai errado.

Para a Virgin, é de fundamental importância dar às pessoas com o temperamento apropriado a liberdade e a responsabilidade para fazerem o trabalho adequadamente — e o dia da Noite das Fogueiras de 1997 confirmou que estamos certos em só contratar os melhores pilotos.

A Virgin Atlantic não admite pilotos que estejam começando do zero. Fazemos questão de que eles tenham um longo histórico na aviação militar ou comercial — frequentemente, até dez anos de experiência em uma empresa de voos curtos. O currículo de Tim é mais extenso do que o da maioria: entre os aviões que já pilotou, encontram-se Spitfires e bombardeiros B17. Não exigimos que todos os membros de nossa tripulação sejam os melhores pilotos do país em voos acrobáticos nas horas vagas — mas isso ajuda! Também por essa razão, hoje somos capazes de recrutar profissionais da Virgin Atlantic e da Virgin America para serem pilotos de naves espaciais, e facilmente encontramos neles a experiência com voos de teste e supersônicos de que tanto precisamos para desempenhar com sucesso a missão única da Virgin Galactic.

Quando fundei a Virgin Atlantic, nomeei Roy Gardner para CEO. Ele tinha sido engenheiro-chefe da British Caledonian, uma companhia altamente respeitada. Isso enfatizava nosso compromisso de ter no comando alguém que entendesse de aviões e que tivesse uma dedicação especial à segurança. A Virgin Atlantic e todas as nossas outras companhias aéreas trabalham há 25 anos sem um único incidente de vulto e sem a perda de uma só vida. (Nunca sou complacente a esse respeito, porque entendo a natureza do transporte de massa.) Como todos os envolvidos no ramo dos transportes aéreos, espero que, passados outros 25 anos, continue dizendo a mesma coisa.

Lembre-se de quem você é: eis o maior desafio enfrentado por um negócio em expansão. A Virgin Atlantic tem hoje um quarto de século e vem trabalhando duro para conservar sua essência. Lembro-me de, bem no início, olhar em volta e imaginar se seríamos capazes de manter tudo aquilo — todo aquele entusiasmo, toda aquela diversão. Imaginava se teríamos a chance de ser realmente diferentes.

E então me lembrei de Herb Kelleher.

Herb criou a Southwest Airlines no Texas na década de 1970, e, por quase quarenta anos, sua companhia foi o paradigma da aviação bem-sucedida e prática nos Estados Unidos. A Southwest ergueu seu negócio com base em duas inovações: tarifas baixas e excelente serviço ao consumidor. Considerando o histórico deplorável de muitas outras companhias aéreas americanas, isso sempre me impressionou. Em retrospecto, acho que o modo de pensar de Kelleher fez muita diferença na maneira como abordamos as questões em nossas empresas e especialmente na Austrália, com a Virgin Blue.

Desde o primeiro dia, Herb e seu colega Colleen Barrett dedicaram-se a desenvolver a cultura da companhia — um modo de agir que iria sustentar seus valores basilares ao longo dos anos seguintes.

Já vimos aqui a máxima de Herb sobre contratar com base na atitude e, posteriormente, treinar as habilidades. Suas outras "atitudes fundamentais", das quais eu e a Virgin compartilhamos, são:

1. *Os funcionários vêm em primeiro lugar. O modo como você os trata vai ser o modo como irão tratar seus clientes.*
2. *Pense pequeno para ficar grande.*
3. *Administre bem nos tempos de bonança para encarar os tempos difíceis.*
4. *Irreverência é algo bom.*
5. *É bom ser você mesmo.*
6. *Divirta-se no trabalho.*
7. *Leve a sério a concorrência, mas não a si mesmo.*
8. *Encare a empresa como uma organização de serviços que calhou de estar no negócio de aviação.*

9. *Faça o que for necessário.*
10. *Sempre ponha em prática a Regra de Ouro, interna e externamente.*

O espírito igualitário da Southwest Airlines conduziu a companhia ao sucesso. Mesmo no primeiro trimestre de 2008, com uma economia frágil e o preço dos combustíveis nas alturas, ela obteve um faturamento recorde — espantosos 2,53 bilhões de dólares! — e sua receita líquida cresceu 30%, chegando aos 43 milhões de dólares. É impossível atingir resultados como esses sem a lealdade de um número incomensurável de clientes felizes e satisfeitos.

Herb e Colleen e os demais executivos da Southwest entenderam, melhor do que a maioria nesse ramo, que a satisfação dos funcionários e a qualidade do atendimento ao consumidor são dois lados da mesma moeda. Eles conservaram sua cultura de serviço ao cliente, empregando as pessoas certas para esse tipo de negócio e dando-lhes as ferramentas e os incentivos necessários para que trabalhassem bem. Até pouco tempo, não tinham nenhum rival sério. Agora, orgulho-me de dizer que têm a Virgin America para se preocupar — uma empresa mais jovem e viçosa. Será uma disputa memorável, mas uma disputa e não uma briga, porque os verdadeiros inimigos são as companhias aéreas gigantes dos Estados Unidos, altamente protegidas, que vêm se alimentando de subsídios maldisfarçados dados pelo Congresso há quase uma década enquanto deixam seus aviões envelhecerem, os padrões de atendimento entrarem em colapso, os preços subirem e os funcionários perderem a motivação.

Volta e meia, o vasto Virgin Group tem de lembrar a si mesmo quem somos. Isso nunca é o trabalho de um homem só.

A chegada de Stephen Murphy como CEO foi parte de uma grande revisão das operações da Virgin. Ao lado de colegas como Gordon McCallum, Robert Samuelson, David Baxby, Frances Farrow, Patrick McCall, Mark Poole e Will Whitehorn, Stephen e sua equipe ajudaram a redesenhar e redefinir o que gostaríamos de ser como negócio.

Imagino que o parágrafo anterior tenha provavelmente enchido seu coração de medo. Reestruturações costumam ser processos bem sangrentos, certo?

Podem ser. Se o seu negócio se fossilizou a tal ponto que você não tem a menor pista do que deu errado e, no desespero, contratou um bando de consultores administrativos que lhe cobram por hora, então, convenhamos, seus problemas começaram muito tempo atrás.

De forma alguma estou insinuando que para o Virgin Group mudanças estruturais são um processo indolor. Mas temos, sim, uma vantagem sobre a maioria das outras companhias: somos modulares. Podemos podar galhos e dividir funções sem virar toda a operação de cabeça para baixo. Ao longo dos anos, temos sido criticados por termos nos transformado num saco de gatos de negócios desconexos. No entanto, nossos críticos deixam de perceber dois pontos importantes. Primeiro: não dão a devida importância à marca Virgin. (Tentarei no próximo capítulo explicar a filosofia de nossa marca e como ela nos ajudou a prosperar nos mais diversos negócios.) O segundo ponto é: *e daí?* De vez em quando, terminar como um saco de gatos de empresas variadas pode não ser uma desvantagem, desde que o grupo faça regularmente o dever de casa e mantenha os negócios tão pequenos, independentes e empreendedores quanto possível.

As circunstâncias e as oportunidades mudam. Para dizer a verdade, o mundo *muda. A única constante é a própria mudança.* Quando me lancei nos negócios, a piadinha típica sobre falta de visão no mundo do comércio era: "As pessoas vão sempre precisar de chapéus." Ah, como ríamos disso, enquanto enfiávamos LPs em grandes envelopes pardos e carregávamos os pacotes até a agência dos correios. Nos dias de hoje, para despertar um risinho sarcástico nos mais antenados, a piadinha é provavelmente esta: "As pessoas vão sempre precisar de discos de rock."

Empresas não são à prova de mudanças, e nenhuma delas vai durar para sempre. No Virgin Group, particularmente, elas vêm e vão. O que há de errado nisso? Empresas fazem coisas. São ferramentas projetadas para um propósito específico — ou pelo menos deveriam ser. Se ficam superadas ou se tornam caras demais para a riqueza que geram, nós nos livramos delas. Tentamos, na medida do possível, não nos livrar do pessoal, ou do saber corporificado nele, mas a empresa em si é algo que tentamos não encarar com muita nostalgia. Toda vez que a Virgin se renova, os críticos que balançam negativamente a cabeça ao ver todas as folhas que caem no chão estão deixando de olhar para a árvore.

E, em meados dos anos 1990 e no início dos 2000, realmente perdemos folhas. Perdemos galhos inteiros. Começamos a examinar cuidadosamente o que funcionava e o que não funcionava para nós. Criamos o Conselho de Investimento — uma estrutura mais formal para avaliar novos projetos e monitorar o desempenho dos negócios já existentes. (O dr. Yes ficou meio irritado, mas mordeu a língua.)

Pouco tempo depois, em 14 de fevereiro de 2007, tivemos a chance de mostrar o que um Virgin Group mais esbelto e lúcido era capaz de fazer. Combinadas, as empresas NTL, Telewest e Virgin Mobile foram relançadas no Reino Unido com o nome de Virgin Media, dando origem à maior empresa Virgin do mundo.

Você já ouviu a história do cachorro que corre atrás do carro? Correr atrás do carro é muito divertido — mas, quando ele finalmente o alcança, o que diabo pode fazer com isso? Esse era mais ou menos o meu dilema diante da Virgin Media, com seus dez milhões de clientes e 13 mil empregados em todo o Reino Unido. Até aquele momento, eu sempre tinha me imaginado como um empreendedor do tipo "bonito é ser pequeno". E, por qualquer lado que se olhasse, a Virgin Media não tinha nada de pequena. Também não era bonita. Havia questões sérias a serem enfrentadas, o que significaria meses de trabalho pesado. Nesse momento, James Kydd, Ashley Stockwell, nossos executivos graduados de marca, e nosso pessoal de atendimento ao consumidor estavam a postos para nos lembrar quem éramos, redesenhando a empresa para que ela contribuísse para a marca Virgin e ao mesmo tempo a reforçasse.

A parte do negócio que pertencera à NTL, em especial, estava em estado lastimável. Foi preciso fazer mudanças drásticas na estrutura de atendimento ao consumidor. Para início de conversa, as pessoas que recebiam queixas não pareciam lá muito interessadas em ajudar os clientes.

Descobrimos a razão disso: elas passavam toda a jornada de trabalho lendo roteiros pré-escritos ao telefone.

Os roteiros foram direto para o lixo. Orientamos nossos funcionários do *call center* a resolver os problemas com uma única ligação, sempre que possível, e realocamos recursos para a linha de frente a fim de melhorar o atendimento ao consumidor.

Queríamos manter as coisas o mais simples possível tanto para o cliente quanto para nosso pessoal, e a melhor maneira de fazer isso parecia ser deixar que os funcionários desempenhassem seu trabalho. Houve ceticismo a princípio. O que aconteceria se um de nossos profissionais de atendimento passasse dos limites? E se começasse a oferecer coisas demais aos consumidores?

Minha resposta a isso foi mais ou menos a seguinte: "Vivendo e aprendendo." Não acredito que ninguém deva ser criticado por ser excessivamente generoso ao lidar com um cliente enfurecido. Se um ou dois funcionários se metessem em apuros, isso significaria apenas que teriam de melhorar na próxima vez.

Na aviação comercial, você aprende rapidamente a não economizar os gestos de boa vontade. Eles demonstram às pessoas que, qualquer que seja a dificuldade, você ainda estará trabalhando para servi-las. Melhor ainda é a informação precisa fornecida com rapidez. Como sabemos, "precisão" e "rapidez" são palavras que quase nunca andam juntas, mas fazemos o possível. Nesse meio-tempo, nossos gestos contribuem bastante para acalmar pessoas que se veem gravemente incomodadas. Sim, é claro que famílias que estão esperando há muitas horas podem ter acesso ao *lounge* executivo. Sim, claro que podemos deixar o senhor mais confortável: gostaria de uma massagem? Você foi ótimo, e gostaríamos de demonstrar nossa gratidão: aqui está um upgrade de classe para seu próximo voo. Nada disso está no manual de atendimento, porque é impossível ditar atitudes de cima para baixo. Tudo o que se pode fazer é contratar as pessoas certas e dar-lhes poder para solucionar os problemas à medida que surgirem.

Se alguém lhe pagou para fazer um trabalho e ele dá errado, reagir com excessiva cautela e ficar na defensiva é a morte: você nunca mais vai ver aquele cliente, nem sua família, nem seus amigos. *Se alguém tiver uma experiência ruim com a sua marca, fará propaganda negativa a seu respeito*. Esse efeito dominó é fatal para os negócios. Mas se, ao contrário, você conseguir resolver os problemas de seus consumidores de modo mais satisfatório do que eles esperavam, terá amigos leais para sempre.

Começamos este capítulo discutindo empreendedorismo e estamos terminando com reflexões sobre atendimento ao consumidor. Uma combinação curiosa, não?

Acredito firmemente que negócios jovens e de mentalidade independente possam oferecer excelentes serviços aos consumidores: são os dinossauros e o establishment *dos negócios que infernizam a vida dos clientes*. Penso dessa forma porque os valores da marca Virgin são inteiramente centrados no atendimento ao consumidor: estamos voltados para o cliente de uma forma que a maioria dos outros negócios não está.

Mas gostaria de expor também um princípio mais geral.

Nos anos 1970, quando fundamos a Virgin Records, ninguém no Reino Unido usava mais a palavra "empreendedor". Ou, se usavam, tratavam-na como algo de mau gosto. Um homem de negócios que tocasse um certo número de empresas era visto como um "aventureiro" — na televisão, o estereótipo era representado pelo personagem cômico Del Boy, o negociante à margem da lei na série da BBC *Only Fools and Horses*, ou pelo Arthur Daley do seriado *Minder*, amante de gim, interpretado de forma brilhante por George Cole. Tempos atrás, eu mesmo costumava ser tachado regularmente de "Del Boy" (o que sempre me intrigou; em minha opinião, eu estava mais para Rodney, o contraponto ingênuo). Na verdade, o empreendedor foi sempre um dos vilões favoritos ao longo da História. Da Grécia Antiga ao filme *Wall Street*, passando pelo *Mercador de Veneza* de Shakespeare, os empreendedores representam o "lucro" e o "capitalismo" — e, em alguns setores da sociedade, essas palavras ainda causam arrepios.

A visão da mídia britânica sobre as pessoas de negócios mudou — mas não muito. Alguns representantes da imprensa ainda não conseguiram captar a ideia de que os negócios são atividades que valem a pena, gerando a maior parte da arrecadação de impostos, dos empregos e da riqueza do país. Foram os empreendedores que correram riscos ao criar empresas, inovar produtos e oferecer os serviços que tornam a vida mais fácil, melhor e mais segura.

Como diz meu amigo Jon Butcher:

> *Os empreendedores acabaram com a pobreza no Ocidente tal qual o resto do mundo a conhece e como a História a conheceu. Nenhum outro sistema social pode competir com a livre-iniciativa em termos de produtividade, elevação dos padrões de vida e criação de uma prosperidade permanente. A Ásia conseguiu catapultar-se para fora da linha de pobreza antes que eu morresse graças aos empreendedores. Áreas enormes da África devem sair da pobreza nos próximos dez anos graças aos empreendedores que estão despontando agora. Ou seja, o capitalismo funciona. O comunismo e o socialismo real já não são levados a sério, porque não funcionam. Eles na verdade fazem as pessoas sofrerem. Mantiveram gerações inteiras na pobreza. São sistemas desastrosos que, apesar de suas boas intenções, arruinaram centenas de milhões de vidas. No entanto, por alguma razão, há elementos de nossa cultura que ainda associam lucro a deformação moral.*

Os empreendedores são também grandes filantropos, de Andrew Carnegie, no século XIX, a Bill Gates. Carnegie, que fez sua fortuna na indústria de aço americana, financiou quase todas as bibliotecas construídas em seu século no Ocidente, dando início a uma verdadeira revolução educacional.

Sendo assim, convém dizer com todas as letras: empreendedorismo não tem nada a ver com se dar bem em cima do consumidor. Não tem nada a ver com trabalhar sozinho. Não tem nada a ver com uma corrida para chegar em primeiro lugar. Não tem necessariamente a ver com ganhar muito dinheiro. E não tem *absolutamente nada* a ver com deixar que o trabalho tome conta de sua vida. Pelo contrário, tem a ver com transformar o que realmente o empolga na vida em capital, de modo a poder fazê-lo crescer e empurrá-lo ainda mais para a frente. Acho que o empreendedorismo é nosso estado natural — uma palavra adulta e grave que, no fim das contas, provavelmente pode ser simplificada para algo como "espírito de brincadeira". Creio que trabalhar em excesso e dar importância demais ao relógio de ponto é uma traição terrível a esse espírito empreendedor universal e inato.

Por séculos — e com certeza desde a Revolução Industrial, no século XVIII —, os negócios destruíram vidas e, em decorrência disso, ganharam má fama. Homens e mulheres tiveram de se adaptar a modelos mecânicos de trabalho. Foram tratados como gado (em muitos casos, literalmente). Em meu tempo de vida, reviravoltas na política, na ciência e na tecnologia mudaram a natureza do trabalho, sobretudo no mundo desenvolvido. Para alguns de nós, é uma sorte incrível que todos sejamos obrigados a pensar cada vez menos como empregados e mais como empreendedores. A era dos "empregos para toda a vida" acabou — até que enfim!

Inspire seus funcionários a pensar como empreendedores e, independentemente de qualquer coisa, não deixe de tratá-los como adultos. Como o mais severo capataz que existe é a própria consciência, quanto mais responsabilidade você delegar a seu pessoal, melhor será o trabalho que farão para você.

Há 35 anos, o Virgin Group se mantém ao largo da mediocridade e da repetição de fórmulas, lançando-se a toda a velocidade a um mundo de maquinações prazerosas, temperado por fiascos ocasionais. Nosso modo de trabalhar nos permitiu levar vidas plenas. Não posso lhe dar a fórmula para isso, e você provavelmente não a seguiria se eu a desse. Afinal, você tem de lidar com suas próprias circunstâncias quando faz seu trabalho. Espero que este livro lhe forneça algumas ideias sobre como dar poder a seus funcionários — e, por falar nisso, a si mesmo também. Mas você terá de encontrar as soluções mais adequadas a seu caso.

Eis a boa notícia: *quanto mais liberdade você der às pessoas para que pensem com a própria cabeça, mais elas poderão ajudá-lo. Você não tem de fazer tudo sozinho.*

Capítulo 2
Agitando a bandeira

Quando eu tinha 16 anos, fui procurado por uma mulher chamada Patricia Lambert, que me ofereceu oitenta mil libras esterlinas para vender a Student *— a revista que eu tinha criado na escola — para a IPC, hoje o grupo de jornais e revistas Trinity Mirror, baseado no Reino Unido.*

Aconteceu que, naquele momento, eu acabara de descobrir uma minúscula ilha perto de Minorca, que estava pensando em comprar para morar. Era um lugar lindo, com uma casinha caiada minúscula cujo banheiro lançava os dejetos precipício abaixo. Viver em magnífico isolamento no meio do paraíso parecia uma proposta atraente naquele momento porque, à medida que nosso negócio de venda de música pelo correio decolava, tocar a revista ia ficando cada vez mais difícil. Até vender os anúncios, eu não dispunha de nenhum dinheiro para bancar os custos de papel e impressão. No começo, tinha sido empolgante, mas estava começando a me cansar.

A IPC não estava apenas me oferecendo uma boa quantia em dinheiro: também queria que eu permanecesse como editor. A rigor, eu não seria mais o dono da *Student*, mas conservaria um emprego que me agradava.

Decidi aceitar a oferta e fui almoçar na IPC, em Holborn, perto da Fleet Street. Todos os diretores estavam em volta da mesa. Depois que apertamos as mãos, fechando o negócio, comecei a explicar-lhes a minha visão. Disse-lhes que queria criar uma colônia de férias Student, uma agência de viagens Student, lojas de discos Student, academias de ginástica Student — talvez até uma companhia aérea Student. Vi sobrancelhas se erguendo. Depois do almoço recebi uma ligação agradecendo minha visita, mas os diretores tinham mudado de ideia sobre o investimento e estavam cancelando o plano de comprar minha revista. Eram educados demais para dizer isto, mas a mensagem estava lá com todas as letras: pensaram que eu era louco.

Muitos anos depois, Patricia foi gentil ao me escrever uma carta deleitável para contar-me quanto eles tinham se penitenciado ao longo dos anos, vendo a Virgin adentrar mercado após mercado, quase da mesma forma como aquele jovem ex-futuro editor de revista que ela queria comprar tinha previsto.

Suponho que tivessem razão em não querer nada comigo. A IPC estava e ainda está no ramo editorial. Eles são editores. Sabem quem são e não precisam de nenhum garoto, por mais promissor que seja, buzinando em seus ouvidos sobre todas as outras coisas que poderiam ser. A última coisa de que precisavam era um marimbondo preso na sala, batendo-se contra as janelas e ficando cada vez mais frustrado — e isso, com certeza, era o que eu teria me tornado.

A maior parte dos negócios se concentra em uma só coisa e pela melhor das razões: seus fundadores e líderes gostam dessa coisa acima de todas as outras e querem devotar suas vidas a ela. Não que sejam limitados em seu modo de pensar: apenas têm foco.

A sabedoria convencional das escolas de administração diz que você deve se ater àquilo que conhece bem. Das vinte marcas mais fortes do mundo, 19 trabalham em ramos bastante definidos. A Coca-Cola é especializada em refrigerantes, a Microsoft, em computadores, a Nike, em tênis e outros artigos esportivos.

A exceção nessa lista é a Virgin — e o fato de que nosso valor de mercado não para de crescer e já está em muitos bilhões de dólares realmente é uma pedra no sapato das pessoas que acreditam saber quais são "as regras dos negócios" (quaisquer que elas sejam).

Somos a única marca da lista das vinte maiores que diversificou sua atuação num amplo leque de setores, incluindo linhas aéreas, trens, hotelaria, telefonia celular, mídia — televisão, rádio e cabo —, internet, serviços financeiros e hospitalares. E pode acreditar em mim quando digo que isso incomoda de verdade as pessoas. Lembro-me que, em julho de 1997, o jornal londrino *Evening Standard* cobriu nossa expansão nos Estados Unidos com um artigo intitulado "Quando uma marca estica demais esgarça a credibilidade".

Acho que isso revela mais sobre a comunidade dos negócios em geral do que sobre a Virgin. Até que ponto teremos de subir antes que gurus de algum tipo parem de prever nossa queda vertiginosa? Nossa proposta não é difícil de entender: *damos a nossos consumidores uma experiência Virgin e fazemos questão de que essa experiência seja substancial e consistente em todos os setores de nossos negócios*. Antes de sair "colando nossa marca" num grande número de produtos, pesquisamos cuidadosamente os calcanhares de Aquiles de diferentes mercados globais e só entramos no jogo quando sentimos que temos o potencial de virar um desses mercados de cabeça para baixo e desempenhar nosso papel-chave de defensores do consumidor. O ramo de serviços financeiros é um exemplo eloquente. Em três anos, a Virgin Direct tinha conquistado duzentos mil investidores e administrava 1,6 bilhão de libras esterlinas. Em consequência de sua entrada no mercado, boa parte das outras empresas do ramo também reduziu suas tarifas, a fim de se manterem competitivas.

Inacreditavelmente ou não, a Virgin prosperou repetindo esse passe de mágica em muitos outros setores aparentemente desconexos. Entre 2000 e 2003, criamos do zero três novas empresas bilionárias em três países. Na Austrália, a Virgin Blue conquistou 35% do mercado de aviação e reduziu as tarifas dramaticamente. A Virgin Mobile se tornou a rede de telefonia de mais rápido crescimento no Reino Unido e nos Estados Unidos, no setor público ou privado. Nossa receita por funcionário — 902 mil dólares — é a melhor do mundo, e, além disso, temos os mais altos índices de satisfação do consumidor, com 95% de nossos cinco milhões de clientes nos recomendando aos amigos. Ao longo dos últimos 35 anos, a Virgin criou mais empresas bilionárias em mais setores do que qualquer outra companhia.

E, neste exato momento, enquanto todo mundo está reforçando a vedação de seus cascos e se preparando para a primeira grande recessão global do século XXI, descobre-se que a Virgin, além de todo sucesso, também está preparada para encarar a tormenta. Como os riscos estão espalhados por várias empresas, o fracasso de uma delas — mesmo que seja uma grande — não arruinará o todo. (Imagine se não tivéssemos optado pela diversificação, ficando presos à indústria musical e fonográfica, que hoje enfrenta enormes desafios por conta da revolução digital — talvez tivéssemos desaparecido!)

Eis, portanto, a questão: se a Virgin se diverte mais quando os tempos são de bonança e aguenta o tranco tão bem quando eles se tornam difíceis, por que será que todas as empresas não tentam "ser uma Virgin"? E por que os professores de administração ainda recomendam a jovens empreendedores que se atenham àquilo que conhecem bem?

Bem, acho que os professores de administração estão *certos*. Você *deve* se concentrar naquilo que conhece. *Deve* se concentrar no que lhe dá motivação para se levantar da cama de manhã. Para a maioria das pessoas, isso significa focar num único negócio principal.

O que é estranho na Virgin — e é com isso que as pessoas costumam ter dificuldade — é que seu foco particular fez com que fosse *absolutamente obrigatório* que ela se espalhasse por diversos mercados. Embora possa não parecer, a Virgin é tão focada quanto qualquer grande companhia. Sua diferença está no ponto em que seu foco incide. É possível que tenhamos topado aqui com a tal exceção que confirma a regra: nossos consumidores nos encaram mais como uma ideia ou filosofia do que como uma empresa.

O sucesso da Virgin incomoda as pessoas porque parece contradizer a sábia regra de que você deve se ater àquilo que ama. Onde está o foco da empresa? Onde fica sua parte central? *Alguma coisa* deve estar motivando aquele tal de Branson a sair da cama de manhã — mas o que diabo será? Pensava-se que era a música, mas de repente era a aviação, e isso era até compreensível por causa de seus hábitos de balonista, mas aí vieram os trens, o dinheiro, os celulares, e agora vem o quê? Clínicas de saúde? Viagens espaciais? *Socorro*!

Nunca fiz segredo sobre o que me motiva a sair da cama de manhã. *É o desafio. A marca*. Talvez tenha algo a ver com meu sobrenome. Lembro-me que um jornalista da revista do *Daily Telegraph* pesquisou as raízes de meu sobrenome e descobriu que, sim, "Branson" era originalmente "Brandson", isto é, "filho da marca": meus ancestrais remotos ganhavam a vida marcando gado!

Para mim, a marca é o ponto central. Quando digo isso para as pessoas, porém, um grande número delas não entende nada. "O que ele quer dizer com isso, *a marca*?"

Vou tentar explicar. Comecemos da forma mais simples, com uma ideia das coisas que uma marca é capaz de fazer.

A IPC, como sabemos, publica revistas. O que eu quero que você faça é citar três de seus títulos. Se você estiver no ramo, não terá dificuldade nenhuma em mencionar uma dúzia. (Eles são muito bem-sucedidos.) Se você não for da área, porém, não terá a menor ideia. Por que deveria ter? A marca IPC significa muito no mercado editorial, mas não tem a menor importância para o cidadão comum. Ele está interessado no sabor, no tom e no conteúdo da revista, não em quem a financia. Ele se importa com a marca da revista: o detentor dessa marca seria apenas um agente estranho.

Quem publicou o último romance que você leu? Que produtora é responsável pelo DVD a que você assistiu ontem à noite? É provável que você não saiba, e as empresas sabem que você não sabe. E sabe da maior? Elas não estão nem aí para isso.

As marcas existem como um modo de deixar claro para os clientes o que eles podem esperar de um produto ou serviço — ou para enfatizar o parentesco entre diferentes produtos e serviços. Uma marca já consagrada atribuída a um produto novo é a garantia de que aquilo que você está comprando será, a seu modo, parecido com algo que já usufruiu antes. Mas nem sempre isso é bom. Talvez os leitores dos romances da Mills & Boon queiram encontrar sempre o mesmo tipo de história, e as famílias mal podem esperar o dia de levar as crianças para ver o novo filme da Pixar, pouco importando se ele fala de bichos, brinquedos ou carros. Em geral, porém, a novidade e a descoberta significam muito no setor de entretenimento, e não há nada pior do que estampar um grande rótulo em tudo o que você faz, sugerindo ao público que sua novidade é exatamente igual ao que já conhecem.

No outro lado do espectro — em magnífico isolamento, lá na mais remota extremidade —, está a Virgin. A marca Virgin lhe diz que usar *este* cartão de crédito é como voar por *esta* companhia aérea, que, por sua vez, é como frequentar *este* spa, ouvir *este* disco ou contribuir para *este* fundo de aposentadoria.

Mas qual é o elo que une tudo isso numa só família? Que semelhança poderia haver entre bens e serviços tão diversificados?

Obviamente, tem algo a ver com o consumidor; pois, quando você examina o leque de coisas em que estamos envolvidos, o consumidor é praticamente o único fator que todas elas têm em comum.

E isso de fato é tudo. A marca Virgin é a garantia de que você será bem-tratado, terá um produto de alta qualidade que não vai desfalcar sua conta bancária e que a sua compra lhe proporcionará mais recompensas em termos de diversão do que você esperava — *qualquer que ela seja*.

Como se vê, o que me motiva a sair da cama de manhã é o consumidor, a ideia de dar a ele uma experiência gratificante. Nenhuma outra marca se tornou um "estilo de vida" como a Virgin. E chegamos a isso sem termos um dia decidido com frieza que nos tornaríamos uma marca de "estilo de vida", mas simplesmente seguindo nossos desejos e o que nos despertava a curiosidade. Estive sempre, e de modo contínuo, interessado em aprender coisas novas. E igualmente importante: sempre quis compartilhar esse aprendizado com outras pessoas.

Será que você deveria seguir a "fórmula Virgin" e fazer da experiência do consumidor o foco principal de sua empresa? Provavelmente, não. A menos que seu coração esteja realmente nisso. A menos que, como eu, você acorde todos os dias dizendo a si mesmo: "Vamos levar um pouco de *diversão* para as pessoas!" Espero, claro, que você se importe com seus clientes. Mas não posso lhe dizer que sua empresa deveria ser moldada em torno deles. A essência de seu negócio é algo que cabe a você decidir.

A marca Virgin foi construída gradualmente, como reflexo daquilo em que eu estava fundamentalmente interessado. Para minha própria surpresa, não se tratava da publicação de revistas — nem mesmo de música. Minha força propulsora, compreendo agora, era *encontrar novas maneiras de fazer as pessoas se divertirem* — de preferência lugares onde elas não estivessem esperando por isso. Como aeroportos.

Se as raízes da marca estão plantadas lá nos anos 1970, em meu espírito e minhas crenças, acredito que a Virgin Atlantic seja a empresa que mais capturou e articulou aquilo que a marca representa e personifica para os consumidores. Muitas outras empresas Virgin adotaram os valores poderosos de inovação, honestidade, cuidado, valor e diversão. Trata-se, creio eu, de oferecer aos consumidores um excelente serviço e uma experiência divertida.

É por isso que a Virgin deixa seu senso de humor bem à mostra. *Queremos informar e entreter as pessoas*. Você não precisa ser um cliente da Virgin para gostar de nossos anúncios e eventos publicitários. Descobrimos, com o passar do tempo, que divertir as pessoas, fazendo-as se sentir por dentro da piada, tem sido melhor para a marca do que qualquer planejamento complexo de campanha.

Vou dar um exemplo rápido: nos voos da Virgin Atlantic, tínhamos saleiros e pimenteiros que eram belas peças de design. Bem, nós os tínhamos ao decolar. Quando chegava o momento do pouso, a maior parte desaparecia. Nossos passageiros estavam pegando-os para usá-los em suas mesas de jantar. O que fazer? Decidimos transformar aquilo em brincadeira. No fundo de cada potinho, estampamos as palavras "Surrupiado da Virgin Atlantic". Transformamos um problema numa peça promocional irreverente. Trouxemos as pessoas para perto de nós ao fazê-las participar da piada. Em si, trata-se de algo bem trivial, mas, uma vez que nossa atitude de amor à diversão espalha-se de ponta a ponta por todo o grupo, isso faz uma tremenda diferença para nossos negócios.

O humor irreverente é um dos valores da marca Virgin. Isso tem a ver com o desejo de sermos honestos em relação aos altos e baixos de nossos negócios, compartilhando nossos pensamentos com as pessoas que mais importam para nós — nossos consumidores. As pessoas que leem nossos anúncios são as mesmas que leem sobre nossas dificuldades, nossos tropeços e nossos erros. Sendo assim, por que deveríamos fingir que o mundo lá fora não nos afeta? Todo mundo sabe das brigas que tivemos com a British Airways ao longo dos anos. Quando a imprensa mundial se juntou para ver a BA erguer sua roda-gigante em Londres, a London Eye, e soubemos que eles estavam enfrentando dificuldades técnicas, corremos para pôr no ar nosso dirigível. A faixa que ele carregava dizia: "A BA não sobe mais." Também nos divertimos a valer quando introduzimos massagens a bordo dos voos da Virgin Atlantic, pondo um anúncio nos jornais que dizia: "A BA não dá shiatsu."[1]

Quando a Sydney Airport Corporation (controlada por uma divisão do bem-sucedido Banco Macquarie) tomou a decisão arbitrária de elevar as tarifas de pouso, o CEO da Virgin Blue, Brett Godfrey, e eu decidimos estampar um slogan na lateral de nossos aviões e nos imensos *outdoors* que margeiam a estrada até o aeroporto: *Macquarie. Que monte de banqueiros!*[2] Isso ganhou as manchetes e as atenções para nosso argumento: os banqueiros pareciam interessados em descolar uma grana fácil em cima do mercado de voos baratos. Por fim, o Macquarie

[1] No original, um trocadilho com *doesn't give a shit*, forma popular e grosseira de dizer "não liga a mínima". (N. do T.)

[2] Mais uma vez, uma conotação escatológica. (N. do T.)

acabou concordando em renegociar as tarifas. Fantasiei-me de índio americano, fumando um cachimbo da paz, e enterrei uma machadinha com eles. (Literalmente — ela ainda está lá em algum lugar, sob a pista de pouso!) Era um daqueles momentos "vamos pôr uma pedra em cima disso, companheiro", e acho que o público australiano gostou de nosso estilo irreverente. Um fato curioso é que, como resultado, nós e o banco nos tornamos sócios em algumas empresas. *Transformar seu inimigo em amigo é uma boa estratégia para os negócios — e para a vida.*

Empresas demais querem que suas marcas reflitam uma imagem idealizada e aperfeiçoada de si mesmas. Em decorrência disso, as marcas não ganham textura, não têm personalidade e não gozam da confiança do público. Na Virgin, certamente falamos bem de nós mesmos, mas somos autênticos: uma empresa de verdade fazendo negócios de verdade no mundo de verdade — não alguma espécie de aparição alienígena.

Pode ser que a Virgin tenha amadurecido e se tornado um modelo daquilo que uma empresa moderna deveria ser. Pode ser que, ao transformar o consumidor no foco de seus negócios e fazer do bom atendimento ao cliente uma marca registrada, a Virgin tenha criado algo realmente novo no mundo dos negócios — algo em que as gerações futuras possam se inspirar para ir além.

Depois de uma certa idade, todos nós queremos dar uma de Moisés, levando nosso povo à Terra Prometida. Mas aí me olho no espelho de manhã, depois de uma noitada pesada, e penso: Ah, Richard, sai dessa!

Talvez a Virgin seja apenas *meio esquisita* — um acidente da história. Gosto de me divertir. Comecei a trabalhar numa década que valorizava a diversão. As pessoas me associam àquele tempo, e esse fator de satisfação pessoal aderiu à minha imagem desde então. A Virgin se transformou num ponto de encontro e manifestação daquele espírito de diversão — mas será que ela teria funcionado em qualquer outro período da história? Funcionaria agora? O fato é que jamais saberemos.

Boas marcas refletem as histórias de seu tempo e do grupo de pessoas que as construiu. Não é fácil copiá-las. Não se pode reciclá-las. Uma marca é como a assinatura de um artista (no caso da logomarca Virgin, literalmente!). O que você faz de sua marca é problema seu. Embora eu espere e torça para que haja neste capítulo lições para você, não tenho como lhe dizer o que sua marca deveria fazer. O que de fato vou lhe pedir é que a leve a sério — tanto quanto um pintor leva a sério as assinaturas em suas telas.

Uma marca deve refletir aquilo que você consegue fazer. Você precisa cumprir, sem tropeços e para sempre, qualquer promessa que sua marca faça. Sendo assim, é melhor fazer sua oferta parecer espirituosa e inovadora do que fingir ser mais do que você é. *Ajuste o foco da marca logo de cara, sendo honesto com você mesmo sobre aquilo que está oferecendo.* Com o tempo, marcas ficam datadas, então é melhor deixá-las evoluir de forma inteligente, como nós sempre fizemos, do que submetê-las a atualizações programadas. Esses processos bastante comuns de recauchutagem geram muita publicidade negativa em forma de piadinhas mais ou menos engraçadas, e por uma boa razão: são o equivalente corporativo a pentear o cabelo para esconder a careca — com resultados igualmente pífios.

Essa era, de todo modo, nossa filosofia quando nos ocorreu o nome "Virgin" — e eu tive de reagir com veemência quando o Departamento de Registro de Empresas do Reino Unido alegou que o nome era grosseiro demais para ser registrado. Parte dessa reação consistiu em provar que o nome "Virgin" já tinha sido usado para batizar um navio, sem que ninguém se queixasse disso, no distante ano de 1699: de fato, há registro de que um barco com esse nome ancorou em Cádiz no dia 26 de abril de 1699, segundo a edição de maio da *London Gazette*.

Talvez seja um nome um pouco apimentado, admito — divertido. Mas não foi uma escolha aleatória. Refletia o fato de que, a cada novo negócio, começávamos do zero. Éramos "virgens" em quase todos os novos mercados em que nos lançávamos. No meu modo de entender, o nome era o *oposto* de grosseiro: significava algo puro, em seu estado original, não explorado, jamais usado. Referia-se a nós mesmos, porque éramos todos virgens nos negócios. O registro da marca foi um momento crítico. Lutar por ela em todas as jurisdições legais do mundo saiu caro. Mas tudo isso se mostrou essencial para o sucesso da empresa.

Marcas adquirem seus significados com o tempo. Alguns desses sentidos são produto de discussões sérias e de anos de dedicação e esforço. Outros simplesmente são incorporados à marca, quer você goste deles, quer não. Lembre-se: uma marca sempre quer dizer *alguma coisa* e, no fim das contas, você só consegue controlar esse significado por meio daquilo que oferece ao consumidor.

Se eu descrever aqui os primeiros anos da Virgin, você entenderá como nossa marca veio a significar o que significa hoje. Gostaria de poder afirmar que tudo aquilo que a Virgin representa para as pessoas foi resultado de um primoroso planejamento de negócios. Não foi. Por sorte, como fizemos um bom trabalho, os rótulos que nos pregaram foram em geral positivos, mesmo quando não eram planejados.

Antes de qualquer coisa, no entanto, vejo-me diante do fato um tanto assustador de que terei de explicar aos leitores mais jovens o que a música significava para a minha geração. De que outro modo eles entenderiam a Virgin Records, nossa primeira empresa?

Acho que a música não é mais tão fundamental na vida da maioria dos jovens de hoje como era nos anos 1970. Há um bocado de música brilhante sendo feita hoje — penso em KT Tunstall e Amy Winehouse, para começo de conversa —, mas, em retrospecto, os anos 1970 foram únicos, um tempo em que as pessoas tinham verdadeira paixão pelo rock.

Em parte isso tinha a ver com falta de opções. Naquela época, na Inglaterra, não tínhamos DVDs ou celulares, nem uma infinidade de canais de TV — só a BBC e a ITV —, e jogos de computador eram brinquedos de superpotências, que os usavam para determinar os alvos de seus mortíferos arsenais de armas nucleares. Assim, a maior parte do tempo e energia dos jovens era gasta com música — e isso significava comprar discos. Esse era o único luxo da garotada. Aguardar o lançamento de um novo álbum do Led Zeppelin, do Yes ou do Queen nos mobilizava por semanas.

Nas décadas de 1970 e 1980, lançamentos de discos eram eventos monumentais, e construímos um negócio em cima disso. Acredito que algumas das lições da criação da Virgin Records ainda sejam interessantes e aplicáveis hoje. Afinal, o mercado do rock progressivo ainda estava dando seus primeiros passos, e estávamos lá desde o início.

Quando fundamos a Virgin Records, um cantor comercial como Andy Williams e o roqueiro de vanguarda Frank Zappa dividiam os mesmos escaninhos organizados em ordem alfabética nas lojas da Woolsworths. Embora os anos 1960 tivessem testemunhado uma explosão dos grupos de música pop e *rhythm and blues* — liderados por Beatles e Rolling Stones —, os velhos selos fonográficos das grandes corporações ainda dominavam. Ninguém dava descontos em música, o negócio todo era bastante conservador e embolorado, comandado por sujeitos de meia-idade que ouviam quartetos de cordas. A maioria dos estúdios de gravação eram fábricas estéreis e caras, organizadas para fazer apenas uns poucos *takes*, e as lojas de discos, com suas cabines de audição de eucatex perfurado, ainda estavam paradas nos anos 1950. Comprar música não era uma atividade muito excitante. E só havia uns poucos programas de rádio em que se podia ouvir um rock decente.

Na primavera de 1970, decidimos criar um serviço de entrega postal para vender o tipo de música que nos agradava: uma empresa meio maluca, irreverente e comandada por caras cabeludos. Foi nessa atmosfera que lançamos a Virgin, plantando as sementes do que ela é hoje. Desde o primeiro dia, os jovens se identificaram com nossa ideia por se tratar de algo diferente.

Além da revista americana *Rolling Stone*, havia dois semanários britânicos de música quando começamos. A *Melody Maker* era uma publicação séria de rock e pop, com resenhas que cobriam também folk e jazz e que, embora fosse uma leitura obrigatória, tinha redatores um tanto preciosistas e convencidos. E havia a *New Musical Express*, ou *NME*, que era mais orientada para o pop e, de alguma forma, presa aos anos 1960. De repente apareceu uma publicação nova, *Sounds*, com seu slogan "A música é a mensagem".[3]

A *Sounds* foi impressa pela primeira vez no dia 10 de outubro de 1970, e nesse mesmo dia eu estava ao telefone com o departamento de publicidade da revista para negociar alguns anúncios a preços reduzidos. Sempre julguei uma boa ideia tentar participar de uma nova publicação que esteja tentando romper com os padrões estabelecidos. *Sounds* foi uma revista importante para o nosso sucesso. Estava situada exatamente no mesmo mercado que nós. Vendeu duzentos mil exemplares logo na primeira semana e deu aos concorrentes, *Melody Maker* e *New Musical Express*, um certo susto. A primeira lista de discos mais vendidos da *Sounds* era dominada por *Paranoid*, do Black Sabbath, *Get Yer Ya Ya's Out*, do Rolling Stones, *Led Zeppelin II*, *Deep Purple in Rock* e *Cosmo's Factory*, do Creedence Clearwater

[3] Em inglês, "*Music is the Message*". (N. do T.)

Revival. Esses seriam os álbuns que nosso serviço de entrega postal iria vender. Infelizmente, ainda havia umas anomalias tenebrosas na lista, como *The World of Mantovani*. Mas isso estava banido da Virgin Records. Andy Williams também.

Nosso negócio inaugural apresentava uma falha básica: não tínhamos crédito. Tampouco tínhamos referências, razão pela qual as gravadoras não nos abasteciam. Então veiculamos nossos anúncios na imprensa musical, e consegui costurar um acordo que me permitiria pagar por eles um mês depois. Como também não tínhamos nenhum disco, procuramos a loja de Ray Larone, em Notting Hill Gate. Comprávamos os discos dele com desconto e os enviávamos pelo correio a nossos clientes. Dessa forma, recebíamos o dinheiro das vendas antes de comprar os discos e pagar pelos anúncios. Foi assim que pusemos o negócio de pé.

Quando ouço falar de empreendedores de hoje que lançam novos negócios jogando todas as despesas em seus cartões de crédito, me ocorre que isso é mais ou menos comparável ao que fizemos naquele tempo com a Virgin Records. Não sou eu quem vai chegar aqui agora e dizer: "Não faça isso." Mas, se você fizer, saiba que conta com a minha compaixão. Autofinanciar o primeiro negócio é terrivelmente difícil.

A pequena loja de Ray logo se tornou uma das maiores vendedoras de discos da Inglaterra. As vans de entrega das gravadoras apareciam com pilhas de pacotes de álbuns, e nossa própria van já estava a postos nos fundos da loja para levá-los ao nosso escritório, que ficava na cripta de uma igreja em Bayswater.

Desde o início, nossa imagem e nossos bordões de venda foram grandes pontos positivos. (Tínhamos pouquíssimos outros.) Naqueles primeiros tempos na South Wharf Road, todos contribuíamos para isso, mas foi John Varnom quem realmente fez a diferença. Ele era meio porra-louca, profundamente inconstante e muito criativo. Escrevia nossos anúncios num estilo gótico vitoriano que era autoparódico e, ao mesmo tempo, uma manifestação precoce da mensagem que a marca Virgin passaria no futuro: qualidade também pode ser sinônimo de economia.

— Deve haver alguma coisa errada com eles.

— Não há.

— Eles devem ser velhos, empenados, rachados, enrugados, partidos, distorcidos, estragados, arranhados e, de modo geral, uma visão abominável.

— Não são.

— Não é possível que sejam lisos, brilhantes, perfeitos, imaculados, miraculosos, negros e reluzentes como aqueles comprados nas lojas.

— Mas são.

— Mas com certeza há alguma diferença, algum desnível, abismo, divisão, vala, precipício ou outro traço que os diferencie?

— Sim, há.

— E o que é então?

— Eles custam menos.

Arregaçávamos as mangas, enchendo envelopes pardos com discos de Led Zeppelin, Pink Floyd, Jimi Hendrix e Rolling Stones a preços promocionais Virgin. Todos ganhávamos a mesma coisa, vinte libras esterlinas por semana, e havia um clima geral meio hippie de cooperação. "De 5% a 15% de desconto em qualquer disco de qualquer selo" — era nosso bordão de venda. E àquela altura trabalhávamos pesado no negócio de remessa pelo correio para dar conta da demanda. As gravadoras descobriram que éramos o mistério por trás do enorme sucesso da lojinha de discos de Ray e passaram a nos dar crédito diretamente.

Mas não estávamos ganhando dinheiro nenhum. Ao longo dos anos, encontrei um bom punhado de antigos clientes que frequentemente nos aplicavam golpes. Pessoas furiosas telefonavam ou mandavam cartas para dizer que seus discos nunca tinham chegado. Não dispúnhamos de nenhuma prova de que a remessa fora feita: tudo era caótico demais no escritório, e métodos apropriados de contabilidade eram algo de que jamais ouvíramos falar. Sendo assim, mandávamos um novo disco a quem tinha feito a reclamação. Nossa margem de lucro era tão estreita que fazer isso com frequência — e nós fazíamos isso com muita frequência — significava acabar com qualquer dinheiro que sobrasse. Essa foi uma das maiores lições que aprendi nos negócios. *O volume de negócios pode ser gigantesco, mas é a margem de lucro que importa.*

Mesmo assim, a marca Virgin Records estava ganhando notoriedade. Os números de venda costumavam atingir muitos milhares de LPs por semana. A coisa tinha potencial. Então aconteceu um desastre, e, nesse momento, aprendi outro fato crucial sobre administração de empresas: é sempre bom ter um plano B.

Em outubro de 1970, os carteiros do Reino Unido deram início a uma batalha feroz por aumento de salário. A greve durou longos 44 dias, para nosso desespero, e o negócio de vendas de discos secou. Tínhamos de diversificar a marca. E depressa.

Recorremos aos anúncios na imprensa musical. Uma meia página no dia 6 de fevereiro de 1971 anunciava que tínhamos aberto uma pequena loja no número 24 da Oxford Street. Eu conseguira um bom acordo de aluguel, por um período curto, do primeiro andar de um prédio de três pisos, ao lado de um curso de formação de secretárias e em cima da NU Sounds.

Para enfrentar o momento de crise, precisávamos trazer gente à nossa loja. Intensificamos a campanha publicitária com um "*Guia passo a passo da nova loja da Virgin Records na Oxford Street*". Os anúncios bem-humorados continuavam: "*Não tem nenhum careta na Virgin Records. Nosso cliente é esperto, reconhece o que é bom pelo cheiro."* Oferecíamos mais do que discos: tínhamos café, fitas cassete, pôsteres e *headphones*, tudo a trinta segundos da estação de metrô de Tottenham Court Road. Há quem suspeite que nossos funcionários negociavam mais do que isso, mas não creio que eu deva fazer comentários sobre como eles se viravam em seu tempo livre.

Em fins de 1971, estávamos comprando anúncios de página inteira na contracapa de jornais e revistas para declarar que éramos Os Melhoríssimos, Primeirésimos e Mais Baratos. Outro anúncio dizia o seguinte: *"Ha, ha, ha, ha. Este é o nosso diretor-administrativo dando dinheiro a um cliente. O cara tentou pagar o preço integral por um disco."*

De certa forma, não houve grandes mudanças. Em 2008, se você estivesse sentado num vagão lotado da linha Central do metrô de Londres, podia olhar para cima e ler um anúncio da Virgin Media que ainda carregava o mesmo tom irreverente e amistoso. Naqueles primeiros tempos, já estávamos promovendo o conforto e o direito de escolha do consumidor — só que em proporções diferentes.

De volta a 1971, alguém teve uma ideia brilhante. Devíamos abrir um estúdio de gravação. Tom Newman, um dos membros da equipe original da Virgin Records, sugeriu a princípio que montássemos um estúdio de quatro canais. Nesse meio-tempo, eu tinha conhecido George Martin, o lendário produtor dos álbuns dos Beatles, a fim de entrevistá-lo para uma nova edição da *Student*. Quando lhe falei de meus planos, ele disse que estúdios de quatro canais estavam fora de moda e que as gravações modernas precisavam de um equipamento de pelo menos oito canais. Mandei Tom se livrar da mesa de quatro canais que já tínhamos comprado e procurar uma de oito. Gastamos 1.350 libras esterlinas. Eu aprendia uma dispendiosa lição de negócios: arranje o melhor equipamento que você puder pagar.

Quando completei 21 anos, tinha uma revista, um serviço de entrega de discos pelo correio e planejava lançar um estúdio de gravação. Como se não bastasse a dívida de 11 mil libras que acumulamos depois de nosso primeiro ano no negócio de discos, fui fulminado por uma úlcera. O médico me aconselhou a tirar um tempo de folga. Tom Newman e eu achamos que mudar o estúdio para o campo poderia ser uma opção. Pelo menos seria melhor para a minha saúde. Comprei um exemplar da *Country Life* e vi o anúncio de uma velha mansão em estilo inglês em Shipton on Cherwell. Parecia o lugar ideal. Eu me apaixonei pela casa no instante em que pus os olhos nela. Queria desesperadamente comprá-la, então adiei o plano de adquirir um estúdio de 16 canais. O banco concordou em me conceder um empréstimo e, no dia 25 de março de 1971, comprei a Mansão.

Em outubro de 1971, quando já anunciávamos a venda de camas de água em nossas lojas, havia uma pequena nota adicional em nossa publicidade: "*Temos agora um tranquilo estúdio no campo. Se você quer fazer um som e, ao mesmo tempo, relaxar, ligue para nós.*" O estúdio estava pronto para bombar. E bombou.

Começou a atrair o tipo de músicos que gostávamos de ouvir. Logo se tornou imperativo transformá-lo num estúdio de 16 canais, à medida que as bandas iam se sofisticando. Em vez da simplicidade de baixo, bateria, guitarra e vocais, havia agora mais *dub* e sobreposição de diferentes sons e texturas. Logo nos demos conta de que íamos precisar de uma mesa de 32 canais para fazer frente à demanda crescente: a tecnologia de gravação e a evolução dos sintetizadores permitiam novas formas de expressão musical, com sons cada vez mais excêntricos. Mandamos buscar os especialistas da Westlake Audio em Los Angeles para projetar o novo estúdio — com som Dolby — e fizemos questão de só comprar equipamentos de última geração. A magia da Mansão era ser um lugar em que os artistas podiam relaxar e se divertir depois de sair de uma sessão no estúdio. Era um lugar convidativo. Mantínhamos a adega bem abastecida e sempre embarcávamos na onda deles. Se uma banda queria dar uma festa de arromba ou um baile gay à fantasia, tudo bem para nós. Era isso que fazia a coisa funcionar. Desde essa época, em todos os nossos negócios, sempre insisti para que a Virgin tentasse criar esses lugares, ou salas especiais, em que as pessoas possam se inspirar e dar o melhor de si naquilo que fazem.

Quase todos os maiores nomes do rock e do pop construíram um nome naquele estúdio. A Mansão me ensinou a administrar um negócio lidando com pessoas criativas. Aprendi também que nem todo mundo conquista o que realmente merece na vida. Vi alguns músicos de talento mediano darem sorte e outros que tinham talento jorrando pelos poros não darem em nada. Bebi com gente que não sabia aproveitar os próprios dons — e com gente que tirou o maior proveito possível de seus talentos duvidosos.

O disco de estreia de Mike Oldfield, *Tubular Bells*, marcou a chegada do emergente império Virgin ao topo do mercado. Mike era (e ainda é) um gênio. Mas era também um trabalhador incansável e fastidioso — e essa é uma característica que costuma fazer você ir longe na vida. Lembro-me de ouvir pela primeira vez uma fita antiga com seu material em nossa casa flutuante e ficar cativado pela complexidade e beleza arrebatadora daquilo. Era espantoso que um garoto de 15 anos tocasse todos aqueles instrumentos tão bem. Tentamos atrair o interesse de algumas gravadoras, mas todas tinham tampões no ouvido, e seus dinossauros encarregados de caçar talentos fecharam as portas para ele.

Assim, certa tarde no *pub*, eu disse à nossa equipe: "A gente mesmo pode fazer isso. Vamos criar nossa gravadora e lançar Mike como um dos primeiros LPs do selo Virgin Records."

Todo mundo achou que eu tivesse bebido demais. Ainda éramos basicamente um serviço de entrega postal, não uma gravadora. Mas teimei em seguir em frente. Pedi a Mike uma lista dos instrumentos que seriam necessários e fui a Charing Cross Road para alugá-los: bateria, sintetizadores, guitarra, baixo e sinos tubulares. Encaixamos Mike na agenda do estúdio de gravação, entre uma reserva e outra, na primavera de 1973. Ele trabalhava dia e noite, tocando sozinho todos os instrumentos, depois ia para a mesa de mixagem com Tom Newman para o ajuste fino. Nunca tinha visto alguém se concentrar com tanta intensidade e atenção nos detalhes acústicos.

Nossa decisão de distribuir o álbum por conta própria era astuta. Mas não havia nenhuma certeza àquela altura de que a aposta daria certo. A Virgin Records era um negócio pequeno que não tinha nem o foco nem a rede de distribuição das grandes companhias.

Naquela mesma época, estávamos lançando *Radio Gnome Invisible*, do Gong, e promovendo uma banda de rock alemã de vanguarda chamada Faust. (No típico estilo Virgin Records, estávamos *dando* o disco, *The Faust Tapes*, por 48 *pence* — um álbum pelo preço de um single.) Mas Gong e Faust seriam meras notas de pé de página na história da música perto de *Tubular Bells*. Chris Blackwell, que administrava a Island Records — a empresa que mais se aproximava do nosso modo de pensar —, adorou o trabalho de Mike e se ofereceu para distribuir o disco para nós. Chegou a propor comprá-lo de nós por um preço altamente convidativo.

Era tentador, mas decidimos fazer tudo sozinhos. Foi o tipo de decisão que mudou inteiramente o jogo, uma grande ousadia de nossa parte. Estou sempre pronto a correr riscos altos: *um risco maior em troca de uma fatia maior do bolo*. Foi o que aprendi na época e é o que, numa nova versão, aplico nos negócios ainda hoje. Talvez fosse sensato deixar a Island fazer todo o trabalho pesado: publicidade, marketing e distribuição. Mas eu sentia que, tendo depositado nossa confiança em Mike, devíamos fazer tudo sozinhos.

Em junho de 1973, John Peel tocou o disco em seu programa noturno na Radio 1, *Top Gear*. Era a primeira vez na história que o *disc-jockey* da BBC tocava o lado inteiro de um disco.

Na manhã seguinte, todo mundo queria botar as mãos naquele disco, e o telefone não parava de tocar. Nunca mais parou.

A influência de John Peel era enorme — assim como era a da imprensa musical. O poder dos veículos impressos sempre tivera um papel importante na construção da marca Virgin. Mas só comecei a compreender isso de forma mais profunda naquele verão de 1973. Enquanto as críticas de Gong e Faust eram mornas, as de Mike Oldfield pegavam fogo.

O disco se manteve na lista dos mais vendidos por cinco anos, atingindo a marca de dois milhões de cópias só no Reino Unido. Ao redor do mundo, o número ficou próximo de dez milhões.

Em novembro de 1972, aos 22 anos, estava conversando com minha namorada quando rabisquei uma de minhas primeiras listas.

1. *Aprender a voar.*
2. *Cuidar de mim/de você/do barco.*
3. *Entreter todo mundo a meu redor.*
4. *Convidar pessoas legais a voltar.*
5. *Começar a pôr minha casa na Mansão em ordem.*
6. *Começar a comprar coisas variadas para a Mansão.*
7. *Pensar em novos projetos para mim/conhecer-me melhor.*
8. *Abrir mais lojas.*

Mas, apesar de todas essas ambições, era óbvio que ainda éramos uma empresa pequena avançando no escuro. A maioria de nós não tinha mais que vinte e poucos anos. Precisávamos de aconselhamento profissional, e, em 1973, comecei a procurar um contador de verdade. Eu mesmo escrevi o anúncio:

> *No espaço de três anos, a Virgin Records já tem 17 lojas, dois estúdios de gravação, uma grande empresa exportadora, uma de importação, uma editora, uma agência de publicidade, uma empresa de gerenciamento, licenças em todos os países do mundo, uma gravadora de sucesso e uma equipe simpática de 150 pessoas. A Virgin Records não tem um departamento de contabilidade digno de tudo isso.*

A Virgin Records cresceu até se tornar a maior gravadora independente do mundo. E, em 1992, depois de nossa aventura malsucedida na bolsa de valores em 1987, foi vendida para a EMI por um bilhão de dólares.

Passamos por apertos em diversas ocasiões naqueles primeiros tempos. Fomos capazes de cumprir quase todas as nossas promessas, mas era uma luta constante. Mesmo assim, se eu pudesse voltar no tempo, acho que não mudaria nenhuma das grandes decisões que tomamos. Estávamos tateando o terreno e descobrindo o que a marca poderia oferecer. Começávamos a despertar para a ideia de que os interesses da Virgin estavam menos em nosso entusiasmo por algum negócio em particular e mais em dar aos consumidores um motivo para se entusiasmar com as coisas variadas que fazíamos. É por isso, creio, que o modelo da Virgin é tão diabolicamente difícil de ser copiado por quem está começando. A não ser que, de antemão, você tenha a vantagem de trabalhar numa área cheia de magia — como certamente era o negócio de música nos anos 1970 —, é difícil imaginar um modo de despertar a lealdade e a simpatia de seus consumidores à medida que você cresce e se expande.

Isso não quer dizer que seja impossível. Mas as Virgins do futuro não se parecerão em nada com o que um dia fizemos. Vão emergir do negócio de games, do setor de redes sociais ou de algum outro campo bastante desconhecido para mim e para a minha geração. Vão ser contemporâneas e meio esquisitas, eletrizar a garotada, assustar os pais — e pegar todo mundo de surpresa.

Emma, uma garota de 16 anos, não tem como pagar a conta de um telefone celular. Ela acaba de deixar a escola e começou a trabalhar num salão de beleza. Não ganha muito, mas quer ter um padrão de vida compatível com o de seus amigos. Gosta de folhear revistas de celebridades, ver *Friends,* ouvir Madonna, Janet Jackson e MC Hammer e costuma conversar bastante com Mark, seu namorado, que é ligeiramente mais velho. Ele acaba de arrumar emprego como peão numa empreiteira e torce por um time de futebol de ponta, embora não consiga pagar o preço dos ingressos por toda a temporada. Gosta de tomar cerveja com os amigos, de rap e hip-hop e quer instalar um sistema de som potente em seu Toyota turbinado assim que conseguir tirar a carteira de motorista. Estamos na década de 1990. As grandes empresas de telefonia não estão lá muito interessadas em Emma e Mark — mas nós estamos.

Nossa entrada no mercado de telefonia celular continua sendo até hoje uma das melhores realizações de nossa marca. Ao oferecer telefones pré-pagos aos jovens, estávamos lhes propondo um produto que obviamente não custaria os olhos da cara a consumidores que todo mundo tratava de ignorar. A proposta reforçou os valores de marca que a Virgin tinha adquirido nos anos 1970 e os projetou, por meio de um novo meio, para a nova geração. Foi nesse momento que a marca Virgin se tornou "móvel", como a telefonia, transitando quase sem fronteiras não só entre um mercado e outro, mas — o que é ainda mais incrível — de uma faixa etária a outra.

Adoramos lançar novas empresas em setores que não nos são familiares, e mais à frente neste capítulo vou lhe explicar como funciona de fato nosso modelo de "capital de risco com a marca Virgin". Esse negócio de passar de uma geração a outra, porém, me parece quase que um milagre: não estou muito certo de quanto disso pode ser atribuído ao planejamento ou à pura sorte. O fato é que nossa marca conseguiu se manter no topo por duas gerações e está a caminho de capturar a imaginação de uma terceira. Pesquisas de mercado mostram que a marca Virgin é a mais admirada, tanto pelos pais quanto pelos filhos. À medida que eu for envelhecendo, o desafio será conquistar também a próxima geração, de modo a ter três gerações que apreciem o que fazemos. A essa altura, o apelo nostálgico da década de 1970 terá se esvaído — e aí vamos descobrir se a marca Virgin é realmente atemporal!

Nossas aventuras na telefonia celular começaram no Japão. Eu estava de visita no país e um dia perguntei a alguns jovens qual era a última tendência do momento. Eles me mostraram orgulhosamente seus telefones celulares. Os japoneses estavam quilômetros à frente nesse jogo: a NTT DoCoMo, um braço da Nippon Telecom, tinha lançado celulares com acesso limitado à internet. O entusiasmo daqueles jovens pelos joguinhos on-line da DoCoMo me deram uma ideia clara do rumo que a telefonia celular estava tomando. A NTT DoCoMo, a maior empresa de celulares do Japão, foi a primeira a lançar no mercado um telefone de massa com acesso à internet. Precisávamos entrar nesse jogo também.

Nos anos 1990, eu estava cada vez mais consciente de que nosso crédito com a juventude ia decaindo à medida que minha geração envelhecia. A garotada para a qual um dia vendêramos discos agora comprava pacotes de férias, previdência privada, serviços financeiros e planos de saúde. Isso não era um problema para nós, pois vendíamos tudo isso. Mas e os filhos dessas pessoas? Telefones celulares e mensagens de texto eram um mercado em constante expansão. Para pessoas de 16 a 24 anos, esses aparatos estavam se transformando numa espécie de extensão do próprio corpo. Sendo assim, do ponto de vista de marketing, os celulares nos deram a oportunidade de reforçar a presença da Virgin no mercado jovem. Começamos no Reino Unido em 1999.

Sabíamos que tínhamos nas mãos um belo produto e um bom jeito de lançá-lo. Colocamos nossos cartões à venda em lugares de fácil acesso para os jovens. Procuramos a WH Smith's, a Sainsbury's, a Tesco, a Texaco e a BP.

Mas ainda precisávamos chamar a atenção da garotada.

O orçamento que James Kydd, o guru de publicidade da Virgin Mobile, tinha para gastar na construção da marca estava longe de ser generoso. (Para se ter uma ideia, certa vez lhe cobramos que competisse com a Coca-Cola e seu orçamento de quatrocentos milhões de libras esterlinas, dispondo apenas de quatro milhões.) Na batalha dos celulares, a concorrência estava dividida entre quatro empresas — Vodafone, TV Cellnet, One2One e Orange —, de modo que a montanha que James teria de escalar não era tão alta como da outra vez, em que praticamente teve de encarar o monte Everest. Calculamos que o dinheiro que os rivais tinham para gastar contra ele estava numa proporção de três para um. James me disse que a proporção era viável. Dei-lhe quatro milhões de libras para o lançamento.

James se concentrou em nosso público-alvo. Encontrou notícias interessantes que os tabloides e outras mídias iam querer cobrir. E usou os canais emergentes da internet e as redes de marketing viral para gerar um burburinho e criar um clima divertido.

Ao mesmo tempo, como tínhamos de permanecer aos olhos do público como "defensores do consumidor", atacamos os outros concorrentes de forma mais direta, desafiando Hans Snook, o CEO da Orange, a cumprir sua palavra quando prometeu igualar nossas tarifas. Ele não o fez. E então a Virgin Mobile desferiu alguns golpes na Carphone Warehouse, de Charles Dunstone, intimando-a a recomendar nossos telefones. Charles, um grande companheiro meu de navegação e esqui, foi nobre o bastante para levar a coisa na brincadeira, mas acho que nossa campanha atrevida o fez passar por alguns constrangimentos na época.

A Vodafone era uma empresa de meia-idade, a BT estava em declínio, a One2One era fraca demais e a Orange — considerada a melhor do lote — estava se dedicando demais ao mercado corporativo. Assim, quando a Virgin Mobile se dirigiu ao mercado jovem, o caminho estava mais ou menos livre. E fizemos questão de trilhá-lo com aquele tipo de atitude espirituosa e irreverente que tínhamos cultivado desde os primeiros tempos da Virgin Records. Criamos um serviço de encontros românticos às cegas que as pessoas adoraram: dávamos aos clientes até a opção de receber uma chamada meia hora depois de iniciado o encontro, para que, se fosse o caso, pudessem ter uma desculpa e pular fora: "Sinto muito, mas preciso ir — meu cachorro morreu!"

Nossos comerciais de TV foram um trabalho de gênio. Os profissionais de criação apareceram com a ideia da série "O Diabo encontra serviço para mãos ociosas", estrelada por uma série de astros, entre eles Busta Rhymes, Wyclef Jean e Kelis. Todos tinham de concordar em rir de si mesmos. Queríamos que fossem engraçados. Os anúncios logo viraram uma sensação, e recuperamos a sintonia com a cultura jovem urbana.

Criados por Ben Priest e dirigidos por Bryan Buckley, os anúncios eram inteligentes e divertidos e acabaram dando um tom *cool* ao negócio como um todo. Logo de cara percebemos que estavam funcionando. Uma estatística crucial para nós era o acrônimo ARPU, *average revenue per user* (receita média por usuário). Ele foi subindo e subindo até termos o maior ARPU do mercado de pré-pagos. No primeiro trimestre de 2003, a Virgin já contabilizava mais clientes que a O2, a Orange, a T-Mobile e a Vodafone juntas.

E, em maio de 2004, quando comemorávamos nosso consumidor número 4.000.000, fechamos contrato com Christina Aguilera, que tinha 23 anos.

O comercial, filmado em Los Angeles, mostrava Christina fazendo piada com sua própria relação com os paparazzi. Ela aparece na luxuosa sala de espera de uma gravadora quando seu dedão de repente começa a se mover pelo botão que controla o "sobe" e "desce" da cadeira em que está sentada. As subidas e descidas da cadeira são testemunhadas — e mal-interpretadas — por alguns pedreiros que trabalham no prédio do outro lado da rua, que acreditam ter esbarrado no escândalo sexual do ano. Estávamos certos de que teríamos desenterrado um tesouro quando os paparazzi da vida real deram um jeito de fotografar Christina durante as filmagens, gerando reportagens apimentadas — e falsas — sobre o anúncio, antes mesmo de ter estreado. Obrigado, rapazes: vocês nos ajudaram a aparecer!

A publicidade é um ponto absolutamente crítico. Você tem de pôr sua marca na boca do povo, especialmente se ela tiver o consumidor como foco principal. É preciso estar disposto a usar sua própria imagem, além de seu orçamento de propaganda, para inscrever sua marca no mapa. Uma boa história de relações públicas é infinitamente mais eficaz que um anúncio de página inteira — e muitíssimo mais barata. Sigo uma regra imutável. Se a CNN me liga e quer me entrevistar, largo qualquer coisa que estiver fazendo para ir. Recusar a chance de falar ao mundo sobre sua marca me parece uma completa loucura e me espanta que as pessoas que autorizam orçamentos publicitários de muitos milhões de dólares — os CEOs e presidentes de grandes corporações — sejam as mesmas que se escondem por trás de seus assessores de imprensa e batem a porta na cara de todos os jornalistas.

Não há como questionar o fato de que a Virgin Mobile foi bem-sucedida, pois cumpriu a promessa de ser uma marca única: uma marca que tem apelo não para qualquer área demográfica em particular, mas para uma atitude mental. A marca Virgin tem a ver com irreverência e ousadia. Valoriza o discurso franco. Não é mesquinha ou mercenária. Tem a voz de uma iniciante — e, num mundo de constantes inovações técnicas, a voz de uma empresa nova que se dirige às coisas com frescor é uma voz que as pessoas consideram estranhamente reconfortante. Trata-se de uma marca que diz: "Estamos nessa juntos." Considero brilhante o trabalho de James Kydd ao atualizar esses valores para uma nova geração. Será que isso pode ser feito outra vez? Creio que sim. Não há nada necessariamente ligado aos anos 1970 ou 1990 nos valores que acabo de listar. A atitude é atemporal. É humana. Gosto de pensar que tem sagacidade psicológica. Mas reconheço que, se meu filho, Sam, ou minha filha, Holly, decidissem se juntar aos negócios — e eu jamais os influenciaria nesse sentido —, nosso trabalho se tornaria mais fácil, porque poderíamos ter rostos mais jovens lançando novos produtos, em vez de seu pai de meia-idade!

Antes de falar da Virgin Blue — uma grande aventura recente para a marca Virgin —, acho que este é um bom momento para falar de mim. Refiro-me a Richard Branson, a celebridade (ou mascote, ou bode expiatório — já fui as três coisas em minha vida).

Grande parte da história da Virgin está ligada à minha disposição de ser uma figura central em nossa publicidade. Não sei quantos figurinos diferentes cheguei a vestir em minha carreira de homem de negócios — provavelmente mais do que Laurence Olivier. Agradeço a Jackie McQuillan, nossa diretora de Relações com a Mídia, por grande parte deles. Nos últimos 15 anos, ela bolou muitos figurinos e feitos acrobáticos para mim — desde raspar minha barba e usar um vestido de noiva até me vestir como um príncipe hindu e pular de um edifício em Bombaim, ao mesmo tempo em que tocava tambor, para lançar nosso primeiro negócio na Índia! Acho que o público gostou dos espetáculos visuais que criamos ao longo dos anos. O que os torna agradáveis é o fato de serem planejados com muito cuidado. Eles precisam ser espirituosos. Têm de fazer o público sorrir. Devem se dirigir à cabeça ao mesmo tempo em que se dirigem aos olhos. Precisam funcionar ao serem contados do mesmo modo que funcionam para quem os testemunha. E, sobretudo, têm de transmitir as características da marca ao mesmo tempo em que transmitem a mensagem. Minha aparição seminua em Times Square em julho de 2002 é um bom exemplo: para anunciar nossa parceria com a MTV, uma divisão da Viacom, eu usava apenas um celular para cobrir minhas partes baixas. "Estou aqui para provar fisicamente que o serviço de telefonia celular da Virgin Mobile americana não tem nada a esconder", declarei.

E, como veremos, a reputação da Virgin como uma companhia que não tem medo de experimentar acabou tendo uma consequência imprevista, mas de grande valor: quando as coisas não dão certo em nossas campanhas publicitárias cuidadosamente ensaiadas, ainda assim elas expressam a marca!

Mas será que é construtivo atrair tanta atenção e foco para o dono de um negócio? Às vezes isso pode vir a ser um problema. Como explicarei mais adiante, as bobagens que publicaram sobre minha "troca de favores" com o primeiro-ministro britânico, Gordon Brown, só porque estávamos no mesmo avião, não foram nada favoráveis à nossa pretensão de comprar o endividado banco Northern Rock. Mas, no geral, os pontos positivos ultrapassam os negativos. Minhas famosas aventuras pessoais não apenas jogaram os holofotes sobre a marca, mas a personificaram. Usei meu sucesso nos negócios para me atirar em algumas aventuras realmente maravilhosas. A corrida de lanchas e o balonismo foram ótimos para a marca, porque eram desafios de verdade, encarados com um espírito que espelhava nossos valores como empresa. Além de serem tremendamente divertidos. Tentativas de bater recordes mundiais não são o tipo de coisa que agrada a qualquer um, nem agrega valor a qualquer marca. O segredo é encontrar seu próprio jeito de personificar os valores de sua marca. Acho que você perceberá as vantagens advindas disso.

Em geral, a imprensa tem sido extremamente justa com a marca Virgin. Conseguimos dar vivacidade às páginas de noticiário, matérias especiais e artigos com alguns de nossos desafios — e, por termos tantos negócios voltados para o consumidor, há sempre um fluxo regular de notícias para atiçar o apetite da mídia. Nosso pessoal de imprensa se certifica de que jornalistas sejam convidados para todos os lançamentos de nossos produtos e se mantenham sempre a par de nossos planos. Para qualquer empresa dedicada a construir uma marca voltada para o consumidor, o diálogo com jornalistas é parte do jogo. Já conheci um monte de empresários que se esquivam da atenção do público, mas sinto que o Virgin Group desenvolveu uma forte relação com a imprensa ao longo desses anos. Além do mais, comecei minha carreira como foca na *Student* e gosto da companhia de editores, articulistas, repórteres e relações-públicas.

Dito isso, acredito ser importante que o relações-públicas construa a imagem de empresas específicas e seus líderes tendo em vista o quadro maior do grupo que elas integram.

Steve Ridgway, executivo-chefe da Virgin Atlantic Airways, mantém-se sempre em segundo plano — normalmente com um sorriso no rosto — quando estou fazendo um pronunciamento ou alguma das apresentações promocionais. Mas Steve também fica contente de aparecer em artigos de jornal e revistas especializadas do setor que sejam relevantes para promover a companhia. É assim que deve ser e agrada-me que os executivos-chefes das empresas do Virgin Group trabalhem com afinco na promoção da marca.

Sentindo os efeitos do fuso horário depois de um voo de 14 horas, fui apanhado imediatamente na porta do avião e levado a um helicóptero com as hélices já em movimento que me aguardava na pista do centro de aviação privado. Por um momento, pensei que pegaria uma carona mais rápida para o hotel, mas estava enganado.

Um dos membros da equipe Virgin amarrou um cinto de segurança à minha volta, passando pela cabeça, apertou bem, depois me prendeu a um cabo de aço. Eu estava prestes a receber uma descarga de adrenalina que dizimaria qualquer sonolência que ainda restasse da viagem.

Minha chegada à Austrália foi de gelar a espinha. Foi o mais perto que já cheguei de voar como um pássaro. Posso lhe garantir que não se trata da rota normal para os passageiros da Virgin que pousam no aeroporto Kingsford Smith e rumam para o centro de Sydney. Fui puxado pelo helicóptero e fiquei balançando uns trinta metros abaixo dele, enquanto subíamos cada vez mais, deixando o horizonte embaixo. Foi uma chegada espetacular, como a de Peter Pan sobrevoando Londres. Em vez do Big Ben e do Parlamento, eu via moças tomando banho de sol em Bondi Beach e surfistas deslizando nas águas cristalinas lá embaixo. O passeio aéreo me conduziu por cima da ponte Harbour, chegando tão perto que meus sapatos quase roçaram o topo do arco. Passamos zunindo pela Opera House, onde dezenas de pessoas acenavam para mim, e pousamos na Custom House Quay, em meio a um pelotão de jornalistas. O plano era que eu conversasse com eles sobre o lançamento da Virgin Mobile na Austrália. Respirei fundo.

Sempre que vou à Austrália, passo por experiências intensas. Já fiz esqui aquático atrás de um dirigível em águas infestadas de tubarões, sendo resgatado pelas lindas mulheres de Bondi Beach; conversei com o apresentador de rádio Rosso, da famosa dupla de comediantes Merrick e Rosso; distribuí sorvetes de chocolate em meio às atrações musicais do grandioso V Festival — todas as coisas normais que um presidente de empresa deveria se dispor a fazer, mas muito raramente faz.

Com frequência me perguntam o que aprendi ao fazer negócios na Austrália. Será que a experiência de criar a Virgin Blue foi diferente de fazê-lo em outros países? A resposta é sim, foi diferente — e altamente recompensadora também.

Acho que os australianos são mais receptivos à ideia da marca Virgin do que qualquer outro povo do mundo — e isso inclui os britânicos. Mesmo antes de a Virgin Blue decolar, a marca tinha 94% de reconhecimento no país, algo que talvez estivesse relacionado de algum modo com minhas peripécias no balonismo e na corrida de lanchas, além de minha autobiografia, *Perdendo minha virgindade*, que vendeu bem por lá. Em 2008, a Virgin Blue foi listada como uma das dez marcas mais fortes da Ásia-Pacífico e uma das cinco mais confiáveis da Austrália.

Já tentei entender por que a marca Virgin tocou de forma tão profunda o povo australiano, e acho que isso se deve ao fato de a diversão ser informalmente o esporte nacional deles. A maioria dos australianos não tem nada de provinciana. Muitos já viajaram pelo mundo de mochila nas costas antes de sossegar e criar raízes. Eles não gostam de regras desnecessárias ou de mesquinharias burocráticas e estão sempre prontos a suar a camisa no trabalho, depois sair para a farra e se divertir como se não houvesse amanhã.

Sempre pensei na Virgin como uma marca jovem (não uma "marca para jovens", que é uma ideia diferente e mais restrita). Na Austrália, porém, não creio que os valores da Virgin tenham as mesmas conotações no que diz respeito à idade. Todo mundo parece entendê-la de cara, sem se preocupar se o que oferecemos tem como alvo esta ou aquela geração.

Levando-se em conta a crescente maturidade da Virgin e a distância cada vez maior que se vai abrindo entre nossos negócios atuais e a memória de nossas raízes no rock progressivo, a boa acolhida que tivemos na Austrália é encorajadora. Ela me convence de que nosso apelo suprageracional não é uma fraude: nossa proposta é, de modo geral, universalmente bem-recebida.

Tem sido fascinante observar como a marca Virgin interage com outros aspectos do caráter nacional australiano. Quando você compete contra australianos, o jogo é sempre duro, mas, em geral, escrupulosamente limpo e justo. Eles também têm certa simpatia por quem está por baixo, e a maioria dos nossos negócios no país se encaixou nesse modelo, embora a Virgin, como grupo, empregue hoje milhares de pessoas por lá. Parte do espírito esportivo australiano é jogar pesado e, em qualquer jogo, derrotar seu competidor da forma mais impiedosa possível, para depois tomar umas cervejas com ele e comemorar — ou se compadecer — em clima amistoso. "Não foi por mal, cara" é uma expressão comum depois de uma desavença. Esse também é o espírito da Virgin, embora nunca tenhamos pensado na marca exatamente com esses termos quando começamos. Ou seja, é possível que a experiência da Virgin Blue esteja agregando um sentido extra à nossa filosofia.

O australiano comum — como o neozelandês — merece ser bem-tratado. Ele trabalha duro para ganhar seu dinheiro e odeia que lhes passem a perna. E todos sabiam, há muitos anos, que a Qantas, a companhia aérea nacional, a hoje defunta Ansett e a Air New Zealand simplesmente não estavam oferecendo um serviço à altura do preço que cobravam.

Sempre disse que adoro cutucar empresas preguiçosas: a Qantas e a Ansett eram boas companhias aéreas, mas formavam um duopólio prontinho para ser desafiado. Em agosto de 1999, anunciamos nossa intenção de fundar uma empresa aérea doméstica na Austrália. Tínhamos dez milhões de dólares australianos para investir.

Hoje, a Virgin Blue detém 32% do mercado de viagens aéreas na Austrália, com mais de 2.200 voos por semana para 22 destinos domésticos. Expandiu-se até a Nova Zelândia como Pacific Blue, voa para Tonga, Samoa e Fiji como Polynesian Blue e está planejando uma rota para os Estados Unidos como V Australia.

Em menos de dez anos, pusemos de pé uma companhia aérea que os australianos, neozelandeses e polinésios parecem realmente amar — toda vez que subo a bordo de um de nossos aviões, os bons fluidos são contagiantes.

A Virgin Blue foi concebida pelos australianos Brett Godfrey, cujo pai trabalhara para a Qantas, e Rob Sherrard, que fundara a Sherrard Aviation, dando a Brett seu primeiro emprego como contador. Eles rascunharam o plano no verso de uns descansos de copos de cerveja em 1993. Brett andou com esse maço de cartões de papelão no bolso traseiro da calça por anos até me abordar. É curioso que algumas das melhores ideias na vida apareçam depois de se molhar um pouco a garganta!

Brett começou a me chamar a atenção quando escreveu uma brilhante resposta a um artigo hostil à nossa transportadora aérea europeia, a Virgin Express. Seu texto, que resumia meus pensamentos de forma precisa, não me saiu da cabeça por muito tempo.

Em 1999, Brett era o chefe do departamento financeiro da Virgin Express. A empresa tinha passado por três CEOs, e ele quebrara o galho como chefe de operações também, de modo que, àquela altura, conhecia de perto todos os entraves e problemas da companhia. Tinha uma disposição incrível para o trabalho, além de um jeito excelente de lidar com as pessoas. A força de sua personalidade conseguira apaziguar algumas situações bem complicadas.

Assim, numa noite de quinta-feira, telefonei para Brett e lhe ofereci o emprego de cabeça da Virgin Express em Bruxelas, onde ele já morava. Brett foi educado, mas recusou a oferta. Disse que ia se demitir porque agora tinha dois filhos pequenos, Ryan e Nicholas, com sua mulher, Zahra, e queria voltar para a Austrália.

Eu disse:

— Se você quiser fazer alguma coisa na Austrália, me avise para vermos o que podemos fazer.

— Engraçado você dizer isso — foi a resposta dele. E começou a me falar de seu plano para uma empresa aérea de baixo custo no país.

— Bem, por que você não põe isso no papel? Prometo dar uma olhada — disse eu.

Brett foi para casa aquela noite, passou a limpo seu plano e mandou um de seus colegas voar a Oxford, na manhã seguinte, para entregar-me o projeto. Eu li tudo e liguei para ele na noite seguinte.

A ideia de Brett já tinha sido rejeitada pelo comitê executivo da Virgin em Londres. Mas eu acreditava haver algo de valor ali. Ele me disse que eu era a primeira pessoa a compartilhar de seu pensamento e que estivera a ponto de desistir de tudo. Pedi-lhe que se informasse sobre cinco pontos que me pareceram cruciais, e então voltaríamos a conversar. Minhas dúvidas referiam-se a brechas no tráfego aéreo, boas aeronaves, terminais, emissão de bilhetes e pessoal, inclusive pilotos. Brett foi à Austrália e voltou uma semana depois com todas as respostas. Depois de conversar com nossa equipe, eu disse: "Dane-se, vamos fazer."

Trocamos um aperto de mão. Combinei de lhe dar dez milhões de dólares australianos, e, no dia seguinte, a quantia já estava depositada em sua conta bancária. (O gerente do banco ligou para ele, pensando que fosse um erro!)

Brett já tinha angariado o apoio do governo do estado de Queensland, liderado por Peter Beattie, que queria ajuda com o marketing de uma região pouco explorada turisticamente. Foi um tremendo golpe de sorte — todas as capitais regionais da Austrália estavam animadas com a ideia de sediar uma nova companhia aérea, mas Brisbane, ao lado de Perth, era a parte do país que mais crescia, tendo a Sunshine Coast como grande atração. Os encargos trabalhistas eram melhores do que em qualquer outro estado, e as praias também. Quando anunciamos o lançamento, recebemos 12 mil currículos de pessoas que queriam se mudar para Queensland!

Quando a companhia aérea americana de baixo custo JetBlue foi fundada, ela dispunha de 120 milhões de dólares. O orçamento de dez milhões de dólares australianos de Brett era extremamente apertado, mas ele tinha feito o dever de casa. Sabia que a Compass, a primeira empresa de aviação econômica da Austrália, tinha falido em dezembro de 1991 depois de ser descapitalizada e entrar em colapso, esmagada pela Ansett e pela Qantas numa guerra de preços. O dono da Compass, Bryan Gray, nos deu uma indicação sobre o que fazer — e sobre os pontos em que sua empresa tinha errado. Não precisaríamos repetir seus erros. E o que se seguiu foi o mais perfeito exemplo de "capital de risco com a marca Virgin" que se poderia desejar — e também uma demonstração de por que às vezes é melhor seguir o pioneiro do que ser o próprio.

Começaram a circular rumores sobre a chegada de uma nova companhia no mercado aéreo doméstico australiano, e, em 30 de novembro de 1999, numa entrevista coletiva na Custom House Quay, foi revelado quem era o financiador de Brett. Era a Virgin. Tínhamos mantido o negócio em segredo de forma brilhante e pegamos o mercado de surpresa. Uma passagem de ida de Brisbane a Sydney, que custava 150 dólares australianos, sairia agora por menos de cem. A ASX, a bolsa de valores da Austrália, enlouqueceu. O valor de mercado da Qantas despencou dois bilhões. Brett e eu brincamos que, se tivéssemos feito uma operação de *hedge*[4] apostando na queda das ações da Qantas, já teríamos recuperado os custos iniciais.

Ambos sabíamos que a Qantas era uma das empresas aéreas mais bem-administradas do mundo — mas ela havia relaxado numa situação confortável em seu duopólio com a Ansett. A Virgin Blue tinha de ser completamente diferente. Nossa cultura seria o diferencial — e ninguém conseguia copiar a cultura Virgin.

Desde o primeiro dia, Brett começou a procurar pessoas que não tivessem experiência prévia no mercado aéreo. Os anúncios de emprego da Virgin Blue seguiam mais ou menos esta linha: "Se você tem cabelo roxo, trabalha num açougue e ainda consegue sorrir depois de um dia duro de trabalho, você é o tipo de comissário de bordo que estamos procurando." O estilo lembrava o tom que havíamos criado para a publicidade da Virgin Music. Era direto, informal e verdadeiramente informativo.

---

[4] A operação de *hedge* é uma forma de proteger uma aplicação contra as oscilações de mercado. No caso, realiza-se determinado investimento para reduzir o risco de um outro investimento.

E, claro, eram exatamente essas as qualidades que Brett buscava para sua equipe. É impossível forçar um sorriso por muito tempo, então precisávamos de pessoas que estivessem dispostas a sorrir. O trabalho dos comissários de bordo é duro. Você fica em pé dez horas por dia, em espaços apertados, lidando com o público. Os pilotos pelo menos se sentam e não precisam encarar os passageiros. Mas um membro da equipe de comissários precisa ter o estado de espírito certo para lidar com clientes cujas malas se extraviaram, que perderam seus voos ou derramaram vinho tinto no vestido branco. Na Virgin Blue, Brett e seu pessoal batizaram os comissários de bordo de "equipe de recepção aos convidados", e ele trabalhou com afinco para que todos tivessem a atitude correta. Lembro-me de dizer a ele certa vez que a sua equipe Virgin era mais Virgin do que qualquer outra do grupo. Reconheço que falei isso depois de ir a uma grande festa com eles! Poderia ter dito a mesma coisa sobre o pessoal da Virgin Atlantic na manhã da véspera!

Certa vez um repórter australiano me perguntou por que eu tinha decidido chamar nossa nova companhia aérea de Virgin Blue se o símbolo do grupo era vermelho. A verdade é que fizemos um concurso e algumas pessoas mandaram essa sugestão de pura gozação. No entanto, como na Austrália os ruivos são chamados de *bluey* [azulados], pensamos: Espere aí, isso é bem engenhoso. Vamos chamar nossos aviões vermelhos de Blues [azuis].

Não somos de modo algum a única companhia que faz esse tipo de ironia leve com a própria marca, uma estratégia que costuma ser muito eficaz. É preciso ter anos de sucesso para que valha a pena fazer isso, mas a ideia é boa. Mostra que você está à vontade com seu público. Alguns comentaristas se queixam que o jeito camarada da Virgin é um pouco difícil de entender, considerando-se o alcance global da marca. Eu, pelo contrário, acho que o consumidor é bastante esperto. Ele sabe que somos uma companhia grande. Vê nossos aviões no céu. Acredito que se irrite muito mais com pompa e frases feitas; então é bem melhor rir um pouco de você mesmo do que aparentar ser mais importante do que você realmente é.

Lá atrás, em março de 2000, Brett ainda falava em começar devagar, com um grupo de apenas 12 pessoas, incluindo o diretor de comunicação e terceiro sócio-fundador, David Huttner. Mas, no calor do momento, uma coisa levou à outra e, em agosto, tínhamos uma equipe de 350 pessoas e estávamos prontos para ganhar os céus. Queríamos estar a postos a tempo das Olimpíadas de Sydney, que começaria no dia 15 de setembro, mas o dinheiro estava indo embora depressa. Manny Gill, o diretor-financeiro, procurou Brett para avisar que, como não restava nada nos cofres, não havia como pagar aos funcionários. Mas Brett era astuto: tinha guardado um milhão de dólares em uma conta reserva exatamente para essa eventualidade. E Manny pôde cuidar da folha de pagamento.

Precisávamos de aviões novos, e Brett teve de lidar com isso também. Nossas primeiras aeronaves eram arrendadas, mas logo decidimos comprar dez Boeings 737 New Generation novinhos em folha, entregues diretamente da fábrica em Seattle. Alguns dias depois, recebi meu telefonema diário de Brett. A empolgação tinha sumido da voz dele, e senti seu nervosismo.

— Richard, estou com um cheque de seiscentos milhões de dólares australianos na minha frente. Tem certeza que quer que eu assine isso? O maior cheque que assinei até hoje foi para pagar a hipoteca de minha casa.

— Brett?

— Sim, Richard?

— Assine logo o diabo do cheque.

Nossa projeção inicial indicava que começaríamos a ter lucro dentro de três anos, mas atingimos essa meta mais cedo que o previsto. Brett quis entrar no mercado da Nova Zelândia depois que a Freedom Air, subsidiária da Air New Zealand, inaugurou uma rota entre a Tasmânia e Brisbane. Isso nos permitiu lançar a Pacific Blue, baseada fora da Nova Zelândia, voando entre Christchurch e Brisbane.

A ideia era simples: fazer voos diretos, de um ponto ao outro, em vez de desnecessariamente tocar os passageiros como gado em escalas por aeroportos maiores. A eliminação das escalas tornava mais fácil a vida do consumidor e, como nossos novos aviões eram extremamente confiáveis, tivemos enormes ganhos em eficiência. Em quatro anos, a Virgin Blue tinha 41 Boeings 737, os "burros de carga" da expansão mundial dos voos baratos, com três mil pessoas na folha de pagamento e mais de 30% do mercado. Era um feito considerável.

O dia do lançamento foi 31 de agosto de 2000, às dez da manhã. O voo inaugural estava lotado. Brett, Rob e sua equipe copiaram o meu truque e deram continuidade à tradição de se fantasiar. Quando pousamos, eles tinham se transformado nos Blues Brothers. Eu daria tudo para ver a expressão no rosto de Geoff Dixon, CEO da Qantas, quando ele soube disso. Ali estavam seus únicos concorrentes sérios fazendo piada consigo mesmos, e todo mundo — tripulação, imprensa e passageiros — estava amando-os por isso.

Em um ano, estávamos em pé de igualdade com a Qantas e a Ansett. Sabíamos que os incomodávamos. Eles estavam passando por uma série de problemas. A Virgin Blue, recém-chegada na vizinhança, estava agitando o mercado.

Desde o início, fomos a companhia aérea da internet. Se você queria viajar, o modo mais barato era fazer sua reserva on-line. A Qantas e a Ansett, com seus sistemas antigos e relações com agentes de viagens, recebiam apenas entre 2% e 3% de suas reservas pela internet. As reservas on-line da Virgin Blue eram 60% do total na época do lançamento e chegaram a 92% seis meses depois. A internet era fácil de usar, e como o custo da transação era mínimo para nós, isso nos dava uma vantagem na hora de abaixar os preços.

Então, em junho de 2001, recebemos uma oferta não solicitada de compra da Virgin Blue. Brett foi abordado por Gary Toomey, CEO da Air New Zealand, e eles jantaram juntos no Chairman's Club Lounge, em Melbourne — um lugar suntuoso, cujo banheiro tinha tampas de privada folheadas a ouro. Bateram um longo papo, e Brett disse que, definitivamente, gostaria de ouvir qualquer proposta e que queria manter os canais abertos para o caso de virem a trabalhar juntos no futuro. Poucas semanas depois, Brett foi convidado a encontrar Gary outra vez, agora no Crown Casino, em Melbourne, um famoso ponto de encontro de negociadores de porte. Antes que pedissem as entradas, Gary lhe ofereceu setenta milhões de dólares pela empresa. Brett, rápido como um raio, perguntou se ele estava falando de dólares americanos.

— É claro — respondeu Gary. Era o equivalente a 120 milhões de dólares australianos.

Assim que o jantar terminou, Brett me ligou com essa informação. Ela significava que, pelo menos, tínhamos em jogo uma avaliação do valor de nosso negócio. Do ponto de vista mais amplo do Virgin Group, teria sido um bom momento de reaver parte do investimento, mas, na verdade, era cedo demais para considerar uma venda.

Recusamos a oferta, mas não demorou a aparecer outra, mais significativa. O executivo-chefe da Singapore Airlines, dr. C.K. Cheong, me ligou. Eu o conhecia bem. Em dezembro de 1999, tínhamos vendido uma participação de 49% da Virgin Atlantic para a Singapore Airlines por seiscentos milhões de libras, aplicando o dinheiro em outras áreas do grupo.

A Singapore Airlines detinha 20% do capital da Air New Zealand — e a Air New Zealand era a controladora da Ansett, que, como sabíamos, passava por uma crise profunda. A Air New Zealand a comprara por um preço alto demais, apenas para descobrir que não conseguiria arcar com o custo do grande número de aviões necessários para substituir a frota ultrapassada da Ansett. Considerando os problemas por que passava, não foi surpresa para nós que Cheong quisesse tirar a Virgin Blue do caminho.

O que nos deixou pasmados foi sua proposta.

— Veja bem — ele me disse —, criar a Virgin Blue há um ano só lhe custou dez milhões de dólares australianos. Agora quero lhe dar 250 milhões pela empresa. Mas você tem de me dar uma resposta até amanhã de manhã. Se não concordar, farei investimentos maciços na Ansett, e a Virgin Blue estará arruinada em seis meses.

Cheong era nosso novo sócio, e fora uma conversa amigável! Mas a Virgin Blue era uma companhia aérea fantástica que estava realmente fazendo a diferença na Austrália. Era divertido tê-la no grupo. Possuía os melhores comissários de bordo, aviões novos maravilhosos, e todo mundo a achava o máximo. Ou seja, estávamos num dilema. Por um lado, havia aquela oferta sensacional, que de fato representava um retorno fantástico da soma que tínhamos investido. Por outro, o potencial do negócio era tremendo, e o público e os funcionários confiavam em nós.

Brett compreendeu a situação. Sabia que eu talvez vendesse a empresa. Tivemos um encontro em Brisbane e conversamos por horas a fio. Andamos de um lado para o outro no quarto do hotel a noite inteira, debatendo as diversas opções. Havia algo naquela história que não encaixava. Por que a Singapore estava tão desesperada para se livrar de nós? Por que eles se dispunham a despejar dinheiro no poço sem fundo da Ansett? Só para destruir a Virgin Blue? Eram nossos sócios, com participação na Virgin Atlantic. Eu não conseguia compreender suas intenções.

Meu comitê executivo foi enfático ao me recomendar que vendesse a empresa e embolsasse o dinheiro, mas meu instinto me mandava correr na direção oposta. Como já expliquei, para obter uma fatia maior do bolo, eu geralmente me disponho a aceitar riscos mais altos. Brett telefonou para seus investidores, e eles vieram me ver, a fim de tentar me persuadir a segurar firme e seguir em frente com a companhia. A caminho do elevador do hotel, puxei Brett para um canto e disse:

— Você não precisava da tropa de choque. Não vou vender.

E aí o fax chegou. E voltamos à estaca zero.

Duzentos e cinquenta milhões de dólares australianos. Ali estava a proposta de Cheong, preto no branco. Brett e eu ficamos sentados lá, olhando para o papel. Aquilo era *25 vezes* a quantia que gastáramos para fundar a empresa, menos de um ano atrás. Estaríamos ficando malucos?

Liguei para Andy Cumming, nosso diretor corporativo no banco Lloyds TSB, em Londres. Contei que tínhamos uma proposta de 250 milhões de dólares australianos em jogo e que poderíamos vender a Virgin Blue no dia seguinte, mas estávamos querendo ficar com ela. Se recusássemos um negócio tão lucrativo, o banco continuaria nos apoiando?

Andy e muitos de seus colegas do banco já nos ajudaram muito, permitindo que crescêssemos e prosperássemos. Eles sabiam onde estavam se metendo. Andy disse que nossos outros projetos estavam seguros — ainda tínhamos o apoio do banco.

Então voltamos para o sofá e ficamos olhando para o fax mais um pouco.

Na manhã seguinte, tomamos a decisão. Convocamos uma grande entrevista coletiva no aeroporto de Brisbane, com dúzias de câmeras de TV e a maior parte da imprensa australiana. O silêncio era absoluto quando eu fiquei de pé.

— Olá a todos. Tenho uma boa e uma má notícia. A boa é que tenho um cheque de 250 milhões de dólares nas mãos — e o mostrei. (O cheque era cenográfico, preenchido numa folha do Qantas Savings Bank, tirada do talão de um dos gerentes do aeroporto.) — E estou voltando para a Inglaterra. Não resta dúvida de que nos divertimos a valer na Austrália. É uma pena que tenhamos que vender a companhia hoje, mas a oferta é irrecusável.

Algumas funcionárias da Virgin Blue desataram a chorar. Fiquei tão surpreso com isso que esqueci o texto decorado. Antes que eu conseguisse me recuperar, uma repórter da *Associated Press* saiu correndo do salão para transmitir sua matéria. A notícia correria o mundo em questão de minutos.

— Brincadeira! — gritei, rasgando o cheque em mil pedacinhos e atirando-os no ar. — Não vamos vender *de jeito nenhum*!

Houve gritos de alegria e vivas estridentes. A repórter da *AP*, ouvindo toda a comoção, voltou para o salão pálida.

— Vou perder meu emprego por causa disso!

Fiquei de joelhos e beijei seus pés.

Na noite anterior, enquanto olhávamos para o fax no sofá, Brett e eu nos convencíamos cada vez mais de que algo na proposta não cheirava bem. A Singapore Airlines parecia desesperada *demais* para livrar-se de nós na Austrália e na Nova Zelândia. Por que eles colocariam tanto dinheiro em cima de dinheiro ruim, tentando reerguer uma empresa obviamente debilitada como a Ansett?

Chegamos à conclusão de que a Singapore Airlines não tinha a menor intenção de reerguer a companhia. A última esperança da Ansett era que um blefe nos fizesse desistir da Virgin Blue em troca de dinheiro.

No dia seguinte, eles decidiram cortar a ajuda à Ansett, e, no dia 13 de setembro de 2001, a empresa foi passada a um grupo de administradores de massa falida e não voou mais. A concorrência com a Virgin Blue e o choque do 11 de Setembro, com o ataque às Torres Gêmeas em Nova York, tinham-lhe tirado o último fôlego.

Mais de 16 mil pessoas perderam seus empregos — o maior desastre trabalhista ocorrido de um só golpe na história da Austrália. O colapso da Ansett tornou-se uma questão política na campanha eleitoral de 2001. Kim Beazley, líder da oposição trabalhista, comprometeu-se a manter a empresa viva e subsidiar os empregos. Mas a ideia foi contestada por John Howard, o líder liberal, que defendeu o mercado livre soberano e disse que manter artificialmente viva uma companhia aérea moribunda não seria bom para a Austrália. A vitória da coalizão de Howard com o Partido Nacional sepultou qualquer projeto de ressuscitar a Ansett.

A ironia do 11 de Setembro foi que muitos australianos pararam de viajar ao exterior por medo do terrorismo. Em vez disso, voltaram-se em massa para o próprio país, programando férias em recantos remotos de seu quintal, como Cairns e a Gold Coast. Em virtude disso, a Virgin Blue — agora sem a concorrência da Ansett — duplicou sua frota em seis meses, depois a duplicou de novo e de novo. Suas 36 aeronaves ficaram quase 100% lotadas depois que tantos escolheram não viajar para a Europa nem para os Estados Unidos.

Em termos de produtividade e eficiência, a Virgin Blue estava muito à frente: enquanto a Ansett, no seu auge, costumava transportar dez milhões de passageiros com uma equipe de 16 mil funcionários, empregávamos quatro mil pessoas e transportávamos 15 milhões.

"A Virgin Blue é puro hype ***da imprensa."***

"O mercado não é grande o bastante para sustentar a Virgin Blue."

"A Virgin Blue não tem dinheiro suficiente nos bolsos para se manter firme."

"A Qantas fará o possível para acabar com essa intrusa."

"É improvável que eles sobrevivam um ano."

"As alegações de Richard Branson sobre o preço elevado das tarifas domésticas são enganadoras."

Eis um leque de opiniões de executivos graduados da aviação comercial, citadas pela imprensa em diversas entrevistas. Era evidente que tínhamos começado a provocar um burburinho nos bastidores da Qantas. Quando anunciei que tínhamos obtido do governo britânico o direito de voar para a Austrália (só faltava o governo australiano nos conceder permissão de pouso), um artigo cheio de insultos no *Australian Financial Review* disse que nossos planos não passavam de "um grande pastel de vento".

Achei que aquilo já tinha passado dos limites e, em 2003, escrevi uma carta para o *Australian*:

> *Gostaria de fazer o seguinte desafio a Geoff Dixon. Se a Virgin Atlantic estiver voando para a Austrália em 18 meses, ele concordará em ser humilde o suficiente para embarcar em nosso voo inaugural vestido como uma das comissárias de bordo, servindo nossos clientes por toda a viagem. Se eu não estiver voando para a Austrália até dezembro do ano que vem, estarei disposto a fazer o mesmo num avião da Qantas entre Londres e a Austrália.*

De gozação, incluí uma fotomontagem em que a cabeça de Geoff aparecia no corpo curvilíneo de uma comissária da Virgin.

A resposta de Geoff foi seca:

— Administramos uma companhia aérea, não um circo.

As ações da Qantas caíram 3% imediatamente.

A Virgin Atlantic começou a voar para a Austrália em dezembro de 2004. E Geoff não se vestiu de comissária!

Brett é muito zeloso com sua cria. Poucas semanas antes de a Virgin Blue ser lançada na Bolsa de Valores australiana, um grupo de jornalistas de economia aguardava para entrevistá-lo sobre os números da empresa. Ele estava num voo que vinha de Brisbane para Sidney e era esperado no saguão de desembarque, mas os últimos passageiros saíram e ele não aparecia. Um funcionário do aeroporto foi enviado para buscá-lo. Brett estava no avião, ajudando os comissários a aspirar o corredor, recolher os copos descartáveis e ajeitar os cintos de segurança, para garantir que a aeronave ficasse pronta para o próximo voo mais depressa. Ele sabia que a pontualidade era crucial para o sucesso dos negócios — e da oferta pública de ações.

No dia 13 de novembro de 2003, uma quinta-feira, Brett e eu nos divertíamos a valer numa festa com o pessoal da Virgin Blue no bar Loft, em Darling Harbour. Cambaleamos para fora do estabelecimento às quatro da manhã. Três horas depois, sob as luzes inclementes de uma equipe de TV que nos acompanhara ao longo de todo o processo, demos início a uma série de reuniões com banqueiros e investidores.

Meu encontro com a Goldman Sachs, alguns dias depois, foi um dos mais encorajadores que já tive em minha carreira. O lançamento da Virgin Blue na bolsa atraiu uma demanda 11 vezes maior que a prevista. Duzentos e cinquenta investidores institucionais exigiam 3,8 bilhões de ações! Como bom provocador, cheguei a pensar se devia ligar para Geoff Dixon e mandá-lo erguer a bandeira branca.

Em 8 de dezembro de 2003, dia em que lançamos a Virgin Blue na ASX, tivemos uma capitalização de 2,3 bilhões de dólares australianos. O retorno do investimento feito pela Virgin era descomunal. Mas para mim a satisfação maior foi ver Brett, o sócio-fundador, e sua equipe colhendo também os frutos do sucesso da Virgin Blue.

A parte de Brett correspondia a oitenta milhões de dólares australianos. Hoje ele é um dos mais ricos australianos com menos de 45 anos, graças aos milhões que ganhou naquele dia. Quando lhe perguntam por que não se aposenta e vai viver numa praia de Queensland, ele se limita a balançar a cabeça. Vê as oportunidades que estão à frente quando a Virgin começar a voar da Austrália aos Estados Unidos. E, além disso, ainda adora administrar a Virgin Blue.

Manter um tom constante diante do crescimento rápido foi um requisito fundamental — e, nesse ponto, os valores da marca ajudaram bastante. Acho que Brett é naturalmente um tipo Virgin. Se nunca tivesse trabalhado conosco, seu modo de pensar não seria radicalmente diferente do que é hoje. Mas creio que ter refletido sobre a marca Virgin lhe permitiu ser mais focado, além de transmitir esses valores de modo rápido e eficaz a seus colegas e funcionários.

O negócio emprega hoje mais de 4.200 pessoas, e é difícil ter contato com todas elas, mas Brett faz questão de falar em todos os cursos de ambientação de novos funcionários. Nessas sessões, sua honestidade é absolutamente revigorante. Ele diz que o trabalho de um membro da tripulação pode ser cansativo. Se uma pessoa tem bom temperamento e gosta de sorrir, abraça o emprego e sente prazer nele, ótimo; mas ele, Brett, não vai encher o bolso dos funcionários que estiverem infelizes. Acha ridículo pagar às pessoas salários inflacionados para que elas se sintam mal num emprego que odeiam. Vejam bem, diz ele, deem um tempo de três anos, mais ou menos, e depois decidam. Se estiverem gostando, fiquem — mas se não estiverem, bom, a vida é curta.

Recentemente, em conversa comigo, Brett lembrou:

— Quando começamos essa empresa, eu não abriria mão de que fizéssemos tudo da estaca zero. Havia uma companhia aérea à venda na Nova Zelândia e não passamos nem perto dela. Eu sentia que tínhamos de fundar algo nosso. A empresa não seria nossa se tivéssemos comprado a bagagem de outra pessoa. (Este é um ponto que discutimos anteriormente: não se pode reestruturar uma cultura. Se você queimou seus funcionários e matou o entusiasmo e a dedicação que tinham, redecorar os escritórios ou enfiar mais dólares em seus bolsos não vai mudar a cultura existente.)

Atualmente, o mercado de aviação comercial enfrenta questões globais mais desafiadoras que as de qualquer outra época que eu tenha conhecido. O preço das ações da Virgin Blue e da Qantas caíram, e as duas se veem forçadas a reduzir a capacidade e cortar custos para arcar com as despesas crescentes com combustível. É em momentos como este que uma equipe de administradores realmente precisa provar quanto é forte, demonstrando uma liderança tranquila e boa capacidade de julgamento. Acho que a Virgin Blue foi um alerta para a Qantas, que teve em Geoff um CEO talentoso e capaz, que fez o trabalho que precisava ser feito. Por outro lado, a história da Virgin Blue tem sido de expansão arrojada e excelente serviço. Agora, a fim de enfrentar a tempestade, Brett e sua equipe terão de mostrar outras qualidades, como se proteger dos perigos e avaliar riscos.

A Virgin Blue é fruto de uma proposta que partiu do próprio Brett. Sua capacidade de compreensão da marca Virgin foi muito forte, e eles a abraçaram e a fizeram avançar. Mesclaram a marca com sua cultura nacional para produzir algo excitante e diferente — embora eu seja obrigado a reconhecer que o sucesso não tirou nem um pouco da audácia de Brett.

No dia 29 de março de 2008, um sábado, organizamos um baile para três mil pessoas em nosso gigantesco hangar em Brisbane, a vinte minutos de carro do centro da cidade. Antes do grande evento, fui convidado à casa de Brett para uma recepção VIP no jardim. Eu estava um pouco preocupado aquela tarde. Tinha acabado de voltar da ilha australiana de Makepeace, onde estamos construindo um resort de férias para funcionários da Virgin Blue, seus familiares e amigos. Trata-se de uma maravilhosa ilha tropical repleta de animais selvagens. Haviam me informado sobre uma campanha que estava tomando forma na ilha. Então fiquei sabendo que Makepeace era o habitat do *Queensland tree frog*, uma espécie protegida de sapo. Nossos planos para a ilha punham o sapo em risco, o que estava preocupando a comunidade local. Fui informado de que talvez houvesse até um protesto na festa VIP de Brett, mas que eu não devia me preocupar, porque a polícia faria um cordão de isolamento. Tudo estava sob controle, eu presumia, mas a ideia de que podíamos ter pisado feio na bola, num assunto ecológico daquela repercussão, me preocupava. Será que eu estava tão mal-informado assim? Nunca tinha sequer ouvido falar daquele sapo. Ninguém à minha volta jamais ouvira falar dele. Será que eu estava me cercando das pessoas certas?

E lá estávamos nós, no jardim de Brett, ao lado de diversos políticos importantes, inclusive o presidente do Banco Central da Austrália, Wayne Swan, quando, exatamente às 16h40, Brett atendeu a uma chamada em seu celular.

Virando-se para mim, disse:

— Você sabe alguma coisa a respeito disso, Richard? Há um grupo de manifestantes a caminho daqui com faixas e cartazes.

Contei a Brett sobre os sapos de Makepeace.

— São *Queensland tree frogs*.

Brett assobiou entre os dentes.

— O que foi? — perguntei.

— Você disse *Queensland tree frogs*?

— Sim. O que foi?

Nesse exato momento, ouviu-se um burburinho na rua, e um guarda veio correndo avisar que os manifestantes estavam se dirigindo ao jardim. Em poucos minutos, havia diante de nós um grupo que gritava e agitava cartazes: "Makepeace, não à guerra ao sapo"[5] e "Sir Richard, que vergonha!".

Brett disse:

— Richard, temos de fazer alguma coisa a respeito da situação e conversar com os manifestantes.

Congelei.

— Richard, você precisa falar com eles. É o *Queensland tree frog*, pelo amor de Deus!

Eu não sabia como reagir. Mas Brett deu um passo à frente, e percebi, sentindo um peso no coração, que seria obrigado a dar-lhe apoio moral. Caminhei a seu lado. Com um olhar fixo para mim, os manifestantes então viraram os cartazes para mostrar o que estava escrito no verso:

"Você caiu direitinho. Com amor, Brett."

Em 1973, o economista Ernest Friedrich Schumacher lançou uma coleção de ensaios com o título *O negócio é ser pequeno*. O livro se tornou uma cartilha adotada por muitos como antídoto para os grandes conglomerados que controlavam o mundo dos negócios. E.F. Schumacher, um grande pensador, foi infalível em algumas de suas previsões. Ele apontou o fim dos combustíveis fósseis e disse que o Ocidente estava consumindo uma proporção exagerada das preciosas reservas naturais do planeta. Acreditava que as corporações multinacionais e os conglomerados de indústria pesada consumiam uma vasta porção das reservas mundiais e, como se não bastasse, produziam pouco. Foi uma das primeiras pessoas a nos apontar na direção de um mundo autossustentável.

---

[5] Trocadilho com o nome da ilha, que poderia ser traduzido como "faça a paz". (N. do T.)

Quando reli sua obra em 1999, estava à procura de uma direção positiva para o grupo Virgin. E cheguei à conclusão de que havia pouco sentido em tentarmos nos tornar a maior marca do mundo. Muito mais valioso era nos tornarmos a mais respeitada.

Houve um tempo em que eu examinava qualquer oportunidade de negócio em que o consumidor estivesse sendo mal-atendido. Agora, porém, o Virgin Group tem um foco mais geográfico. As prioridades atuais do grupo estão nas áreas de transporte e turismo, comunicações e mídia, serviços financeiros, lazer, entretenimento e música, saúde e bem-estar, energias renováveis e meio ambiente. Nem todos os negócios da Virgin se tornaram sucessos estrondosos. Mas aprendemos bastante ao longo do percurso. Aprendemos a aprimorar o que já era oferecido e procurar setores em que o consumidor merecia um tratamento melhor. Aprendemos a dar uma mãozinha à nossa própria sorte.

Somos agora uma empresa de "capital de risco com marca" e, dada a importância da palavra "marca" nessa definição, acho que este é um bom momento para falar um pouco sobre como chegamos a esse modo de fazer as coisas.

Em 1989, pedi a Will Whitehorn, então nosso diretor de comunicação (hoje cabeça da Virgin Galactic), que estudasse como companhias parecidas com a nossa trabalhavam. Começamos a examinar diferentes tipos de organização de negócios para descobrir qual deles seria adequado a uma empresa como a Virgin. O relatório de Will resumiu nossas opções de forma perfeita, identificando três modelos de governança corporativa que precisávamos estudar mais a fundo.

Os Estados Unidos eram a terra dos fundos de participação acionária. Grandes investidores em ações como o Berkshire Hathaway (de propriedade de Warren Buffett, o homem mais rico do mundo), o Blackstone e o Texas Pacific Group se apoderaram de gordas fatias de negócios tradicionais que tinham um bom fluxo de caixa, o que se revelou uma forma excelente de fazer dinheiro para os investidores, incluindo fundos de pensão. O Texas Pacific Group, por exemplo, tinha interesses na Continental Airlines, no Burger King, na MGM e no Carlyle Group, um dos líderes mundiais entre os grupos privados de investimento acionário.

Por ser um meio garantido de produzir lucros saudáveis, os fundos de participação acionária curiosamente nos deixaram um tanto frios. Certamente não combinavam muito bem com a energia da marca Virgin. Esses grupos tendem a manter-se em segundo plano e simplesmente fornecer capital. Não é o modo Virgin de fazer as coisas. Gostamos de colocar a mão na massa. No entanto, havia certos aspectos da organização desse tipo de negócio que nos agradava — a capacidade de responder com agilidade a mudanças do mercado, pondo-se rapidamente fora de perigo, por exemplo. Mas essa opção parecia um pouco anônima demais para o nosso gosto e, de modo geral, preocupado em excesso com o próprio bem-estar.

O segundo modelo de negócios que Will identificou vinha da Coreia do Sul. Lá, os grandes negócios são conduzidos por meio de *chaebols*, que são responsáveis pela maior parte do incrível progresso econômico do país. O *chaebol* é geralmente controlado por uma família fundadora, e sua propriedade é centralizada. No fundo, trata-se do velho negócio de família — provavelmente uma fábrica —, com companhias subsidiárias encarregadas de fornecer os componentes. Empresas como Samsung, Hyundai e LG operam uma série de negócios, da fabricação de chips de computador a laptops, telefones, PCs e automóveis. Isso torna o *chaebol* forte em certos mercados absolutamente fundamentais — em especial o de computadores. No entanto, percebemos que a estrutura "familiar" prejudicava sua capacidade de levantar fundos vitais a curto prazo. Tais empresas tendiam a tomar conta de si mesmas, e o capital não fluía tão facilmente entre elas (uma imagem com que ficamos todos dolorosamente familiarizados em 2008, enquanto lidamos com o "colapso global do crédito").

O terceiro modelo de negócios de Will vinha do Japão. Eu admirava a revolução tecnológica japonesa desde o tempo em que administrava as lojas da Virgin Records. Em 1971, o Japão foi um dos primeiros países para o qual exportamos discos, o que me levou a criar um negócio em esquema de *joint venture* por lá. Nossas Virgin Megastores foram pioneiras na venda de jogos de computador e consoles SEGA Nintendo, Atari e PlayStation, todos parceiros entusiasmados da Virgin. E o que eu aprendi sobre o modo japonês de fazer negócios teve um forte impacto sobre nós.

Antes da Segunda Guerra Mundial, o Japão era controlado por grandes conglomerados sob o sistema de *zaibatsu*. Mas os Aliados separaram os *zaibatsu* por concentrarem um poder político excessivo, e suas máquinas para a fabricação de armas e munições foram convertidas à manufatura de itens como máquinas de costura, câmeras fotográficas e motocicletas. Dessas empresas retalhadas, e com a ajuda de excelentes empréstimos concedidos pelos bancos japoneses, emergiram os *keiretsu*, que desde essa época assumiram posições de liderança mundial num número surpreendente de mercados.

Em 1984, numa lista das quinhentas maiores corporações industriais não baseadas nos Estados Unidos, elaborada pela revista *Fortune*, 146 eram japonesas. Vinte e oito dos cem maiores bancos comerciais não americanos eram japoneses — e quatro deles ocupavam o topo do ranking. A Toyota e a Nissan tornaram-se, respectivamente, a terceira e a quarta maiores fabricantes de automóveis do mundo, depois da General Motors e da Ford. A Nippon Steel era maior que a US Steel. A Hitachi e a

Mitsushita Electric apareciam em segundo e em terceiro lugares, atrás da General Electric e à frente da Philips e da Siemens.

Quando entrei no mundo dos negócios, havia cerca de meia dúzia de grandes *keiretsu* no Japão, e acabei negociando com quase todos eles de uma forma ou de outra ao longo dos últimos 35 anos. Enquanto os *chaebols* têm a propriedade centralizada, os *keiretsu* se mantêm coesos por meio de uma estrutura cruzada de participações acionárias e são administrados por um grupo forte de gerentes profissionais. É assim, por exemplo, que funciona uma companhia como a Mitsubishi, organizada em torno do Mitsubishi Bank e operando num grande número de mercados, de automóveis a cerveja, petróleo, imóveis e indústria pesada. Todas as empresas são interligadas e, ao mesmo tempo, cada uma delas é autossuficiente.

Eu gostava do fato de que os *keiretsu* lançavam mão de uma série de estruturas corporativas diferentes. De fato, tanto os *chaebols* quanto os *keiretsu* eram modelos tentadores — a não ser pelo fato de que sua implementação seria extremamente complicada para nós. Por um lado, era difícil imaginar como a Virgin poderia se comportar tal qual uma extensa rede familiar nos moldes de um *chaebol*, considerando que, bem, não éramos uma família *de verdade*. Como pessoas, certamente tentávamos nos portar bem e de forma responsável uns com os outros, mas, após certo ponto, a metáfora da família começava a se esgarçar. Não combinava nem com nosso jeito flexível de trabalhar, nem com a liberdade de que cada empresa gozava para tocar seus próprios projetos, nem com o ritmo vertiginoso com que nossos executivos de cúpula se encontravam, se despediam, se ligavam, trabalhavam juntos mais um pouco, desapareciam de novo, tornavam a ligar...

O modelo *keiretsu* representava um problema diferente para nós. As participações acionárias cruzadas significavam que um trabalhava à custa do bolso do outro, quer desejassem isso, quer não. O que significava que seria impossível nos livrarmos de algum dos negócios sem um bocado de dor e, pelo mesmo motivo, cada uma das empresas seria incapaz de pensar com a própria cabeça sem sofrer todo tipo de interferência. Se nos transformássemos num *keiretsu*, eu já podia ver as trezentas companhias do grupo se matando de tanto aconselhar e recomendar cautela umas às outras. Desapareceríamos no ralo de nossa política interna em questão de segundos.

Queríamos fazer algo que fosse como um *keiretsu* sem maiores intervenções — algo que tivesse uma governança corporativa de capital de risco. Foi aí que entrou o modelo americano de participações acionárias. Percebemos que, em vez de nos amarrar a uma estrutura acionária cruzada como um *keiretsu*, podíamos reproduzir o que havia de melhor no formato americano, investindo em todas as nossas empresas como clássicos ocidentais adeptos do capital de risco.

E assim voltamos ao modelo de capital de risco.

Por algum tempo, tivemos a impressão de estar andando em círculos — mas, de repente, começamos a compreender algo importante. O que nos diferenciaria de todos os outros capitalistas de risco e fundos de participação acionária que existiam no mundo? *Nossa marca*. Nosso nome mundialmente conhecido, ao mesmo tempo em que fazia avançar nossos negócios, dava-lhes coesão. A solução estivera diante de nossos olhos o tempo todo. Na verdade, já estava implementada e funcionando bem. Não precisávamos de participações acionárias cruzadas ou de estruturas familiares fortes: *tínhamos uma bandeira*.

O poder de coesão da marca Virgin nos permitiu tomar a decisão arrojada de dar a qualquer um a oportunidade de ser um empreendedor. É uma bandeira que todos os membros de nossa extensa família respeitam. Eles aproveitam as vantagens de fazer negócios com o grande respaldo do nome Virgin e, em troca, concordam em proteger a integridade da marca. Se não o fizerem, podemos cassar o direito ao nome por meios legais. Cada um luta pela própria empresa Virgin — e todos se beneficiam de seus pontos altos quando as coisas vão bem.

A história do crescimento da Virgin Active é, sob vários aspectos, um dos melhores exemplos do capitalismo de risco com a marca Virgin em ação.

Em 1997, fui procurado por Frank Reed e Matthew Bucknall, que me apresentaram a ideia de criar mega-academias de ginástica Virgin. Eles tinham acabado de vender sua empresa, LivingWell, para a rede de hotéis Hilton, e queriam mais uma chance de fundar um negócio de academias que tivesse um diferencial. Sentiam que, com a Virgin, poderiam trazer um certo sentido de diversão, bons preços e qualidade a um mercado que estava desapontando o consumidor.

Algumas das academias existentes no Reino Unido estavam um tanto ultrapassadas, com preços restritivos demais e um serviço pouco amigável. Em certo sentido, o mercado não era muito diferente daquele da aviação comercial que tínhamos atacado em 1984.

Frank e Matthew passaram dois anos fazendo pesquisas e desenvolvendo um produto Virgin que se destacasse da multidão. Muita gente achava que o mercado estava saturado, e a Virgin Active (como o negócio foi batizado) precisaria passar no teste de nossa equipe.

Por seus próprios méritos, eles conseguiram: nossos grandes clubes de atmosfera familiar acertaram na mosca. Em agosto de 1999, abrimos o primeiro em Preston. Era muito maior do que a média dos concorrentes britânicos e tinha aquele ar de diversão e bons preços que está no cerne de tantas coisas que fazemos.

A combinação de quatro elementos — administração forte e independente, marca, serviços excelentes e equipes ambiciosas

— foi uma verdadeira receita para o sucesso. Num mercado que já passou por dificuldades, continuamos a crescer tanto no Reino Unido quanto no exterior.

Nosso pulo do gato foi a aquisição da rede sul-africana Health and Racquet, que catapultou nosso negócio de uma posição secundária no Reino Unido para a liderança do mercado na África do Sul.

Muitos de nossos negócios de sucesso foram construídos da estaca zero, empregando pessoas novas em vez de adaptar empresas existentes. No entanto, no caso da Virgin Active, conseguimos fazer as duas coisas. É por mérito da equipe que administra a empresa que pudemos comprar academias na Espanha e no Reino Unido, renomeá-las e reenergizar a equipe de modo a trabalhar no estilo Virgin.

A aquisição da rede Holmes Place no Reino Unido — que por tanto tempo foi uma das marcas mais importantes do mercado — é um ótimo exemplo. Matthew e Patrick McCall viram uma oportunidade de revigorar a empresa e submetê-la ao tratamento Virgin. Ciente de que íamos querer gastar dinheiro renomeando e adaptando os clubes, Patrick persuadiu os investidores da Holmes Place a comprar ações da Virgin Active e embarcar conosco na empreitada.

Um desses investidores foi a Bridgepoint, que tinha sido nossa parceira nos primeiros passos da Virgin Active e depois vendera sua parte, mas que agora estava feliz de reinvestir na empresa por um preço mais alto. Acho que não se arrependeram — hoje a companhia é uma das três maiores do mundo em seu setor e está, neste momento, expandindo-se para Itália, Espanha, Portugal e Dubai.

A Virgin Active ainda conserva aquele espírito de empreendedorismo, modo independente de pensar e compromisso que nos atraiu no início e construiu uma marca forte pelos próprios méritos. Para mim é a prova de que, se você escolher os administradores certos e lhes der autonomia e recursos, eles criarão um negócio de padrão internacional.

Nunca deixamos que uma empresa Virgin fosse à falência, embora tenhamos tido uma ou duas que gostaríamos de ver pelas costas. Como nossa reputação é tudo, sempre pagamos as dívidas de qualquer de nossas companhias que venha a ter problemas. E então seguimos em frente.

Seguimos em frente. Fácil de falar, difícil de fazer. É por isso que você precisa se cercar de pessoas honestas.

Algumas brutalmente francas também não fazem mal algum. Em 1996, Gordon McCallum me desconcertou. Eu lhe pedira uma avaliação honesta do Virgin Group. Disse-me que a Virgin era fundamentalmente uma marca britânica paroquial que precisava se tornar mais forte em mercados internacionais a fim de ser realmente global. Senti-me como um aluno da primeira série que recebe um "precisa melhorar" anotado na prova.

Hoje, mesmo conservando nossa base no Reino Unido, procuramos oportunidades numa paisagem mais ampla. Escolhemos 12 países que acreditamos estar maduros para o desenvolvimento. Uma escolha feita com base na população, na renda dos consumidores, no fato de conhecerem ou não a nossa marca e na facilidade para fazer negócios.

Até hoje tivemos sucesso nos Estados Unidos, no Canadá, no Brasil, na França, na Itália, na Espanha, na China, na Índia, no Japão, na Rússia, na Austrália e na África do Sul. Agora, como tantas outras empresas, estamos direcionando nossas atenções ainda mais para a China e para a Índia. Fecharei este capítulo, então, com algumas reflexões sobre como esperamos alavancar a marca Virgin nesses territórios culturalmente complexos.

Para o Virgin Group, expandir-se para a Índia sempre foi uma opção mais fácil do que para a China, devido à nossa cultura compartilhada, à língua inglesa e ao modo maduro como o sistema legal do país trata os negócios. Tudo isso fez uma enorme diferença para nós.

Entramos na Índia aos poucos, fazendo pequenos investimentos em rádio e histórias em quadrinhos antes de lançar a Virgin Mobile em parceria com a Tata em 2008. Como regulações estatutárias nos impedem de usar o bem-sucedido modelo MVNO (Mobile Virtual Network Operators) — que explicarei em detalhes mais adiante —, fizemos uma parceria de marketing com uma das maiores e mais valorizadas corporações do país. Eis um mercado de dar água na boca para a Virgin Mobile: as redes de telefonia da Índia incorporam cinco milhões de novos clientes por mês. Trata-se de uma maré que sobe de forma avassaladora.

Nosso longo flerte com o mercado indiano de aviação não foi tão bem-sucedido. Passamos muito tempo em negociações com a Air Deccan, a primeira das companhias aéreas de baixo custo emergentes do país, que havia nascido em 2003 de uma empresa de frete de helicópteros. Encontrei-me com o capitão Gopi — G.R. Gopinath, o fundador —, e tentamos, ao longo de um ano, comprar uma participação nesse mercado crescente. Por algum motivo — e a despeito do surgimento da SpiceJet, da Kingfisher e outras companhias para competir com a Deccan —, o preço subia um pouco cada vez que conversávamos. No fim das contas, concluímos corretamente que o setor estava inchando rápido demais. Depois de alguns prejuízos severos, a Deccan fundiu-se com a Kingfisher Airlines — parte do UB Group, dirigido pelo empreendedor indiano Vijay Mallya. Desejamos-lhe boa sorte e tiramos o time de campo.

Os fatores que fazem da Índia um território ideal para nós são os mesmos que o tornam difícil. Nossa intolerância com serviços de baixa qualidade poderia muito bem ser o hino nacional indiano do momento, e todo mundo, mas todo mundo mesmo, está tentando fazer alguma coisa a respeito desse estado de espírito. É difícil defender o consumidor numa nação repleta de empresas que, com ou sem razão, proclamam valorizar preços justos acima de todos os outros atributos. Se já conseguimos descobrir a melhor maneira de alavancar nossa marca na Índia? Para ser honesto, acho que isso levará algum tempo.

Para mim, porém, o maior tesouro fica mais para o leste. Sendo assim, foi com grande excitação que telefonei para Dave Baxby. Afinal, não é sempre na vida que você tem a chance de ligar para alguém e dizer: "Quero que você administre a China."

Dave, que estivera entre Sydney e Xangai tocando a Virgin da Ásia-Pacífico, assimilou a notícia incrivelmente bem. Agora que ele tinha implantado com êxito nosso negócio na Austrália, queríamos que liderasse nossas operações no país mais populoso da Terra. Hoje estamos conversando com uma geração nova e estimulante de empreendedores chineses. Eles estão empolgados com a ideia de reter suas identidades e tradições e, ao mesmo tempo, importar as melhores práticas disponíveis no mundo.

Estive na China diversas vezes para encontros com jovens do mundo dos negócios. A visita de que todos falam, claro, é a que fiz em janeiro de 2008, porque ela coincidiu com a oferta que fizemos pelo Northern Rock. É uma pena que isso tenha ofuscado o que era realmente importante em relação à nossa viagem, porque — de forma pouco comum numa missão oficial — um enorme volume de trabalho foi realizado.

Tinham me convidado para promover a boa vontade e consolidar laços econômicos entre o Reino Unido e a China, e eu pedira especificamente um encontro com alguns dos empreendedores chineses para que pudéssemos trocar impressões sobre suas experiências e oportunidades.

Fazia dez graus abaixo de zero em Pequim quando nosso voo aterrissou. Tinham me pedido que dissesse algumas palavras, por meio de um intérprete, sobre como era ser um empreendedor. Como nossa visita era importante do ponto de vista diplomático, o tamanho da plateia — muitos milhares de pessoas — não chegou a ser uma grande surpresa. Ainda assim, a reação do público foi surpreendente e animadora: o empreendedorismo fora um aspecto central da cultura chinesa por muitos séculos, e ficou claro que os excessos da Revolução Cultural dos anos 1960 não tinham conseguido sufocar a imagem que o povo chinês tem de si mesmo como uma nação de comerciantes supremamente ambiciosos.

Na verdade, o comércio está se tornando, mais uma vez, uma parte natural da vida por lá, e o espírito empreendedor é muito mais valorizado hoje na China do que, digamos, no Reino Unido. Isso ficou muito claro quando compareci a uma mesa-redonda de empreendedores em Xangai.

A inovação explica parte do entusiasmo que encontrei. Fiquei conversando com Zhang Xin, uma mulher fascinante que administra um dos maiores negócios de imóveis da China. Ela me disse que a explosão do mercado imobiliário representa uma oportunidade permanente. Já existem mais de quatrocentos milhões de pessoas que podem ser classificadas vagamente como “classe média”, e esse contingente cresce a uma razão de trinta ou quarenta milhões por ano.

Zhang Xin é apaixonada por arte e design e já ganhou diversos prêmios internacionais por sua arquitetura visionária. Nascida em Pequim em 1965, mudou-se para Hong Kong aos 14 anos e, mais tarde, para a Inglaterra, onde estudou na Universidade de Sussex e, depois, em Cambridge. Em 1992, foi trabalhar em Wall Street com a Goldman Sachs, antes de retornar a Pequim para começar o próprio negócio imobiliário em 1995. O crescimento rápido de pequenas empresas baseadas na internet deu a ela e seu marido a ideia de combinar os ambientes de moradia e trabalho. Zhang Xin lançou o conceito de SOHO (Small Office Home Office, Pequeno Escritório Caseiro), voltado para jovens profissionais urbanos e suas empresas. O negócio hoje vale bilhões.

A versão chinesa do Google é uma incrível história de negócios também. Nessa viagem conheci Charles Zhang, CEO da Sohu, a principal empresa de internet em língua chinesa, que agora está listada na Nasdaq em Nova York. O Sohu é um imenso portal e a ferramenta de busca associada a ele, a Sogou.com, tem mais de dez bilhões de páginas acessadas. Charles contou-me que a força da marca Sohu tinha sido conquistada em grande parte por causa de seu RPG on-line, Tian Long Ba Bu, que tem uma clientela maciça entre os jovens chineses.

Por tudo isso, Dave Baxby e eu sentimos uma atmosfera de ansiedade entre os jovens empreendedores. As autoridades chinesas abriram diversas portas para o povo, mas uma tradição de regulamentação pesada e interferência do Estado ainda pode prejudicar o crescimento recorde dessa fantástica nação. Espero que não.

A catástrofe do terremoto de Sichuan, no dia 12 de maio de 2008, teve uma magnitude capaz de testar e romper os limites dos consideráveis planos chineses de ação emergencial. Foi imensamente animador ver esse país orgulhoso e sempre tão fechado reconhecer a proporção da desgraça que atingira o povo, aceitando de bom grado a ajuda externa. A organização dos Jogos Olímpicos também provou às autoridades chinesas que elas podem se curvar ao tumulto da opinião internacional sem por isso deixarem de ser fiéis a si mesmas.

Muito já foi escrito sobre como a liberalização dos negócios na China conduzirá inevitavelmente a uma cultura política mais liberal. Acho que isso é verdade, mas suspeito que o processo será muito mais longo do que os otimistas querem nos fazer crer. Faço a previsão de que a livre expressão e o debate aberto serão auxiliados pelo desenvolvimento das marcas chinesas. As marcas, convém lembrar, têm a ver com significados. Toda marca significa alguma coisa, e ninguém pode controlar para valer todos os sentidos que elas adquirem. Marcas são ideias. São feixes de associações. São sonhos. No mundo desenvolvido, vivemos num ambiente tão cheio de marcas que não prestamos atenção em seu poder. Acho que não devemos subestimar o poder das marcas como agentes de mudança na China.

Venho de uma linhagem de advogados. Meu pai era advogado do sistema legal inglês. Fui provavelmente o primeiro em várias gerações da família a não estudar Direito, mas entendo o valor e a importância de proteger uma boa reputação. Hasteamos a bandeira Virgin nos mastros de muitos negócios, e todos eles precisam estar à altura dela diante de nossos consumidores.

A sobrevivência da marca Virgin, no dia a dia, depende de empresas dos mais variados tipos e, se uma delas estraga o seu dia, várias empresas Virgin sofrem as consequências. O dia em que você vai cancelar nosso serviço de TV e procurar outro provedor de banda larga será também o dia em que abrirá a carteira e ali estará um cartão de crédito Virgin. Bem, você também não terá pressa em usá-lo outra vez. Vai levar a mão ao bolso para fazer sua ligação e tirar de lá um celular Virgin. Pensará então com seus botões: Será que isto foi realmente um bom negócio...?

Quaisquer que sejam os valores de sua marca, *você tem de cumprir o que promete. Não prometa o que não pode cumprir, e cumpra tudo o que prometer*. Eis a única forma de controlar sua marca. E tome cuidado: *marcas sempre significam alguma coisa*. Se você não definir o que significa a sua, seu concorrente o fará. Pense nos anúncios da Apple contrastando um Mac esbelto, feliz e criativo com um PC gordo, melancólico e com cara de nerd — eles lhe dirão tudo o que você precisa saber a respeito dessa questão. Mesmo quando não há concorrência, uma marca-traída pode se vingar de forma terrível de uma empresa descuidada. Quantas marcas você conhece que carregam a imagem de "inferior", "atrasada" ou "um roubo"?

Viu só?

É fácil.

E é por isso que nosso próximo capítulo é inteiramente dedicado ao cumprimento de promessas.

Capítulo 3
Entrega especial

Neste momento, estou na casa de minha filha, em Londres. A casa esteve movimentada por toda a manhã, com pessoas vindo conversar sobre a Virgin. Tive diversas reuniões com financistas, executivos de nossos bancos e uma equipe de TV sueca que está fazendo um programa sobre o Reino Unido. Também atendi ligações telefônicas de muitos de nossos diretores administrativos e parceiros comerciais. Pedi a Nicola, minha assessora pessoal, e a outras pessoas do Virgin Management Limited que enviassem uma série de e-mails. Uma lista de convites teve de ser aprovada para uma cerimônia de lançamento. Na noite passada, depois de voar da ilha Necker para cá, tive um jantar com a cantora Christina Aguilera, que me contou como vai seu bebê, Max, e seus mais recentes projetos musicais. Pegarei um avião esta tarde para me encontrar com o presidente da França. Amanhã, seguiremos para Bombaim, onde vamos nos reunir com executivos da Tata, o grupo industrial indiano, e depois para o Japão, onde farei uma palestra numa conferência de investidores. Nunca ficamos parados por muito tempo — a não ser quando estamos de férias. Alcançamos o sucesso com base nas ideias que temos, mas, no dia a dia, nosso negócio é entregar o que prometemos.

Uma boa entrega depende de muitos fatores. Boa comunicação e atenção aos detalhes são dois dos elementos mais importantes. Como nenhum desses pontos cruciais é difícil de entender ou implementar, eles costumam ser, naturalmente, as primeiras coisas que esquecemos.

Nos primeiros tempos da Virgin Atlantic, eu costumava escrever regularmente a todos os funcionários, contando-lhes o que estava se passando na empresa. Simplesmente lançava minhas ideias num caderno, fazia algumas correções, pedia a alguém que consertasse meus erros de ortografia e então enviava o texto para todo mundo. Achava que escrever cartas era uma forma importante de mantermos contato.

As coisas foram deixando de ser tão fáceis à medida que crescemos. Devido ao sucesso da Virgin e, consequentemente, à minha fama, qualquer coisa que eu escrevesse acabava virando um furo de reportagem. Assim, ficou difícil enviar cartas sem papas na língua como nos velhos tempos. No entanto, é importante que administradores de empresas escrevam, com certa frequência, mensagens que os mantenham em contato com os funcionários. E creio que uma carta enviada para a casa de uma pessoa ainda é muito mais apreciada que um e-mail. Seja corajoso: divulgue seu endereço de e-mail e o telefone de sua casa. As pessoas não são estúpidas, não vão abusar disso nem incomodá-lo — e, agindo assim, você estará dando a seus funcionários um enorme incentivo psicológico. De qualquer maneira, em todo negócio ligado a serviços, é essencial que a equipe de gestores estabeleça uma comunicação regular. Por isso, nunca pare de falar e explicar as coisas.

Hoje tenho um grupo de pessoas que se reúne uma vez por semana para averiguar o andamento de todas as empresas Virgin, examinando números, projeções e faturamento. Elas têm uma lista de prioridades e uma de novos projetos assegurando-se de que o Virgin Group esteja sendo tocado de forma eficiente. Isso permite que eu apareça ou me afaste conforme a necessidade. Sabem que, havendo um problema urgente, podem me telefonar. Desse modo, posso me concentrar nas coisas que realmente precisam de meu toque pessoal.

Não desperdice seu tempo precioso. Telefonemas e e-mails podem tomar todo o seu dia. Ninguém ficará com uma má impressão de você se for direto ao ponto. Como são muitas as ligações a fazer todos os dias, geralmente faço o possível para que sejam brevíssimas. E mandar um bilhete curto para alguém costuma tomar menos tempo que telefonar. Depois que nosso negócio cresceu e ganhou proporções mundiais, um grande número de assuntos é resolvido por meio dessas mensagens curtas. Entretanto, estou sempre disposto a pegar o telefone e conversar diretamente com alguém se essa for a melhor maneira de resolver uma questão. Não resta dúvida de que, se está tentando convencer alguém a se aliar a você, investir em sua empresa ou implementar alguma mudança, é importante conversar com as pessoas com mais calma, para que tenham tempo de decidir o que fazer. Conversas cara a cara são as mais eficientes, e uma videoconferência sempre ficará em segundo lugar comparada a uma conversa a dois.

Um tempo atrás, almocei com Raymond Blanc, proprietário e renomado chef do Le Manoir aux Quat'Saisons, em Oxfordshire. O que tornou o Le Manoir tão bem-sucedido foi o fato de Raymond dedicar tanto tempo e atenção aos mínimos detalhes. Se você administra uma companhia aérea, um restaurante ou qualquer outro tipo de empresa, *é a atenção aos detalhes que realmente define um excelente serviço.*

Aconselho qualquer pessoa que tiver uma empresa ter à mão um caderninho e anotar nele tudo o que precisa ser feito. Se está ouvindo a opinião de funcionários ou consumidores, tome nota dos pontos principais. Se está visitando uma fábrica, conhecendo uma nova instalação ou festejando com sua equipe, use o caderno. Quando se está ocupado com um monte de coisas acontecendo à sua volta, é quase impossível se lembrar de uma fração sequer das questões no dia seguinte.

Deixe-me dar um exemplo. O maior motivo de frustração entre os funcionários de uma empresa é os mesmos problemas e queixas continuarem a aparecer e reaparecer, sem que as devidas providências sejam tomadas. Num voo recente da Virgin Atlantic, alguém me disse que o açúcar tinha acabado — não uma, mas duas ou três vezes. Por que não estávamos estocando mais açúcar? E por que estávamos superabastecidos de pratos vegetarianos, a ponto de algumas pessoas que não queriam comida vegetariana não terem outra opção? Não eram problemas graves e seriam de fácil resolução, mas alguém, em algum lugar, precisa perceber que esses problemas existem, para que então seja possível resolvê-los. Caso contrário, ficaremos conhecidos como a companhia aérea que não tem açúcar. A companhia aérea natureba. Ou, pior ainda, a companhia aérea que faz ouvido de mercador para as queixas. E, nesse quesito, o mercado já está bem abastecido.

Levo um caderninho aonde quer que eu vá. De vez em quando, a lua cheia me deixa filosófico. Mas a maior parte de minhas anotações é como a seguinte, o tipo de coisa chata, árida e *absolutamente essencial* que todo mundo deveria ser capaz de escrever, mas poucos são: *"Carpetes sujos. Penugens. Sujeira perto da entrada. Equipamento: aço inoxidável, revoltante. Escolha do cardápio decepcionante — vindo de Miami, camarões e depois lagosta (como prato principal) na primeira classe. Curry de frango sem gosto. O frango deve ser cortado em pedaços. Arroz seco demais. Nenhum Stilton na tábua de queijos."*

Também notei que o carrinho do *duty free* ia para cima e para baixo no corredor sem vender nada. Fui conferir no diário de bordo e não deu outra: nenhuma venda. Algo teria de ser feito para estimular os passageiros a comprar ou ampliar as oportunidades de venda (provavelmente as duas coisas) — do contrário, seria preferível nos livrarmos do carrinho e poupar peso.

Mas o que é mais revelador neste momento — e mais útil para você, caso esteja lendo este livro à procura de lições de negócios — é esta anotação: *"Tripulantes desesperados por alguém que os ouça."*

Logo abaixo, anotei uma ideia: "Garantir que os relatórios de bordo da tripulação sejam processados IMEDIATAMENTE." E tenho prazer em declarar que hoje eles são: nossos funcionários de bordo veem ações serem tomadas e recebem o retorno de que precisam.

Quando lançamos nossas linhas para o Japão, eu sabia que a Virgin Atlantic teria de prestar atenção especial às diferenças culturais e ao sentido de respeito e formalidade dos japoneses, sem alterar nosso jeito de ser. Trata-se de um equilíbrio delicado. No voo inaugural, acrescentei algumas outras ideias. *"Precisamos de pantufas na primeira classe, não meias. Precisamos de cerveja japonesa. Só um jornal de Londres: inglês. Precisamos de japoneses também. Chá japonês vindo de Londres — não serve. Comida japonesa de Londres. O sabor é bom, mas precisa de melhor apresentação. Tem aspecto de* fish and chips [*peixe com batata frita*]. *Pires para as xícaras japonesas."*

Em minha opinião, donos e presidentes de empresas deveriam sair de trás de suas mesas e experimentar os próprios produtos sempre que possível. Vejo muitos chefes passeando pela companhia para conversar com os funcionários, mas eles jamais tomam nota dos detalhes daquilo que ouvem. Jamais, em tempo algum, resolverão algum dos problemas. E mês a mês, ano a ano, sofrerão as consequências.

*

Imagine tentar fazer um bom trabalho enfrentando oposição governamental. Imagine que o mandassem fazer as coisas do jeito mais fácil e mais barato o tempo todo. Imagine que o recompensassem por um serviço de qualidade tomando seu negócio para redistribuí-lo a outras empresas. Imagine ganhar uma fatia maior do mercado e então ser impedido de vender mais de seu produto.

Em suma, imagine o sistema regulatório do governo britânico para as ferrovias!

A comunicação e a atenção aos detalhes podem fazer seu negócio correr de forma mais suave, mas apenas dizer isso não passa nem perto de transmitir a verdadeira importância desses dois fatores. Como imagino que você depreenderá ao ler a história a seguir, ter uma boa comunicação e ser atento aos detalhes foram as posturas que, para início de conversa, nos permitiram ser capazes de fazer negócios naquele que deve ser um dos setores mais árduos em que jamais ingressamos.

Em janeiro de 1997, quando ganhamos a primeira de nossas duas concessões ferroviárias, assumimos o compromisso público de introduzir novos trens e liderar uma "revolução vermelha" para os passageiros das linhas de trem mais congestionadas da Europa. Era meu dever cumprir essa promessa. Levou algum tempo. No fim das contas, fomos eleitos a melhor companhia ferroviária do Reino Unido, em janeiro de 2008, pelo Instituto de Serviço ao Consumidor (Institute of Customer Service). Esse título, em minha opinião, era um certo exagero, mas foi recebido com gratidão mesmo assim! A Virgin Trains também liderou a pesquisa nacional "Foco do Passageiro", com um índice de 86% de satisfação do consumidor. E a *Travel Week*, uma revista do ramo, proclamou a Virgin Trains a melhor companhia ferroviária em enquete realizada com profissionais da área e agentes de viagem. Essa enxurrada de homenagens se deve principalmente a todo o pessoal da Virgin Trains, que trabalha dia após dia, muitas vezes em condições bastante adversas. É também um grande tributo a Tony Collins, o CEO da companhia, que tem sido um paladino para consumidores e funcionários, mas também um homem pragmático diante da dificuldade de gerir uma companhia ferroviária.

Sou uma pessoa — como muitos já devem ter percebido, considerando minhas aventuras no balonismo — que está sempre pronta a se expor e correr riscos. Quando inauguramos a Linha Principal de West Coast, em 9 de março de 1997, declaramos que substituiríamos todos os trens, além de aprimorar serviços e conexões. Prometemos também novos trens Voyager, a diesel, na malha CrossCountry, que cruza todo o Reino Unido. Mas demorou alguns anos até que conseguíssemos cumprir o prometido. Tínhamos ficado com a pior parte do sistema e, no início, tivemos de nos virar com um punhado de vagões e motores retificados de quarenta anos atrás, que herdamos da British Rail. Alguns dos vagões estavam em estado deplorável. Meu primeiro ato como proprietário orgulhoso de uma nova ferrovia foi assinar um cheque de dez milhões de libras para comprar peças sobressalentes, a fim de que os trens pudessem andar.

Nós os submetemos a um processo de limpeza com vapor, pintamos e decoramos todos da melhor maneira que pudemos. Mais importante do que isso, conseguimos mantê-los funcionando, ao mesmo tempo em que prometíamos aos passageiros um serviço melhor no futuro. Isso demandou tempo, além de um bocado de dor de cabeça e sobressaltos. Aturamos uma boa dose de insultos de pessoas que ainda não gostavam da ideia de as ferrovias terem sido desregulamentadas e privatizadas, após meio século de estatização.

Os 645 quilômetros da Linha Principal de West Coast, da estação de Euston, em Londres, até Glasgow, são uma das mais belas viagens de trem do mundo. À medida que rumamos para o norte, as constantes curvas e volteios de seu traçado suavemente sinuoso tornam difícil para um maquinista atingir velocidades razoáveis. Apenas trens com boa inclinação lateral poderiam encarar o terreno com eficiência. Na verdade, não faz sentido chamar essa linha de West Coast, porque ela só passa pelo litoral uma vez e por pouco tempo, junto a uma pequena praia perto de Morecambe Bay. Trata-se de uma rota pelo interior que atravessa o concreto de Birmingham, com sua paisagem de canais, fábricas e ruínas esporádicas, e também cidades efervescentes de Midlands como Crewe e Wolverhampton, e Border Uplands. Nos anos 1920, os opulentos trens a vapor saíam retumbando das estações de

King's Cross e Euston às dez da manhã, todos os dias, rumo ao norte. A Virgin Trains era tão ambiciosa que queria recriar parte daquele charme perdido no século XXI.

Sentíamos que poderíamos fazer o sistema ferroviário britânico perder o seu posto de o pior da Europa e transformá-lo num dos melhores. Mas, para que a marca Virgin não saísse machucada demais do processo, teríamos de trazer o público conosco nessa jornada. A inovação teria de ser o diferencial da Virgin Rail.

Nos primeiros meses após ganharmos a concessão, examinamos todas as possibilidades tecnológicas. Em maio de 1998, peguei um avião diretamente do aeroporto London City para a sede da Fiat Ferroviária, em Turim, que era o braço do maior conglomerado privado italiano para a fabricação de trens. Conheci lá os trens estilosos e bem-construídos de que necessitávamos no dispendioso sistema do Reino Unido. A inovação dos trens pendulares me foi explicada, assim como a complexa relação entre inclinação, velocidade e estabilidade. No dia seguinte, a viagem entre Turim e Roma foi minha primeira a bordo de um Pendolino ETR 460 pendular. A uma velocidade de mais de 240 km/h através dos campos de Piemonte, ele era rápido e suave. Assim que retornei da viagem, sentei-me com Will Whitehorn e o restante da equipe da Virgin Trains. Estava muitíssimo impressionado, mas mantive a cabeça no lugar. Disse:

— Quero que nossos trens sejam os melhores que existem e os mais seguros também. Gostaria que pesquisássemos a oferta disponível na Europa e em outras partes do mundo.

No fim das contas, ficou provado que eu tivera razão para me impressionar: o Pendolino acabou se revelando o melhor dos trens elétricos, sem nenhum rival à altura. Seu sistema de inclinação permite a um maquinista hábil controlar o trem em alta velocidade com uma enorme margem de segurança. Ele chega a se inclinar oito graus nas curvas — o que é perceptível, mas não chega a derramar o café. Um sistema automático de alerta aciona uma campainha na cabine do maquinista sempre que ele passa por um sinalizador à margem da ferrovia que informa ao maquinista que é seguro inclinar o trem, o que lhe permite aumentar a velocidade de 136 km/h para 176 km/h. Em trechos de reta, a velocidade máxima permitida é de 201 km/h, mas ela logo será ampliada para 217 km/h, e preparamos os trens para que sejam capazes de atingir mais de 225 km/h, prontos para o futuro caso de as linhas férreas se aprimorem ainda mais. É o maquinista que, sentindo o trem, aprende seus limites — mas, se ele ignorar algum alerta, o computador aciona automaticamente os freios.

Fechamos um contrato no valor de 1,85 bilhão de libras esterlinas — até aquele momento, a maior aposta financeira de minha vida. Os Fiat Pendolinos seriam modificados, em Birmingham, pela GEC-Alsthom, para adaptá-los à bitola mais estreita das ferrovias britânicas. (A Alstom — depois da fusão, sumiram com o "h" — assumiu o controle da divisão de trens da Fiat em 2002.)

O presidente do grupo de transporte Stagecoach, Brian Souter, é um dos empresáriosrios mais importantes do Reino Unido e um verdadeiro "empreendedor dos transportes". Ele e sua irmã, Ann Gloag, formam um par fantástico: os dois começaram na guerra dos ônibus, depois da desregulamentação, e, mais tarde, entraram no mercado de trens. De sua base em Perth, Ann vendia passagens e limpava os ônibus, enquanto Brian assumia o volante em algumas linhas, e, dessa forma, eles transformaram a empresa num dos maiores sucessos corporativos do Reino Unido. O negócio sofreu abalos quando tentaram se expandir para os Estados Unidos, comprando a Coach USA, mas, contando com a própria determinação e energia, a Stagecoach conseguiu dar a volta por cima. Atualmente, é uma das mais bem-sucedidas empresas britânicas da área de transporte — e Brian continua no comando.

Quando foi anunciado que eu estava pensando em lançar ações da Virgin Trains na Bolsa, Brian me ligou e disse:

— Tenho a mesma visão que você sobre o sistema ferroviário.

E nove dias depois tínhamos um contrato assinado. A Stagecoach ficou com 49% da Virgin Trains, para juntar à sua empresa South West Trains, a maior rede do Reino Unido, e à pequena Island Line, da Ilha de Wight. Gostei daquela postura decidida, que cimentou uma amizade e uma relação de trabalho que já dura mais de uma década. Num momento em que os transportes — sobretudo os ferroviários — estavam sempre nas manchetes, queríamos ser os responsáveis por algumas boas notícias depois de anos de expectativa. Tratava-se de gerar fatos que tivessem uma repercussão positiva para assegurar aos passageiros, àquela altura cansados de esperar, que algo estava realmente sendo feito.

Em 2003, o Natal chegou mais cedo. No dia 4 de dezembro de 2003, desembarquei em uma das enormes oficinas da Alstom, em Birmingham, para entregar um presente gigantesco.

Estava vestido de Papai Noel, sentado ao lado de duas mulheres em trajes minúsculos numa biga toda decorada, puxada por uma rena. Brian, vestindo bermudas e um paletó de colégio, com uma bolsa de couro antiquada pendurada no ombro e um boné azul inclinado que o deixou com aspecto de travesso, fez o papel do garoto sortudo que desembrulhava seu trenzinho elétrico gigantesco.

Diante de um pelotão de jornalistas britânicos, perguntei a Brian se ele tinha se comportado bem e o que queria ganhar de Natal.

— Uns trens novinhos e brilhantes que andem muito rápido, por favor — disse ele.

Não resisti a fazer uma piadinha diante das câmeras de TV:

— E que tal uma valorização das ações?

(As ações da Stagecoach estavam em baixa desde a negociação com a Coach USA envolvendo a Mega Bus, uma autocriação de preços baixos do grupo. Brian e eu já passáramos por poucas e boas juntos, e podia dar ao luxo de brincar com ele daquele jeito.)

Atravessando nuvens de gelo seco, em meio a fogos de artifício e ao som dos acordes grandiosos do tema de *Missão: Impossível*, o nariz de um novo trem emergiu do embrulho de papel acetinado. A British Rail estatizada nunca tinha provocado tanta excitação. E, embora o que estivesse ali fosse apenas a casca de nosso primeiro Pendolino, enviada por navio da Itália para Bristol e então despachada para Birmingham, estávamos um passo mais perto de chegar lá.

A Virgin West Coast investiu 1,2 bilhão de libras esterlinas em 53 Pendolinos. Cada trem custou 11,5 milhões — o que, segundo oficiais ferroviários do governo, estava 1,5 milhão acima do preço justo. Os itens adicionais de segurança que eu encomendara tinham encarecido o produto. O número de passageiros começou a crescer — embora, de vez em quando, eles ainda esbarrassem em problemas de engenharia nas estradas.

A Angel Trains, então uma subsidiária do Royal Bank of Scotland, entrou em cena para se tornar a proprietária dos trens, e passou a arrendar a frota num modelo semelhante ao que vinha sendo usado com aviões há décadas. O negócio é lucrativo: a Angel Trains foi vendida em junho de 2008 a um consórcio liderado pela Babcock & Brown, uma empresa australiana de infraestrutura — e que inclui ainda o Deutsche Bank e a AMP Capital — por 3,6 bilhões de libras. O trabalho de adaptação dos trens representou também uma injeção financeira maciça em Birmingham, mantendo empregos para engenheiros altamente qualificados nesse polo industrial.

Os novos trens eliminam 76% menos dióxido de carbono por assento que uma companhia aérea doméstica e são os menos poluentes da Europa. Sua resistência é notável: passam menos tempo na oficina e mais tempo transportando passageiros. Sempre que o trem reduz a velocidade, os freios esquentam e o sistema regenerativo de frenagem bombeia eletricidade de volta aos cabos — outro detalhe inovador que não agradou os oficiais ferroviários do governo. Com o barril de petróleo custando 48 dólares, eles não viam sentido em reaproveitar a energia e mandá-la de volta ao sistema. Atualmente, com o preço do barril chegando perto dos 150 dólares, talvez esteja claro até mesmo para eles que aquela foi uma boa decisão.

Os novos trens entraram em serviço na Linha Principal de West Coast no dia 27 de setembro de 2004, uma segunda-feira. E, no primeiro dia, houve uma pane. Uma pane que (a Lei de Murphy está aí não é à toa) coincidiu com o anúncio da Virgin Galactic em Londres, a primeira empresa do mundo a oferecer voos espaciais para cientistas e pessoas comuns. O trem Royal Scot, que vinha de Glasgow, empacou perto de Carlisle. Os passageiros tiveram de ser trocados de vagão e chegaram a Londres com duas horas de atraso. Toda a imprensa aproveitou para falar do trem quebrado e do lançamento da Virgin Galactic na mesma reportagem, e o *Daily Mail* fez uma gozação com nossa cara que tomava a página inteira: *"Euston*[1]*, nós temos um problema..."* A manchete era absolutamente brilhante, e me deixou irritado o dia inteiro.

Se eu precisasse de consolo, porém, bastaria ver como estava a situação ao fim da primeira semana. As notícias eram muito animadoras. Escrevi em meu caderninho:

"Primeira semana — Pendolinos. 27 de setembro — 2 de outubro. Pontualidade de 82%. Prometida era de 72%. Cancelamento de quatro em 210 viagens diárias. Pendolinos inclinantes são 32, dois além do estimado na segunda-feira, dia 27. Só dois trens falharam. Publicidade maciça por causa do lançamento espacial. Jack Straw viajou e disse que o primeiro-ministro gostou da recepção — e ainda que recebeu retornos incríveis de nossa equipe."

E acrescentei: *"Cumprimos exatamente o que prometemos um ano trás, e a impressão geral dos passageiros é a de que tudo correu bem e vai melhorar depressa."*

---

[1] Alusão à estação de trem localizada em Londres.

Nos primeiros tempos, repare bem, tivemos de aturar críticas constantes às duas concessões conquistadas pela Virgin. A Virgin Trains teve de assumir o pior histórico de atrasos de todo o país. Nossos serviços na Linha Principal de West Coast atingiram um índice de pontualidade de 84% no período de 12 meses até 16 de outubro de 1999. O desempenho da Virgin CrossCountry, um emaranhado de rotas cruzadas, foi pior, chegando a um índice de 80%. Mas seria injusto com nossa equipe não levar em conta que estávamos operando mais serviços e transportando mais passageiros nas velhas linhas férreas e nos trens antiquados com os quais éramos obrigados a ir improvisando, enquanto os novos equipamentos não chegavam.

Fiquei com dó de nossos funcionários. Era desanimador ser constantemente criticado. Tínhamos trabalhado com muito afinco para melhorar as coisas, e os serviços tinham evoluído. A privatização da rede ferroviária trouxe alguns benefícios reais, mas nos impôs uma estrutura institucional e política que tinha, desde o início, falhas sérias, algo que ficou claro com o acidente em Hatfield, depois que um trilho quebrado passou despercebido.

A tragédia de Hatfield, que aconteceu no dia 17 de outubro de 2000, deixou quatro mortos e setenta feridos. Foi um momento trágico para o ramo ferroviário, e houve quem especulasse se conseguiríamos nos recuperar. A Railtrack, que administrava a malha de trilhos, impôs restrições de velocidade ao sistema como um todo e nossos passageiros sofreram, enfrentando atrasos na partida e na chegada e cancelamentos. Houve recriminações e acusações. Lembro-me de travar longas discussões com Stephen Byers, então secretário nacional de Transportes, sobre o que precisava ser feito. Secretamente, eu ficava imaginando se o problema seria resolvido algum dia. Em 2001, em decorrência do acidente de Hatfield, a Railtrack, uma empresa pública com ações na Bolsa, tornou-se parte do aparato estatal, levando os acionistas a perder investimentos.

Em 2002, a Rail Regulator apresentou aos contribuintes uma conta gigantesca de 1,25 bilhão de libras adicionais por ano, para arcar com o aumento dos custos de infraestrutura, em grande parte devido aos investimentos insuficientes ao longo da história e à perda de controle da Railtrack. A bagunça era grande e complexa.

Desde Hatfield, no entanto, o sistema começou lentamente a dar a volta por cima. O governo do Reino Unido criou a Network Rail, uma empresa privada sem fins lucrativos, para administrar a infraestrutura ferroviária — isto é, trilhos e sinalização. Essas mudanças foram implementadas na Lei das Ferrovias, de 2005, que tornou o secretário nacional de Transportes responsável pela estratégia e pelo orçamento das ferrovias da Inglaterra e do País de Gales.

Cada vez mais, a Virgin Rail estabelece boas parcerias com o governo, a Network Rail e fornecedores, como Alstom e Bombardier, realizando avanços enormes. Nossos trens saem a cada vinte minutos entre Manchester e Londres — a frequência mais alta nesse tipo de trajeto em qualquer parte do mundo. Para pessoas de negócios, os trens são hoje uma alternativa muito melhor do que os voos curtos. O desempenho da própria Virgin melhorou também. Em 1997, 13,6 milhões de passageiros usaram a Linha Principal de West Coast. Em 2003, foram 14,1 milhões; em 2004, 15,1 milhões; em 2005, 18,7 milhões, e, em 2007, a conta ultrapassou os vinte milhões. Nossa pontualidade àquela altura estava acima de 90%. O que antes parecia uma missão impossível tornou-se mais do que viável. Já podíamos ir além do prometido. A Network Rail ainda tem questões sérias a enfrentar, como a melhor maneira de reformar os últimos trechos de trilhos sem causar muitos transtornos ao público. Mas, de um jeito ou de outro, 2009 testemunhará um novo salto qualitativo no serviço, na velocidade e na pontualidade na West Coast, o que vai realmente torná-la uma rota de primeira qualidade em termos mundiais. Foi uma jornada difícil, mas, graças à liderança de

Tony Collins e ao apoio da equipe gerencial da Stagecoach, conseguimos passar por tempos mais difíceis.

Você nunca deve esquecer que toda mudança traz consigo consequências imprevisíveis. Isso se aplica tanto às mudanças desejadas quanto às indesejadas. Sempre acho graça quando um porta-voz aparece na televisão para explicar, com o cenho franzido e grave, que uma empresa em más condições foi "vítima do próprio sucesso" — como se ela tivesse sido atacada por algo raro, aberrante e difícil de explicar, o equivalente corporativo a uma abdução por alienígenas.

Ter sucesso hoje não lhe garante moleza nos dias que estão por vir. Obviamente, não é possível traçar planos para lidar com o imprevisível. Tudo que você pode fazer é nunca baixar a guarda. Cumprir promessas não é só um trabalho duro: é um trabalho *sem fim*.

Tínhamos investido mais de dois bilhões de libras esterlinas substituindo todos os trens nas rotas CrossCountry por trens Voyager a diesel que eram trens populares e extremamente resistentes. Houve um aumento de 50% no número de passageiros — e, de repente, começou a ficar difícil achar vaga nos trechos mais requisitados. Éramos uma vítima do próprio sucesso!

Muito mais perturbador era pensar que nossos passageiros é que eram as vítimas. Lembro-me, em especial, de uma carta que recebi, enviada por um casal que viajara de Preston a Londres. Eles tinham planejado um passeio divertido na capital inglesa e não se deram conta de que agora precisavam reservar assentos. Ao chegar à estação, foram mal-atendidos pelos funcionários. Considerando que o marido era deficiente físico e usava uma cadeira de rodas, isso foi algo realmente terrível de nossa parte. Resolvi o problema deles pessoalmente e incentivei a equipe da Virgin Rail a se aprimorar. Temia que tivéssemos nos distraído no atendimento ao consumidor. Escrevi uma carta a Ashley Stockwell, guardião do Virgin Group em questões de marca e atendimento ao cliente:

> *Caro Ashley,*
> *Estou preocupado com a Virgin Trains e com o serviço que estamos oferecendo ao consumidor. Temos uma diretoria que, compreensivelmente, esteve muito ocupada com as negociações de concessão e outras questões gerais graves. Quando entramos nessa, trouxemos pessoas da Virgin Atlantic que realmente se preocupavam com os funcionários e os clientes. Mas, de alguma forma, as coisas parecem ter degringolado. Tony Collins concorda com isso — ontem, ele me disse com muita franqueza que nós "perdemos aquele bom atendimento ao consumidor". Sei que ele fará tudo para resolver o problema. Qualquer ajuda que seu departamento puder dar será, tenho certeza, bem-vinda.*

Melhoramos. Colhemos cada vez mais aplausos. Em abril de 2006, quando anunciamos a decisão de concorrer novamente à concessão do trecho CrossCountry, eu já tinha começado a acreditar que conquistáramos algo de muito especial no Reino Unido. Usando uma ligeira paráfrase, recorri a uma velha fala de Magnus Magnusson, apresentador de *Mastermind*, o *quiz-show* da BBC, para justificar nossa permanência no negócio: "Já que começamos, vamos terminar."

Mas nossa concessão enfrentou oposição no Departamento de Transportes. Antes de uma reunião fundamental com funcionários do governo, recebi o telefonema de um jornalista muito bem-informado que cobria o setor. Ele sabia a hora exata da reunião, o que iria acontecer nela e quem estaria presente. Acertou em tudo. Ele me disse também que o objetivo final do governo era retirar da Virgin a concessão da CrossCountry — só estava à procura de um pretexto. Escrevi em meu caderno: *"Se esse cara está certo sobre todo o resto, estará certo sobre isso também?"*

Argumentamos que tínhamos trabalhado duro, que a pontualidade era a melhor da história desde que assumimos o trecho, que as receitas tinham crescido 40% e o número de passageiros, 50% — e o governo agora estava arrecadando 87% de toda a receita extra.

Em meu caderno, anotei: *"Alguém veio nos dizer que certos elementos no Departamento de Transportes querem a CrossCountry de volta para que ela possa ser retalhada e absorvida por outras redes. Espero que não seja verdade. Estou confiante de que a proposta do Virgin Group não será superada por nenhuma outra empresa se a disputa for justa. Acho tudo isso no mínimo um tanto bizarro. Mas assim é o mercado ferroviário."*

E era mesmo. Depois de fazer todo o trabalho pesado, receber todas as espinafrações e aumentar o número de passageiros em 50% num período de dez anos — a Virgin Trains perdeu a concessão da CrossCountry. Mas assim é a vida no Reino Unido do século XXI. Não guardo mágoas (murmura Branson, entredentes). E mesmo que as guardasse, o fato é que, nos negócios, como na vida, o melhor a fazer é seguir em frente. Afinal, ainda tínhamos a Linha Principal de West Coast.

A Virgin Trains é criticada em certos círculos pelo dinheiro supostamente fácil que ganhou na forma de subsídios governamentais. Acho que essas pessoas deviam levar em conta o tempo e o dinheiro que investimos para obter cada pequeno retorno financeiro. Com o dinheiro dos subsídios, tivemos de pagar à Network Rail por usar seus trilhos — e, à medida que os problemas dela cresciam, as taxas que nos cobrava cresciam também. Quando fechamos o primeiro contrato, não contávamos com esses aumentos. Assim, entre 1996 e 2006, recebemos dois bilhões de libras esterlinas em subsídios — e logo lhes demos adeus, pagando 2,4 bilhões, primeiro à Railtrack e depois à Network Rail, pelo direito de usar os trilhos. Em outras palavras, o dinheiro voltou para o governo. Além disso, a Virgin Trains pagava taxas mais altas do que qualquer outra companhia à Network Rail — isso num momento em que o subsídio era reduzido pela metade, de 526 milhões para 268 milhões de libras, no fim de março de 2006!

Não muito tempo atrás, elaboramos a proposta de aumentar o tamanho de cada trem de nove para 11 vagões, a fim de podermos fazer frente à explosão da demanda. Expliquei a Douglas Alexander, então secretário nacional de Transportes, que, embora fôssemos capazes de cumprir os termos da nova concessão, a partir de fevereiro de 2012, o número de passageiros começaria a testar os limites de nossa capacidade. Nossa proposta era aumentar a oferta para dez ou 11 vagões no momento propício, em torno de 2010. O investimento total exigido seria algo em torno de 260 milhões de libras, a ser integralmente custeado pelo setor privado. Também propusemos ampliar os estacionamentos e implantar neles a cobrança por cartão, e, em troca, gostaríamos de uma extensão de dois anos em nossa concessão, por favor. Eu achava que nosso histórico era suficiente para termos uma chance de ter a proposta aceita pelo governo. Mais tarde, porém, nossa proposta de aumento do número de vagões foi recusada. No momento em que escrevo, estamos discutindo mais uma vez a extensão dos trens. Espero que o bom senso prevaleça. Mas, se chegar 2010 e você se pegar fazendo toda a viagem até Birmingham em pé, lembre a quem deve agradecer. Fico incomodado de pensar que a popularidade crescente de nossos trens está sendo ameaçada pela sovinice e pela falta de visão do governo.

Ao mesmo tempo, somos limitados pelo estado lamentável dos trilhos, que têm passado por obras maciças de melhoria nos últimos quatro anos. Nossa maravilhosa equipe — liderada de forma tão competente por Chris Green por muitos anos, e hoje por Tony Collins — vem-se concentrando em oferecer um excelente serviço mesmo com todos esses obstáculos. Apesar dessas questões, tenho orgulho em dizer que a Virgin Trains cumpriu suas promessas — e não foi fácil. Em primeiro lugar, sabíamos desde o início o que queríamos dar ao consumidor, e não arredamos pé em face da falta de apoio governamental e de uma imprensa negativa. Queríamos ter os trens mais bonitos e confortáveis, porque sabíamos que qualquer coisa abaixo disso não desceria na garganta de um público que fora obrigado a suportar um serviço decadente por tanto tempo. Nossos trens precisavam ser eficientes — tão ecologicamente corretos quanto possível — porque não tínhamos ideia do que ocorreria com os preços dos combustíveis, e não havia o menor sinal de que os custos de energia iam cair a longo prazo. (E como tínhamos razão!) Por fim, queríamos os trens mais seguros que pudéssemos encontrar, porque, no ramo de transporte de pessoas, isto é o mais importante: vidas humanas são depositadas em suas mãos. Nada, à exceção de uma intervenção divina, deve jamais expor os passageiros ao risco.

Nossa proposta, portanto, foi completamente ponderada com base nos valores centrais de nossos negócios, em nossas considerações estratégicas de médio prazo e em nossos sentimentos de longo prazo sobre os rumos do mercado. Embora isso possa parecer grandioso demais, é exatamente o que você deve levar em conta sempre que estiver considerando como cumprir as metas traçadas numa proposta de negócios. Nunca imagine que está imune aos grandes eventos. Se tomar as pequenas decisões à luz do quadro mais amplo, estará ao menos apontando o barco na direção certa para enfrentar qualquer tempestade.

Lembre-se também de que o mundo está cheio de pessoas que gostariam de lhe dar uma lição, que querem bancar as realistas fazendo você parecer um ingênuo deslumbrado. Os governos são famosos por esse tipo de atitude. Ministros são como mariposas: mal começam a entender o que se espera que façam e já encarregam outro para tratar do assunto. Podem até ser representantes de nossas liberdades civis — mas, do ponto de vista dos negócios, são desastrosos. No Reino Unido, em particular, pessoas sem o menor preparo para tratar das questões com que estão lidando simplesmente ignoram considerações de longo prazo. Não é que não as compreendam ou mesmo que não concordem com elas: apenas não têm nenhuma esperança de fazê-las passar pela aprovação do Tesouro a tempo.

É possível identificar pessoas negativas e instituições incompetentes a um quilômetro de distância. Tenha a coragem de ignorá-las e de se agarrar às suas convicções. Em vez de se preocupar com isso, reúna pessoas em quem você confia para que *elas* banquem o advogado do diabo e lhe apontem os problemas que podem vir a surpreendê-lo ao longo do caminho.

Se você tem a sorte de se tornar um agente de mudanças, é incrivelmente frustrante quando os outros não conseguem entender suas ideias — e pior ainda quando as rejeitam sem sequer examiná-las. Mas é compreensível que isso aconteça. Mudanças são perigosas. Quase sempre, quanto maior você é, mais lentos são os avanços, e mais perigosa se torna então a mudança. É claro que governos temem o novo: sabem que nunca vão conseguir se esquivar a tempo. Grandes empresas também são assim.

Não adianta dizer “Prepare-se para o novo”, “Entregue-se ao novo” ou qualquer outro dos clichês que os livros de negócios estejam apregoando no momento. A verdade nua e crua é que o novo, na maioria das vezes, é uma ameaça. É aquilo que quer matar você. E sejamos francos: um dia, vai matar mesmo.

Nos negócios, as mudanças sempre acontecem mais rápido do que você gostaria — elas o surpreendem de repente, quando está menos preparado. Foi exatamente o que aconteceu com a Virgin Records no mercado de música.

Para os gigantes internacionais do mercado de eletrônicos, a sobrevivência depende de encontrar a próxima tecnologia revolucionária e lançá-la no mercado. Ser o primeiro a fazer isso é admirável. Mas ser o melhor é o que realmente importa. Sempre segui o meu nariz; nunca me ocorreu esperar que os outros cometessem erros para que pudesse aprender com eles. Não vejo a menor graça nisso. Mas também não posso criticar ninguém em relação a nenhum outro aspecto: os que vão na frente do pelotão são geralmente os primeiros a levar os tiros.

Nas décadas de 1980 e 1990, enquanto empresas como a Philips, Sony, Panasonic e Hitachi se perdiam em becos sem saída com produtos que fracassaram, o mercado de música se encaminhava de forma lógica e inexorável para o mundo digital dos downloads — um processo que chegou ao apogeu (pelo menos do ponto de vista em que me encontro agora) com o iPod da Apple.

A revolução da música digital foi anunciada com a chegada do CD. A mudança das gravações analógicas para as digitais foi uma revolução para os tímpanos. Em meados dos anos 1970, o compacto de sete polegadas era o padrão ouro do mercado de música pop. Todas as bandas pop (embora o mesmo não se aplicasse a todas as de rock progressivo) queriam chegar ao topo das paradas de sucessos no Reino Unido e nos Estados Unidos e então no resto do mundo. Alcançar o primeiro lugar das paradas era sinal de que uma banda ou artista solo tinha chegado ao sucesso.

Por volta do início dos anos 1980, nosso domínio sobre as paradas de sucesso tinha ajudado a Virgin Records a se tornar a maior gravadora independente do mundo. Ficávamos tremendamente empolgados ao ver um novo disco chegar à lista dos mais executados e, na quinta-feira seguinte, acompanhar a apresentação quase que obrigatória da respectiva banda no programa de TV *Top of the Pops*, da BBC. Toda essa badalação tinha um impacto positivo nas vendas do disco. As duas coisas caminhavam juntas, como a mão e a luva.

É fácil ficar nostálgico ao falar de coisas passadas, mas não há nenhuma justificativa histórica para isso. Desde o século XIX, as tecnologias de gravação têm virado de cabeça para baixo a cada três décadas. Trinta anos depois de o cilindro de cera ter maravilhado os formadores de opinião dos anos 1880, os discos de 78rpm, rígidos e feitos de goma-laca, revolucionaram o modo de se ouvir música com um novo conceito de som. Depois da Segunda Guerra Mundial, o LP de vinil, o compacto e o EP (sigla para *extended play*, formato que tinha duas ou três faixas de cada lado) transformou o ato de ouvir música numa experiência consideravelmente menos estressante. Dava até para enviar aqueles discos flexíveis e resistentes pelo correio!

Os sabichões que hoje falam de como os downloads estão acabando com as grandes gravadoras deveriam se lembrar que a última vez que esse mercado entrou em parafuso foi — surpresa! — há menos de trinta anos, em 1982. Os efeitos da recessão econômica eram profundos. A Virgin Retail tinha mais de cem lojas de discos, espalhadas por cidades em todo o país — e, nos dias de semana, elas ficavam completamente desertas.

Um número cada vez maior de pessoas fazia gravações caseiras do rádio ou do LP original que um amigo havia comprado — um prenúncio dos downloads ilegais que acabariam desaguando no Napster e em todos os outros sites que ofereciam música de graça.

A revolução digital tinha chegado aos estúdios de gravação algum tempo antes, e computadores já eram usados para mixar discos e trilhas sonoras. Agora, no entanto, ela estava prestes a pegar o público de surpresa.

O Dire Straits foi o primeiro campeão de vendas do novo formato. O vinil resistiu com bravura, e seus aficionados diziam preferir o som analógico. Muitos esnobes do mundo da música, com seus sistemas quadrifônicos, torceram o nariz para aquele álbum do Dire Straits gravado num disco de plástico com aparência de descanso de copo. Mas, em muito maior número, estavam os que saíram de casa para comprar a novidade. A Philips, o gigante holandês do ramo eletrônico, lançou, na feira musical de Paris, a previsão de que o CD se tornaria "o novo padrão de áudio do mundo".

Houve um debate feroz entre os fanáticos do *hi-fi* em nosso escritório. Será que o vinil seria superado algum dia por um sistema de som tão inferior como o digital? Naquele momento, as dúvidas eram genuínas — até hoje há quem diga que o vinil é muito melhor. As capas e encartes de LPs, naquele meio tempo, haviam se tornado uma forma de arte contemporânea.

Mas o pequeno disco reluzente já não podia ser detido. Era mais conveniente, mais fácil de usar e, *sim*, também protegia os móveis contra manchas de cerveja.

A Philips, que desenvolvera o sistema, anunciou planos para um software a ser fabricado e lançado pela Polygram, que seria vendido em lojas de discos separadamente do aparelho de reprodução. O CD também tinha um competidor, o Laser-Vision disc, que ficou pronto na primavera de 1983. A JVC, gigante japonês da eletrônica, promovia seu sistema VHD. Cerca de trinta empresas tentavam fabricar aparelhos especiais para a reprodução de CD, e eu estava determinado a não ficar para trás se aquele se tornasse o novo padrão.

Apenas a Polygram e a Ariola tinham fechado acordos com a Philips para o lançamento de produtos para o novo sistema. (Na época eu achava que os *royalties* exigidos pela Philips estavam altos demais.) A Philips começou a distribuir os novos aparelhos de reprodução de CD na Bélgica. Eles podiam ser acoplados a um sistema de som separadamente, como um toca-discos, e esperava-se que custassem entre trezentas e quatrocentas libras esterlinas. Era um preço muito salgado para um mercado composto de jovens que compravam discos — nos primeiros tempos, o dono de um aparelho de CD era quase sempre o sujeito mais rico da vizinhança.

Na época do lançamento, cerca de duzentos títulos estavam disponíveis, por um preço que variava entre 7,50 e 8,50 libras. A Polygram construía uma fábrica de CDs em Hanover, na então Alemanha Ocidental, para produzir quinhentas mil unidades em 1982 e espantosos quatro milhões no ano seguinte. Em junho de 1982, a Sony publicou alguns anúncios coloridos na imprensa musical. Eles mostravam um LP de 12 polegadas ao lado de um CD, ambos em tamanho real. A campanha era inteligente e me impressionou bastante: "Daqui a seis meses, o mercado vai se expandir de forma dramática."

O CD atendeu às preces de muitos amantes de música: nada de chiado, nada de virar o disco, nenhum desgaste, distorção praticamente imperceptível, amplo espectro dinâmico e ruído de atrito zero.

Meus caderninhos estão cheios das dúvidas que tinha sobre o impacto da nova tecnologia em nossos negócios, e o que deveríamos fazer para reagir às ameaças. Escrevi: *"O que acontece com as coleções de discos espalhadas pelo país — as pessoas vão substituir seus vinis por CDs?"*

A chegada do CD foi como uma injeção de estímulo em nosso mercado, mas, como a maioria dos remédios, na dose errada ela poderia facilmente matar o paciente. A tecnologia mudava as regras do jogo: tínhamos de aceitar isso ou morrer. A chegada do CD, e mais tarde do DVD, acabaria dando ao comércio de música uma sobrevida, mas, num primeiro momento, nosso negócio só conseguiria sobreviver à ameaça se baixasse o preço do vinil. E foi o que fizemos. Precisávamos nos livrar dos estoques e limpar as prateleiras para receber a novidade. A era em que vendíamos caminhões inteiros de LPs estava chegando ao fim.

Em março de 1982, a Virgin Records alterou a estrutura de preços para as lojas. Aumentos de preços vinham sendo impostos a todo o mercado pelas altas taxas de inflação dos primeiros anos do governo de Margaret Thatcher no Reino Unido. Tivemos de majorar o preço de nossas bandas mais populares, de modo que o álbum *Dare*, do Human League, passou a custar 3,40 libras. Aumentamos o preço de nossos discos de catálogo de 2,74 para 2,92 libras para os lojistas. Mas reduzimos um certo número de títulos para 1,82 por pura experimentação, para ver se isso ajudaria a vender bandas que não tinham emplacado, como The Skids e Magazine.

Alguns lojistas independentes protestaram. Alan Davison, vice-presidente da RAVRO, a associação dos comerciantes de discos, que também tinha uma pequena loja, brincou na época em entrevista à Music Week:

"Tentando pensar em tudo de bom que eu gostaria que acontecesse este ano, descobri que nada me agradaria mais do que ver a Our

Price e a Virgin fecharem as portas. Elas podem reabrir mais tarde, se quiserem, desde que vendam discos pelo valor justo. Discos são um produto para especialistas. Vendê-los com desconto, a preço de banana, foi a pior coisa que já aconteceu."

Pobre Alan: a única forma de cobrar preços altos num mercado que está encolhendo é reduzir seu tamanho e se especializar. Isso significa resolver o problema e inovar ao mesmo tempo — um duplo salto mortal de incrível dificuldade, algo que Alan simplesmente não estava disposto a fazer. Ele se limitou a fixar os preços no limite máximo recomendado para varejo, a fim de garantir sua margem de lucro de 33%. Como estratégia de negócios, isso não fazia o menor sentido para mim. A margem de discos e fitas cassete tinha despencado de 32%, em 1978, para 23%, em 1981, e uma guerra feroz de descontos chegou a espremê-la em 16%. De acordo com a BPI, associação que representava as maiores empresas fonográficas britânicas, o preço médio estimado de um LP era de 5,22 libras em 1981 — enquanto o preço real pago pelo consumidor era de 4,39 libras. As margens eram tão estreitas que uma gravadora que não tivesse artistas de grande sucesso naquele momento dificilmente sobreviveria à tormenta.

Enquanto isso, outro fenômeno de vendas estava nascendo (ou baixando sobre nós, depende do ponto de vista). Em 1980, o inventor e empreendedor britânico Clive Sinclair conseguiu não ultrapassar a barreira das cem libras com seu computador Sinclair ZX80. Se você fosse corajoso, podia comprar um kit por 79,95 e montar sua própria máquina. Um ano depois, ele lançou o ZX81 e, em 1982, o Sinclair ZX Spectrum. Em meados de 1982, já havia quase quinhentas mil máquinas de videogame em uso no Reino Unido. Fiquei surpreso com a rapidez com que aquilo se espalhou em nosso mercado — e, mais uma vez, tínhamos de nos preparar para o impacto.

Certo dia, um de nossos vendedores veio me ver:

— Richard, a garotada está ficando maluca com esse game do Pacman. Talvez a gente devesse vender games também.

Começamos a encomendar jogos de computador diretamente da Atari, uma subsidiária da Warner Communications. A chegada do Pacmam, um monstrinho que se movia num labirinto comendo frutas, foi excelente para os negócios por muitos anos, vendendo mais do que qualquer outro game — inclusive o extremamente bem-sucedido Space Invaders, obrigatório em qualquer bar frequentado por estudantes no país. Ao lado do Tetris, o Pacmam se tornou o jogo padrão do Game Boy da Nintendo, lançado em 1989. No início dos anos 1990, o Game Gear da Sega nos apresentou Sonic, o Porco-Espinho. Games populares entre os jovens permitiram a decolagem dos jogos de computador, sobretudo no Reino Unido, e apresentaram uma geração inteira à computação. Os hardwares se multiplicaram e se diversificaram em ritmo vertiginoso: Atari ST, Commodore 64, Amiga, o Mac da Apple... O mercado de jogos de computador estava prestes a disparar como um foguete.

O Pacmam foi, indiscutivelmente, o primeiro ícone dos jogos de computador. Mas só pegamos embalo com a chegada do Super Mario, da Nintendo, no Natal de 1985. Ele iria se tornar um valioso atrativo de vendas à medida que nos expandíamos no Reino Unido e na Europa. Cartuchos de jogos com preços entre 15 e 45 libras nos davam uma margem de lucro muito maior do que a música, e jogos de computador e, mais tarde, filmes — primeiro em vídeo, depois em DVD — tornaram-se uma parte crescente de nossos negócios.

A verdade é que, mesmo no início, as lojas Virgin Records de menor porte sempre fizeram pouquíssimo dinheiro. Elas mantinham nosso nome aos olhos do público e representavam nossa marca jovem e irreverente, mas eram insustentáveis a longo prazo. Um de meus maiores erros — na verdade, arrependimentos — foi não ter vendido todas as nossas lojas mais cedo.

Em 1986, mesmo as Megastores estavam ameaçadas. Nosso maior rival, a HMV, tinha-nos declarado guerra e, em junho, abriu uma nova loja em Oxford Street que mantinha em estoque todos os discos disponíveis em catálogo naquele momento, enquanto a Tower Records era inaugurada num ponto nobre, em Picadilly Circus.

Impávidos, abrimos, em março, nossa loja de Dublin, em Aston's Quay, que era a maior do mundo. Gastamos um milhão de libras para converter uma antiga loja da McBirney's, com cinco andares e 15 mil metros quadrados, em algo semelhante à nossa Megastore de Oxford Street.

A imprensa achou que estávamos loucos. Stanley Simmons, um diretor da Music Makers, entrou no debate na seção "Counterpoint" da *Music Week*. "Em minha opinião, todo o conceito da megastore no comércio de discos do Reino Unido está seriamente comprometido e baseia-se em premissas falsas." Ele assinalava que, nos Estados Unidos, os grandes varejistas conseguiam negociar melhores condições de crédito e preço que não existiam no Reino Unido. E ele tinha razão ao apontar um dedo acusador para nossos custos fixos — aluguel e taxas — e nossa obrigação de manter um estoque volumoso.

No entanto, ele não entendia o problema direito. Nossa loja de Dublin não tinha apenas música clássica e jazz, folk e rock: também vendia vídeos de música, games e software. Era aí que eu via o futuro de nosso negócio. Estávamos obrigando os varejistas da velha guarda, como Woolsworths, Dixons e Currys, a se virar para competir conosco.

Nossas vitrines e nossos interiores eram dinâmicos e empolgantes. Se a Selfridges tinha vitrines lindamente decoradas, então faríamos melhor. Quando o Depeche Mode lançou seu disco *Black Celebration*, pusemos uma torre espelhada de três metros e meio de altura na vitrine da loja de Oxford Street.Era algo que chamava a atenção. Do lado de dentro, começamos a trazer as bandas para tocar algumas músicas. Esses eventos se tornaram atrações em si mesmos, estimulando as vendas e a divulgação.

Nossa equipe de funcionários era o elemento-chave. Ela era formada em sua maioria por fãs de música, não muito mais velhos que os clientes que entravam pela porta com suas mesadas ou seu dinheirinho recebido por serviços temporários. Tínhamos criado um ambiente de trabalho agradável — e isso fazia de nossas lojas um lugar apropriado para matar o tempo num sábado à tarde também.

O presidente da Dixons, Stanley Kalms, foi ficando cada vez mais impressionado com o que a Virgin conseguira conquistar. Também demos início a uma conversa com a Debenhams para inaugurar postos avançados da Virgin em suas lojas de departamento regionais.

Os dias de nossas lojas de discos pequenas e simpáticas estavam contados, e não se pode construir um império de negócios com base apenas na nostalgia. Em junho de 1988, fomos procurados pela WH Smith e decidimos vender-lhes 67 de nossas lojas menores por 23 milhões de libras, para podermos concentrar-nos numas poucas Virgin Megastores, inclusive a nova de Paris, nos Champs-Elysées. Uma experiência varejista mais ampla e robusta tinha algum futuro. Mas os dias gloriosos de nosso envolvimento com o mercado da música estavam agora no passado.

Em 2008, o CD como artigo de vendas já estava em estado terminal. Seu ponto alto tinha sido em 1999, quando o mercado mundial de gastos do consumidor com música tinha atingido 17 bilhões de dólares em um ano. Em 2005, esse número tinha despencado para algo em torno de dez bilhões, com os downloads emergindo energicamente. (Para 2012, a receita projetada está pouco acima dos nove bilhões de dólares, dos quais a metade corresponde a downloads via internet.) O mercado corporativo da música — parte dele nas mãos de bancos de investimento — passara a ter mais interesse em vender milhões de discos de plástico do que em dar apoio a seus verdadeiros talentos artísticos.

Quando criamos a Virgin Records, bancávamos as sessões de gravação, manufaturávamos e distribuíamos o produto para as lojas e, depois de tudo isso, promovíamos a banda e a música. Dávamos empréstimos e adiantamentos para que os artistas pudessem sair em turnê, gravar videoclipes, comprar equipamento, adereços, iluminação. Também os aconselhávamos e cuidávamos de suas carreiras, fazendo a contabilidade e o controle das vendas.

Será que todo esse trabalho garantia nosso futuro? Claro que não. O valor desses serviços tinha desaparecido, graças principalmente à tecnologia digital, à internet e ao surgimento do YouTube e das redes sociais.

O download está matando a música? Nessa você quase me pegou. A cena musical está se modificando, mas, com certeza, não está morrendo. A lógica econômica da produção de música é hoje muito mais saudável do que nos tempos áureos da gravadora Virgin. Quando criamos o estúdio na Mansão em Oxford (onde demos a Mike Oldfield sua grande oportunidade) e o caminhão de gravação Monster Mobile, a empreitada foi pesada. Custava milhares de libras por dia alugar um estúdio profissional, pagar um engenheiro de primeira linha e um produtor, além de todo o vinho que você conseguisse beber e todo o bagulho que pudesse fumar. O trabalho da Virgin Records era bancar tudo isso à vista — e assumir os riscos. Hoje um disco de qualidade pode ser feito num bom laptop — e depois você ainda consegue enviá-lo pela internet como arquivo de música para uma infinidade de lugares diferentes.

Os custos de produção e distribuição são mínimos em comparação com o tempo em que a Virgin Records promovia Phil Collins, Sex Pistols, Human League ou mesmo Stereophonics. Precisávamos vender LPs e CDs em grande quantidade, só para cobrir a produção, a prensagem, o transporte, os custos do varejo e os direitos autorais. Esse modelo de negócios não existe mais — está acabado, creio, para sempre. A distribuição digital é feita a custo praticamente zero, e o valor por álbum para distribuir milhões de cópias na internet é tão baixo quanto seria para enviar cinquenta unidades por encomenda expressa. Economias de escala não têm importância alguma para novas bandas — embora ainda importem bastante para as gravadoras e seus acionistas.

Se eu fosse o líder de uma banda que estivesse hoje na crista da onda, não me submeteria a uma gravadora convencional. Reuniria uma pequena equipe e trataria de me lançar sozinho. Consideraria a opção de me associar a outros músicos e pessoas de comunicação de mentalidade semelhante para compartilhar esquemas de distribuição e marketing. Fazer a divulgação é extremamente fácil, basta criar uma página no MySpace, no Facebook ou em outro site de relacionamento pessoal. Bandas menores e mais novas vão ganhar menos dinheiro, porque as gravadoras só serão capazes de promover artistas menos conhecidos às custas das estrelas. Mas haverá mais música nova à escolha do público e mais pessoas conseguirão ser ouvidas.

As gravadoras vão sobreviver — mas terão de ser muito mais enxutas, mais próximas do modelo de negócios "bonito é ser pequeno". Vão ser forçadas a descobrir os talentos genuínos. Se você quer saber como será de fato o futuro dos downloads, pense em artistas como Brian Eno e David Byrne, famoso desde o tempo do Talking Heads, os produtores de *Viva la Vida*, o mais recente disco do Coldplay, ou — acima de tudo — como o Radiohead.

Em 2007, quando a banda de Oxford disse que lançaria seu disco *In Rainbows* na internet, permitindo que os fãs pagassem a quantia que quisessem pelo álbum, seus integrantes foram tachados de desequilibrados, como se estivessem jogando fora sua propriedade intelectual. Thom Yorke e os demais integrantes do Radiohead já eram, há 15 anos, músicos com índices de vendas altíssimos. Eles estavam sem contrato com gravadora, tinham o próprio estúdio e o próprio servidor, de forma que os custos de distribuição seriam mínimos. Tratava-se de uma aposta — mas funcionou, e 40% dos fãs pagaram uma média de três libras pelo disco, totalizando quase 1,5 milhão de libras para a banda. E não é só isso: eles licenciaram a música, e o álbum foi posto à venda nas lojas também. Yorke disse que, como artistas, a banda fez mais dinheiro com os downloads do que tinha feito com todos os outros discos do Radiohead juntos.

Esse tipo de lógica econômica está sufocando os grandes selos. Madonna é outra artista que assumiu o controle da própria música num contrato recente com a Live Nation, que combina a reputação de artista de shows fantásticos de grande estrutura com a promoção e o download de sua música por meio de um website.

Enquanto o som musical gravado já passou por muitos formatos diferentes, com várias formas de ganhar dinheiro sendo exploradas, a música em si sempre será algo pessoal e cheio de sentido, resultando num profundo ponto de conexão emocional para pessoas de todas as idades. Seja na época em que os discos eram prensados em vinil ou, depois, quando saíram em CDs — e, agora, quando são disponibilizados diretamente on-line —, nós, da Virgin, sempre comparecemos aos festivais a cada verão, ao lado de centenas de milhares de outros fãs, numa celebração comunitária anual de música e gente.

Em 1995, Jackie McQuillan e James Kydd ligaram-me.

— Richard, temos uma grande ideia. Será algo pioneiro no mundo, realmente inovador, e vai dar à Virgin Cola e, claro, a todas as outras marcas Virgin (por associação) uma tremenda credibilidade musical, mesmo que elas não estejam no mercado de música. Ah, e acabamos de conhecer umas pessoas fantásticas e muito profissionais que vão ajudar...

O.K., eu estava começando a entender aonde aquilo iria dar quando James acrescentou (com um toque de malícia, devo dizer):

— Richard, vamos fazer isso pelos jovens.

E Jackie interpôs:

— Richard, juro que vai ser grande pra caramba!

Entendi que, independente de qual fosse aquela grande ideia, eles acabariam me convencendo.

Em questão de minutos, depois que me forneceram os detalhes, eu me peguei dizendo:

— Se entendi bem, o V Festival seria o primeiro festival de música de todos os tempos em qualquer lugar do mundo a ocorrer em dois dias, em dois lugares diferentes, no mesmo fim de semana, com uma troca de bandas de grande sucesso que irão atravessar o Reino Unido de um dia para o outro em um ônibus? Que ideia brilhante. Estou dentro...

Para outras pessoas, a logística do plano poderia ter soado impossível, mas decidi confiar na equipe e seguir seus instintos.

Trabalhando com os produtores de shows mais experientes do país — Bob Angus, da Metropolis Music, Denis Desmond, da MCD Concerts, Simon Moran, da SJM Concerts, e Stuart Clumpas, da DF Concerts —, Jackie e James sabiam que estavam lidando com as pessoas mais capacitadas do ramo. Nenhum dos envolvidos tinha um dia produzido um festival V, mas a relação que estabeleceram entre si era boa, e às vezes isso basta.

Os produtores reconheceram que a marca Virgin poderia trazer algo diferente: um festival que fosse realmente focado nos fãs. Uma marca que acreditava que tudo que estivesse no local do festival deveria agregar valor à experiência do fim de semana como um todo — acampamentos bem-iluminados, placas de sinalização — bares mais compridos para garantir que as filas não fossem tão grandes, uma comida que as pessoas tivessem, para variar, vontade de comer e os Virgin Angels para dar assistência a qualquer pessoa que precisasse de informação ou auxílio. A atenção aos detalhes chegou ao ponto de haver no local dez vezes mais rolos de papel higiênico do que em qualquer outro festival. Duvido que os produtores um dia tivessem tido discussões tão longas e acaloradas sobre papel higiênico, sobretudo rolos em que estivessem impressas as palavras *Poopsie* e *Cack*[2] — um bonito e singelo tributo aos dois maiores concorrentes da Virgin Cola!

Jackie e James, por sua vez, respeitavam a perícia e a experiência daqueles produtores. Afinal, eram eles que sabiam como colocar dezenas de milhares de pessoas portões adentro sem que surgissem quebra-quebras, entendiam de montagem de palco e iluminação, do temperamento dos artistas e de como garantir a segurança de um evento musical tão grandioso sem, ao mesmo tempo, descuidar de um excelente show. Embora, no genuíno estilo Virgin, a equipe tenha insistido em contratar os mais amigáveis seguranças do mercado, sujeitos que eram prestativos e sorridentes. Isso, sim, foi um ineditismo em escala mundial!

Fico feliz de dizer que aqueles laços estabelecidos treze anos atrás permanecem fortes como nunca. O V Festival britânico ocorre todo verão, no terceiro fim de semana de agosto, em dois lindos locais — Hylands Park, em Chelmsford, e Weston Park, em Staffordshire. É um dos maiores e mais populares do país — atraiu mais de 175 mil fãs de música em 2007 — e recebe mais de cem bandas todos os anos. Tornou-se um dos favoritos do mercado, tendo sido eleito pelos profissionais do ramo de shows ao vivo o Festival Europeu do Ano nas últimas sete edições do prêmio Live Magazine Awards. Que bom que confiei nos instintos de Jackie e James!

Avançando um pouco no tempo, vamos à primavera de 2006, nos Estados Unidos. Estamos no segundo ano da batalha para criar nossa mais nova companhia aérea, a Virgin America, e ainda não há uma data de lançamento à vista.

Enquanto o Departamento de Transportes americano levava tempo para tomar uma decisão, nossa equipe de design continuou concentrada no trabalho de criar uma experiência

[2] Trocadilho com palavras infantis para designar fezes. (N. do T.)

de viagem nova e revolucionária para os consumidores dos Estados Unidos. Mas nossa paciência estava chegando ao fim. Imaginávamos que já teríamos uma nova empresa funcionando àquela altura.

Certo dia, naquela primavera, Dan Porter, da Virgin USA, que chegou ao grupo com um amplo currículo nas áreas de tecnologia e música, me telefonou e disse:

— Richard, todos os negócios da Virgin são sociais por natureza, sejam academias de ginástica, telefones celulares ou companhias aéreas. A música também é assim. Você vem reunindo comunidades incríveis todo verão com o V Festival no Reino Unido, então o que me diz de, enquanto os Estados Unidos esperam o lançamento da companhia aérea, organizar o maior festival de música e arte da Costa Leste? Dar aos americanos um gostinho da marca Virgin?

— Em quanto tempo você consegue pôr isso de pé? — perguntei. Sacudir um pouco as coisas daquela maneira podia ser exatamente o que estava faltando, e não demoraria tanto quanto a criação de uma companhia aérea. Gosto de música ao vivo e acredito no poder rejuvenescedor das festas. E certamente adorava acampar.

— Dê-nos sete meses — disse Dan, engolindo em seco.

Mas nunca tínhamos organizado um festival no maior mercado de música do planeta, e o que sabia a equipe da Virgin USA sobre a logística de um grande evento como esse, que envolve encontrar o local apropriado, fechar a melhor data e convencer cinquenta mil pessoas a embarcar na experiência? Criar algo semelhante ao V Festival britânico exigiria exatamente a mágica e a química da equipe do Reino Unido. Seria possível replicar aquilo nos EUA?

A equipe americana decidiu criar dois festivais, um na Costa Leste do país e outro no Canadá. Ambos seriam batizados Virgin Festival — tínhamos a sorte de possuir uma marca que não soava como uma grande corporação ou um produto de limpeza. Precisávamos então encontrar parceiros que compartilhassem de nossa visão: como não se tratava apenas de ganhar dinheiro, embora o festival fosse um negócio, mas de promover a marca e o estilo de vida Virgin, cada detalhe teria de ser perfeito.

Dois produtores independentes com um forte senso estético e uma boa visão dos negócios se juntaram a nós: Seth Hurwitz, o último dos grandes produtores independentes de rock a sobreviver num mercado feroz dominado por corporações gigantes que engoliam sem mastigar todas as casas de shows e selos fonográficos; e Andrew Dreskin, produtor e sócio de confiança de Dan, que tinha lançado com ele o Ticketweb. Eles compartilhavam da nossa vontade de criar uma experiência incrível e não hesitaram em gastar um pouco mais do que estava previsto para garantir as melhores bandas, a melhor produção, as melhores comidas e bebidas. Era importante permanecermos fiéis aos valores originais que estavam por trás do V Festival desde 1996 — um evento realmente focado em seu público. Eles escolheram Baltimore, no Nordeste do país, por ser um lugar subaproveitado e próximo de centenas de universidades e diversas cidades importantes. A Virgin Mobile americana aderiu como patrocinadora e contribuiu com sua vasta experiência de marketing dirigido a um público-alvo jovem.

Enquanto isso, em Toronto, a equipe da Virgin Mobile canadense — que incluía os gurus do marketing Nathan Rosenberg (vindo da Virgin Mobile australiana para ajudar na fundação da nova empresa) e Andrew Bridge — começava a transformar o exuberante Toronto Island Park na locação do Virgin Festival.

Sem uma atração que renda boas manchetes, nenhum festival se sustenta. Num golpe de sorte e digno de gênio, o The Who decidiu sair em turnê naquele verão, e Seth contratou a banda para abrir o show do Red Hot Chili Peppers em Baltimore. Seria a única escala da banda naquele lado do Atlântico. Depois que o The Who entrou para a lista de atrações, sabíamos que o festival provocaria uma boa primeira impressão.

Dan chegou a convencer meu filho, Sam, a se juntar à festa. Em junho, menos de três meses antes do festival, Sam participou da abertura das vendas de ingressos na Megastore de Union Square, em Nova York. Ele apareceu com uma fileira de rapazes usando apenas meiões, num tributo ao Red Hot Chili Peppers. Depois disso, Sam ligou para Jackie no Reino Unido e a convenceu de que ele também devia participar da coletiva de imprensa usando apenas meias — por sorte, meu filho é mais modesto do que o pai e estava apenas brincando!

Tive um setembro atarefado naquele ano. No dia 9, ajudei a lançar o Virgin Festival de Toronto e, depois, viajei a Nova York para anunciar, durante o evento Clinton Global Initiative, que 100% dos lucros dos negócios de transportes do grupo Virgin seriam investidos em energia limpa. Dias mais tarde, minha mulher, Joan, Sam e eu estávamos em Baltimore para o festival americano. Andando pela área do festival e apertando as mãos de milhares de espectadores, fiquei impressionado com o número de pessoas que me agradeciam por trazer a Virgin e o festival para os EUA. Muitos me parabenizavam jocosamente por salvar a Terra, mas eu os lembrava de que isso era responsabilidade deles tanto quanto minha!

Embora o mercado americano seja muito diferente do britânico, uma coisa era clara: todos adoramos uma boa festa. Sendo assim, reagíamos de forma diferente às particularidades de cada mercado, mas, ao mesmo tempo, dávamos toques que já eram uma assinatura Virgin, a maioria tendo por inspiração o V Festival britânico. Queríamos ser lembrados por uma qualidade de produção sem igual, pelos Virgin Angels e sua capacidade de ajudar as pessoas de forma gentil e surpreendente, pelas áreas de descanso, pela comida e bebida de boa qualidade. Fechamos parcerias com empresas de apoio que concordaram em contribuir para a experiência total do consumidor, não entrando apenas com seus logos, e nossos palcos não tinham nomes de tênis de corrida ou estações de rádio. Por levarmos o festival a sério do ponto de vista empresarial, as pessoas podiam aproveitá-lo como uma festa. Em 2007, lançamos o V Festival na Austrália (Sidney, Gold Coast, Melbourne e Perth), e os australianos definitivamente sabem se divertir.

Numa era de downloads e *headphones* que isolam o resto do mundo lá fora, a experiência da música ao vivo oferece algo diferente, autêntico e comunitário. Dá-nos a chance rara de encontrar outras pessoas para assistir a nossos artistas favoritos e também descobrir novidades. Mal podíamos imaginar há 13 anos, quando Jackie e James me procuraram com a ideia de lançar o V Festival no Reino Unido, que um dia estaríamos na vanguarda dos novos festivais de música na América do Norte.

Da mesma forma que a concorrência é ótima para os passageiros de avião, ela será ótima para os fãs de música. Novos festivais surgiram aos montes desde aquele verão e, no fim, sobreviverão os melhores.

E aí o fabricante de chapéus diz para seu filho:

— Não se preocupe, rapaz. As pessoas vão sempre precisar de chapéus.

O que ele quer dizer é: "*Eu* sempre vou precisar de chapéus." Chapéus são sua vida, e ele sente orgulho do que faz.

Será que sua atitude é saudável?

Claro que é. Como nenhum negócio dura para sempre, a fidelidade ao trabalho de uma vida traz sempre consigo o risco de que você perca seu futuro. O trato que fazemos com o mundo é o seguinte: exercitamos nosso livre arbítrio e arcamos com as consequências. (Eu amo o balonismo, que quase me matou em diversas ocasiões.) Todo risco vale a pena se for por uma boa causa e destinado a contribuir para uma boa vida.

Obviamente, se seu negócio envolver o investimento de dinheiro alheio, você estará sob certas obrigações legais e morais. Talvez seja obrigado a adaptar sua empresa para cumprir essas obrigações.

Mas sinto um enorme carinho — especialmente depois das mudanças no mercado de música — por aquelas empresas que continuaram prestando um bom serviço, com zelo e orgulho, muito tempo depois de seu produto ter perdido o valor. Eis um caso clássico de fazer a coisa certa na hora errada. Às vezes, isso decorre de uma decisão equivocada. Em outras — e não há um único livro de negócios nas prateleiras que admita este triste fato — não se trata de um erro. Apenas de algo que está morrendo.

A Virgin não é especialmente agressiva no jogo do mercado. (Lutamos com força e persistência quando temos de lutar, mas não lançamos mão de golpes baixos nem saímos por aí procurando briga.) E o céu é testemunha de que o sucesso da Virgin não se deve a uma visão clara do futuro. Se fosse assim, você estaria Virginando — em vez de Googlando — para descobrir o valor de nossas ações na internet, e nossas Megastores teriam sido vendidas nos anos 1980.

O sucesso da Virgin deve-se sobretudo ao modo consistente de oferecer um serviço que esteja à altura do que propõe nossa marca. Pôr um ponto final na Virgin Music *foi* bem doloroso, qualquer que seja a racionalização que se adote. Mas, por ser a experiência do consumidor o ponto central da proposta da marca, a Virgin, ao contrário da maioria das empresas, de modo geral, sempre achou menos doloroso promover a renovação de produtos ou serviços a fim de satisfazer as exigências do consumidor. Para nós — e talvez sejamos únicos neste aspecto — trocar de mercado, entrar numa área desconhecida, *não* acarreta uma mudança completa de filosofia ou propósito de vida.

O que mais impressiona as pessoas não é a habilidade de nos lançarmos em novos mercados — afinal, capitalistas de risco fazem isso o tempo todo —, mas a rapidez com que somos capazes de oferecer um bom serviço. Querer mudar de ramo é uma coisa, mas como conseguimos alcançar o sucesso logo de partida?

Oferecer o prometido nunca é uma ciência exata. Quando mudamos de uma área para outra, eu diria que levamos na bagagem 90% de nossas estratégias fundamentais, que se encaixam no novo quadro rapidamente, sem confusão, sem problema e sem a necessidade de ajustes. Familiarizar-se com uma nova infraestrutura é apenas uma questão de trabalho — de *dominar os detalhes*. Nunca precisei ser iniciado nos mistérios das intrigas políticas, e o mesmo pode ser dito das pessoas com quem trabalho.

Por mais complexo que seja um negócio, você deve ser capaz de reduzi-lo a uma proposta que seja facilmente compreensível pelo grande público. Quando você vê todo um mercado expondo sua proposta de forma inteiramente retorcida e contraintuitiva, das duas, uma: ou você cometeu algum erro de avaliação e precisa pesquisar mais ou o mercado está agindo de má-fé para lesar o consumidor. Se for este o caso, você, o ingênuo de olhos arregalados, será como o menino que anunciou a nudez do rei. Estará prestes a mudar tudo.

Isso pode acontecer. Se parar para pensar, acontece o tempo todo. Na verdade, poderíamos *escrever um livro* aqui na Virgin sobre a frequência com que isso acontece.

Bem-vindos — aos novatos — ao mercado da aviação comercial.

Há alguns candidatos ao título de maior negócio da Virgin de todos os tempos, mas o modo como arrendamos um avião Jumbo para lançar a Virgin Atlantic, em 1984, é a essência de nosso espírito. De todos os nossos empreendimentos, aquele foi o caso clássico de agarrar uma oportunidade quando ela aparece e fazer as coisas acontecerem. A criação da Virgin Atlantic é o estudo de caso perfeito para quem quiser entender a forma de encarar os negócios que adotamos desde essa época. Mesmo hoje, tantos anos depois, a decisão demonstra nossa audácia e desafia toda a lógica dos manuais de administração.

Eu já vinha pensando numa companhia aérea como possibilidade de negócio, mas, na verdade, foi minha frustração como passageiro assíduo que cristalizou a ideia para mim. Eu passava cada vez mais tempo no ar e, com todos os demais passageiros, tinha experiências absolutamente terríveis. Não havia um único lado bom em voar pela British Airways, pela PanAm ou pela TWA. A qualidade do serviço era tenebrosa, e a tripulação tinha um ar entediado e moroso. Mas então, na virada dos anos 1980, veio a gota d'água.

Joan e eu íamos viajar das Ilhas Virgens a Porto Rico, mas o voo da American Airlines foi cancelado. O aeroporto ficou cheio de passageiros impedidos de seguir viagem. Tinha chegado ao meu limite. Liguei para algumas companhias de voos *charter* e acertei o frete de um avião por dois mil dólares até Porto Rico. Peguei um quadro-negro emprestado, dividi o custo pelo número de pessoas que tinham sido impedidas de viajar e escrevi o valor. Levamos todo mundo a Porto Rico a um custo de 39 dólares por pessoa.

A profunda frustração que sentia ao voar em outras companhias me convenceu de que a Virgin Atlantic deveria ser uma empresa aérea divertida, com um serviço de qualidade e, desde o início, capaz de acertar em todos os pequenos detalhes. Mas o pulo do gato teve de esperar até fevereiro de 1984, quando um advogado americano chamado Randolph Fields me procurou para informar que havia espaço disponível para uma companhia britânica que decolasse do aeroporto de Gatwick, na periferia de Londres, e pousasse em Newark, Nova Jersey. Randolph tinha tentado vender a ideia de uma linha aérea econômica a todas as companhias habituais, que estavam ligadas demais à realidade do mercado e se lembravam das duras lições de Freddie Laker e da People's Express, baseada na Flórida — linhas aéreas que tinham, ambas, sucumbido à pressão das quatro empresas transatlânticas, British Airways, British Caledonian, PanAm e TWA. Em uma conspiração para tirar Freddie do negócio, elas pressionaram a McDonnell Douglas para que não lhe fornecesse aviões, convenceram os bancos a não lhe emprestar dinheiro no momento em que ele precisava e aviltaram os preços das passagens, deixando-o totalmente sem chão. Foi um exemplo do bom e velho massacre — e deu certo. O público britânico nunca as perdoou, mas quem disse que elas se importavam com isso?

Randolph, obviamente, estava no fundo do poço, e devo ter sido um item de sua lista de últimos recursos: a dos tubarões da indústria fonográfica. Em qualquer empresa normal, um estranho que telefonasse inesperadamente com sorte conseguiria falar com o relações-públicas do executivo-chefe, que lhe recomendaria mandar uma carta (ou, nos dias de hoje, um e-mail) e marcar um encontro para outro dia. Em 1984, porém, estávamos baseados num barco, e eu fazia questão de atender minhas próprias ligações. Randolph se viu falando diretamente comigo. Seu pregão de venda era muito persuasivo: ele me disse que havia vagas de pouso muito lucrativas disponíveis para quem as pegasse primeiro, mas que estavam reservadas a empresas britânicas. E mais: ninguém mais conseguiria ter acesso àquelas vagas depois que elas fossem dadas a alguém. Era uma verdadeira oportunidade. Será que eu estava interessado? Eu lhe pedi que me enviasse uma proposta e a levei comigo para o campo, para ler no fim de semana.

Randolph propunha uma linha aérea inteiramente executiva, mas achei melhor adotar uma mistura de classe executiva e classe econômica, para que pudéssemos encher os aviões na Páscoa, no Natal e em outros feriados. Concordei em investir um milhão de libras para dar partida no projeto. Enquanto isso, precisava me tornar um especialista em voos comerciais do dia para a noite.

Telefonei para Freddie Laker e ele me disse que eu não precisava comprar um avião — não era assim que o negócio funcionava. Explicou que os bancos compravam o avião, num acordo com a Airbus, a Boeing, a Lockheed ou a McDonnell Douglas, e depois as companhias aéreas os arrendavam, pagando uma taxa mensal.

Bati muita perna para descobrir tudo o que pudesse sobre como começar uma empresa de aviação. Registramos o nome Virgin Atlantic e nos candidatamos às vagas de pouso. Então descobri o número de telefone da Boeing no serviço internacional de informações. A conversa que se seguiu me faz rir até hoje. Lembro-me de ligar para Seattle e pedir para falar com o vice-presidente sênior encarregado de vendas.

— Alô, aqui é Richard Branson, da Virgin, e estou interessado em comprar um 747 de segunda mão — disse eu, com meu sotaque inglês mais educado.

O sujeito do outro lado falou:

— O que a sua empresa faz mesmo?

— Bem — eu disse —, nós lançamos bandas, como Sex Pistols, Boy George e Rolling Stones.

— Ah, é mesmo? Como você disse que sua empresa se chama? "Virgin"?

Naquela época, as vendas de aeronaves em todo o mundo estavam estagnadas, e a Boeing tinha problemas para se livrar de seu estoque de 747's de segunda mão, com muitos deles parados e descomissionados no deserto do Arizona. Sendo assim, ele não desligou na minha cara. Acredito que talvez tenha ficado um pouco intrigado com meu topete. Anotou meus dados. E no fim da conversa, brincando, disse:

— Com um nome como Virgin, desde que sua companhia consiga passar das preliminares, vamos considerar vender-lhe um avião!

A Boeing mandou um profissional de vendas para se encontrar comigo. Era um sujeito mais velho muito simpático que ficou hospedado num hotel por quatro meses enquanto tentávamos acertar os detalhes do negócio. A Boeing finalmente concordou com a venda com a condição de, caso a companhia não desse certo, receber o avião de volta ao fim do primeiro ano.

Isso significava que poderíamos lançar a empresa sabendo que, se eu metesse os pés pelas mãos, minhas apostas estariam cobertas. Olhando para trás, foi uma das melhores decisões que já tomei.

Qual é o fator mais crítico em qualquer decisão de negócios que você possa vir a tomar? Basicamente, resume-se à seguinte questão: *Se tudo isso der errado, vai fazer a casa inteira desabar como um castelo de cartas?*

Um mantra de negócios permanece incrustado em minha mente — *proteja sua retaguarda*. Ao garantir a possibilidade de devolver o avião à Boeing depois de um ano, a exposição de risco total da Virgin era de cinco milhões de libras esterlinas — metade do que estávamos lucrando na Virgin Records. Ou seja, estávamos apostando um cacife aceitável de seis meses de prejuízo, em troca de um enorme potencial de ganho. Se um desastre acontecesse, sairíamos feridos, mas o castelo de cartas não desabaria inteiro. "Proteger a retaguarda" é um dos pouquíssimos mandamentos de negócios que tentamos levar realmente a sério na Virgin. Sim, houve ocasiões em que violamos essa regra, situações em que eu disse: "Dane-se, vamos fazer", para em seguida hipotecar minha casa e realmente colocar a cabeça a risco. Mas isso é algo que não recomendo.

Logo ficou muito claro que não haveria a menor chance de lançarmos uma companhia aérea transatlântica a menos que tivéssemos um capital de giro de, pelo menos, três milhões de libras esterlinas. Tínhamos de levantar mais dinheiro.

Enquanto tudo isso estava acontecendo, eu sabia que precisávamos tocar os outros negócios da Virgin em bases mais profissionais. Assim, procurei Don Cruickshank e o convidei a ser o novo CEO, a fim de nos endireitar. A chegada de Don me deixou livre do negócio fonográfico para aprender mais sobre o mercado de aviação.

Telefonei para Freddie Laker (de novo) e o chamei para almoçar em minha casa flutuante, *Duende*. Ele me contou por que tinha fracassado — e o que eu deveria fazer para não cometer os mesmos erros. Fez ainda um alerta: a British

Airways, que se tornaria minha inimiga, era implacável e havia destruído sua empresa.

Tínhamos de nos proteger das oscilações cambiais. As parcelas fixas do Boeing eram pagas em dólares, mas o valor da libra despencava diante da moeda americana. Nossos clientes pagavam pelas passagens em libras. Tínhamos de tomar cuidado para não levarmos a pior.

Também arcávamos com o seguro — e nesse ponto quase fracassamos. Só poderíamos fazer um contrato de seguro depois que a Autoridade de Aviação Civil do Reino Unido atestasse integralmente nossa confiabilidade. Assim, fizemos um voo de teste, o avião decolou — mas um bando de passarinhos voou direto para a turbina, que explodiu.

Uma nova turbina ia nos custar seiscentas mil libras — e, naturalmente, como tivéramos de abortar o voo de teste, ainda não estávamos segurados. Isso quase trouxe para o buraco a Virgin inteira, já que nos trouxe acima de nosso limite de crédito. Don e os outros diretores queriam que eu adiasse a data de lançamento, mas, assim que me certifiquei de que tudo estava no lugar, queria ver a companhia aérea funcionando.

Nos quatro meses seguintes que tivemos para pôr o negócio de pé, fomos obrigados a aprender todos os detalhes sobre o mercado de aviação, das reservas à venda de passagens, e se seria melhor vendê-las por meio de agentes de viagens ou diretamente ao consumidor. Tive de aprender sobre marketing para que as pessoas soubessem da existência da nova companhia e também para escolher a programação visual e as cores do avião. À noite, eu trabalhava na decoração do interior, selecionando tecidos e discutindo até mesmo os cardápios e a carta de vinhos. Como tínhamos pouco ou nenhum orçamento para publicidade, aceitei o conselho de Freddie. Ele me recomendou não ser tímido e usar minha própria imagem para promover a empresa.

Quatro meses para aprender como se constrói uma companhia aérea. Nada fácil. Mas definitivamente possível. Esses empresários que tentam, em entrevistas e por meio de artigos, transformar seus negócios em quebra-cabeças complexos, sutis jogos de xadrez de alguma espécie, são pessoas que me irritam muito, muito mesmo. Não lhes basta ser bons empresários: eles têm de ser Confúcio. Ouvindo-os falar, você tem a impressão de que precisaria ter nascido em um determinado mercado para fazer algum progresso nele. E isso quase nunca é verdade, a menos que você seja um caçador de trufas. Um entendimento básico do negócio, que se consegue com meses ou mesmo semanas de imersão completa em todos os seus detalhes, é geralmente o suficiente para começar. O volume de informação que você precisará processar é imenso — convém pedir a alguns amigos que o ajudem —, mas o modelo de negócios que jaz sob tudo isso será sempre razoavelmente simples.

Lembre-se de ter uma boa comunicação e preste atenção aos detalhes. Você não acreditaria se eu lhe dissesse o quão longe pode ir apenas praticando e tendo em mente essas duas regras. Mas a prova de sua eficácia está à vista de todos, em nossos voos da Virgin Atlantic. E muitas de nossas primeiras decisões permanecem válidas até hoje. O bar de nossa classe executiva, que era uma exclusividade da Virgin naquele momento, ainda está lá. Tentávamos oferecer um produto de primeira classe cobrando uma tarifa de classe executiva — e essa continua sendo nossa filosofia.

Assim, no dia 21 de junho de 1984, decolamos de Gatwick no *Maiden Voyager*. Foi um voo para amigos, familiares e outras pessoas que torciam por nosso sucesso. Joan e eu ficamos com Holly sentada em nossos joelhos a viagem inteira. Mas a companhia mal tinha nascido e já corria o risco de não ir para a frente. No dia em que voltei, executivos do Coutts Bank visitaram-me em casa para dizer que, como tínhamos estourado nosso limite de crédito, eles iam começar a devolver nossos cheques. Ali estávamos nós, uma das empresas privadas mais bem-sucedidas do Reino Unido, com uma projeção de lucro de 12 milhões de libras, e ameaçavam tornar inadimplente todo o

Virgin Group, porque estávamos um pouco acima de nosso limite de três milhões de libras. Como eu disse, a comunicação é importante — e, a isso, talvez julguemos necessário acrescentar: "sobretudo a comunicação com seu banco!" Mas para ser franco, em meu ponto de vista, o diálogo com o Coutts era um caso perdido naquela época. A menos que tivéssemos a ajuda de um paranormal, jamais conseguiríamos ser compreendidos por aquelas pessoas. Não entendiam absolutamente nada de nossos projetos e suas implicações. Aquilo teria de mudar. No fim daquela semana, já tínhamos virado clientes do Lloyds, que ampliou nosso limite de crédito em dez vezes, para trinta milhões. Não tenha medo de mudar de banco se o seu for pouco satisfatório. Bancos não são um compromisso para a vida toda. Mas só troque se for seu último recurso!

O fluxo de caixa foi extraordinariamente apertado nos primeiros anos. O número de passageiros era maior na alta estação, mas os custos eram os mesmos ao longo de todo o ano. No entanto, o que empolgava todo mundo na Virgin Atlantic era o fato de as pessoas terem adorado voar conosco desde o primeiro dia. Tínhamos senso de humor, o que considero importante, e nossos pilotos e comissários estavam todos motivados pela grande aventura. Nesse meio tempo, minha experiência desagradável com o Coutts Bank me ensinara que precisávamos ter uma relação profissional com os executivos de nosso banco — mantendo-os informados de cada passo e cientes de todas as nossas intenções — e, para fazer isso por nós, precisávamos de gestores como Don Cruickshank.

No conto de fadas, quando o menino começa a rir e apontar para o rei nu, todo mundo — incluindo o próprio rei — se dá conta do erro do soberano, e o ato do menino é imediatamente justificado.

Bem, na vida não é assim. Deixe-me contar rapidamente sobre algumas ocasiões em que rimos e apontamos para algo ridículo e absurdo no mundo dos negócios — e os ministros do rei vieram correndo e nos obrigaram a calar a boca.

No dia 25 de outubro de 2003, Matthew Parris escreveu no jornal *The Times*: "Quando éramos mais jovens, pensávamos que seríamos a primeira geração a voar acima da velocidade do som. Então descobrimos que seríamos a última."

Ele escrevia sobre o último voo comercial do Concorde. O voo BA 002, vindo de Nova York, tocou a pista do aeroporto de Heathrow, em Londres, às 16h05min do dia 24 de outubro de 2003, encerrando a primeira era do transporte supersônico, 27 anos e nove meses depois de seu início.

A decisão da British Airways e da Air France de aposentar a frota era desastrosa, pois fora tomada e executada para assegurar que ninguém mais pudesse pôr aqueles aviões no ar novamente: chegaram, em alguns casos, a literalmente cortar a ponta das asas de algumas aeronaves. Foi um insulto ao brilhantismo de engenharia que era o Concorde. A Virgin sabia da possibilidade de manter o serviço ativo e criou a campanha "Salvem o Concorde". Mas não deu em nada, graças à insistência da British Airways de que ninguém mais conseguiria manter a frota em operação. Às pressas, desmontaram os aviões e os espalharam por museus dispersos pelo país — só para garantir. Foi uma maneira deplorável de encerrar uma era tão gloriosa.

Na grande festa pós-voo, o presidente da British Airways, lord Colin Marshall, fez questão de mostrar aos trezentos convidados, que tinham acabado de chegar em três voos, a cobertura ao vivo da BBC sobre a viagem histórica. Para seu horror, a trilha sonora que acompanhava as imagens era feita por John Hutchinson — um ex-piloto do Concorde! John criticou violentamente a British Airways por aposentar uma aeronave que estava no auge da funcionalidade e, muito generoso, me elogiou por tentar mantê-la no ar.

Sir Colin desapareceu atrás do telão — e o som foi subitamente cortado, sendo alegado como motivo um problema de interferência causado por todas as vans de transmissão por satélite estacionadas na vizinhança...

Moral da história: é importante não abandonar suas armas. O público não é burro, e acho que colhemos enormes recompensas por agirmos com franqueza no mercado.

Em 1997, tive a oportunidade de compartilhar minha experiência sobre o mercado de loterias com Thabo Mbeki, que era então o vice-presidente da África do Sul. Eu acreditava que uma loteria nacional seria uma ótima forma de levantar fundos vitais para o país.

Uma loteria, por não ter concorrentes, é como uma licença para imprimir dinheiro. Não há risco absolutamente nenhum em tocar uma loteria nacional, que é também uma das organizações mais fáceis de criar. A fórmula já foi mais que testada em todo o mundo. Em praticamente todos os países e estados existe uma loteria cuja renda é 100% revertida para causas humanitárias. O governo indica um empresário de confiança com experiência em loterias, que então repassa os lucros diretamente para o braço filantrópico da administração, a fim de distribuí-los pelas causas mais importantes do país — geralmente educação, saúde ou combate à pobreza. O que essas loterias não têm é uma casta de acionistas que retire para si uma parte dos lucros no caminho entre a pessoa que administra a loteria e os fundos filantrópicos.

Fiz duas propostas fracassadas pela Loteria Nacional do Reino Unido — em 1994 e em 2001 — e ainda hoje fico perplexo de ver que deixaram a Camelot, a empresa que administra a loteria em nome do governo e que contrata a GTech (empresa à qual pertence um dos diretores que tentou nos arrancar propina durante as negociações envolvendo a loteria), ganhar tanto dinheiro às custas das causas humanitárias.

O clima não era exatamente de amor entre mim e a Camelot naquela época. Certa vez, a empresa lotérica alugou o Madame

Tussaud's, o famoso museu de cera de Londres, para uma festa corporativa. O irmão de um dos membros da equipe da Virgin Atlantic estava lá e descobriu que meu modelo de cera fora temporariamente removido e guardado na despensa aquela noite. Na verdade, acho que a minha versão de cera deu uma olhada no tipo de gente à sua volta e decidiu se mandar dali.

Eu disse a Mbeki que, se a África do Sul organizasse uma loteria nacional do jeito certo, ela poderia ser uma fonte de renda para as ações humanitárias. Mas a possibilidade de que o erro cometido no Reino Unido fosse repetido me deixava nervoso. Preocupava-me seriamente perceber que parte da comunidade de negócios estava pressionando o governo para instituir a loteria como um esquema gerador de lucros para a própria comunidade.

Chamei a atenção para o fato de que o governo conservador britânico tinha cometido esse erro em 1994 e que, em vez de a loteria ser algo de que o país inteiro se orgulhasse, falava-se dela com certo desdém, mesmo entre os apostadores comuns. Naquela época, o Partido Trabalhista, que estava na oposição, percebeu o terrível equívoco e prometeu transformar a loteria num jogo do povo assim que a concessão da Camelot chegasse ao fim.

Em 2007, com os trabalhistas ainda no poder, a concessão da Camelot foi renovada pela segunda vez — mais uma daquelas promessas que os políticos quebram quando chegam ao poder.

Tentei com todas as forças convencer Thabo Mbeki e o presidente a não cometer o erro em que incorrera o Reino Unido. Mas parece que, no fim das contas, eles caíram na mesma armadilha e concederam a licença a uma empresa comercial, a Uthingo Management.

Às vezes, o que o impede de transformar um mercado é a visão curta dos outros. Outras vezes é a ganância alheia que o faz fracassar. É simples assim — e bastante amargo. Mas a batalha que você perde acaba se revelando proveitosa no futuro: o público vai respeitá-lo por isso e demonstrar uma grande lealdade por você dali em diante.

A entrega do prometido é o momento em que suas boas intenções encontram o mundo real. A melhor maneira de encarar esse momento é com firmeza e estoicismo. Você precisa de energia e paciência para cumprir suas promessas — sobretudo quando todo mundo lá fora quer a sua cabeça.

Por muito tempo, nutri uma ambição: ter uma companhia aérea lucrativa nos Estados Unidos. A palavra mais importante da frase anterior é "lucrativa". Isso é o tipo da coisa que é mais fácil falar do que fazer e, embora o novo rebento esteja indo muito bem hoje, o nascimento da Virgin America, nossa companhia aérea americana, foi lento e doloroso.

Os Estados Unidos estão apinhados de carcaças de empresas britânicas — e bandas de rock também — que tentaram conquistá-los e naufragaram. Eu queria que a Virgin fosse diferente, e a Virgin Records USA e a Virgin Mobile USA mostraram que o feito era possível. Mas companhias aéreas — com suas questões complexas de regulamentação federal, restrições de propriedade e resistência do mercado — são um jogo diferente. É como se o Arsenal fosse jogar na liga de futebol americano.

O primeiro obstáculo era o processo de certificação. De acordo com as leis americanas, estrangeiros podem ter 25% das ações com direito a voto numa empresa de aviação, além de 24% dos papéis sem direito a voto. Eu esperava que as negociações entre os EUA e a União Europeia sobre os tratados de aviação tornassem a coisa menos restritiva, permitindo a entrada de mais capital estrangeiro e estimulando a concorrência. Mas, como isso não estava ocorrendo com a rapidez necessária, fomos obrigados a garantir que pelo menos 51% da empresa ficassem nas mãos de americanos.

A chegada de Fred Reid para comandar a Virgin America, em abril de 2004, foi uma bênção. Fred, ex-presidente e diretor operacional da Delta Airlines, tinha um currículo que cobria mais de 25 anos no mercado de aviação comercial e conhecia os meandros de Washington, DC. Nossos assessores legais e políticos corriam ansiosamente atrás de um certificado de operação para a Virgin America. Era uma questão altamente delicada: Fred alertou que mesmo a mais idiota das observações despretensiosas feitas por um de nós em qualquer evento, oficial ou não oficial, poderia facilmente provocar um atraso de noventa dias na certificação. Estávamos em ano eleitoral e nosso requerimento tinha aspectos singulares que tornavam assustadoramente fácil para um grupo hostil nos atropelar. E havia muitos deles: Fred me contou que todas as companhias aéreas do país, sem exceção, estavam apavoradas com a possibilidade de entrarmos no mercado.

Depois do 11 de Setembro e de suas consequências, vislumbrei uma oportunidade de capitalizar a fraqueza das grandes empresas americanas de transporte aéreo. A United Airlines estava operando sob a proteção do Capítulo 11 da Lei de falências, enquanto a American Airlines e a Continental cortavam custos e pessoal para competir. Já me perguntaram se existe algum problema sem solução nos negócios. Acho que era isso que enfrentavam aquelas linhas aéreas tradicionais, com suas imensas folhas de pagamento, suas práticas antiquadas e suas frotas envelhecidas. De acordo com uma informação dada pela revista *The Economist* em 2007, a gestão ineficiente aliada a circunstâncias que elas não tinham como controlar — o preço do petróleo triplicando, os ataques terroristas de 2001 e o dólar em queda livre — levaram-nas a perder, em conjunto, 35 bilhões de dólares nos cinco anos anteriores a 2005, uma soma enlouquecedora para investidores perderem.

Pensávamos sinceramente que, se cumpríssemos as regras do governo americano e do Departamento de Transportes, uma decisão seria tomada em tempo. Não esperávamos que o problema se arrastasse indefinidamente. Nosso requerimento acabou se provando uma lição de ingenuidade. O Departamento de Transportes americano, que não dá satisfações a ninguém a respeito dos prazos para a aprovação de requerimentos, cozinhou o nosso por um longo tempo. As companhias aéreas existentes, embora visivelmente incapazes de prestar ao público um serviço razoável com tarifas decentes, envolveram-se num processo espalhafatoso de obstrução e adiamento para nos impedir de sair do chão. Éramos uma ameaça visível, com nossa frota nova capaz de economizar combustível e nosso foco genuíno na experiência do consumidor. Notavelmente ausentes do cerco violento contra a Virgin estavam duas linhas aéreas com as quais certamente iríamos competir: a JetBlue e a Southwest. Seria de imaginar que elas tivessem mais a perder, mas essas duas companhias fortes e saudáveis não começaram a dar pulinhos e gritar: "Isso não é justo!"

Para superar os obstáculos do Departamento de Transportes, o Virgin Group moveu céus e terra, fazendo concessões além do que era exigido pelas leis dos EUA. Fred Reid garantiu aos reguladores americanos que nossa companhia aérea era de fato "nascida nos EUA". Um monte de investidores sofisticados participava do Conselho, e Don Carty, um veterano de trinta anos nesse mercado, ex-presidente e CEO da Canadian Pacific e da American Airlines, foi contratado para presidi-lo. A Virgin tinha, por estatuto, o direito de indicar três diretores para o Conselho, mas abrimos mão de um.

No fim das contas, em maio de 2007, concederam-nos a aprovação — mas havia um último revés. O Departamento de Transportes disse a Fred que, como ele fora contratado pessoalmente por mim (o que não era verdade), e eu era um estrangeiro, não lhe permitiriam gerir a empresa.

Foi um golpe para Fred e para nós: tínhamos de encontrar outra pessoa para assumir o comando. A Virgin America poderia ter estreado no fim de 2003. Em vez disso, só começou a operar em agosto de 2007. Tinha levado quase quatro anos — a Virgin Atlantic levou quatro meses. Enquanto lutávamos para atravessar os emaranhados da regulamentação americana, seis aviões novos ficaram ociosos no solo por quase 18 meses. Sozinhos, eles consumiram 11 milhões de dólares antes que ganhássemos um único tostão. Em seu primeiro ano, a Virgin America recebeu todos os tipos de prêmio, incluindo o de "melhor serviço de primeira classe dos EUA", concedido pelo guia *Zagat*, e o de "melhor companhia aérea doméstica" no World Best Awards da revista *Travel + Leisure*. Estimulou a concorrência entre as companhias aéreas e criou milhares de empregos. Como defensora dos consumidores, a Virgin tem honrado sua promessa de proporcionar uma experiência de voo melhor a preços mais justos, mesmo que você não voe pela Virgin America.

O novo presidente e CEO da Virgin America, David Cush, que já trabalhou na American Airlines, e sua equipe têm um modelo de negócio único, com o tipo de flexibilidade necessário para enfrentar com inteligência esses tempos turbulentos. Continuam a cumprir a promessa de uma excelente experiência de voo para um número pequeno, mas crescente, de centros urbanos. A batalha agora é tornar a empresa lucrativa. Num recente almoço da Washington Aviation, um diretor da American Airlines disse a um colega ser irônico que sua empresa tivesse perdido um de seus melhores profissionais em decorrência do lobby que ela mesma fizera em Capitol Hill para se livrar de Fred Reid. Às vezes realmente existe uma luz no fim do túnel.

Todas as empresas, pelo menos ao começar, aspiram a ser agentes de mudança. Isso nem sempre é fácil — sobretudo se você trabalha com dinheiro contado num país em desenvolvimento cuja infraestrutura é precária e onde os sistemas de produção se sustentam em pouco mais do que propinas. Em tais circunstâncias, praticamente qualquer elemento novo é uma ameaça a seu negócio.

Pelo mesmo motivo, é muito bom ser agente de mudanças num país em desenvolvimento que seja ambicioso — mas você nunca pode se dar ao luxo de esquecer que sua chegada vai ferir as pessoas. As bem-vindas mudanças que você traz podem muito bem parecer ameaças — e quase certamente *se-*

rão ameaças — aos interesses estabelecidos. Tais interesses talvez lhe pareçam um tanto insignificantes, mas são uma questão de vida ou morte para alguns.

Saber quando pisar leve e quando pisar com força é uma lição que todas as empresas precisam aprender, se quisermos que um dia a globalização promova mudanças positivas.

Junho de 2004: eu estava com minha família, jogando tênis em nosso jardim em Oxfordshire, quando me ligaram. Não fiquei muito surpreso com a convocação. Fazia alguns anos que eu andava discutindo o serviço de aviação na África com diversos funcionários do governo nigeriano. Agora tinha de ir a Paris para me encontrar com o presidente da Nigéria em pessoa.

A Nigéria é uma grande nação empreendedora, com excelentes empresários espalhados pelo país. Mas tem em sua infraestrutura precária um grande empecilho.

O chefe Olusegun Obasanjo, agora ex-presidente da Nigéria, é um personagem imponente. General do Exército reformado que serviu ao país, é uma presença forte em toda a África. Gostei de perceber que o presidente Obasanjo me parecia (naquele momento) um homem muito honrado. Simpatizou comigo e eu com ele. Eis como as coisas funcionam nos negócios. O presidente foi muito aberto e franco sobre os problemas do passado. Agora estava seguindo um programa de privatização. O mercado da aviação aérea, contudo, apresentava dificuldades sérias, em especial no que dizia respeito à regulamentação. No passado, reconhecia o presidente, houvera todo tipo de negócios nebulosos e lobismo entre as empresas aéreas e seus fornecedores. Ele queria um sistema mais justo e transparente. (Mais tarde, escrevi em meu caderno: *"Em todas as minhas negociações com ele e seu gabinete, nunca houve uma insinuação sequer de corrupção. Apenas o desejo de desfazer os nós da burocracia e fazer as coisas acontecerem."*) Concordei, dizendo que não estávamos interessados em nos envolver em nada relacionado com pagamentos "especiais" ou por baixo do pano. Se ele quisesse nossa ajuda, trabalharíamos juntos na base da confiança.

O mercado da aviação comercial em alguns lugares da África tem um histórico de segurança atroz — os acidentes aéreos são bastante frequentes, em particular no Sudão e na Nigéria. Eu queria usar nossa experiência para fazer a diferença. Mas também me preocupava em não ofender a sensibilidade das pessoas, bancando o ocidental que critica um país em desenvolvimento mesmo quando ele busca melhorar as coisas. Essa tensão acabaria desfeita por minhas experiências com a Virgin Nigeria, à medida que lutássemos para atingir uma excelência de acordo com os padrões mundiais num mercado subdesenvolvido e subcapitalizado.

Eu dissera ao presidente que a minha ideia era criar "uma companhia aérea de nível mundial que tivesse o espírito africano e nigeriano em seu cerne". Obasanjo acredita que isso certamente era algo que daria à Nigéria um novo senso de estatura. Mas tínhamos de atacar uma questão séria: o sistema de tráfego aéreo da África carecia de reforma e investimento, seus funcionários precisavam desesperadamente de cursos de reciclagem — e a Nigéria tinha um dos mais lamentáveis históricos da aviação mundial.

No início de setembro de 2004, eu estava na capital da Nigéria, Abuja, para mais um encontro com o presidente. Era quase uma da manhã, e uma longa fila de nigerianos aguardava pacientemente no corredor de um dos melhores hotéis da cidade para falar com ele. Felizmente, consegui furar a fila: assessores do presidente me levaram diretamente à sua suíte no último andar.

Ele pôs a mão em meu ombro e disse:

— Gosto de você, Richard.

— Obrigado, senhor presidente — respondi, um tanto surpreso com aquela acolhida. — Hum, do que o senhor gosta em mim?

— Gosto do fato de você nunca usar gravata. Odeio aqueles ingleses pomposos com suas gravatas.

Nossas conversas correram extremamente bem. Eu lhe disse que ele poderia ficar tranquilo quanto ao compromisso da Virgin com seu país. Trocamos um aperto de mão para selar o acordo e, no dia seguinte, lançamos uma nova companhia aérea na África.

Eu sabia que o presidente admirava nosso carro-chefe, a Virgin Atlantic. Embora tivesse sido lançada como uma companhia econômica, seu sucesso baseava-se em proporcionar ao passageiro da classe executiva o melhor serviço do mundo. Oferecíamos a nossos clientes da executiva o que outras companhias não davam aos seus na primeira classe. Tínhamos sido pioneiros em poltronas reclináveis mais confortáveis, camas, áreas de estar com cabeleireiros e massagistas e um serviço de busca em casa com motocicletas e limusines.

Na classe econômica, a Virgin Atlantic foi a primeira a instalar telas pessoais de vídeo nas costas de cada assento, para que o passageiro pudesse escolher filmes e programas de TV a que quisesse assistir.

A Nigerian Airways fora a empresa aérea nacional de 1965 a 2002, mas tinha se afogado em burocracia e sido corroída pela corrupção. No verão de 2004, o governo federal da Nigéria propôs a criação de uma nova empresa como parte do processo de privatização. Queriam o apoio da Virgin. No dia 28 de setembro daquele ano, uma terça-feira — na mesma semana em que anunciamos a Virgin Galactic —, voei de Londres para Abuja a fim de me encontrar mais uma vez com o presidente Obasanjo e com o ministro da Aviação, Mallan Isa Yuguda, para assinar um Memorando de Entendimento Mútuo que estabelecia formalmente a Virgin Nigeria como a nova companhia aérea nacional.

A empresa foi criada com um investimento de cinquenta milhões de dólares, com 5% das ações ficando para investidores nigerianos e 49%, para a Virgin Atlantic. O objetivo era, no momento adequado, ampliar a oferta de ações na Bolsa de Valores nigeriana. Ficou decidido que a base de operações seria o aeroporto internacional Murtala Muhammed (MMIA), em Lagos, com voos para Londres, Abuja, Kano e Port Harcourt, e, mais tarde, para Abidjan, Accra e Dakar. Embora fôssemos sócios minoritários na nova empresa, eu queria contribuir com toda a nossa experiência para ajudar nossos parceiros nigerianos a criar a melhor companhia aérea — não só da África, mas do mundo.

Trouxemos Simon Harford, que trabalhara com Barbara Cassani na criação da companhia aérea econômica da British Airways, a Go, para ser o CEO, e ele se lançou ao trabalho com empolgação. Contratou a KPMG e a Philips Consulting para fazer o recrutamento de pessoal — uma área-chave para nós. Recebemos uma enxurrada de currículos: quase 25 mil pessoas queriam trabalhar na companhia.

A Virgin Nigeria seria construída do zero: uma linha aérea moderna com serviço excelente. Acreditávamos que ela criaria muitos milhares de empregos em cinco anos e, indiretamente, seria responsável por outras duzentas mil vagas.

Tratamos de construir o terminal da Virgin Nigeria no MMIA com o que havia de melhor e contratamos a EDS para desenvolver para nós um sistema integrado de reservas, emissão de passagens e gerenciamento de bagagens que fosse tão bom quanto qualquer outro no mundo. Fechamos um acordo para arrendar o primeiro de nossos Airbus A320, com 16 poltronas na classe executiva, para as rotas domésticas.

Enquanto isso, Simon e sua equipe trabalhavam para finalizar todas as aprovações da Autoridade de Aviação Civil Nigeriana. No dia 13 de junho de 2005, as passagens começaram a ser vendidas — por telefone, agências de viagem e internet — para nosso voo inaugural entre Lagos e Heathrow, em Londres, com chegada no terminal 3. Esgotaram-se em poucos dias. Nosso plano era voar uma vez por semana a princípio e, mais tarde, três vezes por semana, num Airbus A340-300, com 187 lugares na classe econômica, 28 na econômica premium e quarenta na executiva.

Nosso voo inaugural saiu de Lagos em direção a Londres numa terça-feira, 28 de junho. O ministro da Aviação, Isa Yaguda, presenteou o primeiro grupo de comissários de bordo que tínhamos treinado com "asas para voar".

Nos dias seguintes, os serviços domésticos seriam lançados também. O primeiro retorno que tivemos foi espetacular. Um viajante assíduo, Dan Ekpe, declarou que ver a aeronave da Virgin Nigeria na pista, em Londres, o enchera de um "sentimento de orgulho", por ver que uma empresa nigeriana estava agora realizando um excelente trabalho.

Nos primeiros dez meses, transportamos quinhentos mil passageiros em nossos seis aviões — dois Airbus 340-300, um A320-200 e três Boeings 737-300.

No dia 11 de julho de 2005, o presidente Obasanjo enviou uma mensagem à Virgin em que agradecia nossa dedicação: "Acredito que seu papel no setor de aviação trará inovação, concorrência, novas tecnologias e, é claro, muita satisfação para o público nigeriano."

Em seguida, ele me lembrou que havia a necessidade de "nigerianizar" a equipe em todos os níveis, a fim de ancorar o futuro da companhia no efetivo de pessoal do próprio país, desde a gestão até os níveis técnicos e as equipes de comissários de bordo. "Sei que você instituiu um centro e um programa de treinamento de qualidade. Minha expectativa é que use esse centro para treinar nigerianos em todas as áreas críticas de administração e operações de uma companhia área."

Fizemos exatamente isso. Investimos muito tempo e esforço no treinamento e na seleção de pessoal para a companhia. Estabelecemos uma parceria técnica com a Escola Nigeriana de Tecnologia Aérea para treinar novos pilotos, que mandávamos para fora do país, para estagiar em linhas aéreas de curta distância. Também criamos nosso próprio programa de estágio, oferecendo emprego automático aos engenheiros *trainees* que completassem seus cursos com sucesso.

Em um ano, conseguimos expandir o serviço até Dubai, além de ampliar o número de rotas domésticas com viagens entre Lagos e Abuja, Port Harcourt e Kano, e Lagos e Joanesburgo.

Em novembro, já tendo conduzido a companhia pela crucial fase de lançamento — um trabalho notável em tão curto período de tempo —, Simon Harford decidiu que era a hora de outra pessoa assumir as rédeas e anunciou que estava de saída. Seu cargo foi ocupado por Conrad Clifford, que embarcara em nossa primeira viagem à Nigéria comigo e com Simon, em 1996. Era um momento bastante desafiador para assumir o comando, mas Conrad, que tinha participado da montagem da operação da Virgin Atlantic na Nigéria, estava preparado para levar a companhia à sua próxima fase de expansão.

No entanto, não posso negar que estava um tanto preocupado com o rumo que as coisas estavam tomando.

As companhias aéreas nigerianas já existentes enfrentavam problemas sérios. Uma estava falida: embora tivesse dinheiro suficiente para cobrir o custo de manter as tripulações, comprar combustível, pagar os seguros e as tarifas de pouso e navegação, não sobrava nada para reinvestimento e manutenção. Outra tinha apenas um avião em condições de voo. O restante de sua frota estava parado, por falta de verba para a manutenção. A situação era simplesmente atroz.

A Autoridade Federal dos Aeroportos da Nigéria ainda precisaria de muita ajuda para fazer as coisas funcionarem com mais tranquilidade. As informações que me chegavam davam conta de que, fora a Virgin Nigeria, tudo estava sendo muito mal administrado. Criar uma companhia aérea de primeiro time na Nigéria levaria tempo. Nossos concorrentes ainda tinham aeronaves que despencavam do céu e clientes que mergulhavam para a morte.

No dia 22 de outubro de 2005, um Boeing 737 de 25 anos de idade da Bellview Airlines decolou de Lagos com seis tripulantes e 111 passageiros a bordo. Logo após atingir uma altitude de 13 mil pés, o motor parou de funcionar e o avião mergulhou com o nariz apontado para o solo. Embora tenha caído a pouco mais de trinta quilômetros ao norte de Lagos, as equipes de resgate demoraram nove horas para encontrar os destroços. A aeronave tinha um sistema de sinalização antiquado, que atrasou os esforços de busca.

No dia 10 de dezembro, um DC10 da Sosoliso Airlines que decolara de Abuja caiu durante a aterrissagem em Port Harcourt, matando 109 pessoas. Entre os mortos havia 71 estudantes do Colégio Jesuíta Loyola, de Abuja, que voltavam para casa para passar o Natal.

Poucos meses depois, novamente em Port Harcourt, um jato da Air France ficou severamente danificado após colidir com um rebanho de vacas. Felizmente, ninguém se feriu dessa vez.

E então, no dia 18 de setembro de 2006, um avião militar Dornier 228 caiu matando 14 oficiais, entre eles dez generais. Em outro acidente nigeriano, um grupo de políticos importantes morreu.

A investida da marca Virgin na África é importante — é preciso respeitar os mesmos valores que a regem em outras partes do mundo: integridade, segurança e compromisso com o serviço ao consumidor. Manter os mais altos padrões de segurança é algo de que jamais se pode abrir mão, e ao longo dos anos, grupos internacionais de transporte foram obrigados a se retirar da África porque a feroz competição local prefere simplesmente ignorar os regulamentos.

Fazer negócios no mercado nigeriano estava ficando cada vez mais difícil. Eu e minha equipe na Virgin Nigeria vivíamos num estado de frustração crescente. Batalhávamos dia e noite para pôr de pé uma companhia aérea segura e de primeira linha, mas nos víamos impedidos de fazer isso o tempo todo. Arcávamos com todos os custos de criar uma operação de qualidade partindo da estaca zero, mas num mercado que punha a segurança e a qualidade em último plano. No fim das contas, éramos apenas uma companhia aérea: não podíamos esperar que, sozinhos, fôssemos capazes de transformar toda a infraestrutura do mercado. Precisávamos de ajuda.

Apelei ao presidente para que se assegurasse de que empresas que não estavam preparadas para trabalhar nos devidos padrões ou acostumadas a "dar um jeitinho" sofressem rapidamente as consequências. Se preciso, ele deveria tomar as providências necessárias para lhes cassar as licenças. Era simples: aeronaves precárias teriam de passar por reparos — ou sair de circulação.

Não muito tempo depois, chegou uma diretiva despejando à força a Virgin Nigeria de sua base operacional no Terminal 1 de Lagos (onde funcionava a operação nigeriana da Virgin Atlantic) e realocando-a para o Terminal 2.

Queríamos manter todas as nossas operações num só terminal — para criar um núcleo — em vez de dividi-la em duas partes, e isso estava no contrato que havíamos firmado com o governo. Conrad e sua equipe estavam tentando criar uma companhia aérea que pudesse realmente competir no cenário mundial. A empresa crescera de forma surpreendente desde 2005, operando trinta voos por dia com um excelente histórico de segurança. Dividir a operação em duas aumentaria consideravelmente nossos custos.

Estávamos preparados para desafiar a diretiva nos tribunais — e poucas horas antes da primeira audiência, agentes que pareciam ter a aprovação do Ministério dos Transportes e da Autoridade Federal de Aeroportos da Nigéria apareceram, no meio da noite, com marretas, numa atitude digna de mafiosos, e vandalizaram nosso lounge executivo.

Tive de escrever para o presidente Yar'Adua, sucessor de Obasanjo, pedindo-lhe que interviesse pessoalmente na disputa. Eu sabia que os nigerianos queriam uma companhia aérea doméstica e internacional da qual pudessem se orgulhar — e nós tínhamos trabalhado duro para lhes proporcionar isso. Só precisávamos agora de um pouco de bom senso e cabeça fria para garantir que os conflitos nunca mais chegassem àquele ponto.

Felizmente, o presidente considerou o que eu disse na carta: no momento em que este livro estava indo para a gráfica, o problema parecia ter sido resolvido.

*

É comum que da recessão brotem novas ideias e novos negócios. Mas como você faz para lançar novos produtos num mercado que acaba de sair cambaleando da sala de emergência? Como fazer com que pessoas que passaram os últimos meses ou mesmo anos tentando tapar os buracos de suas contas bancárias comecem a pensar estrategicamente? Esse foi um dos desafios que me aguardavam quando decidi criar redes de telefonia celular ao redor do mundo.

Desde 1995, eu enchia a paciência de nossa equipe de gestores em Londres para que encontrassem um jeito de entrar no crescente mercado de telefonia móvel. Nos últimos 15 anos, o celular se tornou o bem pessoal que mais transformou o modo como se vive e trabalha em todo o mundo. Em 1998, foram vendidos mais celulares no planeta do que carros e computadores pessoais juntos. Mas a primazia estabelecida desde o início pelas gigantes companhias de telefonia móvel não favoreciam o consumidor. Fui ficando cada mais frustrado e ansioso para me envolver no jogo, mas não tínhamos nem o poder de fogo nem a infraestrutura para isso. Só possuíamos a marca Virgin e uma ética de prestação de serviços.

Após a chegada de Gordon McCallum, fechamos o foco na telefonia móvel como o setor que merecia nossa maior atenção. Um dos problemas era que a Virgin Radio, nossa rádio FM, estava indo bem com a venda de espaços publicitários para as grandes empresas telefônicas, e seus gestores tentaram me dissuadir de qualquer coisa que pudesse comprometer sua receita. As operadoras de telefonia móvel eram muito competitivas, gastavam somas enormes, e temia-se — sem fundamento, a meu ver — que pudéssemos perder essa clientela.

Gordon McCallum, Stephen Murphy e sua equipe identificaram um relatório da Goldman Sachs que, julgaram eles, poderia abrir meu apetite. O texto falava de MVNOs e, como você provavelmente pode imaginar, não era bem o tipo de leitura amena para se fazer antes de dormir.

Um MVNO é um *mobile virtual network operator* (operador móvel virtual). Trata-se de uma empresa de telefonia, mas sem toda aquela parafernália habitual das telecomunicações. Nada de conexões telefônicas, centrais, redes, fios, comutadores ou cabos subterrâneos. Em vez disso, um MVNO aluga tempo e banda no sistema de outra empresa.

Estou sempre olhando em volta à procura de uma pechincha. E normalmente ela é encontrada nos lugares em que alguém produziu algo em excesso e não consegue vender nem o suficiente para cobrir os custos. Era o que ocorria em todo o mercado de telecomunicações. As grandes empresas de telefonia celular tinham pagado vastas quantias à vista por sua infraestrutura — e agora, como precisavam atrair receitas, estavam mais que dispostas a arrendar tempo para os outros.

Nosso primeiro contato com foi a British Telecom, a companhia telefônica nacional do Reino Unido, que emprega milhares de pessoas. Desde sua privatização, a BT fora obrigada, pelas regras da União Europeia, a permitir que outros provedores de telefonia e internet pegassem carona em sua maciça rede de linhas fixas. Criar nossa própria empresa de telecomunicação não nos interessava. Durante as negociações, conheci Tom Alexander, um ex-piloto de kart que trabalhava na BT Cellnet como diretor comercial adjunto. Meu instinto em relação às pessoas é, em geral, bem aguçado, e gostei de Tom. Ele tinha a mesma paixão que eu pelos negócios. (Mais tarde, ele me contou que seu pai fora um inventor no ramo de horticultura, e que aquilo tinha estimulado sua veia empreendedora.)

Como achamos que a BT Cellnet daria uma boa parceira, a Virgin fez uma oferta. Começamos por detalhar como a Cellnet, no papel de "empresa de telefonia celular com foco no consumidor e orientada para o público jovem", poderia trabalhar conosco — e também estávamos ansiosos por unir-nos à

BT para assegurar uma concessão de telefonia celular de terceira geração (3G). A competição pelas cinco concessões em oferta no Reino Unido estava se mostrando tão feroz que a BT Cellnet teve de abandonar as negociações com a Virgin a fim de se concentrar em sua proposta (e também, como descobrimos mais tarde, em um dos casos mais bem-sucedidos de reciclagem de marca que conheço, pois transformaram-se na O2, muito mais orientada para os jovens e que disputa em pé de igualdade com a Virgin Mobile). Mesmo assim, liguei para Tom.

— Por que você não dá um pulo aqui para discutirmos a criação de uma nova empresa?

Tom veio no mesmo dia à minha casa em Oxfordshire. Sentados diante de papel e caneta, planejamos como poderíamos tocar um MVNO.

Gordon e eu conseguimos convencer Tom a pular do barco em que estava para se unir a nós, trazendo com ele seu colega Joe Steel, que na época tinha seus trinta e poucos anos e era um gênio da telefonia celular. Enquanto isso, procurávamos outro sócio, agora que a BT Cellnet tinha pulado fora para se concentrar em sua luta por uma concessão de 3G. A One2One era uma empresa que operava no sudeste da Inglaterra, na área contida pela autoestrada M25. *Joint venture* entre a Cable & Wireless e o grupo americano MediaOne, seu pessoal estava ansioso para conversar conosco. A estratégia da One2One de oferecer ligações gratuitas nos fins de semana e à noite deixara-a com uma rede muito pouco utilizada durante o dia. Eu tinha certeza que a Virgin poderia preencher esse vácuo.

Fechamos um acordo no dia 1º de agosto de 1999, anunciando o plano de lançar a Virgin Mobile em novembro. Juntos, estávamos empatando mais de 180 milhões de libras no empreendimento conjunto, usando nossa rede de lojas Virgin Megastores e V Shops como pontos de venda. Porém, algumas semanas depois, a Cable & Wireless anunciou que estava vendendo a One2One. A Deutsche Telekom se apressou em comprá-la, e tudo indicava que a Virgin Mobile morreria na praia. Decidi intervir. Fui me encontrar com o chefão da Deutsche Telekom, Ron Sommer, para esclarecer a situação. Para crédito deles, os alemães compreenderam nossos planos com incrível rapidez. E para nossa felicidade, gostaram do que estavam vendo: concordaram em seguir em frente e endossar o empreendimento conjunto, com a One2One se transformando na T-Mobile.

O Virgin Group e a T-Mobile investiram quarenta milhões de libras cada um. E demos início a negociações com o Royal Bank of Scotland e com o JP Morgan para um empréstimo bancário adicional de cem milhões. Foi um dos maiores lançamentos de uma empresa na história do Reino Unido, empregando mais de quinhentas pessoas e com planos de criar outras quinhentas vagas no prazo de dois anos. Analistas financeiros da Investec Henderson Crosthwaite Securities estimaram o valor da empresa em 1,36 bilhão de libras — e ainda não tínhamos ganhado um tostão! Tínhamos o capital inicial. Tínhamos a confiança dos analistas. Agora precisávamos provar nosso valor. E depressa.

Se você entra tardiamente num mercado, tem de ser radicalmente diferente dos outros para conquistar os consumidores. O privilégio de ser um pioneiro costuma ser citado no mundo dos negócios como algo que dá vantagem competitiva, mas há diversos casos em que as coisas não foram bem assim. A favor da Virgin havia o poder da marca, que, ao entrar num mercado, é sempre capaz de produzir algum impacto. Era isso que esperávamos fazer no ramo de telefonia celular.

Apesar de Tom e Joe serem gurus do setor de telecomunicações, eles precisavam de algumas lições informais sobre a marca Virgin. A melhor pessoa para proporcionar-lhes isso era James Kydd, que trabalhara no lançamento da Virgin Cola. James, um executivo do ramo publicitário que conhecia Will Whitehorn desde os tempos em que bebiam cerveja no centro acadêmico da Universidade de Aberdeen, tinha trabalhado numa série de empresas de peso voltadas para o consumidor. Como tantas outras pessoas que hoje trabalham na Virgin, tinha chegado, em 1993, para dar uma força por três meses na companhia aérea e acabou ficando. Havíamos embarcado numa campanha publicitária deplorável para nossa classe executiva, e eu queria cancelá-la. James consertou as coisas e, como achou que seria divertido ficar na Virgin por um tempo, demos-lhe um baita de um desafio: cuidar do marketing da Virgin Cola e da Virgin Vodka. Enfrentar a Coca-Cola foi, como discutirei mais tarde, uma de nossas aventuras mais ambiciosas. Em 1998, eu o convidei a se juntar à equipe do projeto Virgin Mobile como diretor de marca.

Nesse meio tempo, as grandes companhias telefônicas complicavam cada vez mais a vida do consumidor — de propósito. Em toda a Europa, a demanda por telefones celulares disparava a toda velocidade, mas o preço do modelo mais recente e estiloso da Nokia, da Ericsson, da Siemens ou da Motorola era por vezes extremamente proibitivo. Assim, as empresas de telefonia começaram a segurar o consumidor desavisado por meio de contratos de dois ou três anos de duração. "Marketing da confusão" era o rótulo espúrio daquela prática. Um cliente assinava e pagava por duzentos minutos em ligações e cem mensagens de texto, mas, se usasse mais do que isso, lhe cobravam mais por minuto — e não menos, como seria de se esperar, já que se trata de um bom cliente. Era uma lógica insana. Claro: tinha sido concebida para enganar as pessoas. O mercado estava deliberadamente se utilizando das tarifas para complicar e lesar o público.

James Kydd e Will Whitehorn compareceram a uma conferência que durou um dia inteiro num hotel de Hertfordshire para discutir os planos futuros com uma dúzia de pessoas da One2One, inclusive Alan Gow, o diretor financeiro, e Tim Samples, o diretor administrativo. A discussão girava em torno de como a marca Virgin poderia ser usada com eficácia no mercado de telefonia celular. O local estava cheio de especialistas no assunto, capazes de recitar todas as especificações técnicas, mas eles não compreendiam nossa marca. Soube mais tarde que James e Will tiveram dificuldade de defender a Virgin Mobile como um produto de telefonia celular orientado para o consumidor.

Para a Virgin, um problema recorrente tem sido o fato de algumas pessoas que tentam fazer negócios conosco imaginarem que estarão comprando um rótulo para estampar na frente de seus produtos — pensam que "Virgin" é só uma etiqueta de marketing. Pelo contrário, a Virgin tem de ser a defensora do consumidor e não apenas um logo vermelho e chamativo. Ao longo dos anos, tem sido trabalhoso explicar os benefícios comerciais dessa abordagem — mas creio que o sucesso da Virgin Mobile provou, acima de qualquer dúvida, que ela funciona. Partimos de uma premissa básica: se você meter a mão no bolso do consumidor, destruirá a integridade da marca. Simples assim.

Não embarcamos no "marketing da confusão" adotado pelos outros. Eu queria que o negócio de telefonia móvel fosse simples o bastante para que eu mesmo conseguisse entender o que estavam me cobrando. Trata-se de uma mensagem básica de negócios. Se nem os diretores de uma empresa conseguem decorar a estrutura de preços de um produto, como esperar que o consumidor a compreenda? Além disso, entraríamos no mercado de telefones pré-pagos, para que mais jovens e pessoas de baixa renda pudessem aderir à revolução do celular.

Precisávamos de tarifas simples. Escrevi em meu caderno: *"Vamos deixar as pessoas saberem exatamente pelo que estão pagando — e recompensar os clientes fiéis. James usou a imagem das latas de feijão! (Quanto mais feijões o sujeito compra, menor o preço unitário.)"*

James me disse mais tarde que os especialistas em telefonia ficaram horrorizados quando souberam que queríamos facilitar a vida das pessoas. Não era isso que nossos sócios desejavam a princípio. Eles queriam continuar com a estrutura de cobrança já estabelecida. Joe Steel tinha experiência com esse tipo de modelo de preços — e então lhe pedimos que o virasse do avesso. Ele entendeu na hora. Trabalhamos com a ideia de descontos — uma parte central de nossa proposta — e recompensa por fidelidade. Se sua família inteira comprasse celulares, eles sairiam mais baratos; se a ligação fosse de Virgin para Virgin, ela seria mais barata. Dessa forma, haveria uma razão clara para comprar um Virgin. Queríamos que as pessoas entrassem numa Virgin Megastore para comprar seus telefones e seus cartões pré-pagos, e fechamos contratos com um número enorme de lugares — postos de gasolina, redes de magazines, lojas de conveniência e até boates — onde os clientes poderiam recarregar seus créditos.

Para o lançamento, criamos uma tarifa bem simples: 15 pence pelos primeiros dez minutos, 10 pence para os dez seguintes e 5 pence daí em diante. Mais tarde, eu quis tornar o esquema ainda mais simples. Ficamos com 15 pence pelos primeiros cinco minutos e cinco pence a partir daí. Não haveria nenhuma confusão com horários de pico, chamadas locais ou interurbanas. Ligações para outras operadoras de celular seriam cobradas a uma tarifa fixa de 35 pence por minuto. Os clientes pagariam 12,50 libras por um pacote único de serviços que incluiria um cartão SIM, um número de telefone e dez libras em ligações grátis. E poderiam comprar seus próprios telefones, escolhendo entre sete modelos com preços que iam de 70 a 380 libras.

Depois de acertado tudo isso, eu estava confiante na capacidade do time que tínhamos reunido para administrar e transformar em realidade uma grande empresa. Não me decepcionei — cada membro da equipe Virgin Mobile poderia participar de um estudo de caso do curso de administração sobre como realizar um excelente trabalho colaborativo. Graeme Hutchinson, que tocara numa banda de heavy metal com dois discos gravados, era nosso gerente de vendas. Andrew Ralston, no setor de atendimento ao consumidor, trabalhou com afinco excepcional para garantir a consistência de nosso *call center*. Steven Day, ex-jornalista do *Daily Express*, juntou-se a nós como diretor de comunicação e fez um trabalho brilhante ao garantir nossa presença no noticiário, além de ajudar na relação com os investidores.

Tom, Joe e o restante da equipe tinham um genuíno senso de autonomia na Virgin Mobile. Não precisei me envolver no dia a dia da empresa, mas recebia informações e números regularmente, conferindo-os toda noite. Desde o início, a empresa se comportou como se fosse uma sociedade anônima — e é assim que todo negócio iniciante deveria agir. Eu adorava visitar o *call center* em Trowbridge, em Wiltshire, para me encontrar com a equipe e participar de suas festas: o pessoal sabia a hora de se divertir, e eu estava extremamente orgulhoso deles — e feliz com seu sucesso. Os jovens funcionários de Trowbridge apareciam em grande número quando eu ia visitá-los, e todos se ofereceram voluntariamente para trabalhar como Virgin Angels nos V Festivals, ajudando as pessoas a armar suas barracas de *camping* e distribuindo saquinhos de doces. Uma de nossas festas fugiu um pouco do controle e o jornal local publicou na primeira página que se tinha transformado numa orgia, com jovens bêbados transando indiscriminadamente no estacionamento da boate. Boa sorte para eles, pensei: lá fora fazia dez graus negativos, com a neve chegando a trinta centímetros. Baseado em informações corretas ou não, uma besteira como essa nos saiu melhor que um anúncio de recrutamento de página inteira — na semana seguinte, havia uma enxurrada de pessoas querendo trabalhar na Virgin Mobile!

A ideia do lançamento também foi uma grande travessura: extremamente irreverente, ganhou manchetes nos maiores jornais britânicos. No dia 11 de novembro de 1999, apareci ao lado de sete mulheres muito atraentes — todas nuas, exceto por alguns pompons alaranjados estrategicamente distribuídos — anunciando a Virgin Mobile dentro de um gigantesco telefone celular transparente em Trafalguar Square, no centro de Londres. Nosso slogan era: "O que você vê é o que você leva." Declarei que o confuso leque de ofertas e tarifas, existente no mercado, destinava-se apenas a enganar o público e que, se todo mundo que tinha um telefone celular no Reino Unido se mudasse para a Virgin, a economia seria de 1,6 bilhão de libras por ano.

A polícia apareceu para conferir se nossas adoráveis moças estavam realmente nuas. Saímos de fininho.

Eu não tinha ideia, àquela altura, do tamanho do sucesso que a empresa faria.

No dia 21 de fevereiro de 2001, eu estava em Cannes para o Congresso Mundial 3GSM quando anunciei nossa intenção de transformar a Virgin Mobile no primeiro MVNO global, com planos de atender dez países em cinco continentes nos anos seguintes. Dei aos representantes lá presentes a notícia de nossa parceria com a Singapore Telecommunications, que resultaria no lançamento da Virgin Mobile Asia naquele mesmo verão, e disse que um projeto de parceria para a Virgin Mobile USA seria anunciado em breve.

Declarei que a Europa, a África, a China, a Índia, a Indonésia, Hong Kong, Taiwan, o Vietnã e qualquer outro país do Sudeste da Ásia e do Pacífico estavam todos prontos para receber os MVNOs. Senti que devia explicar o sentido daquilo:

— "Acho que nenhuma rede GSM ou, no futuro, UMTS, de respeito poderá se dar ao luxo de ficar sem um MVNO." (Havia tantas siglas naquele negócio que eu tinha sido obrigado a passar a manhã inteira decorando-as. A propósito, GSM quer dizer Groupe Special Mobile — o padrão mais popular de redes de telefonia móvel. UMTS, ou Universal Mobile Telephone System, é seu sucessor.)

Era fácil entender por que criar um MVNO era um bom negócio. Os custos iniciais são mínimos em comparação com o que custaria a aquisição de uma empresa de telefonia celular já existente, e praticamente nulos perto do custo de construir uma nova rede. Mas quais eram os benefícios para as operadoras das redes?

Os MVNOs são excelentes para reduzir o troca-troca de rede. Se um cliente está deixando uma operadora, não é melhor que ele vá para um MVNO que seja sócio dessa operadora do que para uma concorrente? Desse modo, eles pelo menos ainda fazem parte da rede e geram uma parcela de receita. O MVNO tem sua marca, diferente da marca da operadora da rede — e marcas distintas atraem tipos diferentes de pessoas. Duas boas marcas juntas irão sempre seduzir um público maior do que uma boa marca sozinha. Assim, argumentei, as operadoras de rede deveriam pensar nos MVNOs como uma espécie de apólice de seguros. Colaborar com um MVNO divide os riscos do negócio. O padrão 3G tinha possibilitado uma série de serviços extras — de e-mails em trânsito a mensagens de vídeo — mas ninguém sabia realmente qual era a melhor forma de explorar, empacotar e vender esses serviços.

— Portanto — argumentei — um MVNO com uma estratégia diferente da rede de que é sócio aumenta a probabilidade de sucesso, estimulando o tráfego e as receitas.

Não foi a apresentação mais brilhante de minha vida, nem a mais elaborada. Mas que a plateia estava prestando atenção, estava. O mercado passava por um momento de incerteza, com as pessoas ansiosas por encontrar modelos de negócios em sistema 3G que funcionassem.

As redes de telefonia celular originais foram construídas com o intuito principal de propiciar chamadas comuns de voz, com taxas de transmissão que, nos dias, de hoje parecem um tanto lentas. No fim dos anos 1990, a International Telecommunication Union criou um novo conjunto de padrões chamado 3G, para que as operadoras pudessem oferecer aos usuários um leque de serviços mais avançados, incluindo videochamadas e acesso à internet com alta velocidade. Como as redes 3G usam uma banda muito mais estreita do espectro radiofônico do que as redes antigas, havia espaço para que recém-chegados tentassem imprimir próprio estilo ao negócio das telecomunicações. Pelo menos era essa a teoria.

O que de fato aconteceu foi bem diferente. Na Alemanha e no Reino Unido, por exemplo, a concessão de licenças para o sistema 3G pelos governos empobreceu os mercados que deveria ter estimulado. No Reino Unido, a licitação impôs, na prática, uma taxação lesiva às operadoras de telefonia celular. Os beneficiados foram Gordon Brown, Tony Blair e seu projeto do Novo Trabalhismo. A soma que entrou nos cofres do governo britânico era de incríveis 22 bilhões de libras, o suficiente para construir muitas escolas e hospitais. Sendo assim, não é difícil de entender por que eles ficaram tentados a tirar proveito da situação. Mas o tiro, de certo modo, saiu pela culatra, pois os vencedores da licitação gastaram tanto para obter suas concessões, que acabaram por fazer corpo mole na montagem de suas redes e no desenvolvimento dos próprios serviços que o governo queria promover! Como temíamos que a T-Mobile pudesse não nos dar acesso ao 3G, decidimos concorrer por conta própria.

Nosso consórcio decidiu dar um lance máximo de 1,5 bilhão de libras e, mal o leilão começou, fomos superados de modo inapelável por propostas absolutamente insanas. No dia 5 de abril de 2000, tiramos o time de campo. No fim daquele mês, foram anunciados os vencedores: a TIW, companhia canadense de telecomunicações que tem a participação da Hutchinson Whampoa, mais conhecida pela empresa de 3G chamada 3, pagou 4,3 bilhões de libras; a BT, a One2One e a Orange desembolsaram em torno de 4 bilhões; e a Vodafone deu o lance exorbitante de 5,9 bilhões!

Tivemos sorte de escapar dessa, sendo fiéis a nossos princípios e só oferecendo pagar o que a concessão de fato valia, sem nos deixarmos levar pela natureza escancarada de jogatina que tinha todo o processo.

Em fevereiro de 2001, enquanto eu palestrava em Cannes, descrevendo o que acreditava ser o futuro da telefonia celular

— e fazia malabarismo, ou tentava fazer, com todas aquelas siglas antipáticas, como numa cena tirada de um livro do dr. Seuss — os planos da Virgin Mobile ganhavam impulso nos Estados Unidos.

O grande problema do mercado de telefonia celular americano não era tanto o fato de o governo ter lhe sugado todo o sangue, mas sim que todo mundo estava zonzo com a perspectiva dispendiosa de criar a infraestrutura necessária para aproveitar ao máximo o padrão 3G. Na esteira da desregulamentação, as empresas tinham empatado bilhões de dólares em novos equipamentos de comunicação, a fim de poderem fornecer de tudo, de serviços telefônicos a redes viáveis de TV, passando por internet de alta velocidade. O gasto de capital com infraestrutura tinha sido maciço — mais de cem bilhões de dólares em 2000. Dezenas de novas empresas de telefonia criadas nos anos anteriores começaram a se ver sem dinheiro e fechar as portas. Entre junho e setembro de 2000, os gigantes de telecomunicações dos EUA também começaram a sucumbir. Em setembro, a *Business Week* diagnosticou um mercado em baixa, com as três grandes companhias telefônicas locais — Verizon Communications, BellSouth e SBC Communications — vendo suas ações despencarem.

As receitas anuais — que cresciam a uma taxa respeitável de 10,5% ao ano — simplesmente não conseguiam acompanhar as explosivas demandas de capital dos novos projetos. Os investidores estavam ficando arredios. Foi isso que tornou o MVNO da Virgin Mobile uma opção tão interessante para nossa nova sócia, a Sprint.

O problema era que a Sprint estava tão debilitada quanto todo mundo. Gastava cada vez mais tempo tentando resolver problemas e cada vez menos pensando estrategicamente. Abalada por um conjunto ruim de resultados trimestrais, foi começando a perder o entusiasmo por nosso esquema inovador. As coisas começaram a parecer instáveis e, após quase um ano e meio de discussões e investimentos, houve uma pressão da diretoria financeira para cancelar tudo. Charles Levine, presidente da Sprint PCS, a divisão de *wireless* do gigante americano de telecomunicações, queria ir em frente, mas encontrava forte oposição. Era a hora de fazer uma última tentativa. Gordon me incentivou a telefonar para o presidente do Sprint Group, Ron LeMay, e para o presidente do Conselho e CEO, Bill Esrey.

Eu disse a eles que aquilo não lhes custaria muito dinheiro.

Não houve resposta.

Disse que o esquema faria com que a nova categoria fosse rentável para eles.

Nada.

Saquei a artilharia pesada. Ponderei que poderíamos renovar sua imagem embolorada.

Nada.

— Olhem — falei então, já um tanto desesperado a essa altura —, vocês precisam de uma marca como a Virgin. Neste momento vocês são a empresa telefônica preferida dos... dos *jovens republicanos*!

E Bill mudou de ideia.

Estávamos dentro.

Em junho de 2000, a *Red Herring*, revista especializada em empresas de tecnologia, listou as "100 Companhias Mais Importantes do Mundo" e suas marcas. A Virgin não entrou. A revista *Forbes* investiu tempo me acompanhando para fazer uma matéria de capa em julho de 2000, mas a repórter Melanie Wells concluiu que nossa marca se estendia de forma tênue demais por um número excessivo de mercados. Gordon McCallum já tinha dito na minha cara que a Virgin ainda era "uma marca britânica".

Precisávamos ser mais focados e mostrar que éramos capazes de fornecer um produto de destaque em mercados internacionais disputados. Necessitávamos provar nosso valor no lugar certo. E o lugar certo se chamava Estados Unidos.

Em outubro de 2001, a Sprint e o Virgin Group anunciaram oficialmente a sociedade — um MVNO com a marca Virgin que rodaria no sistema digital da Sprint PCS. Nosso público-alvo eram os consumidores americanos entre 15 e 30 anos de idade.

Frances Farrow era nossos olhos e ouvidos nos EUA, uma pessoa reflexiva e incisiva que eu convidara a se juntar ao Conselho da Virgin Atlantic em 1993. Ela agora ocupava o cargo de CEO da Virgin USA, quartel-general do Virgin Group na América do Norte, responsável por expandir a marca, desenvolver novos negócios e administrar os investimentos na região.

Segundo a sabedoria convencional, o mercado de celulares pré-pagos simplesmente não funcionaria nos EUA. Os pré-pagos garantem de fato o anonimato, e todo mundo me dizia que as únicas pessoas interessadas nesse tipo de telefone seriam gigolôs, traficantes de drogas e prostitutas! O argumento passava longe de nos impressionar. Ponderamos que estava fundamentalmente errado, que o pré-pago era uma categoria atraente para jovens que não queriam carregar o fardo de um compromisso financeiro que lhes enviaria uma conta a pagar irritante todo mês.

Lembramo-nos de um sujeito extremamente inteligente chamado Dan Schulman, CEO da Priceline.com, uma das marcas mais reconhecidas na internet. Dan, que já tinha sido presidente da AT&T para o mercado consumidor, tentava, naquele momento, tornar a Priceline.com lucrativa. Já tínhamos conversado com ele sobre como os voos da Virgin Atlantic apareciam em seu site de comparação de preços, e agora iniciávamos uma conversa sobre o futuro dos telefones celulares. No dia 15 de junho de 2001, pudemos enfim confirmar os rumores — e lançamos a Virgin Mobile nos EUA.

No Reino Unido, tínhamos acabado de conquistar o milionésimo consumidor. Em apenas 19 meses, batemos um recorde como a empresa de telefonia celular de crescimento mais rápido que o país já vira. (A Orange havia levado mais de três anos para chegar ao primeiro milhão de clientes; a One2One, mais de quatro; a Vodafone, acima de cinco; e a Cellnet, quase uma década!)

Já começávamos a tratar da criação da Virgin Mobile Austrália num mercado que estava desesperado por inovações; a Virgin Mobile Canadá, França e África do Sul viriam em seguida, assim que tivéssemos aperfeiçoado o modelo de negócios. Em um Memorando de Entendimento com a Sprint, dissemos que nossa intenção era lançar *joint venture* a marca Virgin Mobile nos Estados Unidos.

A Sprint hospedaria o primeiro MVNO dos Estados Unidos. Isso nos dava uma dianteira, mas eu sabia que outras empresas estariam nos observando com interesse, e não demorou para a Disney tentar — e não conseguir — seu próprio contrato de MVNO. Logo precisamos de uma injeção maior de capital. Necessitávamos de um homem de frente corporativo de maior peso. Pedimos aos recrutadores da Heidrick & Struggles para vasculhar o mercado e, coincidentemente, eles sugeriram Dan Schulman, que veio da Priceline.com para se juntar a nós em maio de 2001.

Embora meu relato tenha soado um tanto complexo até agora, espero que esteja claro a esta altura que você não precisa necessariamente ter um cérebro contábil ou jurídico para administrar uma empresa de sucesso. Nossa estratégia era fazer perguntas.

E, se criarmos um produto que seja o melhor do mundo, haverá mercado para ele? A resposta a essa questão não é tão óbvia quanto parece. Se a qualidade sempre vencesse no mercado, o formato de vídeo Betamax teria destroçado o VHS e haveria mais computadores Apple que PCs no mundo.

Se, por outro lado, eu lhe perguntasse: “Será que as pessoas querem voar com a melhor companhia aérea do mundo?”, sua resposta, sem recorrer a números ou planilhas, seria “sim”.

Quando você examina uma ideia pela primeira vez, é importante não se deixar levar pela complexidade. Pensar com simplicidade e clareza é difícil. Exige concentração, treinamento e disciplina. Reduzir aqueles relatórios iniciais sobre o modelo MVNO a uma proposta simples de negócio foi trabalhoso. Exigiu também, ouso dizer, uma pitada de coragem da parte da Virgin para arriscar sua marca, e da parte daqueles que abandonaram empregos confortáveis para transformar essa visão em realidade.

É fácil deixar que detalhes aparentemente técnicos ceguem você e depois passá-los adiante como um papagaio e ainda se sentir importante por isso. Duro é fazer perguntas ingênuas. Ninguém quer parecer idiota.

Eu diria, porém, que você jamais fará algo de muito errado se pensar como um consumidor que acaba de ter contato com o negócio. Por que essas tabelas de tarifas de celular não fazem o menor sentido? Porque não fazem, só por isso! Porque existem para enganar você! Ainda hoje fico pasmo de pensar que, quando entramos nesse novo mercado, tão lucrativo e excitante, éramos os únicos meninos em toda a multidão a apontar o dedo e rir enquanto os reis da telefonia desfilavam.

É fácil — fácil demais, na verdade — transferir a responsabilidade por sua ideia a especialistas. Isso é quase sempre um erro, porque eles são especialistas no campo deles. Não são especialistas em sua ideia. Nesse estágio, a única pessoa qualificada para cuidar de sua ideia é você.

Talvez suas ideias de negócio careçam de detalhes. Tudo bem — mas isso não dá aos especialistas nada com que possam trabalhar. Peça-lhes uma opinião, e eles lhe darão algo genérico, previsível e praticamente inútil. Sei que, se eu apresentar uma ideia ainda crua a especialistas como os da Ernst & Young ou da McKinsey, eles me dirão quanto dinheiro eu aguento perder. Se, por outro lado, for à PricewaterhouseCoopers ou à KPMG com a mesma ideia, talvez me digam quanto eu posso ganhar. Em nenhum dos casos, descobrirei algo de útil sobre a minha ideia.

Você precisa desenvolver as próprias ideias. Deve fazer a própria pesquisa. Tem de assumir responsabilidade sobre o modo como planeja transformar uma ideia em ação. Assim, quando procurar os especialistas — os contadores, os cérebros jurídicos —, eles terão algo com que lidar.

A entrada da Virgin no setor financeiro deixou muita gente atônita e até hoje provoca certa incredulidade entre alguns políticos e empresários de peso. Será que as finanças são sacrossantas, uma prática misteriosa e rarefeita — território dos especialistas?

Nosso sucesso no setor financeiro baseou-se no fato de fazermos perguntas muito claras a nós mesmos e então (só então) nos cercarmos de especialistas que são diabolicamente competentes na tarefa de, atravessando camadas de verborragia, chegar aos detalhes relevantes. Um especialista que torna as coisas mais complicadas não está fazendo o trabalho direito — e, francamente falando, a culpa provavelmente é sua. Um especialista precisa tornar as coisas mais simples. Deve ser capaz de lhe dar uma visão geral do processo. Tendo as ferramentas certas para fazer o trabalho, o especialista é uma maravilha.

Um bom exemplo é o de Jayne-Anne Gadhia.

Jayne-Anne começou como contadora autorizada da Ernst & Young e então foi trabalhar para a Norwich Union, o gigante de seguros e pensões. Lá, tornou-se uma das estrelas ascendentes da empresa, trabalhando com fundos mútuos e PEPs, um produto de poupança pessoal de baixa taxação. Agora, estava à procura de um novo desafio.

Certo dia, em 1994, ela pegou o trem até Londres a tempo de almoçar com Alastair Gornall, profissional de relações públicas que estava à frente da Consolidated Communications. No trem, folheou uma cópia da revista *Hello!* em que havia um artigo, com fotografias coloridas de um Richard Branson barbado e sorridente, em que eu discorria sobre o Virgin Group.

— Li aquele artigo e pensei: "Meu Deus, é tão diferente da Norwich Union. Deve ser fantástico trabalhar para um cara assim" — contou mais tarde.

Ela comentou o artigo com Alastair. Ele era amigo de Rowan Gormley, que acabara de se incorporar à Virgin e era o cérebro por trás de uma *joint venture* entre a Norwich Union e a Virgin, chamado Virgin Direct.

Jayne-Anne veio me ver em Holland Park. A comoção era grande porque tínhamos acabado de lançar a Virgin Cola. Ela se lembra de ter tocado a campainha e então ser obrigada a achar seu próprio caminho pela casa. Subiu as escadas e me encontrou trabalhando num dos quartos. Conduzi-a à sala de sinuca, onde o chefe dela, Philip Scott, já estava com todos os papéis que devíamos analisar. Trabalhamos no projeto de lançamento da Virgin Direct na sala de sinuca, depois descemos ao térreo. Philip tomou um rápido gim tônica e saiu para pegar trem.

Balancei a cabeça e disse a Jayne-Anne:

— Como é a vida... Um dia você está lidando com o Sex Pistols, no dia seguinte com fundos de pensão — e apontei a cadeira da qual Philip tinha acabado de se levantar. — Sid Vicious estava sentado ali não faz muito tempo.

— Sério?

— É. Está vendo aquele canto?

— Sim?

— Foi onde ele vomitou.

Assinamos o contrato de criação da Virgin Direct no dia 19 de dezembro de 1994, com a Norwich Union e a Virgin empatando, cada uma, dois milhões de libras.

Trabalhamos duro para fechar um acordo, lançar o negócio e obter todas as aprovações regulamentares, mas, mesmo assim, ainda demos um jeito de nos divertir. Acho que era disso que Jayne-Anne gostava na Virgin.

Em dezembro de 1994, a Virgin Direct atuava de forma inovadora: era uma das primeiras empresas de serviços financeiros a vender produtos pelo telefone. Jayne-Anne me disse que a aprovação da LAUTRO (Life Assurance and Unit Trust Regulatory Organisation) e da IMRO (Investment Management Regulatory Organisation), órgãos reguladores do mercado, levaria muitos meses. De início, pensei que ela estivesse falando de seus primos italianos. — Não entendo isso, Jayne-Anne — disse eu. — A empresa é relativamente pequena... Lançamos uma companhia aérea em noventa dias.

Mas fomos em frente, e a combinação de Norwich Union, Virgin e Jayne-Anne deu-nos a força necessária para terminar tudo a tempo.

Como precisávamos de um novo sistema de computador, entramos em contato com os maiores nomes do mercado. A IBM estimou um custo de sete milhões de libras e um prazo de muitos meses para concluir o trabalho. Não tínhamos nem tanto dinheiro nem tanto tempo. Assim, um dos colegas de Jayne-Anne, Kevin Revell, e um amigo dele criaram o primeiro sistema da Virgin Direct no sótão da casa de Revell, em Norwich. Ao todo, saiu por 17 mil libras. No dia 5 de março de 1995, um domingo, a Virgin Direct começou a funcionar com aquele sistema e sessenta pessoas para atender ligações na Discovery House, em Whiting Road, onde até hoje é o escritório da Virgin Money. Fui até Norwich para o lançamento. O escritório tinha acabado de ficar pronto e estava impecável, com o novo letreiro na frente e todos os computadores funcionando. O chefe, Rowan Gormley, não estava lá porque ia aparecer no *Money Programme*, da BBC, para falar de nossa chegada ao mercado. Sendo assim, tomei a frente: pulei numa mesa e sacudi uma garrafa de champanhe — como eles fazem no pódio da Fórmula 1. A espuma jorrou lindamente, caindo sobre a equipe eufórica e sobre quatro dos computadores, que começaram a chiar. E depois explodiram.

Ficou claro, desde o primeiro dia, que a marca Virgin faria sucesso no mercado financeiro. A equipe era brilhante e trabalhava com grande afinco. O sistema de 17 mil libras criado num sótão foi a plataforma que utilizamos para lançar seguros de vida e planos de aposentadoria.

A Norwich Union não tinha o apetite necessário para um negócio maior, mas a Virgin Direct precisava de capital para crescer. Assim, em 1997, a Norwich Union vendeu sua participação de 50% na empresa à AMP, seguradora de vida australiana, proprietária da Pearl Assurance. A AMP e a Virgin tornaram-se sócias numa *joint venture* em que cada uma tinha 50% de participação. Em novembro de 1996, escrevi a George Turnbull, da AMP, propondo "um plano de negócio para lançar primeiro uma hipoteca básica (com um cartão de crédito) e, em seguida, um cartão para o público em geral".

A questão era: como? Quase todos os grandes bancos do Reino Unido tinham me procurado para falar sobre serviços bancários e financeiros. Queriam se abrigar sob o guarda-chuva da marca Virgin. Simples assim. Mas a Virgin deseja muito mais do que estampar seu logo em um produto alheio. Então, em 1997, fui procurado pelo Royal Bank of Scotland, àquela altura gerido por George Mathewson e Fred Goodwin. Finalmente, ali estava uma empresa disposta a inovar.

A ideia da conta Virgin One era revolucionária e simples — até eu conseguia compreendê-la. Tinha surgido na Austrália, onde ganhava cada vez mais popularidade. Tratava-se de lançar todos os produtos de um cliente no mesmo pacote. A maioria das pessoas tem uma hipoteca, uma conta corrente e uma de investimentos, todas separadas, e pagam juros pela hipoteca inteira. Se você coloca tudo isso junto, o balanço negativo fica menor, e você pode quitar sua casa mais rapidamente.

George Mathewson, um escocês astuto e cauteloso, foi conversar com Jayne-Anne Gadhia em Norwich. Ele estava entusiasmado mas, ao mesmo tempo, parecia relutante em fazer alarde sobre aquele grande produto.

— Você não parece querer sair divulgando isso por aí — observou Jayne-Anne.

Ele respondeu que, se o esquema fosse bem-sucedido, levaria metade dos lucros; se não fosse, ninguém jamais saberia que ele tivera algo a ver com aquilo.

Mas, na verdade, George e sua equipe foram brilhantes e nosso relacionamento dura até hoje (ele nos assessorou em nossa proposta pelo Northern Rock). Ele disse à equipe da Virgin One que seu desejo era que construíssemos um negócio em torno daquilo que funcionava para o cliente. Admitiu que, se o RBS fosse capaz de fazer tudo sozinho, como um banco estabelecido, teria feito, mas eles gostavam da cultura de inovação da Virgin, assim como de nosso histórico de promessas cumpridas. Em outubro de 1997, a conta Virgin One foi lançada internamente para os funcionários do Virgin Group e chegou ao público em 1998. Reconheço que o começo foi difícil, porque o público britânico não estava acostumado com a ideia de guardar todos os seus ovos na mesma cesta, por mais segura que a cesta fosse. Até outubro de 1998, tínhamos aberto duas mil contas Virgin One. No ano seguinte, foram nove mil e no outro, 15 mil. Íamos de vento em popa.

Médicos, advogados e outros profissionais liberais que estavam se convertendo aos méritos daquele novo tipo de conta falavam dele para os amigos, e a ideia começou a se espalhar no boca a boca. Ouvimos dizer que, às vezes, as pessoas sacavam seus cartões Virgin One ao fim de um jantar com amigos e começavam a vender a novidade. Em termos de negócios, isso é ouro puro. Dinheiro nenhum compra esse tipo de apoio. Em Norwich, a Virgin One recrutava pessoas que estavam dispostas a ajudar os clientes e fazer a diferença — isso era uma parte enorme do treinamento que lhes dávamos. Não havia roteiros estritos a seguir nem um tempo fixo para deixar o consumidor falar. Apenas respondíamos às perguntas. Contratávamos pessoas que acreditavam — como nós — que a Virgin era uma cruzada revolucionária para mudar a atividade bancária britânica. Um tema habitual era o das "pessoas incomuns" — pois aqueles que trabalhavam conosco e com nossos clientes eram especiais por serem "pessoas incomuns". Mandamos confeccionar bonés de beisebol, camisetas e jaquetas para nossa equipe de 1.500 funcionários e para os clientes, alardeando nossa atitude de fazer mais do que todo mundo.

Em 2001, o RBS percebeu que aquilo era um excelente negócio. Eles decidiram que queriam comprar 100% da Virgin One. Já tinham 50%, mas a metade restante permanecia nas mãos da Virgin Direct, que, por sua vez, era uma *joint venture* dividida meio a meio entre a Virgin e a AMP. Eu tinha um quarto do negócio. Houve muita discussão sobre a posse das ações. Almocei com Fred Goodwin, que abriu o jogo comigo: não tinha muita paciência para a AMP.

Escrevi em um de meus cadernos: "*Fred Goodwin. 'Não quero entrar em parcerias tríplices. Vou tentar comprar os outros 50% da Virgin One. Fazer uma oferta. Problema de química: nós e a AMP não nos damos bem. Eles estão ligados à CGNU*[3]*'.*"

Numa página vizinha, acrescentei: "*É como jogar* Banco Imobiliário. *Eu gostava de jogar* Banco Imobiliário *quando criança. Recentemente, comecei a me dar conta de que nunca parei. Hipotecar meus hotéis para manter a estação de Euston. Hipotecar minhas casas para comprar equipamentos. Pegar um empréstimo no banco para pagar por tudo isso! Vender tudo isso para pagar ao banco!*"

Acabamos chegando a um acordo com a AMP. Assim que ele foi anunciado, liguei para Jayne-Anne.

— Lamento de verdade.

— O quê?

— Perder você. Estou ligando para dizer como estou triste hoje.

— Lamenta? Por quê? — disse ela. — Acabo de receber um cheque muito satisfatório e minha equipe também.

— Bem, eu me sinto como se estivesse vendendo você e o pessoal com toda a mobília. Assinei uma cláusula com o Royal

[3] Grande seguradora multinacional de origem britânica, hoje rebatizada Aviva, criada após a fusão da Norwich Union e CGU. (N. do T.)

Bank dizendo que não podemos entrar no negócio de hipotecas no Reino Unido pelos próximos dois anos. Olhe só: se você não estiver feliz com a vida corporativa em dois anos, volte para nós.

Dois anos depois, tornei a telefonar:

— Você está feliz?

Minha ligação surpreendeu-a e lisonjeou-a; mas, sim, ela estava feliz. Dava-se muito bem com Sir Fred, ajudando no desenvolvimento das contas One e First Active. Agora era responsável, no RBS, por todas as finanças dos clientes no mercado direto — e seria, mais tarde, por todo o negócio de hipotecas no Reino Unido. Ela era uma pessoa tão apta e capaz que, passou-me então pela cabeça, devia estar à frente de um banco.

Jayne-Anne manteve-se em contato conosco e, no dia 19 de dezembro de 2006 — aniversário de lançamento da Virgin Direct —, deixou o RBS, numa separação amigável. Estávamos ansiosos por trazê-la de volta à Virgin para cuidar de nossos negócios financeiros. Por sorte, Gordon conseguiu convencê-la a voltar após um breve descanso, e ela se reincorporou à equipe em março de 2007. Liguei para ela de Necker:

— Jayne-Anne, bem-vinda à sua casa.

A essa altura, a Virgin Direct havia evoluído e se transformado na Virgin Money — um modelo de sociedade que oferece produtos com diversos parceiros diferentes, com a empresa continuando a pertencer a nosso grupo. A Virgin Money se encarrega do marketing e projeta os produtos — cartões de crédito, contas de poupança e investimentos, seguros de vida e genéricos — e nossos sócios fazem o resto. (O Bank of America opera nossos cartões de crédito, o que significa que os cartões aparecem no balanço do Bank of America, não no da Virgin!) No entanto — talvez por sorte, considerando-se o desdobramento da crise das hipotecas — nós não tínhamos conseguido voltar ao mercado de hipotecas desde a venda da conta One. Pedi a Jayne-Anne e à equipe que ela trouxera consigo que recriassem a conta One em outro patamar, a fim de preencher o vácuo deixado pelas instituições hipotecárias atualmente em apuros. Foi esse trampolim que nos permitiu fazer uma proposta pelo Northern Rock — da qual falarei na próxima seção.

Neste capítulo, tentei demonstrar como a Virgin transformou em realidade algumas de suas melhores ideias. Busquei esclarecer a importância de uma boa comunicação e da atenção aos detalhes. Enfatizei o quanto é vital pensar com clareza, reduzindo um negócio a seus elementos essenciais. Não subestime o esforço que isso exige. É muito difícil contemplar sua própria empresa com um olhar de fora, pensando como um cliente pensaria, especialmente se você devotou — como é provável que tenha devotado — o trabalho de toda a sua vida a uma única operação, num único setor.

Os valores de informalidadee discurso simples da marca Virgin são incrivelmente úteis para nós no trabalho cotidiano de oferecer nossos produtos aos clientes, porque são esses valores que mantêm nossos pés no chão. Não nos deixam perder o contato com a realidade. Impedem-nos de jamais, em nossos piores pesadelos, considerar uma estratégia autossabotadora como a do "marketing da confusão".

Lembre-se: a complexidade é sua inimiga. Qualquer um consegue complicar as coisas. Difícil é simplificá-las. Use os especialistas com sabedoria. Dirija-os. Dê-lhes algo com que trabalhar. A função deles não é segurar a sua mão. Ignore as críticas abusivas. Todo mundo tem seus próprios interesses, e os conselhos que você recebe de fora de seu círculo de confiança não são necessariamente benéficos. Quase todos são bem-intencionados, mas até mesmo o melhor deles precisa ser avaliado.

Mantenha a cabeça fria. Você está nos negócios para inovar e, se tiver êxito, a chance de ninguém sair machucado é praticamente zero. Eis o segredo dos negócios. Tenha espírito esportivo, jogue para vencer e permaneça amigo das pessoas sempre que possível. Se ficar mal com alguém, telefone um ano depois e convide seu desafeto para jantar. Transforme inimigos em amigos.

Invista emoção no trabalho. Seus instintos e emoções existem para ajudá-lo, para tornar as coisas mais fáceis. Para mim, os negócios são uma "intuição" e, se acaso deixassem de ser, acho que desistiria de tudo na mesma hora. Quando falo em "intuição", quero dizer que acredito ter desenvolvido uma aptidão natural, temperada por fartas doses de experiência, que tende a me mostrar o caminho certo. Em decorrência disso, também me dá a confiança necessária para tomar decisões melhores.

Meus projetos começam a se detalhar à medida que os testo com perguntas que são, na verdade, bastante simples — e que têm mais a ver com emoções do que com números. Se nós criarmos a melhor academia de ginástica da cidade, será que os sócios das academias já existentes se darão ao trabalho de se matricularem conosco? Se a resposta é "sim", então fazemos uma tentativa para ver se funciona.

Eis o ponto em que ser uma companhia com muitos fundos o coloca em tremenda vantagem. Grandes empresas podem se dar ao luxo de fazer esse tipo de coisa. A boa notícia para as pequenas é que as grandes raramente se dão ao trabalho de usar tal vantagem ao máximo. Por quê? Porque já se esqueceram de como os empreendedores pensam. Pior ainda: muitas já se esqueceram de como os empreendedores sentem.

Capítulo 4
Relatório de danos

Em 1969, cometi o maior erro de minha vida. Mesmo tendo passado tanto tempo, o caso foi lembrado recentemente, no fim de 2007, pelo liberal-democrata Vince Cable em discurso no Parlamento, a propósito de nossa oferta pelo banco Northern Rock. Ele declarou, falando sob a proteção parlamentar britânica, que eu não era uma pessoa idônea para gerir um banco. No Reino Unido, quase quarenta anos depois de um lapso em minha capacidade de julgamento, eu ainda estava no pelourinho.

Eu tinha então 19 anos e estava despachando um carregamento de discos para a Bélgica quando me deparei com a informação de que discos adquiridos no Reino Unido para serem exportados eram isentos de impostos na compra. Assim, comprei os discos de que precisava, fingi que seriam exportados e depois os vendi para consumidores britânicos. O esquema consistia em dirigir quatro vans Transit lotadas de discos até Dover, levá-las até a França e voltar na próxima barca, com os discos ainda a bordo. Não era apenas ilegal, era na verdade bastante estúpido. Em maio de 1969, fui apanhado com a mão na massa pela polícia alfandegária, recebendo uma multa e sendo jogado numa cela para passar a noite. Aquilo quase matou meus sonhos de empreendedor. Felizmente não chegou a tanto — mas me ensinou uma dura lição: a de nunca mais fazer algo ilegal ou antiético outra vez. Eu não tinha percebido quão séria era aquela atitude ou o potencial de estrago que ela teria para a minha reputação. Foram meu pai e mãe que pagaram a fiança, empenhando a casa como garantia. No fim das contas, a alfândega concordou em não me processar, desde que eu pagasse o triplo dos impostos que tinha sonegado — cerca de sessenta mil libras. Foi assim que me livrei de ter ficha na polícia. O que não sabia na época era que as grandes redes varejistas de discos estavam usando o mesmo truque de forma mais sistemática, e que dentro de pouco tempo elas passariam pelo mesmo problema.

Depois do susto, nossa equipe se reuniu e concordamos em trabalhar noite e dia para saldar a dívida, expandindo a empresa o mais rápido possível a fim de quitar o débito e evitar ser levado ao tribunal.

Demoramos três anos até chegar lá. Mas aprendi uma lição muito importante: *nunca faça nada que o impeça de dormir à noite.*

Uma coisa é certa nos negócios. Você e todos à sua volta irão cometer erros. Quando você tenta levar uma atividade ao limite, isso é inevitável — e é fundamental compreender esse fato. Mesmo quando as coisas estão correndo bem, há sempre a perspectiva de uma realidade nova não muito longe dali. De repente, todas as boas decisões que você tomou na semana passada começam a prejudicá-lo de forma imprevista. Onde será que errou?

Na Virgin, sempre estivemos preparados para encarar os fatos — por mais desagradáveis que pudessem ser. O fracasso normalmente ocorre quando os líderes evitam a realidade dos negócios. Você deve confiar nas pessoas que o cercam e permitir que elas aprendam com os próprios erros. Culpar e recriminar são atitudes que não levam a nada.

Nos negócios, assim como na vida, sempre haverá fatores de risco externos que estão fora de controle. O preço do petróleo triplica. Um terrorista se explode num shopping center. Furacões arrasam cidades inteiras. Flutuações monetárias deixam um rastro de falências.

Mas você pode adotar medidas que minimizem e controlem os riscos. Assim, se acontecer um desastre, pelo menos sua atenção não estará dispersa em outras preocupações. *Sempre, sempre tenha na manga um plano de ação para casos de emergência.* Porque, se algo realmente terrível acontecer, um monte de pessoas assustadas virá correndo até você à procura de respostas.

No dia 23 de fevereiro de 2007, por volta das 20h15min, um de nossos novos trens pendulares Pendolino — viajando a 160 km/h — descarrilou numa junção de trilhos em Cúmbria, no noroeste da Inglaterra, numa parte remota e aprazível da Linha Principal de West Coast.

A bordo estava Margaret Masson, uma senhora idosa que viajava de volta para casa em Cardonald, perto de Glasgow. Margaret — chamada de Peggy por familiares e amigos — foi arremessada no vagão quando o trem, após deslizar pelo leito da ferrovia, despencou de um barranco.

Em dez anos, a Virgin Trains tinha transportado milhões de passageiros em segurança por todo o Reino Unido. A Virgin Atlantic, por sua vez, tinha transportado milhões de pessoas ao redor do mundo sem um único ferimento. Naquela noite, a vida mudou nosso negócio. Tínhamos nossa primeira vítima fatal. Margaret Masson morreu. Muitas outras pessoas ficaram gravemente feridas.

Zermatt, Suíça. Minha família e eu descemos das montanhas depois de um maravilhoso dia esquiando. Tinha caído uma boa quantidade de neve, e todo mundo concordava que o dia fora perfeito. À noite, exaustos, estávamos juntos no cinema local assistindo a um filme quando senti meu celular vibrando umas oito ou nove vezes. Saí. A mensagem de texto dizia que ocorrera um acidente de trem e que se tratava de um Código Negro, o que significava que era grave. Telefonei para Will Whitehorn, que, na época, era nosso diretor de comunicação (hoje presidente da Virgin Galactic), membro do conselho da Virgin Trains. A chamada caiu na caixa postal — fato incomum para uma pessoa que estava sempre em contato comigo. Liguei para a mulher de Will, Lou, e ela me lembrou de que era aniversário dele: pela primeira vez em um ano, ele tinha realmente desligado o celular. Telefonei então para Tony Collins, diretor administrativo da Virgin Trains, responsável pela construção dos Pendolinos.

— Acho que é um descarrilamento sério — disse ele. — O trem caiu numa ravina, e a polícia está tentando resgatar os passageiros. Devemos nos preparar para o pior.

— Estarei aí em algumas horas — disse eu. — Você pode ir me receber?

— Pegarei você quando chegar. Só me diga o horário.

Eu não podia pegar um helicóptero porque a neve, que tinha me proporcionado um dia divertido esquiando, ainda caía, deixando isolada a maior parte da Suíça. Os aeroportos de Sion e Genebra estavam ambos fechados. O melhor que pude fazer foi dirigir até Zurique, a cinco horas de distância. Aluguei um carro e dirigi a noite inteira. Peguei o primeiro voo que saía de Zurique, às 6h30min. Desembarquei em Manchester e me encontrei com Tony Collins e com Will, que viera de Heathrow. Eles me passaram as informações mais recentes, e então assistimos ao telejornal da manhã na BBC. A matéria dizia que o trem estava intacto, o que contribuíra para o grande número de sobreviventes. Isso era animador: o Pendolino No. 390033, *City of Glasgow*, fora, como todos os nossos trens novos, deliberadamente construído como um tanque. Uma notícia ainda incerta, mas que seria confirmada mais tarde, supunha que uma falha nos trilhos tinha provocado o acidente. Essa informação também mudava a face da tarefa que nos aguardava, tornando-a consideravelmente mais fácil, pois àquela altura pudemos ficar razoavelmente seguros de que nada do que a Virgin Trains tinha feito ou deixado de fazer contribuíra para o incidente.

Enquanto seguíamos para o Royal Preston Hospital, em Lancashire, porém, ainda não tínhamos muita noção da escala do desastre. O recepcionista do hospital nos disse que os serviços de emergência tinham sido preparados para receber mais de cem vítimas quando a equipe em serviço soube da notícia. Como os vagões do Pendolino tinham suportado bem o impacto, apenas 24 pessoas precisariam ser levadas ao hospital — mesmo assim, a extensão dos preparativos médicos que vimos lá nos deixou apavorados.

Fomos até Grayrigg para visitar o local do acidente. Era como se um enorme trenzinho elétrico tivesse sido erguido e arremessado ao chão por um gigante. De súbito, me veio à mente o quanto eu tive de discutir com o Departamento de Transportes — que concede generosos subsídios ao sistema ferroviário — para que nos deixassem aumentar as especificações de segurança de nossos trens. Se aquilo tivesse acontecido com qualquer um de nossos velhos trens da British Rail, o número de mortos e feridos teria sido aterrador. Do modo como foi, os vagões tinham aguentado. Até as janelas estavam intactas.

Enquanto eu supervisionava aquela cena terrível, me falaram da bravura de um homem. Desde aquele momento, sempre que penso na coragem de nossos pilotos de teste, ou de meu amigo Steve Fossett, o explorador que infelizmente perdemos, ou do guru do balonismo Per Lindstrand, considero também a firmeza necessária para tourear as quatrocentas toneladas de um trem desgovernado. A atitude de nosso maquinista Iain Black, um ex-policial, foi incrível. Depois do descarrilamento, a velocidade impulsionou o trem por seiscentos metros no leito da ferrovia. Iain lutou para diminuir velocidade sobre as pedras. Permaneceu em seu assento o tempo todo, tentando controlar o trem. Não procurou se proteger saindo da cabine. Em vez disso, fez tudo o que podia para salvar os passageiros, e isso lhe custou lesões sérias no pescoço. Foi uma ação ousada que evitou mais mortes. No meu livro, ele é um verdadeiro herói.

Contemplamos os destroços por algum tempo, apáticos, e voltamos ao hospital.

Encontrei a família de Margaret Masson no necrotério. Estavam todos evidentemente arrasados. Ofereci-lhes minhas condolências. Quando nos demos conta, estávamos nos abraçando.

No minuto seguinte — ou pelo menos assim pareceu —, eu estava diante de câmeras de TV e de um paredão de jornalistas famintos por respostas. Achei que ia sufocar. Cheguei perto disso, mas consegui me segurar e me ater aos fatos que até então conhecíamos.

Àquela altura, não havia muito a dizer. Mais uma vez, ofereci minhas condolências à família de Peggy. Expressei também minha gratidão a Iain, que estava em outro hospital nas redondezas, com ferimentos que o manteriam afastado do trabalho por muitos meses. Nossos outros funcionários a bordo — Karen Taylor, Derek Stewart e Gordon Burns — haviam todos se comportado de modo exemplar, indo além do simples cumprimento do dever ao ignorar os próprios ferimentos leves para ajudar os passageiros a sair do trem em segurança.

Depois disso, se eu quisesse ajudar as pessoas — os policiais, os médicos e enfermeiros, os voluntários das equipes de resgate, os colegas ferroviários da Virgin, da Network Rail e de outras companhias —, o melhor que podia fazer era ficar fora do caminho. Saí de lá sentindo-me profundamente insatisfeito: será que não havia mesmo nada mais que eu pudesse fazer? Parecia não haver, mas me consolei pensando que ao menos tinha estado lá.

É dever de todo chefe chegar ao local de uma ocorrência como essa tão depressa quanto humanamente possível. Se você demorar a mostrar a cara em público depois de algo assim, dará margem a recriminações, fúria e imputações de culpa. Se isso já é suficientemente ruim para você, imagine o efeito que toda a confusão e a preocupação têm sobre as pessoas que foram afetadas pelo incidente. Em meu ponto de vista, se a imprensa exige respostas rápidas por razões justas — como era claramente o caso —, é imperativo que os executivos de uma empresa estejam preparados para encarar os jornalistas na primeira oportunidade. Todo executivo de peso deve estar pronto, se a necessidade assim exigir, a assumir a posição de porta-voz da companhia. Lembro-me de que, após um grave acidente de avião em Kegworth, em janeiro de 1989, Sir Michael Bishop, que era o CEO da companhia aérea British Midland, pronunciou-se imediatamente, com grande clareza e tato.

Quando a Virgin Trains estava implantando seus próprios procedimentos de emergência, tínhamos estudado uma série de incidentes ferroviários graves e, em muitos casos, nos estarrecia ver que um longo tempo se passava antes que alguém desse um passo à frente e dissesse: "Eu respondo por isso." E ficamos impressionados de constatar a rapidez com que a confusão e as acusações se instalavam, enquanto as pessoas aguardavam algum tipo de declaração de qualquer um a respeito do que havia acontecido e por quê.

Sendo assim, nosso plano para situações de emergência é composto de três objetivos principais: chegar ao local rapidamente; lidar de forma eficiente com passageiros, funcionários e imprensa; e falar com honestidade sobre os acontecimentos. Outra lição aprendida foi que nosso planejamento meticuloso e nossa determinação de não economizar ao construir o Pendolino nos mais altos padrões do mundo valeram a pena e salvaram a vida de pessoas que hoje não estariam aqui se, naquele dia, estivessem viajando num dos velhos trens que tinham sido substituídos.

Como ninguém consegue se proteger do inesperado, você precisa manter a casa mais organizada possível. Se sobrevier um desastre, você não vai querer se ver na situação de fazer uma dúzia de coisas ao mesmo tempo, errando nas prioridades à vista do público. É vital, portanto, assumir o controle dos riscos internos de seu negócio — aqueles sobre os quais você *tem* influência.

Eu mesmo deixei de seguir o conselho que estou dando em algumas ocasiões — e sempre me arrependi disso. Por exemplo, nem sempre sou bom em conter minhas perdas. Eu deveria ter encarado a realidade do mercado e vendido as Virgin Megastores anos antes. A decisão de ir contra meus colegas e manter as lojas por tempo demais custou-nos muito caro, com o único porém de ter sido a própria existência da rede e da marca o canal de distribuição e a pedra fundamental do sucesso precoce da Virgin Mobile.

Não creio que o presidente de uma empresa deva cometer haraquiri[1] se alguém na companhia fizer uma besteira. Ele deve tirar lições do incidente e tentar garantir que aqueles erros específicos jamais se repitam. Um pedido de desculpas em nome da empresa — talvez num fórum público e, às vezes, cara a cara com a pessoa que foi prejudicada — é um ponto de partida adequado. Sei que alguns livros de administração sustentam que você nunca deve admitir uma falha, mas eu não toleraria uma atitude dessas em meus funcionários. Não vejo nada de errado em admitir um erro.

Um empreendedor precisa encarar as decisões difíceis. Alguns dizem que para isso é preciso ser impiedoso. Não concordo. Não me julgo impiedoso, embora já tenha sido descrito dessa forma por gente que não me conhece direito e nunca sequer me encontrou. Há certas coisas em minha vida profissional de que me arrependo — e cometi erros ao julgar algumas

[1] Forma de suicídio ritual praticado no Japão, especialmente pelos guerreiros e pelos nobres, que consiste em rasgar o ventre à faca ou a sabre. (N. do T.)

pessoas. Um de meus pecados é que, por vezes, estava tão focado num projeto ou numa ideia que fui incapaz de perceber o que se passava na vida de alguém bem diante de meu nariz. Tentei aprender com isso, dedicando mais tempo a ouvir. Na verdade, julgo contraproducente ser impiedoso. *Você deve tratar as pessoas como trataria a si mesmo, ou até melhor*.

Sejamos claros sobre as responsabilidades do gestor. Fora do Reino Unido, há uma ideia de que as pessoas não renunciam a seus cargos quando na verdade deveriam. Ouvindo a argumentação dos defensores dessa ideia, você poderia imaginar que a renúncia é a única atitude efetiva que o gestor de uma empresa em apuros pode tomar. Isso é uma grande bobagem. Que fique registrado: nunca houve um tempo na história dos negócios ou da política em que pessoas de talento renunciassem por trivialidades ou para satisfazer alguma noção de honra. Trata-se de um mito.

Se algo catastrófico acontece a uma empresa e o presidente realmente nomeou a pessoa responsável pelo fracasso sistêmico do negócio, então com certeza ele precisa considerar sua posição. Se um banco importante não dispõe de mecanismos de segurança para se proteger de um corretor mal-intencionado e esse corretor provoca um enorme dano à companhia, aí, sim, o presidente ou CEO deve provavelmente considerar a renúncia. São eles os responsáveis, em última instância.

Na maior parte dos outros casos, os gestores devem permanecer onde estão e consertar os estragos. É para isso que são pagos, afinal. Mais importante ainda, alguém deve, antes de mais nada, pedir desculpas pela confusão.

Você não pode abrir mão de contar com as melhores pessoas à sua volta quando confrontar um problema grave. Não tente lidar com a situação sozinho. Não tenha medo de procurar ajuda e aconselhamento. Se outra pessoa é capaz de lidar com o problema melhor do que você, então, pelo amor de Deus, entregue o caso nas mãos dela. E, também pelo amor de Deus, não tente esganá-la se ela falhar.

Na avaliação de minha equipe administrativa, 2003 não foi exatamente um ano dourado. Foi quando o primeiro iPod apareceu. Umas pessoas muito brilhantes da Palm vieram nos mostrar suas próprias versões transadas de MP3 player e um leque de acessórios. A análise de conjuntura do produto não chegava a ficar de pé, segundo nossa equipe administrativa, mas insisti em ir em frente com o plano: lançar nosso próprio MP3 player, o Virgin Pulse! Fomos obrigados a adotar algumas ações heroicas para ganhar escala, porque estávamos comprando os aparelhinhos da China e de Taiwan. Gastamos vinte milhões de dólares para desenhar o produto e lançá-lo no mercado — com sucesso de crítica nos Estados Unidos —, mas ele não tinha a simplicidade do iPod e o custo de produção sufocante tirou-nos de cena. A Apple tinha aprendido uma lição com a Texas Instruments, os especialistas em calculadoras de bolso que dominaram esse mercado por muitos anos. Quando você é o líder e abaixa bem rápido o preço para o consumidor, impede que qualquer um jamais o alcance, porque seus concorrentes não conseguirão ganhar o suficiente. Isso exige bravura do líder de mercado, porque a queda do preço ao consumidor pode significar a canibalização de suas vendas. Foi o que ocorreu com o lançamento do iPod nano, menor e mais barato — a porta foi fechada para qualquer um que tentasse tomar uma fatia significativa de mercado abaixo deles. O Virgin Pulse fracassou, e tivemos de lançar vinte milhões de dólares na coluna de perdas.

Quando você só tem olhos para o dia a dia dos negócios, muitas vezes é difícil admitir que o que julgava certo é errado. Por exemplo, instalamos uma poltrona de alto padrão, realmente inovadora, nos aviões da Virgin Atlantic em 2000. Entretanto, demoramos muito em seu desenvolvimento e não fomos cuidadosos o suficiente para manter o projeto em sigilo. A British Airways ouviu falar do que estávamos aprontando (chegou a ter acesso a detalhes do projeto) e passou a nossa frente com uma poltrona melhor. A resposta dos clientes foi rápida e brutal. As pessoas opinavam por meio de seus cartões de crédito, viajando por outras companhias — e nossa empresa começou a sofrer as consequências. Podíamos ter mantido as poltronas até que elas se desgastassem, mas decidimos não viver com o peso daquele erro terrível. Contivemos nossas perdas e nos livramos delas. Quanto isso nos custou? Cem milhões de libras esterlinas. O benefício que tivemos? Hoje contamos com as melhores poltronas-camas da classe executiva em todo o mundo, projetadas por nossa equipe, e criamos um produto que os concorrentes não conseguem igualar. Recuperamos facilmente as perdas com essa decisão.

É embaraçoso reconhecer esse tipo de coisa, e acredito que seja o medo do constrangimento o grande fator que muitas vezes impede que presidentes e líderes façam seu trabalho direito. Tudo bem ficar sentado lá, imerso em especulações sobre o motivo do negócio estar desaparecendo, mas você nunca saberá o que está errado enquanto não sair de trás da mesa e experimentar os produtos. Depois que descobrir o que está errado, o próximo passo é, em vez de demitir sua equipe, motivá-la para que resolva o problema. Desse modo, você conserva a equipe e fecha a porta dos concorrentes que poderiam se beneficiar de seus erros, contratando as mesmas pessoas que acabaram de aprender a lição do modo mais difícil.

Declarar guerra à Coca-Cola foi loucura. Trata-se de um de nossos erros mais famosos, embora tenha sido também um dos fatores que tornaram o nome da Virgin mais conhecido nos EUA. Ao lançar a Virgin Cola em 1994, estávamos nos divertindo, eufóricos com nossa insolência de vira-lata, latindo nos calcanhares do maior cachorro do pedaço. Atacar a Coca-Cola nos ensinou duas coisas: como fazer um excelente refrigerante sabor cola com um sabor diferente e como antagonizar um negócio global que faturou 28 bilhões de dólares em 2007, com lucros de cinco bilhões.

Só muitos anos depois, fui descobrir que a Coca-Cola criou uma equipe SWAT para garantir que a Virgin Cola nunca firmasse o pé no mercado de refrigerantes. Sim, cometemos o erro de nos cegar completamente para o poder e a influência de uma marca global que simboliza a força e o alcance do capitalismo americano.

Eis como fizemos tal coisa — e não tente, em hipótese alguma, repetir isso em casa.

A Virgin Trading Company, uma subsidiária de propriedade exclusiva da Virgin, era nossa divisão de bebidas. A Virgin Spirits, uma *joint venture* com a destilaria escocesa de uísque William Grant, fora criada para lançar e distribuir a Virgin Vodka. Ainda é possível saborear uma garrafa de Virgin Vodka — ela está disponível nos voos da Virgin Atlantic, ao lado de nosso especialíssimo uísque escocês Glenfiddich.

A Virgin Cola Company era uma *joint venture* com a empresa canadense de refrigerantes Cott Corporation, a maior fornecedora do mundo de bebidas gasosas para varejistas interessados em dar-lhes suas próprias marcas. A Cott engarrafava produtos para redes de varejo como A&P, Loblaw's e Safeway, no Canadá, e Albertson's, K-Mart, Safeway, 7-Eleven e Wal-Mart, nos Estados Unidos. A Virgin Cola foi lançada nos Estados Unidos em 1994 e, de início, tivemos sucesso em pubs e restaurantes. Fui convencido pelo saudoso Gerry Pencer, então CEO da Cott Corporation, que estávamos numa posição de força para tentar abocanhar uma parcela do mercado global. Afinal, a Cott tinha consumidores na Austrália, no Reino Unido, em Hong Kong, em Israel e no Japão, mercados que eram cruciais para nós. Mas a Cott se recusou terminantemente a atacar a Coca-Cola de forma direta. Devíamos ter lhe dado ouvidos.

Sabíamos que muita coisa estava rolando por baixo dos panos. Um dos maiores compradores da Tesco, John Gildersleeve, diretor sênior de diversas empresas, nos disse que compraria um milhão de engradados de Virgin Cola. Mais tarde, soubemos que ele dissera a Simon Lester, da Cott, que não nos apoiaria. Isso se deu três semanas antes do lançamento — e os convites para o evento no Planet Hollywood de Londres já estavam na rua.

Telefonei para John e lhe perguntei por que havia mudado de ideia. Ele disse:

— Foi uma decisão estratégica. A porta não está totalmente fechada.

Ele sabia que eu queria fazer um anúncio oficial para a imprensa e que precisava saber que teria a bordo uma rede varejista de peso.

— Mas temos duas preocupações. Em primeiro lugar, há certas considerações comerciais. Essas podem ser resolvidas. Mas, em segundo, existe toda essa questão do posicionamento da marca e do que isso pode representar para nós.

Ele me explicou que um acordo exclusivo com a Tesco era uma faca de dois gumes, pois a rede teria sua imagem ligada ao produto, fosse ele bom ou ruim. Se eu enjoasse da brincadeira em três meses, isso traria consequências para a Tesco — boas ou ruins. Ele disse que, quando a Sainsbury lançou seu refrigerante próprio, Classic Cola, a Tesco adotou a posição de só vender "o produto verdadeiro".

John se disse preocupado com a possibilidade de estarmos sendo um pouco incendiários no modo de atacar a Coca-Cola. Assinalou que a Coca sempre fora um cliente muito bom da Tesco, e a última coisa que queria era que ela retirasse o produto de suas lojas. Foi uma opinião honesta, que respeitei. Eu conseguia compreender a posição da Tesco, mas era muito importante para a Virgin Cola estar nas prateleiras dos supermercados — de preferência, exibida a um preço convidativo no fim dos corredores.

Expliquei que, quando lançávamos uma empresa, éramos fiéis a ela; que queríamos dar mais escolha ao público; e que nossa campanha estava focada na defesa de nossa posição e na explicação de por que éramos melhores — não estávamos interessados em simplesmente desqualificar um concorrente. Disse ainda que isso se aplicava a todas as nossas campanhas — mesmo à batalha da Virgin Atlantic contra a British Airways. Frisei que nossa reputação entre os consumidores era muito boa. (Uma pesquisa de mercado da NOP publicada numa edição recente da revista *PR Week* estava convenientemente à mão para sustentar essa afirmativa!) Tanto David Sainsbury, da Sainsbury's, quanto Archie Norman, da ASDA, tinham me dito que teriam Virgin Cola em seus estoques.

No dia seguinte, John veio me ver. Como resultado de meu telefonema e de nosso encontro, a Tesco mudou de ideia e decidiu vender nosso refrigerante. Foi uma injeção de ânimo para nós. Em dezembro, as vendas de refrigerante sabor cola subiram 36% nas lojas da Tesco — e 75% desse aumento foi provocado pela Virgin Cola.

E então a Coca começou a tornar nossa vida mais difícil.

Eu estava numa reunião da Virgin Trains quando um dos ex-executivos da British Rail me contou que estivera num encontro empresarial numa pista de treinamento militar, onde havia também alguns gerentes da Coca-Cola. Ele lhes perguntou o que estavam fazendo ali e ouviu a seguinte resposta: "Estamos nos preparando para a ação contra a Virgin Cola."

Naquele momento, achei a história um pouco exagerada, mas, pensando bem, vejo que, depois de ter acordado, era claro que a Coca-Cola tinha encarado o lançamento da Virgin Cola como uma declaração de guerra.

As brigadas da Coca entraram em ação. Sua fórmula secreta é um xarope despachado de navio para centenas de engarrafadoras independentes em todo o mundo, que são responsáveis por produzir, embalar, distribuir e promover o produto. A Coca-Cola visitou cada uma das empresas engarrafadoras e disse que não queria que a Virgin Cola fosse produzida por elas. Não se tratava apenas do sabor cola — as engarrafadoras dependiam, para sua subsistência, de outros refrigerantes da Coca-Cola, como Sprite, Fanta, Diet Coke e Minute Maid, todos eles muito lucrativos.

Em 1998, compramos da Cott sua participação na empresa e relançamos a Virgin Cola com um investimento adicional de 25 milhões de dólares. Nossa meta: atacar a Coca-Cola em seu próprio território. Já que eles queriam guerra, pusemos um tanque britânico em Times Square, em Nova York, e disparamos um tiro de brincadeira no anúncio da Coca-Cola (que, tendo sido secretamente preparado na noite anterior por nossa equipe pirotécnica, pareceu virar fumaça) antes de arremeter e derrubar uma enorme parede de latas de refrigerante. Pedrestes saíram correndo do local, aos berros, e quase acabamos na cadeia.

No Reino Unido, a Virgin Cola voava das prateleiras. Na França, estávamos nos aproximando da Pepsi. Íamos bem na Bélgica e na Suíça e negociávamos uma franquia no Japão e na Itália. Achamos que teríamos sucesso.

Em 2004, fui convidado para um encontro com a nova gestora de meu banco corporativo, Diana Brightmore-Armour, uma mulher brilhante que trabalhava em Londres para o Lloyds TSB. Estávamos no meio de uma noite divertida quando ela fez a seguinte revelação:

— Richard, você não sabe disso, mas eu trabalhava para a Coca-Cola, em Atlanta, quando você lançou a Virgin Cola. Como eu sabia o impacto que aquilo teria, convenci meus superiores a montar uma equipe SWAT para assegurar o fracasso da Virgin Cola.

Fiquei pasmo. Em 1997, sabíamos que a Coca-Cola adoraria nos tirar do negócio, mas não imaginávamos que as coisas chegariam a esse extremo.

— Eu estava numa reunião executiva quando recebemos a informação de que você se preparava para o lançamento do seu refrigerante nos EUA. A maioria das pessoas no quartel-general ficou meio indiferente. Eles não sabiam muita coisa sobre a Virgin, acharam que fosse só mais uma marca de refrigerante local.

Mas ela conseguiu o apoio de um ou dois britânicos presentes à reunião, e eles a ajudaram a alertar os chefes: "Não se trata de qualquer um — é Richard Branson, que tem muito poder e sabe construir uma grande marca. Precisamos deter isso o mais rápido possível", ela disse.

Embora a Coca-Cola pouco se preocupasse com marcas regionais que competiam com seus produtos no mercado local, ela definitivamente não queria ter outro concorrente como a Pepsi. Minha companheira de jantar me contou que uma equipe veio à Inglaterra para criar um time encarregado de garantir que distribuidores e lojistas recebessem incentivos adicionais para vender Coca-Cola — e nos manter fora das prateleiras. Soube mais tarde que o número de pessoas tentando nos deter era maior do que toda a equipe da Virgin Cola! Éramos realmente um vira-lata.

Depois de atingir um pico de 75% das vendas da Tesco e mais de 10% do mercado britânico, os números entraram em declínio. A equipe SWAT iniciou o contra-ataque. A Coca-Cola começou a dar tantos descontos em seu produto que ele ficou mais barato que água mineral, algo que não conseguíamos igualar — simplesmente não tínhamos dinheiro para isso. A única forma de ganhar dinheiro com uma mercadoria com preço tão baixo é garantir um volume de vendas gigantesco — como a Coca-Cola faz. A companhia ameaçou pequenos comerciantes de lhes tomar suas geladeiras se eles continuassem a nos vender. Também deram a entender que deixariam de fornecer-lhes Coca-Cola.

Nossa aventura com a Coca gerou um certo número de artigos que questionavam se a Virgin tinha uma estratégia sólida em curso. Uma matéria de capa da *Business Week* discutia nossa habilidade de administrar o "caótico" império Virgin. Bem, é claro que tínhamos. Éramos uma marca de estilo de vida, oferecendo uma experiência consistente e agradável a nossos consumidores, fosse sobrevoando sobre o Atlântico ou fazendo uma ligação em seus celulares. A Virgin não era caótica — era profundamente focada no trabalho de materializar seus valores centrais em setores diferentes.

Como refrigerantes sabor cola são apreciados pelo público jovem, imaginamos que a Virgin Cola seria uma boa ideia. A Coca-Cola é uma corporação gigantesca, e, sendo a Virgin uma empresa que se especializa em passar a perna nos gigantes, agarramos a oportunidade de atacá-la. As bebidas sabor cola são um tanto indistinguíveis umas das outras, e muito do prazer do consumidor deriva da adoção de sua marca favorita; e, se a marca Virgin era popular, como poderíamos perder?

Perdemos porque ignoramos a falha que existia nessa proposta aparentemente sólida: como fabricantes de bebida sabor cola, não éramos os defensores do consumidor. *Eles* já cumpriam esse papel. *Eles* punham seu produto na mão das pessoas, todos os dias, em todos os lugares. *Eles* ofereciam a mercadoria a um preço imbatível, por terem a maior economia de escala do planeta. *Eles* davam aos consumidores um refrigerante que, ainda por cima, é bem saboroso. E sua marca estava tão incrustada na cabeça das pessoas que, quando elas pediam um refrigerante sabor cola, chamavam-no de "Coca".

Sim, a Coca-Cola jogou duro com a gente. Mas já tínhamos perdido. Até hoje produzimos refrigerantes Virgin, mas de uma forma muito mais segmentada. E a Virgin Cola ainda é a número um de sua categoria — em Bangladesh!

Notei que a Red Bull lançou seu próprio refrigerante sabor cola. Sei que gastarão algum tempo e um bocado de dinheiro até ganhar uma fatia significativa do mercado. A diferença é que, como se trata de uma empresa de bebidas, esse é o seu negócio principal.

E talvez a melhor coisa que tenha ficado de nossa aventura com a Virgin Cola tenha sido uma nova e brilhante empresa chamada Innoccent Drinks, administrada por alguns sujeitos empreendedores que trabalharam conosco naquela empreitada que, vislumbrando uma lacuna no mercado para bebidas de frutas frescas, construíram um negócio que hoje vale muitas centenas de milhões de dólares. Enquanto ainda trabalhavam na Virgin, eles montaram uma barraquinha numa das edições do V Festival para que o público provasse seus produtos. Puseram lá dois cestos: num estava escrito "Sim"; no outro, "Não". E perguntavam às pessoas se deviam abandonar seus empregos regulares para fundar aquela nova empresa. As pessoas experimentaram o produto e, no fim do dia, o cesto do "Sim" estava abarrotado. Pior para nós, mas, embora não se trate de uma companhia de nosso grupo, sinto uma enorme satisfação por saber que aqueles caras começaram numa empresa Virgin e deram certo.

Em 1971, quando era mais ousado, escrevi em meu caderninho: "*Não precisamos de advogados.*" Mas, ao longo dos anos, formular nossos acordos em termos claros e inequívocos se mostrou sempre vital para nosso sucesso. Nosso contrato com a T-Mobile, especialmente, provou-se um documento vital para nós. Incorrer em despesas legais desnecessárias pode arruinar uma jovem empresa, mas a solução, acredito hoje, não é ignorar os advogados, e sim fazer as coisas da maneira certa desde o início. Em qualquer novo negócio, deve-se levar um bom tempo examinando os documentos legais com muito cuidado e muita frieza.

A Virgin Mobile estava saindo-se extraordinariamente bem no Reino Unido. A badalação era incrível — estávamos acertando o mercado jovem britânico na mosca com nossos anúncios irreverentes e nossas excelentes ofertas. Tom Alexander e sua equipe só pensavam no negócio e em acumular milhares de novos clientes, e o clima era de diversão. Nos três primeiros meses de 2003, a receita passava de um milhão de libras esterlinas por dia.

Nossos comerciais de TV ganhavam prêmios de inovação em marketing enquanto roubávamos mercado da Orange, da Vodaphone e mesmo de nossa sócia na rede, a T-Mobile. No Reino Unido, tivemos a oportunidade de usar o superastro americano do rap Wyclef Jean num anúncio cult em que ele, desavisado, assinava um contrato que o obrigava a ser aprisionado como escravo sexual numa comunidade de trailers. Em uma tentativa de fuga, foi capturado e levado de volta à prisão por "quebra de contrato". A mensagem, "Tenha cuidado com o que assina", demonstrava as vantagens de se mudar para a Virgin Mobile, que não exigia contratos.

No entanto, para todos nós da Virgin Mobile, aquele anúncio adquiriu outro sentido, secreto.

Nosso acordo original previa que a T-Mobile entrasse com a rede e a Virgin com a aquisição de aparelhos, o marketing e a marca Virgin Mobile. Tudo funcionou perfeitamente — até que um novo executivo americano, Harris Jones, entrou em cena no Reino Unido. Ele realmente instaurou o caos.

Era esperto. Examinou nosso contrato original e viu que tínhamos uma sociedade de um bilhão de libras, sendo 50% de propriedade da Virgin: uma história de sucesso fantástica em que os dois lados estavam se dando bem. Harris Jones — e, em última instância, seus superiores — estavam desesperados para ficar com nossas ações e dispostos a empregar uma série de táticas diferentes para se apoderar delas.

Qual era o problema deles?

Eles viam o contrato com a Virgin Mobile apenas como mais um custo, porque a T-Mobile nos pagava uma taxa mensal de marketing por cada consumidor. Esse pagamento era uma tarifa que a T-Mobile coletava de outras redes para conectar suas chamadas com os clientes da Virgin Mobile. Tínhamos direito a essa taxa, embora não fôssemos donos da infraestrutura da rede. Isso estava claro no contrato.

A T-Mobile argumentou que os termos do contrato eram legalmente questionáveis. Embora julgássemos o acordo claro e evidente, a perspectiva de levar o caso aos tribunais era assustadora: a T-Mobile era uma empresa de peso, com bolsos fundos o suficiente para financiar um litígio dispendioso. Cada dia que se gasta conversando com advogados não é apenas caro, mas também consome um tempo enorme e precioso da agenda de executivos cruciais. A relação logo azedou completamente, e nossa acalentada oferta pública de ações parecia cada dia mais distante.

O caso foi parar na Suprema Corte, em Londres — e a T--Mobile perdeu. Foi divulgado que o juiz declarou sua conduta "merecedora de condenação moral".

O representante da T-Mobile na Alemanha lidou bem com o conflito. Teve espírito esportivo para me convidar a visitá-lo, a fim de poder se desculpar pessoalmente — um gesto decente que nos agradou. Depois de muitos meses, conseguimos chegar a um acordo fora dos tribunais com os ex-patrões de Harris Jones na Alemanha e com uma nova equipe britânica liderada por seu sucessor, Brian McBride. De acordo com a sentença da corte, eles tinham de nos vender suas ações por uma libra (Brian mandou guardar a moeda num estojo de vidro). Ofereceram à Virgin Mobile um novo contrato de utilização da rede que está em vigor até hoje. Em grande parte graças a Brian, conseguimos ir de encontro a uma oferta pública na Bolsa de Valores.

A lição que se tira de tudo isso é que você precisa cuidar para que os contratos básicos de seu negócio sejam bem-resolvidos. *É sempre válido fazer um contrato preciso logo de saída.* E esteja preparado para ir aos tribunais, de vez em quando, para defender sua empresa. Receio que, ao elaborar o contrato de uma *joint venture,* você tenha de levar em conta o que pode acontecer se ocorrer um desentendimento — ou, pior ainda, se alguém tentar ferrá-lo. Seria maravilhoso se todos os negócios pudessem ser fechados com um aperto de mão — e eu fiz um monte desses com sucesso no passado —, mas há pessoas inescrupulosas no mundo, e você precisa se proteger e proteger sua companhia. Em quarenta anos de negócios, nunca perdemos uma grande causa nos tribunais. Nos casos da GTech (em que ganhei uma indenização substancial por danos morais), da British Airways e da T-Mobile, fomos fiéis à decisão de sempre lutar por nossos direitos.

Proteja sua reputação. Não tenha medo de cometer erros.

Essas são as regras que pautam a minha vida. Elas não precisam ser contraditórias, mas muitas empresas acham que são. No entanto, não há dúvida de que a lama é difícil de lavar e, nos negócios, uma reputação manchada pode acompanhá-lo por anos. Você pode cumprir todas as suas promessas, manter sua palavra, jogar limpo, mostrar tolerância — e o mundo ainda lhe arremessará batatas quentes que prejudicam sua reputação. E, muito tempo depois de você ter aprendido a lição e seguido em frente, os outros continuarão batendo na tecla deste ou daquele erro. Conheci muitos empresários talentosos e confiáveis que carregavam com elas a sombra de erros do passado, e cujas carreiras sofreram as consequências disso.

Não há como resolver esse problema, mas existem formas de minimizar seus efeitos. Independente de qualquer coisa, você *nunca* deve baixar a cabeça. Isso não lhe fará absolutamente nenhum bem — vai apenas confirmar a opinião desfavorável que alguém tem de você.

Eu diria, em primeiro lugar, que deve aprimorar suas habilidades de comunicação. Na Virgin, fazemos questão de manter a imprensa sempre informada do que estamos fazendo. Além de conservar nossa imagem pública, isso ajuda os bons jornalistas a botar em perspectiva qualquer notícia ruim do passado. Nossa cultura de franqueza também evita que as más notícias fermentem e azedem antes de chegar ao público. Na verdade, as pessoas tendem a perdoar a maioria dos erros das empresas, com exceção da hipocrisia, e demorar a agir quase sempre é um tiro que sai pela culatra.

Além disso, praticamos aquilo que pregamos. Procuramos pessoas com currículos empolgantes e dinâmicos, não imaculados. Não somos nada bobos, mas ficamos felizes de correr riscos com as pessoas e mudá-las de lugar, para ver como funcionam e onde se encaixam. Não marcamos ninguém com o estigma da culpa e também não o marginalizamos quando algo dá errado. Essa cultura paga cada vez mais dividendos à medida que o tempo passa, porque as pessoas acabam percebendo que somos uma empresa que sabe lidar com seus problemas e que está sempre disposta a correr riscos.

Ao longo dos anos, a marca Virgin adquiriu a reputação de ser *ousada* e *destemida*. Não é incrível que tão poucas marcas transmitam uma imagem de audácia? Comercialmente, essa reputação tem sido uma grande vantagem. Transformou nossa batalha com a Coca-Cola, que, do ponto de vista dos negócios, foi ruim para nós, numa história que, em termos de marca, fortalece a lealdade do consumidor.

Uma reputação marcada por erros provoca mais estragos em forma de rumores do que nas relações pessoais. Revistas satíricas como a *Private Eye* ficam sempre horrorizadas ao descobrir a quantidade de amigos bem-sucedidos e famosos que se mantêm leais a pessoas supostamente "caídas em desgraça". Mas isso não é tão surpreendente assim: indivíduos são melhores do que grupos como juízes do caráter de alguém.

Seus amigos são seus aliados na batalha para recuperar sua reputação após um deslize. Não serão apenas seus defensores; serão seus combatentes. A reputação deles ajudará na recuperação da sua. Pessoas distintas não são estúpidas, e cultivar a amizade de alguém a fim de tirar proveito de sua reputação não vai funcionar. Mas, diante dos tropeços, elas são generosas e compreensivas. (Já viveram muito e sabem como é a vida.) Assim, não tenha medo de pedir ajuda e conselhos a pessoas de destaque em seu círculo.

Sei do que estou falando aqui porque, em 2004, quando estudávamos a oferta pública da Virgin Mobile na Bolsa de Valores de Londres, um dos fatores considerados de risco era *eu*.

Os investidores costumam ter memória curta. Mas os membros mais antigos da brigada de riscas de giz e suspensórios da City — o centro financeiro de Londres — lembraram que eu havia lançado o Virgin Group no mercado de ações com muita fanfarra e expectativa em novembro de 1986 e, em seguida, depois da grande quebra de outubro de 1987, tinha me oferecido para devolvê-lo a mãos privadas. Eu podia sentir as espessas letras vermelhas estampadas em minha testa: "O Ministério da Saúde adverte: este homem é perigoso."

A oferta pública da Virgin tinha atraído mais lances do público que qualquer outro estreante no mercado de ações, sem contar as maciças privatizações de gás, eletricidade e telecomunicações. Entretanto, minha primeira experiência da Virgin como empresa pública foi uma das mais infelizes de minha vida nos negócios. Eu me desiludi muito com as constantes rodadas de reuniões com analistas e seminários para os investidores. Odiei ter de prestar contas a acionistas institucionais que não pareciam compreender nossa filosofia

— e sei que muitos dos executivos que trabalham em empresas públicas têm certa simpatia por meu ponto de vista. Mas ninguém "levou uma rasteira" quando mudamos de rumo — nossos investidores receberam o dinheiro de volta, acrescido de saudáveis dividendos.

Eis o que aconteceu. Em 1985, nossa companhia aérea recém-chegada ao mercado, a Virgin Atlantic, viu-se entrincheirada numa guerra transatlântica de preços, e nosso caixa começou a ficar apertado. Meus conselheiros na época me convenceram de que eu precisava expandir a base de capital de nosso grupo. Don Cruickshank assumiu a tarefa de organizar uma oferta pública inicial de nossos negócios de música, varejo e imagem, que foram combinados no Virgin Group S.A., uma empresa pública com 35% de seu capital listado nas bolsas de valores de Londres e NASDAQ.

Em retrospecto, foi uma oferta pública engraçada. A Virgin Atlantic era considerada um investimento arriscado demais e acabou excluída. Nossas casas noturnas, a Virgin Holidays e a Virgin Cargo também. No entanto, a Virgin Atlantic se tornou a segunda maior companhia aérea de longo curso do Reino Unido, a Virgin Holidays, a número um do mercado de agências de viagem para destinos distantes, as boates fizeram uma fortuna, e a Virgin Cargo cresceu até administrar perto de cem mil toneladas métricas de carga em 2000!

No início de 2006, Don e Trevor Abbott, que fora trazido por Don para ser nosso diretor financeiro, levantaram 2,5 milhões de libras numa oferta privada de ações preferenciais conversíveis feita pela Morgan Grenfell. Não havia nenhum compromisso legal de converter isso em capital no momento da oferta pública, mas tudo parecia incrivelmente fácil. Na venda pública, as instituições financeiras converteriam suas ações preferenciais numa participação de 15% nas empresas listadas, e criaríamos novas ações para outros investidores, levantando mais 30 milhões de libras. Isso ainda me deixava com 55% do Virgin Group, enquanto investidores de fora ficariam com 34%. O negócio, que 12 meses antes fora quase levado à inadimplência pelo Coutts Bank, estava avaliado em 240 milhões de libras. Parte da verba levantada foi repassada à Voyager, a companhia criada para investir na Virgin Atlantic.

Durante os primeiros meses de 1987, usamos o dinheiro da oferta pública para tentar tomar o controle da EMI Music das mãos da Thorn EMI, aumentando nossa participação acionária, e para abrir uma subsidiária americana de nosso negócio de música, a Virgin Records America. Naturalmente, ambos os projetos drenaram nosso capital. E então a quebra do mercado acionário, em outubro de 1987, nos atingiu — e cometi um erro; continuei a comprar ações da EMI enquanto elas despencavam. Don Cruickshank e nossos diretores não executivos ficaram furiosos comigo:

— Richard, você não pode fazer isso. Está jogando dinheiro bom em cima de dinheiro podre.

Era exatamente o tipo de coisa que devíamos ter feito se tivéssemos recursos menos limitados. Mas não tínhamos.

Enquanto o mundo se recuperava do choque de outubro, eu tinha esperanças de que o preço de nossas ações voltasse a subir depois que anunciamos nossos resultados, mais que dobrando os lucros, de 14 milhões para 32 milhões de libras esterlinas, nos 12 meses que antecederam o mês de julho de 1987. Mas o preço de nossas ações, como o de todas as outras, tinha caído de 1,4 libra na época da oferta para praticamente metade disso. Lucros em dobro, ações pela metade: era uma lógica insana. Em julho de 1988, avisamos ao mercado que estávamos comprando as ações de volta — e pelo preço original de 1,4 libra por ação. Eu não queria decepcionar o exército de pequenos investidores — que incluía muitos amigos próximos — que tinha depositado as economias e a fé em nossa empresa. Pegamos um empréstimo de trezentos milhões de libras para fazer isso, o que significava uma dívida altíssima.

Meu sonho de assumir o controle da EMI Music terminou naquele exato instante. O mercado financeiro de Londres tinha interpretado mal nosso negócio — íamos pular fora e nos tornar um dos maiores grupos de empresas privadas do mundo, com diversos investimentos públicos na bagagem.

Em 2004, eu esperava que a oferta pública da Virgin Mobile no Reino Unido contribuísse para nossa já considerável reabilitação aos olhos da City.

Desde o início, houvera especulação na imprensa econômica sobre a possibilidade de fazermos uma oferta de ações, com o *Sunday Times* chamando a Virgin Mobile de a nova joia na coroa da Virgin. Mas apareceram algumas incertezas à medida que nos aproximávamos de nossa oferta pública, marcada para julho — a maioria provocada por fatores externos de mercado, que dificultavam a entrada de empresas na Bolsa de Londres.

Ironicamente, nossa oferta pública estava marcada para a mesma semana que a da Premier Foods, fabricante do picles Branston, o que deu aos jornais a chance de tirar a poeira de suas manchetes "Picles Branson".

Como os investidores encarariam o retorno de uma grande empresa Branson à Bolsa em julho de 2004? Dessa vez, as circunstâncias eram inteiramente diferentes. Eu tinha aprendido um bocado sobre os negócios nos anos anteriores e, embora minha cara barbada e sorridente estivesse sempre nos jornais, optei por não ser diretor de conselho em nenhuma de nossas empresas públicas — e portanto não teria o controle direto delas. A governança corporativa era algo completamente diferente em 2004, e, desde o início, a Virgin Mobile tinha sido criada e administrada como uma futura sociedade anônima.

Uma equipe altamente experiente de profissionais do mundo corporativo chegou para ajudar Tom Alexander e garantir que não houvesse uma repetição dos anos 1980. Charles Gurassa, presidente da TUI Northern Europe e, antes disso, CEO da Thomson Travel, assumiu a presidência do Conselho. Além disso, Caroline Marland, diretora não executiva da Burberry e do Bank of Ireland; Rupert Gavin, célebre por seu trabalho como cabeça da BBC Worldwide; e David Maloney, diretor financeiro da rede de hotéis Le Meridien — todos se incorporaram ao conselho como diretores não executivos. Esses eram os pesos-pesados que liderariam a equipe quando ela se incorporasse ao índice FTSE 250.[2]

Tom Alexander e sua equipe, auxiliados pelo Conselho não executivo, tinham experiência e currículo. Precisavam do meu apoio apenas como um investidor significativo e, é claro, por causa da marca Virgin; assim, deixaram-me ser presidente honorário!

Nossos relatórios financeiros eram muito bons, e a Virgin Mobile sempre fora administrada escrupulosamente nos padrões do mercado. Eu sabia que a experiência de 1987 podia afastar um ou outro investidor. Mas, paciência: ninguém ia obrigar as pessoas a investir se elas não gostassem de nós.

No dia 30 de junho de 2004, a Virgin Mobile anunciou a intenção de fazer uma oferta pública de todas as suas ações, e os funcionários da empresa com mais de um ano de casa receberam um lote de ações grátis. O JP Morgan e o Morgan Stanley atuaram como corretores e patrocinadores e, ao lado da Investec Securities, também como seguradores.

No dia 7 de julho de 2004, anunciamos que o preço sugerido por ação ficaria entre 2,35 e 2,85 libras, o que no fim das contas dava ao negócio um valor de mais de um bilhão de libras. Não era um mau retorno, calculei; talvez estivéssemos otimistas demais. Quando o mercado piorou, tivemos de moderar nossas expectativas, e, no dia 21 de julho, a Virgin Mobile anunciou um preço oferecido de duas libras por ação, avaliando a empresa em 811 milhões de libras, com proventos de 125 milhões e capital em ações de quinhentos milhões.

[2] Índice que lista as maiores empresas da Bolsa de Londres entre as posições 101 e 350. (N. do T.)

Eu não podia me queixar, sobretudo se considerasse os problemas de mercado que tinham provocado o cancelamento de várias outras ofertas públicas naquele ano. O Virgin Group levantou cerca de quatrocentos milhões de libras com o lançamento da Virgin Mobile na Bolsa de Valores de Londres e investiu esse dinheiro em novas empresas Virgin nos Estados Unidos, na China e na África. As lembranças de 1987 e do "fator Branson" nunca se tornaram uma questão relevante — e a Virgin Mobile continua crescendo.

*

Quando as coisas não vão bem, é muito difícil para uma empresa se manter flexível o bastante para enfrentar os desafios. Desde o nascimento, a Virgin Mobile USA tem lutado para se manter num mercado feroz. Fez praticamente tudo direito — e ainda está muito longe de uma situação tranquila.

O que me deixa maravilhado é a forma como a empresa continuou a inovar em busca de soluções para seus problemas. Uma atitude defensiva, conservadora e cautelosa — uma reação natural quando as coisas ficam difíceis — pode significar a morte num mercado competitivo. *Quando se chega ao ponto de sua própria existência estar ameaçada, você precisa mudar*. Essa é uma das lições mais difíceis de aprender no mundo dos negócios, porque é totalmente contrária à intuição. Além disso, como você verá pela experiência da Virgin Mobile USA, é também algo muito difícil de pôr em prática.

Tivéramos um começo fantástico em 2002 e estávamos por cima. A Virgin Mobile USA dava ao jovem americano as ferramentas que ele queria ao mesmo tempo que lhe oferecia um plano de tarifas fácil de entender, sem contrato para assinar e sem letras miúdas. No entanto, quando chegou 2005, o mercado de celulares pré-pagos virou uma briga de foice. Depois de quatro anos no mercado, Dan Schulman e sua equipe encontravam condições extremamente adversas. Concorrentes maiores — com bolsos mais recheados — começaram a espremer a Virgin Mobile USA, tendo como foco os consumidores de pré-pagos.

Dan reagiu com excelentes produtos. Nosso aparelho Flasher V7 tinha câmera com flash, a capacidade de enviar e receber mensagens com imagem, *truetones*,[3] jogos para baixar e gráficos personalizados, e era o primeiro aparelho da Virgin Mobile que se conectava à nossa nova rede de alta velocidade. O preço era excelente também. Mas, por incrível que pareça, isso ainda não era o bastante. Ganhar participação no mercado nos saía cada vez mais caro.

Como a equipe americana tinha apanhado um empréstimo vultoso para provocar impacto naquele vasto território, a certa altura pareceu que a falência era uma possibilidade real. Para aumentar as aflições, eles tiveram problemas de fornecimento e uma ameaça de litígio judicial com o maior fornecedor de aparelhos da Virgin, a Nokia. Dan me contou que o moral dos funcionários estava se esvaindo à medida que nossa sonhada oferta pública era cada vez mais empurrada para o futuro. Os bônus foram cortados e a própria viabilidade da empresa ficou em questão. Os acionistas estavam preocupados. Uma coisa era certa: nossa estratégia não era sustentável.

Dan passou um fim de semana sozinho e voltou com seu novo manifesto, chamado "O despertar da Virgin Mobile". Foi seu toque de reunir dirigido à empresa e a si mesmo, para que recuperassem a liderança do mercado e se empenhassem num conjunto de ações radicais: conservar os quatro milhões de consumidores; saldar a dívida e resolver os problemas de motivação dos funcionários; resolver as questões legais com a Nokia, a Freedom e a Telcordia; relançar a empresa. Tudo em seis meses.

Era absurdo. Era corajoso. Eu adorei — e a equipe também.

Em 2006, a Virgin Mobile USA superou-se. A marca passou por uma reformulação completa, assim como os aparelhos e a

[3] Toque para celular em formato MP3. (N. do E.)

rede de distribuição. Novos serviços, como o Sugar Mama (um modo de ganhar minutos extras), o Stash (um cartão de débito pré-pago) e o ReGeneration (uma rede de caridade para dar assistência a jovens sem teto), exploravam tendências emergentes da juventude. Por volta do fim de julho, a empresa fazia progressos excepcionais. Mesmo em relação à Cingular, que também tinha aparelhos de baixo custo, a Virgin conseguiu ampliar sua participação no mercado. A base de clientes subiu para 4,6 milhões de pessoas, um aumento de 20%, e as receitas passaram do negativo para o positivo. Os consumidores da Virgin utilizaram 1,5 bilhão de mensagens de texto, uma média de uma por cliente em cada um dos dias do ano. Além disso, baixaram 15 milhões de *ringtones* e 2,5 milhões de jogos. Em dezembro de 2006, os clientes da Virgin Mobile USA estavam usando 950 milhões de minutos em ligações. Isso é conversa à beça.

Preparamo-nos para ir a Wall Street. No dia 11 de outubro de 2007, a Virgin Mobile USA anunciou uma oferta pública inicial, vendendo 27,5 milhões de ações a 15 dólares por unidade.

No entanto, ninguém nunca disse que o negócio seria fácil: 2007 foi o primeiro ano de lucratividade da Virgin Mobile USA, com uma receita líquida de 4,2 milhões de dólares. Mas, cinco meses após a entrada da empresa na Bolsa, as coisas não pareciam ir tão bem. O mercado americano de ações estava despencando por causa da crise das hipotecas *subprime* e do colapso do banco Bear Stearns. Havia uma ameaça de recessão. O preço de nossas ações foi atingido pela queda geral do mercado e pelo aumento da concorrência. Alguns analistas começavam a questionar o modelo MVNO, e nossos papéis caíram para 2 dólares por ação. Foi uma decepção para todos os nossos investidores. Mas eu estava convencido de que nos recuperaríamos.

Dan também estava otimista, com uma visão clara sobre as perspectivas da Virgin Mobile.

— Acreditamos ter uma das propostas de valor mais atraentes do mercado e vemos nossa empresa bem posicionada para o futuro — ele disse aos investidores.

Concordei. Ao longo de cinco anos de operação, a Virgin Mobile USA foi a empresa que ditou as inovações do mercado e acredito que, se segurar as pontas com firmeza e continuar a simplificar e desenvolver seus produtos e serviços, vai gerar uma demanda crescente.

Apesar de todos os problemas — ou talvez por causa deles — sinto um incrível orgulho da Virgin Mobile USA. A empresa teve a coragem de procurar soluções inovadoras para sair da tormenta. Como disse o poeta Robert Frost: "A melhor saída é seguir em frente."

Dan tinha consciência disso e realmente pegou o touro à unha. Sabia que, se uma empresa precisa ser revigorada, deve ser sacudida por inteiro, dos pés à cabeça. Não confundiu o intenso trabalho físico de refinação de uma companhia que está sendo reinaugurada com a cosmética corporativa de um mero exercício de reposicionamento da marca. Soube atacar as questões básicas — livrar a empresa das dívidas e resolver os problemas legais. E soube manter a equipe a seu lado com uma comunicação corporativa plena, franca e direta.

A Virgin Mobile USA merece dar certo. E, se seguir o exemplo dela em tempos difíceis, você vai merecer também.

No início da noite de 17 de fevereiro de 2008, um domingo, peguei um barco a motor na ilha Necker e segui para Biras Creek, no estuário norte de Virgin Gorda. Como a luz do dia ia se esvaindo e havia uma brisa cortante, estava usando um suéter. Não era minha vestimenta habitual no Caribe, mas sentia frio — um frio de desalento.

Comigo estavam Ryan West (que todo mundo em Necker conhecia como Westy), Nicola Guguid, meu assistente pessoal na época, e o professor Dan Kammen. Dan e Westy tinham vindo me contar em que pé estava nosso projeto de turismo sustentável na vizinha ilha de Mosquito. O laboratório de pesquisas em energia de Dan, na Universidade da Califórnia, em Berkeley, estava trabalhando em modelos informatizados para nos ajudar a criar um balneário de férias de baixa emissão de carbono — funcionando apenas com a energia de moinhos de vento e painéis solares.

Mas minha cabeça estava em outro lugar, e a decepção havia tomado conta de mim. Cinco meses de trabalho duro de dezenas de pessoas espalhadas pelo Virgin Group tinham dado em nada: eu estava de luto por um dos negócios mais audaciosos que já tínhamos planejado. Os números eram grandiosos, e o risco para uma marca construída ao longo de quarenta anos, enorme. As repercussões poderiam ter sido graves para a Virgin já que não tínhamos conseguido botar o negócio para funcionar. Mas eu sabia que tínhamos feito os preparativos de maneira correta. Sabia que o sucesso estivera a nosso alcance. E sabia que poderíamos ter feito um bom trabalho. Agora, obviamente, ninguém jamais veria os resultados.

Tínhamos sido derrotados em nossa proposta de resgatar o problemático banco Northern Rock.

Quando pisamos no cais, eu disse:

— Certo, rapazes, acabo de saber que vão nacionalizar o Northern Rock. Se vocês não tiverem nada contra, vou tomar um porre.

Essa história ilustra muitos dos pontos positivos que venho tentando expor neste capítulo e ao longo do livro. No entanto, quando os astros estão contra você, não há realmente nada que se possa fazer. Sair culpando e recriminando tudo e todos nos traz uma sensação de conforto rápida e vingativa, mas essas coisas são tóxicas e só atrapalham empreendimentos futuros.

A oportunidade surgiu em agosto de 2007, quando o aperto internacional do crédito começou a fazer vítimas. Fazia muitos meses que, à medida que a situação piorava, eu acompanhava tudo atentamente, e, a certa altura, decidi vender todas as ações pessoais que não tivessem relação com o Virgin Group. Isso acabou se revelando uma jogada sábia: tive mais sorte do que muitos dos interessados no Northern Rock. Nas semanas seguintes, os problemas começaram a aparecer, com os bancos hipotecários vendo-se incapazes de tomar empréstimos. Mas não esperávamos um dos maiores colapsos na história do sistema bancário britânico.

Nesse meio-tempo, Jayne-Anne Gadhia estava mergulhada em lama até o pescoço — mas no sentido positivo. No dia 16 de setembro, um domingo, ela estava com as amigas Susan e Rosemary, sendo paparicada no spa Stobo Castle, perto de Peebles, na região de Edimburgo. Os jornais dominicais falavam do colapso do Northern Rock, e Jayne-Anne considerou a possibilidade de a Virgin poder fazer algo a respeito daquilo...

Ela se levantou, deixou o jornal cair no chão e olhou em volta, à procura de um telefone.

Ligou para Gordon McCallum.

— Não seja louca — foi a resposta inicial dele. — É um passo maior que as pernas.

Aquela noite, ela disparou um e-mail para Gordon e Stephen Murphy.

Olá, pessoal.

Podem me chamar de maluca, mas tenho pensado muito em como podemos tirar alguma vantagem da atual situação do Northern Rock — e ao mesmo tempo ajudá-lo. Acredito haver algumas possibilidades, que vão do possível ao absurdo.

1. *Aceitar que os financiadores do banco fiquem com seus bens e tentar comprar os sistemas etc. por um preço decente.*
2. *Fechar um acordo com o Citi ou o BOA [Bank of America], pelo qual eles comprem a empresa, mas nós entremos com a marca, para que tenham uma presença com a marca Virgin no Reino Unido.*

3. *Conversar com o Northern Rock e com o Bank of England diretamente. Richard pode ser usado como figura de proa para dar algum sentido à crise. O Northern Rock pode ser rebatizado como Virgin, e o Bank of England, ficar por trás da atual divisão de empréstimos. Podemos sair do mercado de hipotecas por enquanto e fechar o foco na poupança para reequilibrar o balanço — com Richard à frente de uma campanha pela poupança e Branson dando um sentido à crise: o importante agora é aumentar a poupança e reduzir as dívidas etc.*
4. *O que quer que aconteça, acho que devemos fazer uma pesquisa para descobrir em quem as pessoas confiam hoje para prestar serviços financeiros. Aposto que a resposta será — Richard Branson.*

Por um lado, sei que tudo isso soa meio louco, mas, por outro, as descontinuidades do sistema propiciam mudanças e acho que poderíamos fazer alguma coisa, se Richard conseguir falar com Darling ou Brown para perguntar como podemos ajudar.
O que vocês acham? Eu me contive e optei por não mandar isso para Richard, até saber seus pontos de vista.
J-A

A resposta de Gordon foi a mistura habitual de cautela e senso comum: "Acho que o item um é interessante e o resto é maluquice! Conversaremos amanhã de manhã." Stephen foi igualmente cauteloso.

Jayne-Anne decidiu ligar para mim diretamente. Perguntou-me se eu tinha visto as filas do lado de fora das agências do Northern Rock no noticiário.

Claro que eu tinha.

— E então? Você acha que devíamos tentar fazer alguma coisa?

— Dane-se — disse eu. — Vamos nessa.

Você só consegue chegar ao topo se arriscar. Por muitos anos, a meta de negócios da Virgin tem sido estabelecer uma posição firme em mercados cujas regras estão mudando. Fizemos isso nos mercados de discos, mídia, telecomunicações, clubes esportivos e aviação civil, e logo faremos o mesmo no de viagens espaciais. Saímos a campo e arriscamos a pele, à procura de novas oportunidades. E sabemos que a probabilidade de que elas apareçam é maior quando nos antecipamos e preparamos o terreno primeiro.

No dia seguinte, Jayne-Anne debateu suas ideias "malucas" com Peter Norris, um dos conselheiros que está há mais tempo no grupo e que já foi o gestor do Barings. Peter disse, logo de cara, que a Virgin devia começar a considerar seriamente a ideia. Àquela altura, Gordon e Stephen já tinham recuperado o fôlego e superado o choque — era a hora de começar a pensar na melhor forma de reunir uma equipe para assumir aquela tarefa descomunal. Nossa aventura com o Northern Rock tinha começado.

Mais um dia e eu telefonei para Matt Ridley, presidente do Northern Rock. Disse-lhe que adoraríamos encontrar uma forma de ajudar a salvar o banco. Matt é um homem sedutor. Pareceu encantado em receber a ligação:

— Esta é uma ótima notícia, Richard. A marca Virgin é exatamente do que o banco precisa — disse. — De fato, você sabe que vai precisar de bilhões de libras?

— Ah, sim — respondi. E pensei cá comigo: *bilhões*? Será que ele tinha dito *bilhões*? — Estou confiante de que poderemos dar um jeito — falei. Bem, claro que ele disse bilhões. Ele era presidente de um banco. — Entendo perfeitamente — acrescentei e, àquela altura, com a testa salpicada de gotas de suor, entendia mesmo.

A situação do banco se tornara pública às 20h30min do dia 13 de setembro de 2007, uma quinta-feira, quando a BBC noticiou que o Northern Rock tinha solicitado e recebido apoio financeiro de emergência do Bank of England. A injeção de fundos foi finalizada nas primeiras horas da madrugada e anunciada à Bolsa de Valores de Londres às sete da manhã. Poucas horas após o início do expediente, longas filas começaram a se formar do lado de fora das agências do Northern Rock em todo o país. O site do banco entrou em colapso e suas linhas telefônicas ficaram congestionadas. A notícia era chocante: era a primeira vez que se via uma corrida a um banco do Reino Unido desde os tempos vitorianos.

O Northern Rock tinha muitos aspectos admiráveis, e eu queria proteger e salvar o que havia de bom nele. Quando começou a corrida às agências, vi, como todo mundo, as imagens das filas pela TV. Sim, as filas eram sem dúvida perturbadoras — eram a notícia em si. No entanto, atuando nos negócios em que atuo, não será surpresa para ninguém que eu também prestasse atenção no começo daquelas filas, onde porta-vozes do Northern Rock tentavam tranquilizar clientes extremamente preocupados. Admirei o modo como os funcionários se reuniram nas agências para lidar com as pessoas que exigiam seu dinheiro de volta. Eles ficavam em pé diante da fila, aconselhando calmamente os clientes. Soube de alguém lá de dentro que todo mundo tinha aparecido para ajudar — todos puseram mãos à obra.

O banco tinha fraquezas: sim, eles se puseram — e aos seus clientes — em sérios apuros ao pegar empréstimos de curto prazo no mercado financeiro para financiar hipotecas de longo prazo. Mas é fácil falar em retrospecto: o banco era popular com os intermediários — os consultores financeiros que recomendavam suas hipotecas — e tinha sistemas muito modernos. Era um motor excelente a seu modo, embora bebesse demais, a julgar pela estrada em que corria. Acabou ficando sem combustível. Nosso trabalho era achar um modo de fazê-lo funcionar outra vez com um combustível mais saudável para o meio ambiente do que os empréstimos de curto prazo.

Em primeiro lugar, precisávamos reunir uma equipe excepcional. Embora grande parte do interesse da imprensa tenha, nos meses seguintes, se concentrado em mim, não será surpresa para você saber que não tenho tempo nem capacitação para gerir um banco. Do ponto de vista da equipe de resgate — um grupo formidável liderado por Jayne-Anne Gadhia, cabeça da Virgin Money —, eu estava completamente em segundo plano. Toda noite telefonava para Jayne-Anne a fim de me atualizar e saber se havia algo que eu pudesse fazer.

Stephen Murphy indicou James Lupton, do Greenhill, para nos ajudar em Londres, ao lado da empresa Quayle Munro, de Peter Norris, e também de Andrew Balheimer, do grande escritório de advocacia Allen & Overy — nossa equipe tomava forma. Precisávamos saber como lidar com uma empresa do tamanho e da escala do Northern Rock. "Vocês acham mesmo que podemos dar conta?", perguntei. A resposta deles foi que, se conseguíssemos garantir o financiamento, a oportunidade era perfeita para nós. Mas só se tivéssemos financiamento.

Assim, recebi a tarefa de angariar apoio para nosso consórcio de capital. Um dos membros da equipe apelidou a operação de "disque dólar" — e, com certeza, consegui me utilizar de alguns contatos de altíssimo nível para atrair pessoas para o Conselho. Também dei alguns telefonemas mais pessoais para garantir que uma proposta de resgate vinda da iniciativa privada fosse vista com bons olhos — e deram-me sinal verde total.

Construímos um plano de negócios para explicar como transformaríamos o Northern Rock no Virgin Bank. (Eu tinha brincado com a ideia de chamá-lo Virgin Rocks, em homenagem às nossas raízes no mundo do rock; gentilmente mas com firmeza, Jayne-Anne me dissuadiu.) A primeira porta em que bati foi a da AIG, a seguradora que patrocina o clube de futebol Manchester United. Eles ficaram empolgados por nos apoiar. Era um início animador. Saímos em caravana, apresentando nossos planos aos grandes bancos globais. Nossa antiga relação com o Royal Bank of Scotland pagou dividendos — quiseram que negociássemos com eles e seus parceiros, o Citigroup e o Deutsche Bank, com exclusividade. Foi um tremendo estímulo para nós. De repente, tínhamos a perspectiva de um investimento de 11 bilhões de libras (sim, bilhões!).

No dia 12 de outubro de 2007, uma sexta-feira, revelamos nosso consórcio peso-pesado de apoiadores financeiros. Nosso time incluía Wilbur Ross, o veterano investidor especializado em dívidas difíceis; a AIG, a maior companhia seguradora do mundo; a First Eastern Investment, liderada por Victor Chu; e a Toscafund, o fundo de *hedge* comandado por Martin Hughes e presidido por Sir George Mathewson. (Sir George, ex-CEO do Royal Bank of Scotland, estava gentilmente fazendo o papel de conselheiro sênior, enquanto procurávamos alguém para presidir o Conselho.)

A equipe Virgin foi ao escritório de advocacia Freshfields, em Londres, para uma reunião inicial com o pessoal da administração do Northern Rock, com Adam Applegarth, seu contestado CEO, ainda ocupando o cargo. Jayne-Anne disse-me depois que ficou extremamente impressionada com a boa vontade da equipe do Northern Rock para dividir informação e com sua presteza em tentar consertar os estragos. Depois dessa reunião, o Northern Rock franqueou o banco de dados à equipe Virgin.

Agora havia outros concorrentes de olho no banco. Firmas de investimento como a Olivant, a Cerberus, a JC Flowers e a Five Mile estavam todas contra nossos planos. Aparentemente, o jogo seria muito disputado e, devido ao colapso do crédito, a batalha por financiamentos tinha tudo para ser feroz.

Estávamos todos certos de que precisávamos de uma figura experiente e com credibilidade para dar coesão ao projeto. Sendo assim, Jayne-Anne atribuiu a mim a tarefa de persuadir Sir Brian Pitman — o banqueiro mais importante de sua geração e um homem de grande conhecimento — a ser presidente do Conselho.

Eu havia trabalhado com Sir Brian por anos no Conselho da Virgin Atlantic e por meio de nossa associação com a Singapore Airlines. Gosto dele e admiro-o. Aos 76 anos, tem a mente afiada e focada como nunca. É membro do conselho da Carphone Warehouse e da ITV, além de ser conselheiro sênior do Morgan Stanley. Stephen e Jayne-Anne tinham conversado e se encontrado com ele diversas vezes, enquanto depurávamos nossa proposta. Sir Brian foi extremamente relutante e me disse que seria difícil o banco dar a volta por cima.

Mas o amolei tanto que acabou cedendo. Concordou em pelo menos nos ouvir.

Jayne-Anne foi até sua casa em Weybridge para fazer uma apresentação de duas horas. O que ele viu foi o suficiente para compreender que nossa proposta merecia crédito. Compreendeu também que ela exigia um homem de peso como ele para dar-lhe forma. Fez algumas sugestões bem-vindas em relação ao projeto e veio a Londres dois ou três dias depois para se reunir com a equipe. Mas ainda não tinha dito sim.

A pressão sobre nós ia crescendo. Lee Rochford, diretor administrativo de Securitização de Instituições Financeiras do Royal Bank of Scotland (fico imaginando como ele se apresenta em festas...), me telefonou para dizer que, para nos dar apoio, eles precisavam da garantia de que teríamos um presidente devidamente qualificado. Jayne-Anne ligou para Sir Brian em Surrey e lhe pediu, mais uma vez, que considerasse o convite. Ele finalmente concordou. Foi um golpe de mestre. Jayne-Anne telefonou para Lee e revelou quem ocupava a presidência. Ele ficou encantado:

— Que notícia fantástica!

Sir Brian compareceu a todas as nossas reuniões mais importantes — inclusive aos encontros no Bank of England, na Autoridade de Serviços Financeiros e no Tesouro —, e era, disparado, o mais distinto e experiente de todos os banqueiros importantes que estavam presentes. Nossa credibilidade estava provada.

Diante do colapso do crédito e da crise das hipotecas *subprime* nos Estados Unidos, nosso planejamento para a recessão tinha de ser impecável. Antes de mais nada, precisava satisfazer as autoridades governamentais. Nosso presidente fazia questão absoluta disso. A pergunta que tínhamos de nos fazer, se quiséssemos ser precavidos, era a seguinte: "O que aconteceria, no pior cenário possível, com o mercado imobiliário britânico mergulhado numa profunda recessão?"

A questão levantada por Sir Brian era dolorosa, mas era também prática. Certa vez, quando Jayne-Anne lhe perguntou por que concordara em se juntar a nós, ele respondeu que havia diversas razões — mas uma delas foi ter se lembrado de como o Northern Rock cuidara das famílias dos mineiros durante as greves dos anos 1980. Aparentemente, o banco havia parado de exigir o pagamento das hipotecas enquanto durasse a greve, arriscando-se a ficar com papéis podres. Mas não perdeu nada, e os mineiros e suas famílias ficaram com suas casas. Sir Brian disse que uma empresa com uma história tão honrosa merecia ser resgatada.

Nosso plano era injetar no Northern Rock 1,25 bilhão de libras de dinheiro novo, mais a Virgin Money como empresa. O dinheiro vivo viria do Virgin Group, de Wilbur Ross, da Toscafund e da First Eastern, e o plano era deixar que os acionistas já existentes participassem de uma emissão de direitos de subscrição que lhes permitiria, em caráter extremamente preferencial, recuperar seus investimentos nos anos vindouros.

Infelizmente, os acionistas do Northern Rock ainda não tinham atinado para o péssimo estado em que o banco se encontrava. Havia entre eles a sensação generalizada de que nossa proposta era modesta. Não era, como mais tarde ficaria evidente. Na verdade, estávamos sendo tão generosos quanto possível — sobretudo se levássemos em conta a necessidade de injetar tanto capital novo para satisfazer os requisitos do governo. (Naturalmente, não culpo os acionistas: como eu disse há pouco, enxergar as coisas em retrospecto é fácil.)

Dois grandes fundos de *hedge* deixaram claro para o governo que votariam contra o negócio da Virgin e forçariam a nacionalização do banco se fôssemos escolhidos em detrimento de seus planos de resgate. Tenho a impressão de que esse tipo de retórica começou a tornar pesada a mão do primeiro-ministro: apesar da necessidade de uma ação rápida, o governo não podia correr o risco de nos apoiar e ver os acionistas votarem contra nós. O processo seria procrastinado por um longo período, mas estávamos preparados para ir até o fim.

Declaramos que, sem uma injeção de 1,25 bilhão de libras de capital novo, o banco Northern Rock não conseguiria suportar uma recessão da magnitude da que ocorrera no início dos anos 1990. Revelamos nosso raciocínio e nossas contas à Autoridade de Serviços Financeiros, que pareceu muito feliz com nosso trabalho e nossas hipóteses cheias de prudência. Na verdade, esta é minha resposta àqueles que insinuaram que eu só estava nessa para tomar bilhões de libras do contribuinte britânico a um risco baixo para minha empresa. Sir Brian explicou-me diversas vezes, sendo bastante claro em relação aos números: "*Teríamos de perder um total de 1,6 bilhão de libras como consórcio antes que o contribuinte perdesse qualquer coisa.*"

No entanto, estávamos confiantes. De acordo com nosso planejamento, conseguiríamos saldar todas as dívidas até 2010. No início de 2009, segundo nossos cálculos, o Virgin Bank teria perdido trezentos milhões de libras; recuperaria o investimento em 2010 para ter lucro a partir de 2011. Isso representava um risco enorme para todos os nossos investidores e para mim. A taxa de retorno nos negócios da Virgin é de cerca de 30%. Neste caso, ficaria em torno de metade disso — mas sobre quantias astronômicas. Eu estava entrando em terreno desconhecido. Stephen e Gordon conversaram comigo ao longo de todo o processo e avaliamos os riscos para o grupo. Concordamos em seguir em frente.

Tivemos de fazer muitas apresentações para nosso grupo de investidores a fim de mantê-los conosco. Certa tarde, Jayne-Anne se reuniu com Martin Hughes, do Toscafund, para um desses encontros explanativos. Devido ao custo crescente do crédito, ela especulou que talvez precisássemos demitir parte do pessoal. Martin foi resoluto ao dizer que devíamos arcar com o custo dos funcionários excessivos até que a empresa estivesse prosperando outra vez — ele simplesmente não queria que o fantasma do desemprego manchasse a imagem do banco. Como a maioria das pessoas realmente bem-sucedidas que já conheci, Martin queria fazer o que era certo e justo, não o que fosse mais fácil e cômodo.

Toda noite, às seis, a equipe Virgin se reunia em teleconferência, liderada por Stephen e Gordon. Era a oportunidade de atualizar um ao outro e combinar os próximos passos. Nosso método era o de uma escola, usando a sabedoria de experientes banqueiros profissionais, cada um deles veterano de alguma fusão significativa. Nenhuma outra empresa dispunha desse tesouro de sabedoria, e eu estava extremamente orgulhoso de que o nome Virgin tivesse conseguido atrair aquela gente de primeiríssimo escalão. Nos negócios, esse tipo de apoio coletivo está surpreendentemente em falta.

Wilbur Ross era um capataz rigoroso. Jayne-Anne ficou acordada até de madrugada por diversas vezes, submetida por ele a questionários estressantes sobre todos os cenários negativos possíveis. Minha visão de empresário é a de sempre me precaver contra o pior — e aquela era uma das maiores apostas da história da Virgin. Wilbur estava muito mais interessado em quanto poderia perder do que em quanto poderia ganhar. Em grandes negócios como esse, que envolvem bilhões de libras, o sucesso depende mais de identificar a possibilidade de tudo dar errado — e se preparar para ela — do que de fazer planos para o caso de haver êxito. Wilbur queria se assegurar de que estávamos prontos para todas as eventualidades. Acabou se convencendo de que estávamos. Sir Brian, a autoridade de Serviços Financeiros e o Bank of England concordaram, declarando-nos concorrentes preferenciais.

Os investidores dos fundos de *hedge* — que andavam especulando com o preço das ações — ficaram furiosos com a perspectiva de assumirmos o controle. À medida que nos aproximávamos do Natal, o aperto de crédito ia ficando cada vez maior. Por todo o centro financeiro de Londres, grandes bancos anunciavam problemas provocados pela falta de liquidez. Embora nossas linhas de crédito com o RBS e seus parceiros ainda estivessem abertas, o custo de financiamento não parava de subir. Começamos a examinar os números, e a conclusão foi unânime: pegar empréstimos estava ficando caro demais. Aquilo começava a nos parecer pouco atraente — e consideramos uma retirada. Foi nesse momento que o Bank of England e o governo entraram em cena e ofereceram apoio, sugerindo "títulos soberanos garantidos", ou seja, títulos emitidos pelo governo e pagos a um preço comercial. Todos os concorrentes teriam acesso a esse financiamento, de forma que os méritos de cada proposta poderiam finalmente ser considerados com algum grau de objetividade.

Aquilo certamente diminuiria a pressão sobre nós, porque sabíamos que nossa proposta já era muito boa.

Sim, era verdade que, em decorrência disso, enfrentaríamos as duras restrições comerciais da União Europeia. Se estávamos sendo beneficiados com títulos do governo, isso nos daria uma vantagem sobre os bancos comerciais e teríamos de sofrer restrições ao competir com eles até que tivéssemos quitado todo o empréstimo. Era justo que fosse assim — estávamos totalmente de acordo. O governo disse que não haveria dividendos até que o contribuinte britânico tivesse recebido seu dinheiro de volta. O que também era cabível: a Virgin pagaria tudo ao contribuinte antes de pegar algo para si.

A equipe Virgin aguardava com interesse o termo de condições que seria publicado pela Goldman Sachs no momento em que eu estava a caminho da China para uma viagem de negócios de alto nível, ao lado de figuras importantes do mundo empresarial britânico e de Gordon Brown, o primeiro-ministro.

Nossa partida atrasou devido a um pouso de emergência de um Boeing 777 da British Airways em Heathrow. A aeronave tinha perdido potência nas duas turbinas ao se aproximar do solo, e o piloto, com sua imensa habilidade, fizera um pouso de emergência na grama ao lado da pista, salvando a vida de todos a bordo. Já tive minhas rusgas com a BA ao longo dos anos, mas é preciso reconhecer que eles contratam tripulações de primeira linha. O clima em nosso voo era de discreta euforia, com o cenário à nossa volta nos lembrando os esforços salvadores do piloto e do copiloto do 777.

Quando chegamos a Pequim, telefonei para Jayne-Anne e perguntei se o pacote da Goldman Sachs já tinha chegado.

— Sim, acaba de chegar.

— Que bom — disse eu.

— O que aconteceu no seu voo?

— Como assim?

— Está no noticiário que você e Gordon Brown tiveram conversas particulares sobre o Northern Rock.

— Ha ha.

— Não. Nada de “ha ha”. O que você está aprontando?

Houve um longo silêncio.

— Jayne-Anne, diga-me, por favor, que você está brincando.

— Está no noticiário — disse ela.

Havia quarenta jornalistas na parte de trás do avião, além de um dos assessores de relações públicas do consórcio rival. Gordon Brown tinha atravessado o avião para conversar com eles, parando no caminho para me dizer o que, em seguida, disse a todos: que ele repassaria o termo de condições da Goldman Sachs a todos os concorrentes em 24 horas.

Foi só isso. E não houve nada em nenhum outro lugar ou momento. Que dirá diante de quarenta jornalistas e um bando de gerentes de fundos de *hedge* que me queriam fora do jogo!

Mesmo assim, toda a viagem à China seria apimentada na imprensa britânica por uma suposta "troca de favores" entre mim e Gordon Brown. O instinto de manada da mídia diminuiu nossas chances de maneira drástica e irreversível. Houve até charges em que Gordon Brown aparecia no meu bolso — ou eu no dele. Se foi um caso de má-fé ou apenas de excesso de entusiasmo, nunca vou saber. Disseram-nos que o primeiro-ministro e o Tesouro ainda preferiam um acordo com o setor privado, mas creio que o episódio chinês acabou por influenciar o modo de pensar de sua equipe.

Mesmo depois da viagem à China, a imprensa influiu decisivamente na evolução da história do Northern Rock. Durante a crise, Bryan Sanderson, atual presidente do banco (que assumiu o cargo após a renúncia de Matt Ridley), disse a Jayne-Anne que todos os jornais tinham profissionais dedicados à cobertura do caso e que eles tinham orientação para aparecer com uma nova notícia todo dia — o que resultava em um terreno extremamente fértil para fofoca!

O Tesouro também não ajudou, ao começar a negociar com a imprensa. John Kingman, o corretor de valores do serviço público que, no Tesouro, estava encarregado de dirigir o espetáculo, chegou a dizer à nossa equipe que, independentemente da decisão, o governo teria de levar em conta o ponto de vista de Robert Preston, editor de economia da BBC. Ora, Robert é um sujeito muito afável e um bom jornalista, mas achamos esquisito que ele tivesse informações sobre nossa proposta antes mesmo de nós!

Para Jayne-Anne, o episódio mais bizarro seguiu-se a uma ligação que ela recebeu, certa noite, de Kathryn Griffiths, do *Daily Telegraph*. Como todo mundo, Griffiths queria saber quanto a Virgin ganharia com as taxas de licenciamento da marca. Em resposta, ouviu que seria uma quantia exata, semelhante à que era cobrada de outras empresas, inclusive a Virgin Media. Isso significava cerca de 1% da receita — o que, levando-se em conta os problemas do Northern Rock, perfazia um valor anual muito pequeno para ainda muitos anos à frente. Na manhã seguinte, a manchete da página de economia do *Telegraph* berrava: "BRANSON GANHARÁ £200 MILHÕES EM TAXAS DO ROCK." Nossa assessoria de imprensa lhes perguntou como tinham fabricado aquele número e eles disseram que fora calculado com base em um período de 25 anos! Tudo isso contribuiu para a ideia de que eu estava tentando descolar dinheiro fácil. Quando, mais tarde, Jayne-Anne foi a Newcastle e discutiu os números do negócio com a equipe administrativa do Northern Rock, David Jones, o diretor financeiro, perguntou-lhe por que tínhamos excluído das contas a taxa de licenciamento pelo uso da marca Virgin. Mas não tínhamos feito isso! Ele simplesmente não conseguia acreditar que a quantia fosse tão ínfima a ponto de ser irrelevante. Até Sir Brian, em sua entrevista ao *Financial Times*, no início de fevereiro, frisou que o retorno do investimento seria muito pouco atraente e que ninguém iria "se dar bem".

Ele prosseguiu: "Nós nos damos por satisfeitos com o fato de que, com o capital que estamos injetando, temos um investimento privado suficiente para garantir que, caso tudo dê errado, os acionistas percam dinheiro, não os contribuintes." No entanto, toda aquela história sobre a "troca de favores" entre Branson e Brown ia ganhando vida própria. O assunto chegou a fazer parte da sabatina do primeiro-ministro na Câmara dos Comuns no dia 23 de janeiro.

David Cameron, líder da oposição conservadora, questionou Gordon Brown sobre o risco a que o contribuinte ficava exposto em seu esquema de títulos do governo. O caso se tornou parte de uma espécie de luta de boxe política entre um novo primeiro-ministro acuado no canto do ringue e um líder oposicionista determinado a lhe desferir golpes maliciosos.

— Sejamos claros: o pacote de resgate se destina tanto à sua própria reputação quanto à empresa — disse Cameron. — Se os títulos não forem pagos de volta e se o Northern Rock não conseguir cumprir com suas obrigações, qual será o prejuízo total? De quanto estamos falando?

— Os empréstimos e títulos estão segurados pelos bens do Northern Rock, que, como todos sabem, tem uma carteira de crédito de alta qualidade. Nossa intenção é obter o melhor acordo possível para os contribuintes: eles terão seu dinheiro de volta e com algum lucro — disse o primeiro-ministro.

Cameron alegou então que o prejuízo total seria de 55 bilhões de libras — um belo truque de retórica, obtido pelo método de sobrecarregar cada um dos lares do país com uma segunda hipoteca imaginária!

Da mesma forma que o que a imprensa fez durante nossa viagem à China prejudicou seriamente a nossa proposta, a disputa política no Parlamento não ficou por menos e nos trouxe grandes danos. Os liberal-democratas foram especialmente agressivos, aproveitando-se da imunidade parlamentar para nos insultar e nos diminuir.

Vince Cable, representante de Twickenham e líder interino dos liberal-democratas, parece ser um cara divertido e tem sido um excelente *showman* na Câmara dos Comuns. Suas frases de efeito dão colorido aos debates no Parlamento britânico, mas, devido ao cargo que ocupa, processos por calúnia e difamação não se aplicam a ele, o que lhe dá direito de falar o que bem entender.

E falou mesmo:

— Será que o ministro das Finanças pode nos contar de quanto será a contribuição do sr. Branson? Pelo que entendi, ele se propõe a investir 250 milhões de libras no papel, não em dinheiro vivo, para adquirir um banco que vale cem bilhões, ou seja, quarenta vezes mais.

Um banco que vale cem bilhões? Ora, um banco com todo esse valor não estaria em apuros.

Ficou evidente que a capacidade de dizer uma coisa dessas sem enfrentar qualquer tipo de contestação lhe subiu à cabeça, porque ele foi em frente e alegou que eu tinha me envolvido numa "troca de favores" com o governo. Também falou em "nacionalizar o risco e privatizar o lucro". Depois me depreciou, dizendo que eu não era uma pessoa idônea para gerir um banco — e que eu adquirira ficha criminal quando tinha 19 anos. Obviamente, isso era mentira, e meu ato estúpido só chegara a seu conhecimento porque eu tinha optado por ser franco a respeito da história no livro *Perdendo minha virgindade* (Editora da Cultura, 1999), cerca de quarenta anos depois do ocorrido. Espero que ele tenha pagado o preço integral de capa por seu exemplar.

Recorri a Nick Clegg, o novo líder dos liberal-democratas, para lhe pedir que tornasse a campanha impessoal. Sir Brian Pitman e Jayne-Anne Gadhia se ofereceram para se reunir com Vince Cable — mas ele se recusou a vê-los, insistindo em se encontrar comigo.

No dia 4 de fevereiro, uma segunda-feira, o anúncio da desistência da Olivant botou mais pressão sobre os ombros do ministro das Finanças, Alistair Darling. Sua esperança de uma disputa entre a Virgin e o grupo de investidores privados de Luqman Arnold, para ver quem dava mais, simplesmente evaporou. A manchete do *Financial Times* resumiu tudo — "OLIVANT ABANDONA ROCK NO ÚLTIMO MOMENTO" —, com Darling sendo descrito como "atônito". A proposta da Olivant tinha conquistado o apoio de acionistas do Northern Rock, inclusive do SRM e do RAB, os investidores dos fundos de *hedge*, que tinham abocanhado 18% do banco. Eles se opunham à proposta da Virgin pela simples razão de que com ela não ganhariam tanto.

No último minuto, pediram-nos para aumentar nossas garantias governamentais, adicionando um montante entre cem e duzentos milhões de libras em capital. Isso era um pouco puxado para nós, e, na mesma semana, esbarrei em diversos comentários de que estávamos "comprando o banco a preço de banana" e "tirando vantagem do lado bom, sem encarar o lado ruim". Aquilo era novidade para mim.

Na verdade, já perto do fim de todo o processo, Stephen Murphy conversou com Wilbur Ross, que deixou claro que, à medida que o governo procurava endurecer os termos do negócio, os riscos aumentavam e o retorno ficava cada vez mais distante. Wilbur avisou que não podia mais aceitar redução alguma, devido às suas responsabilidades perante os investidores. Tínhamos de respeitar essa posição, sabendo que Wilbur é um investidor altamente experiente nos mercados internacionais e, ao lado da Tosca, um dos nossos sócios mais importantes. O governo estava (com razão) buscando um montante maciço de capital novo para proteger o contribuinte britânico, mas não reconhecia a necessidade de recompensá-lo pelos riscos envolvidos. Essa postura nunca poderia dar certo.

No fim das contas, acho que a simples perspectiva de que uma empresa — mesmo correndo riscos — acabaria obtendo algum retorno sobre o próprio investimento deixava Gordon Brown e seu criticado ministro das Finanças em um estado de pânico.

O primeiro-ministro tomou a decisão de nacionalizar o banco Northern Rock às duas da tarde, em Downing Street, sua residência oficial, depois que ele e Alistair Darling concluíram não haver outra opção. O anúncio não foi feito diplomaticamente. Nossos únicos rivais ainda na disputa — a própria equipe que administrava o Northern Rock — ainda davam esclarecimentos sobre a proposta quando Gordon Brown anunciou a decisão.

Depois da notícia decepcionante, recebi um telefonema cordial de Gordon Brown, pedindo-me que não fizesse alarde nem me aborrecesse muito com a decisão. Ele me disse que a nacionalização fora a opção correta. No fundo, eu não podia deixar de imaginar em que medida a histeria da imprensa britânica sobre minha viagem à China em companhia do primeiro-ministro tinha influenciado aquela decisão. Mesmo assim, fiz o que me foi pedido: não criei confusão. Publiquei uma nota dizendo que havíamos apresentado a proposta mais forte que nos fora possível e que eu estava "muitíssimo desapontado". E de fato estava. O suficiente para achar que merecia os drinques no bar de Biras Creek naquela noite.

Refletindo sobre o assunto, toda a saga do Northern Rock me parece um caso ilustrativo de um governo que busca a solução mais politicamente conveniente e não planeja a longo prazo. A Virgin, como empresa privada, queria tirar o Northern Rock das mãos do governo e fazê-lo funcionar outra vez. Poderíamos ter desenvolvido um banco brilhante, o banco Virgin, e tenho certeza de que criaríamos novos empregos ao longo do processo. Do modo como as coisas ficaram, o governo trabalhista será forçado a reduzir a empresa rapidamente, cortar vagas e recuperar o investimento para limitar qualquer dano político. Nesse caminho, não há muita inovação ou desenvolvimento de produtos, nem mais competição no mercado bancário — e o pobre contribuinte velho de guerra arca com todo o risco.

Mas governos e servidores públicos não são capazes de administrar empresas — isso já foi provado inúmeras vezes de forma deprimente ao redor do mundo, e, por muitos anos, tivemos, no Reino Unido, a experiência cotidiana de testemunhar a inépcia dessas figuras públicas toda vez que embarcávamos (ou éramos impedidos de embarcar) naquilo que eles chamavam comicamente de "trem". Os negócios não fazem parte de suas índoles. Para sermos justos, esse não é o trabalho deles, da mesma forma que gerir um banco sozinho jamais seria o meu.

E, obviamente, aí está o xis da questão: eu nunca administraria o banco. Conheço minhas limitações. Sei em que sou bom e em que não sou. Jamais fingiria ser capaz de gerir um banco — e foi por isso que montamos uma equipe de credibilidade: Jayne-Anne Gadhia da Virgin Money, Gordon McCallum e Stephen Murphy da Virgin Management, Sir Brian Pitman, Sir George Mathewson, Wilbur Ross, um investidor americano tremendamente bem-sucedido em negociações difíceis, e conselheiros do naipe de James Lupton e Peter Norris. Tínhamos reunido um elenco formidável de profissionais sérios do setor bancário e investidores — e, no fim das contas, éramos a única atração a que realmente valia a pena assistir. Nossos advogados tinham uma compreensão melhor da posição legal da empresa do que os assessores do banco ou do governo, enquanto James, Peter e suas equipes davam olé nos rivais. Minha visão era possibilitar a salvação do banco, encontrando pessoas realmente boas para administrá-lo.

Nacionalizar o Northern Rock? Acho que foi uma decisão errada que vai assombrar não só o governo atual mas qualquer outro que seja eleito para assumir as rédeas do poder no Reino Unido por muitos anos à frente.

Passei o dia seguinte tentando curar uma ressaca monstruosa. O clipping da imprensa começou a chegar e recebemos um grande número de e-mails e telefonemas de pessoas que nos desejavam bons votos. O ministro das Finanças me enviou uma nota de agradecimento pelo interesse da Virgin e por nossa proposta, reiterando que a nacionalização era a melhor alternativa para o banco.

Eu não podia e não posso concordar com isso e me entristece pensar no bom trabalho que foi subestimado e em todas as oportunidades perdidas.

Na medida em que me foi possível sentir qualquer coisa naquele dia — além de minha cabeça latejando — senti, e ainda sinto, uma grande compaixão pelas pessoas que trabalhavam no Northern Rock. Eram pessoas extremamente decentes que foram surpreendidas em meio a um enorme pesadelo público. Trabalharam todas as horas do dia, todos os dias da semana, por muitos meses, e não perderam o otimismo. Estou certo de que elas teriam gostado de fazer parte da grande família Virgin.

A equipe de Jayne-Anne também teve um desempenho excepcional. O diretor financeiro da Virgin Money, Dave Dyer, e também o diretor de estratégia, Matt Baxby, trabalharam com dedicação integral. Eles realmente incorporaram o espírito Virgin, deixando uma série de questões pessoais e familiares em segundo plano enquanto lutávamos pelo grande prêmio.

Jayne-Anne me telefonou na terça-feira, após o anúncio. Estava preocupado com ela, que fora uma verdadeira fortaleza ao conduzir todo o processo. Tinha, com seu marido Ashok, uma filha de cinco anos para criar, mas passara um tempo enorme longe de casa, com os fins de semana tomados pela leitura frenética de relatórios e a difícil interpretação de números, trabalhando até altas horas na maioria das noites. Imaginei que ela pudesse estar bastante deprimida.

— Espero que você não esteja no alto de um prédio se preparando para pular — eu disse.

— Ah, não se preocupe, Richard — respondeu ela, entusiasmada. — Passei o fim de semana estudando as contas da Bradford & Bingley e da Alliance & Leicester.

Minha cabeça começou a latejar outra vez. Muito.

— Pelo amor de Deus, *por quê*?

— Elas parecem maduras para uma incorporação. Escute...

Esse era o espírito que me reconfortava. Na Virgin, seguimos em frente.

E se você não conseguir seguir em frente? E se não houver lugar algum para onde seguir?

Partindo da premissa de que você não está queimando o dinheiro dos outros bem debaixo de seus narizes, sempre pode tentar o truque mais difícil do livro dos truques empresariais: tornar-se muito pequeno, muito especializado e muito caro.

E, sem dúvida alguma, incluo isso no campo das inovações, e do mais alto calibre: pegar uma operação grande e encontrar modos de miniaturalizá-la, mudar de público-alvo e de estratégia de marketing, ao mesmo tempo que lhe adicionamos doses maciças de valor para justificar o aumento do preço. Trata-se de algo muito difícil de fazer — e uma das razões para isso é o fato de todo o processo envolver muita dor. (Na verdade, sua velha empresa está morrendo bem diante de seus olhos.)

Qual é a primeira coisa que fazemos, na Virgin, quando nos defrontamos com um problema? Nós nos reunimos imediatamente e procuramos resposta para uma única questão: "Existe uma saída?" Em seguida, concluímos o raciocínio e perguntamos: "Qual maneira de sair dessa enrascada é a ideal para todo mundo?"

Você precisa estar 100% focado em tentar encontrar essa saída. Se o problema for muito sério, dedique-lhe 100% de seu tempo e energia até resolvê-lo. Trabalhe dia e noite para solucioná-lo e tente delegar todas as outras tarefas que exigirem atenção. Se depois disso você ainda não conseguir resolver o problema, pelo menos saberá que fez tudo o que estava a seu alcance. E vá em frente. Se isso significar sofrer um golpe, então o sofra bem no queixo. E nunca mais volte a pensar no assunto. *Se sair ferido, trate de lamber as feridas e se reerguer. Você já deu o máximo de si, agora é hora de seguir em frente.*

No momento em que escrevo, a economia está se deteriorando. É possível que alguns de vocês sejam confrontados com essa tarefa em breve. Boa sorte. E que o próximo capítulo, sobre inovação, possa lhes dar algumas ideias úteis.

Capítulo 5
Um motor para os negócios

Em 1986, dei uma entrevista a um jornal de música inglês. A manchete era "A BOMBA DE BRANSON". Disse que estávamos planejando colocar todo e qualquer álbum ou single *num pequeno computador portátil em que seria possível ouvir qualquer disco por meio de pequenos fones de ouvido. Previ que isso iria revolucionar a indústria da música — e as pessoas acreditaram. Recebi ligações frenéticas de alguns dos maiores chefes de gravadoras implorando para que não lançasse um aparelho desses. Foi então que os lembrei do dia em que estávamos: 1º de abril — Dia da Mentira. Quando o editor do jornal descobriu, não achou graça nenhuma.*

Quinze anos depois, a Apple vendeu seu primeiro iPod.

Já falamos muito sobre inovação neste livro. *A melhor e mais sólida maneira de sair de uma crise num mercado em constante transição é por meio da experimentação e da adaptação.* Executivos surfam as ondas de circunstâncias que mudam a todo momento, e não consigo pensar agora em nenhum mercado cujos melhores competidores não estejam comprometidos o tempo todo com alguma forma de reinvenção.

Promover mudanças e melhorias é parte natural dos negócios, e, para pequenos comerciantes e companhias enxutas, a distinção entre a inovação e o fluxo normal do trabalho cotidiano é pouco importante e quase imperceptível. Tudo são negócios —

e os negócios criativos, flexíveis e atentos aos estímulos externos fluem mais facilmente quanto menor for a empresa.

Operações maiores gerenciam mais capital e, ao menos em teoria, a gama de ações possíveis dessas operações é maior. Mas a complexidade logo começa a atravancar o trabalho de uma organização à medida que ela cresce. (Uma maldição chinesa maravilhosamente implacável diz: "Que você empregue mais de cem pessoas.")

Eis o ponto em que as funções empreendedoras se separam das funções gerenciais. Isso faz muito sentido — como verá quando examinarmos as diferentes formas de liderança empresarial no próximo capítulo. No entanto, essa separação entre o dia a dia dos negócios e a energia motivadora utilizada para criar a empresa traz com ela uma série de problemas. De repente, a inovação passa a ser vista como algo extraordinário, especial, separado das atividades normais que a companhia desempenha. É aí que problemas irrisórios se tornam endêmicos e intratáveis, o moral da tropa cai — e a empresa começa a perder rumo no mercado.

O estilo de gestão da Virgin é único, projetado para dar poder aos funcionários e, ao mesmo tempo, evitar a cultura do medo. Há duas outras companhias que encorajam o surgimento de novas ideias em meio às operações cotidianas. São empresas muito diferentes da Virgin, e admiro ambas imensamente.

Desde 1976, tendo o design e a praticidade como mantra dos negócios, a Apple simplesmente nunca deixou de inovar e se aprimorar. A venda de mais de cem milhões de iPods e três bilhões de downloads no iTunes é a prova de seu sucesso. Enquanto outras empresas foram surpreendidas na queda livre da revolução na indústria fonográfica, a Apple conseguiu incendiar uma nova geração de ouvintes, não só com música, mas também com podcasts, programas de rádio e de TV, filmes...

Tanto Steve Jobs quanto seu colega Steve Wozniak tinham paixão por *gadgets* e se tornaram empreendedores da indústria eletrônica em 1970. Seis anos depois, estavam na lista dos quinhentos mais ricos da *Fortune*. Em 2008, a Apple tinha uma capitalização de mercado de 105 bilhões de dólares, à frente da Dell e logo atrás da Intel. O primeiro Mac da Apple, lançado em 1984, foi descrito por Steve como o "mais rápido e mais poderoso computador já colocado nas mãos de um grande número de pessoas". Foi um produto transformador. Um tempo depois, Steve saiu da linha de frente da empresa — que rapidamente engatou uma marcha a ré. E então retornou como seu salvador.

Steve busca a perfeição o tempo todo e, desde o primeiro Mac com mouse até o iPod e o revolucionário iPhone, tem ampliado as fronteiras da tecnologia de forma surpreendentemente criativa. E, como consequência, os produtos da Apple transformaram a vida das pessoas. Na sede da empresa em Cupertino, na Califórnia, a inovação é resultado de uma combinação entre a perseverança para lidar com problemas graves e intratáveis, e, como descrito num artigo publicado na *Harvard Business Review* em fevereiro de 2006, o papel de Steve Jobs como "grande intimidador".

Segundo a opinião geral, Steve é um homem com quem é difícil trabalhar, por causa de seus padrões de exigência absurdamente elevados, mas seus colegas sentem uma espécie de "zelo messiânico" por ele, fazendo tudo para obter sua aprovação. Ele é meticuloso com detalhes e cuidadoso com a proteção de todas as características que dão à sua empresa um trunfo absolutamente vital. Liderança é isso.

A Apple é uma marca global icônica que inspira vínculos emocionais. No entanto, é de forma muito sutil que a logo da marca está sempre impressa em seus produtos. Steve Jobs e sua equipe sabem exatamente como projetar, fabricar e entregar ao mercado produtos de alta qualidade.

Steve mergulha pessoalmente nas campanhas de marketing e no lançamento de produtos — escolheu ser tanto o gestor quanto o empreendedor e é bem-sucedido nos dois papéis. É uma espécie rara. Realizar bem a fina arte de delegar tarefas costuma ser essencial quando se está no comando de uma grande empresa. Steve é mais zeloso do que o necessário, mas isso parece funcionar para ele. Dá ao público e aos investidores a confiança de saber que o almirante está no leme segurando firme. Steve tem uma qualidade rara nos negócios: a inteligência para perceber o que o público quer. Isso fica perceptível na maneira como a Pixar Animated Pictures, da qual é cofundador, emplacou uma série de *blockbusters* ganhadores de Oscars, incluindo sucessos como *Toy Story*, *Vida de inseto* e *Procurando Nemo*. Os filmes "família" da Pixar arrecadaram mais de quatro bilhões de dólares nas bilheterias. Steve estava lá quando a empresa se fundiu com a Walt Disney Company em 2006 e continua no Conselho de diretores da Disney. Seu gênio incansável está no coração de tudo o que a Apple faz e, de meu ponto de vista, isso o coloca numa categoria à parte no mundo dos negócios.

Ao mesmo tempo que afirmo que os produtos da Apple transformaram a vida das pessoas — e é só andar na rua para se deparar com a enxurrada de fones brancos dos iPods —, acho que há uma outra marca "made in USA" que teve a maior e mais significativa parcela de influência em nosso mundo conectado. Já me perguntaram diversas vezes: "Qual a maior invenção dos negócios dos últimos cinquenta anos?" É uma questão difícil porque há de se levar em conta o celular, os testes de DNA, os computadores pessoais e a internet, mas creio que o vencedor é a poderosa ferramenta de busca da Google.

O Google permitiu a pessoas comuns encontrar coisas de forma muito mais rápida, resultando em escolhas mais imediatas — aumentando o poder do consumidor — e em um fluxo mais livre de informação, conhecimento e ideias. É muito mais do que apenas uma ferramenta de busca — tornou-se uma ferramenta de mudança. A missão do Google é "organizar a informação do mundo e torná-la universalmente útil e acessível". É uma ambição nobre. Permitiu que grupos políticos, culturais e de interesse específico florescessem. Levou a democratização da informação a uma escala global — algo que era impensável há apenas dez anos. Além disso, ainda trouxe uma boa dose de diversão para nossas vidas.

Sinto-me honrado por ser amigo de Larry Page e Sergey Brin, os fundadores do Google. Fiquei lisonjeado de ter sido convidado para celebrar o casamento de Larry e Lucy em Necker. Larry e Sergey não se importam que eu os chame de nerds — na verdade, para eles é um título honorífico —, mas ambos têm personalidade forte. Os gênios se complementam quando trabalham juntos em um projeto. Eles se dão muito bem e nunca, em tempo algum, discordam um do outro na frente da equipe, de clientes ou de investidores. No mundo dos negócios, isso requer uma disciplina extraordinária. Se eles têm alguma divergência, esperam até que todos tenham saído da sala para discutir o assunto. Os dois têm um vínculo melhor do que o de muitos casamentos, e a química pessoal entre eles é parte intrínseca do sucesso que obtêm nos negócios.

Hoje a Google atrai o que há de mais brilhante em talento técnico no mercado. Adoro a ideia de que os funcionários são incentivados a criar e *desenvolver* novas ideias, e que passam 20% do tempo de trabalho fazendo algo que eles próprios escolheram. Ao dar às pessoas tamanho controle sobre o trabalho, a empresa e seus consumidores se beneficiam imensamente. Entre muitas outras inovações, esse esquema nos propiciou o Gmail, o Adsense, o Google Earth, o Google Maps e o Google News, que reúne manchetes do mundo inteiro. A empresa é genial em tecnologia da informação e arquitetura de negócios. O tempo todo faz experiências para testar seu sistema e depois, improvisando, aprimorá-lo, e conta com uma série de pessoas extremamente analíticas em sua espinha dorsal.

Desde muito cedo, Sergey e Larry entenderam que não eram gestores. O trabalho deles agora é encontrar boas ideias e transformá-las em negócios ou em outras empresas. Embora tenham concebido e construído a Google, também encontraram um CEO brilhante em Eric Schmidt, que toca o dia a dia da companhia. Eric foi o CEO da Novell e integra ainda o Conselho da Apple. Também entende de tecnologia, mas sabe como lidar com questões financeiras e com os investidores. Esse é um exemplo clássico de como os papéis do empreendedor e do gestor podem ser separados — um tema que será explorado mais a fundo no próximo capítulo. Na Google, ambos os lados do negócio têm espaço para respirar. O trabalho de Eric gerenciando a empresa diariamente permite a Sergey e Larry se comprometerem com a busca de novas ideias — e aproveitarem parte de suas fortunas!

Uma de nossas equipes da Virgin visitou a sede da Google em Mountain View e me disse que há uma enorme lousa branca em que é detalhada a estratégia da empresa. É o Google Master Plan, um quadro com milhares de ideias, todas fruto da contribuição dos funcionários. Uma das tarefas-chave que lá apareciam, além de "contratar engenheiros de rede" e "contratar engenheiros de hardware", era "contratar Richard Branson". Mas não preciso ser contratado: é sempre um prazer ajudar Sergey e Larry.

No dia 1º de abril de 2008, anunciamos o lançamento da Virgle, uma parceria entre a Virgin e a Google com o intuito de criar uma comunidade em Marte nos próximos 15 anos. Anunciamos estar à procura de voluntários que quisessem viajar com passagem só de ida para o planeta vermelho. A ideia foi concebida num jantar em Necker em que conversamos seriamente sobre a criação de uma colônia humana em Marte e imaginamos como ela seria. Então pensamos em quem convidaríamos. Nosso anúncio foi manchete em todo o mundo, e dezenas de blogs repercutiram o assunto. Estávamos brincando? Claro que sim. Mas lembre-se de que, 15 anos antes de a Apple lançar o iPod, brinquei sobre tocadores digitais portáteis de música. Com isso em mente, registramos a marca Virgle — só por precaução...

A inovação pode ocorrer quando as perguntas mais simples são feitas e os funcionários têm recursos e poder para encontrar as respostas. Foi essa a estratégia adotada pela Virgin America. Enquanto nosso departamento jurídico lutava para convencer o Departamento de Transportes de que a empresa era de fato americana, as equipes de design e finanças se concentravam no negócio, que era o de criar uma experiência de voo melhor totalmente diferente. *Como é uma grande experiência de viagem? Como poderia ser diferente de tudo o que os passageiros americanos já tinham experimentado até então? O que os deixaria malucos?*

Desenvolver uma maneira completamente diferente de voar exigia especialistas que soubessem respeitar a experiência e o currículo uns dos outros, mas que também não hesitassem em brigar pelo que acreditavam ser importante, que trabalhassem juntos 24 horas por dia, tomassem decisões rápidas e acreditassem com paixão na visão que tinham sobre o consumidor. Ironicamente, eles próprios *eram* os consumidores!

Embora compreendesse que a companhia aérea estaria sob controle americano, a CEO da Virgin USA, Frances Farrow, estava convencida de que as questões que realmente importavam para quem voava — o produto e a experiência em si — deveriam ser únicas nos céus americanos. A primeira medida foi ir atrás dos maiores talentos em atendimento ao consumidor e design — e onde seria melhor procurá-los do que entre as pessoas que tinham deixado a Virgin Atlantic?

Como eu disse antes, os funcionários da Virgin, depois que criam uma nova empresa ou comandam com louvor alguma já consolidada, devem ser mantidos no grupo porque amam a marca que ajudaram a construir e possuem uma experiência e um conhecimento que não têm preço. Novas companhias dentro do grupo são uma ótima forma de mantê-los estimulados — e na família.

Adam Wells, um menino prodígio da equipe de design da Virgin Atlantic que criou as premiadas suítes da primeira classe, e Todd Palowski, o especialista em atendimento ao consumidor da empresa, foram trazidos para formar essa primeira equipe. A eles logo se juntou o talento de Charles Ogilvie, um especialista em interatividade.

Esse pequeno e dedicado grupo começou a sonhar alto. A equipe não herdou aeronaves tradicionais enfadonhas e não tinha compromisso com o *status quo*. Era incentivada pela marca Virgin a fazer as coisas de modo diverso: não havia outra maneira de criar uma experiência completamente diferente. *E se a gente se livrar das filas de* check-in*? E se transformarmos o avião numa sala de estar? Como podemos devolver autonomia aos passageiros? O que devemos colocar nos banheiros? Como os assentos da aeronave podem expressar liberdade? E como podemos expressar essa liberdade a partir do momento em que os passageiros pisam na área dos guichês?*

Voar é normalmente uma experiência passiva. A partir do instante em que você chega ao aeroporto, as pessoas já começam a dizer-lhe o que fazer. Pegue o cartão de embarque aqui. Ponha a bagagem ali. Fique na fila, tire o cinto, livre-se de tudo que for líquido... A experiência a bordo da aeronave também não é muito diferente. Se você tiver sorte, a equipe de bordo exibe um filme que passou por vários cortes e que ninguém quer ver. E, em seguida, passam com um carrinho cheio de salgadinhos nada saudáveis, bloqueando o acesso ao banheiro.

O que você *não* tem é liberdade. A equipe da Virgin America acreditava que poderia encontrar uma maneira de devolvê-la a você — e conseguiu. (Desculpe, eles são gênios, mas nem assim conseguiram se livrar do *check-in*.) Projetaram uma experiência libertadora, na qual você pode fazer realmente o que quiser com o tempo de voo. Quer trabalhar em seu laptop? Ligue-o e vá em frente, há espaço de sobra. Ficou sem bateria? Plugue-o na tomada e jogue enquanto ele carrega. Quer conversar com o primo que está sentado algumas fileiras atrás? Use o chat do painel de entretenimento a bordo, com direito a teclado no braço da poltrona. Está com fome? Peça um sanduíche sem sair da cadeira e um comissário irá entregá-lo *quando você quiser*. Quer ouvir música? Criar uma *playlist*? Ver um filme... em mandarim? Vá fundo. Está tudo ali bem na sua frente.

Você não vai se entediar em nossos voos.

A inovação deve ser adequada a seu negócio. Precisa satisfazer uma necessidade e lhe dar uma vantagem sobre os concorrentes. O serviço de pedido de comida foi uma extensão de nossa filosofia de serviços — a ideia de que a tripulação devia dar autonomia aos passageiros. Nenhuma companhia aérea, além da Virgin America, oferece esse serviço. Chegamos à conclusão de que comida de graça no avião é um modelo falido. O que é de graça não é necessariamente bom; os consumidores têm baixas expectativas, e a companhia é pressionada a descer o nível dos aperitivos ao mínimo aceitável. Mas nossa equipe se questionou sobre alguns assuntos e concluiu que, se você paga um pequeno valor, tem o que quer. Os consumidores tinham aceitado sem problemas ganhar amendoim de graça e, em seguida, não ganhar nada.

A equipe da Virgin USA fez algumas pesquisas com os consumidores americanos e descobriu que eles tendem a ser abertos, ambiciosos, muito sociáveis e dispostos a experimentar coisas novas. Se escolhe voar com a Virgin, isso diz algo sobre você. É possível pensar na experiência de voar como algo que o aprisiona com estranhos em um avião, mas acreditamos que nossos passageiros têm mais em comum uns com os outros do que os passageiros de uma companhia tradicional. A equipe gostou da ideia de dar às pessoas a chance real de criar uma comunidade, seja com o painel de entretenimento, seja conversando com o passageiro ao lado, seja enviando torpedos para alguém que está a algumas fileiras de distância.

Sabíamos que a banda larga estava a caminho, mas não éramos capazes de saber com precisão quando ela chegaria e tínhamos de improvisar algo para incentivar as pessoas a conversar e interagir na aeronave. Assim, Charles criou salas de bate-papo e torpedos no sistema de entretenimento de bordo, com teclados em todas as poltronas. É uma maneira totalmente nova de relaxar e interagir em um espaço confinado. E, por meio dessas pequenas telas de entretenimento, criamos uma rede social. Também ajudava o fato de a tripulação, além de integrada, ser simpática, lembrando-se dos passageiros que retornavam e ajudando a fazer de cada voo uma festa.

Enquanto a equipe comercial se preparava para gastar milhões de dólares em aeronaves, o time de design estava na mesa ao lado exigindo um tom de branco mais brilhante para estofar as poltronas. O fabricante nunca havia recebido esse tipo de pedido antes: na verdade, as cores disponíveis para as costas das poltronas variavam de dez tons de bege aos mesmos roxos e cinzas de sempre... Mas nada de branco, e certamente nada de um tom mais-branco-que-o-branco-dos-iPods.

Como a iluminação interna das aeronaves costuma ser desagradável e fria, Adam concebeu um projeto de luz suave com controles especiais que foi desenvolvido sob medida para nós, o primeiro desse tipo para aviões. Por não haver disponibilidade de um branco-mais-branco-que-o-branco-dos-iPods, demos às costas das poltronas um revestimento singular, fornecendo à luz uma superfície suave em que pudesse se refletir e enchendo a cabine de uma luminosidade acolhedora. Foi uma experiência visual pensada para dar uma sensação maior de espaço e liberdade.

Esses pequenos detalhes são o negócio da Virgin. Se é isso que os professores chamam de inovação, ótimo. Inovação é frequentemente aquilo que você não sabia que queria até experimentar. Agora as outras companhias aéreas parecem desatualizadas e desleixadas e serão obrigadas a melhorar para alcançar nossa inovação. Assim caminha o ciclo competitivo.

Como em qualquer companhia do Virgin Group, a equipe da Virgin America estava cercada de especialistas fantásticos, aprendeu com eles e os influenciou também. Os colegas são o melhor recurso nas empresas Virgin: pessoas abertas e pensantes com quem se pode conversar sobre ideias malucas — que já não parecem tão malucas quando quem está ao lado compartilha de sua visão e pode ajudar a realizá-la. A marca Virgin precisa de pessoas desse tipo, pessoas que irão fazer perguntas difíceis e exigir excelência e diferenciação.

Será que essa equipe poderia ter trabalhado de forma tão eficaz num ambiente diferente, numa companhia diferente? Eles foram realmente extraordinários, mas as circunstâncias eram igualmente incomuns. A equipe não estava motivada pela ascensão empresarial — não havia nenhum crescimento corporativo envolvido, e eles não eram inspirados ou intimidados por uma hierarquia burocrática. Tinham poder, e eram donos do produto, e teriam de conviver com ele quando fosse lançado. Pelo fato de a marca ter a imagem de líder e de nadar contra a corrente, há sempre pressão para inovar — não apenas pelo prazer da inovação, mas para fornecer algo realmente melhor ao consumidor.

A Virgin America também se beneficiou por vir de baixo. A companhia era um peixe pequeno iniciante lutando contra os tubarões tradicionais, que queriam manter nossos aviões no solo. Essa missão de vida ou morte era altamente motivadora.

Inovar não significa necessariamente ser o primeiro ou o maior, e sim ser o melhor. Não fomos a primeira empresa a oferecer tarifas baratas aos consumidores americanos. Não estamos interessados em voar para todos os aeroportos dos cinquenta estados do país. Queremos proporcionar a quem viaja uma experiência de voo maravilhosa para um número pequeno — embora crescente — de centros urbanos. Temos um modelo que nos dá flexibilidade para esses tempos difíceis. Queremos que as pessoas voltem a gostar de voar, e é por isso que a Virgin America continua a focar e inovar na satisfação do consumidor.

Os clientes estão falando sobre a empresa. Estão escrevendo em seus blogs a respeito de suas férias e contando como elas começaram com um voo da Virgin America, comentando o quão divertido foi estar no avião, ou como o vídeo sobre os procedimentos de segurança é inteligente. Estão publicando fotos da experiência de voo em suas páginas pessoais no Flickr.

Isso me diz que até o momento estamos fazendo um trabalho muito bom.

O poder da pesquisa e do desenvolvimento é enorme — grande demais para se alimentar apenas do mercado já existente. Governantes e grandes filantropos compreenderam isso há séculos e tentaram, muitas vezes com sucesso, direcionar a inovação para objetivos de longo prazo. Estou sempre tentando analisar a melhor forma de orientar investimentos de capital para a solução de problemas que sabemos estar ali na esquina, mas que ainda não ditam o dia a dia do mercado.

Planos de ação para incentivar avanços em campos específicos não são novidade, é claro. O primeiro prêmio criado pelo governo britânico de que se tem registro foi lançado em 1714, oferecendo incentivos financeiros para o inventor que desenvolvesse um aparelho capaz de medir longitudes com margem de erro de meio grau. Isso era extremamente necessário naquele tempo em que as nações navegadoras europeias, incluindo a Inglaterra, travavam brigas cada vez mais violentas umas com as outras — tudo por não chegarem a um consenso sobre a localização de fronteiras e limites de tratados em territórios distantes.

Cinquenta e nove anos depois, o desafio foi vencido por John Harrison, um relojoeiro autodidata de Yorkshire. O prêmio — vinte mil libras, uma quantia altíssima na época — fez a fortuna da família dele.

Sempre gostei da ideia de prêmios. Mesmo quando um prêmio não é concedido a ninguém por todos os competidores terem falhado em suas tentativas de conquistá-lo, o simples fato de haver um alvo para se mirar pode levar uma ideia adiante, fazendo-a amadurecer. Como metas para o capital de risco, a inovação técnica e a ambição empreendedora, prêmios são altamente valiosos. E, como estamos descobrindo na Virgin Galactic, nossa operação de turismo espacial, prêmios, como o Ansari X Prize, capturam a imaginação do público, dando às aplicações comerciais do futuro uma base sólida.

Na verdade, o sucesso no mundo da aviação foi construído em cima de troféus. Em dezembro de 1912, Jacques Schneider — industrial francês e grande balonista — ofereceu um prêmio para uma corrida de hidroaviões. Era o Troféu Schneider. Para ganhá-lo — e arrematar 75 mil francos em dinheiro —, o piloto precisava vencer três corridas em um intervalo de cinco anos. Em 1919, Raymond Orteig, um dono de hotel em Nova York, lançou o prêmio Orteig, no valor de 25 mil dólares, para o primeiro voo transatlântico sem escalas que fosse feito entre Nova York e Paris. Charles Lindbergh foi quem o levou em 1927 — enquanto o Troféu Schneider permanecia à espera de um vencedor. Em 1925, o Ministério da Aviação britânico formou uma equipe de corrida em Felixstowe, Suffolk, e patrocinou o designer Reginald Mitchell no desenvolvimento de um monomotor para competir pelo troféu. O resultado foi o Supermarine S5, que foi aprimorado sucessivas vezes. O S6B quebrou o recorde mundial de velocidade voando a 655 km/h, uma marca que permaneceria imbatível por 14 anos — e outro dos sucessores diretos do S5, o lendário caça Spitfire, provavelmente salvou a Inglaterra de ser invadida pela Alemanha nazista.

Mas prêmios não são a única maneira de estimular a pesquisa e a experimentação. Incentivos fiscais também são uma grande ajuda a negócios inovadores. Inúmeros planos de ação foram desenvolvidos por sucessivos governos, com resultados diferentes. Na indústria privada, uma nova geração de empreendedores do Vale do Silício e de outros lugares do mundo está determinada a incentivar o surgimento de novas ideias que possam ajudá-los a atingir seus objetivos filantrópicos. Alguns planos de ação são extremamente ambiciosos. É necessário estar atento a esses desenvolvimentos, e espero que, bem como oferecer algumas lições sobre inovação, este capítulo sirva, de quebra, como uma introdução a algumas áreas de negócios empolgantes que estão em crescimento acelerado.

Como tantos líderes e chefes de estado, de Blair a Mandela, o presidente Mikhail Gorbachev era um vendedor persuasivo: "Richard, você é conhecido na Rússia como um aventureiro corajoso, não gostaria de ser um cosmonauta?"

Após o fim da União Soviética, Gorbachev tratava de varrer todos os símbolos do ineficiente e desacreditado regime comunista. O livre comércio estava em alta no Kremlin, com Margaret Thatcher sendo considerada uma heroína. E foi Thatcher quem disse a seu novo amigo russo que ele deveria me conhecer.

E lá estávamos nós, no Palácio Livadia, que um dia foi a casa do czar Nicolau e sua esposa Alexandra, em Yalta, no mar

Negro. Foi ali que Churchill, Roosevelt e Stálin se encontraram para redesenhar o mapa da Europa no fim da Segunda Guerra Mundial. Os russos estavam ávidos para me persuadir a ajudar na abertura dessa bela região a turistas — e, assim, arrecadar a moeda forte de que tanto precisavam.

Alguns dias depois, fui levado de helicóptero para Star City, em Baikonur, no Cazaquistão, para um tour VIP. Como ocidental, foi um privilégio poder entrar nesse mundo secreto. Ali estavam os criadores do Sputnik, da Vostok, da Voskhod e da Soyuz, da estação espacial Salyut — e dos mísseis que um dia nos ameaçaram. Foi dali que Yuri Gagarin se lançou ao espaço em abril de 1961, fazendo história. E agora uma nova geração de russos ocupava o lugar, negociando com o zelo empreendedor de um executivo de Palo Alto.

Aqueles sujeitos me ofereceram uma oportunidade única: a de sentar em uma cápsula na ponta de um foguete russo e ser lançado ao espaço. Estavam me dando a chance de me tornar o primeiro turista espacial de todos os tempos.

Mas, obviamente, havia um preço.

Mais de trinta milhões de dólares.

Naquele momento, a Virgin tinha um projeto de balonismo de alto nível chamado Earth Wings, e um cosmonauta soviético estava vindo se juntar ao nosso time. Eu queria muito fazer negócio com os russos, já preparando o terreno para o futuro, quando planejava abrir uma companhia aérea de baixo custo no país, mas o preço — trinta milhões de dólares! — era astronômico. Parecia imoral a ideia de gastar tanto dinheiro comigo mesmo.

Trata-se certamente de dinheiro demais para qualquer indivíduo desembolsar por uma viagem ao espaço. Mas é isso que você tem de gastar se quiser passar as férias anuais na Estação Espacial Internacional (International Space Station). Parece realmente uma fortuna quando há outras prioridades na vida. Isso me fez questionar o custo absurdo de mandar pessoas ao espaço — e deflagrou minha busca pelo grande pulo do gato nos negócios que tornaria as viagens espaciais uma proposta mais realista para um número muito maior de pessoas, colocando ciência e tecnologia de ponta em órbita a um preço acessível e realmente fazendo diferença para a vida aqui na Terra.

Deixei passar minha oportunidade, mas havia outros que estavam mais que dispostos a pagar o montante. Dennis Tito (que tinha uma boa bagagem científica por ter trabalhado como engenheiro no Laboratório de Propulsão a Jato, em Pasadena) se tornou o primeiro civil a viajar ao espaço, em 2001. Depois de Tito, vieram Mark Shuttleworth, em 2002, Greg Olsen, em 2003, Anousheh Ansari, em 2006, e Charles Simonyi, em 2007. Todos disseram que a experiência superou as expectativas, que já eram enormes. Em 2008, o inglês Richard Garriott, filho de um astronauta, foi para o espaço. Desde 2001, ele foi apenas o sexto a pagar por isso. Meia dúzia de pessoas no espaço a um custo total de quase duzentos milhões de dólares — não parece nada bom, não é?

Trinta milhões de dólares não é preço de turismo espacial. É exploração privada, feita por indivíduos ricos que estão subsidiando uma missão russa. A chance de um turista viajar ao espaço é atualmente uma em um bilhão. Quero diminuir essa estatística drasticamente. Quero tentar tornar as viagens espaciais uma proposta viável de negócio e também criar uma plataforma tecnológica que beneficie as pesquisas científicas, os satélites e outras atividades humanas no espaço. Não há dúvida, no entanto, de que o turismo precisa ser o primeiro degrau nessa escalada.

Nossa tarefa inicial tem sido estabelecer a demanda mais provável para o que temos em mente. Em uma área nova como essa, isso pode ser difícil. Que perguntas devemos fazer e como devemos interpretar as respostas que recebermos?

Consultorias de mercado são facas de dois gumes. Não há dúvida de que vale a pena conferir o que elas têm a oferecer, mas, por favor, nunca deixe de lado a própria avaliação e as próprias ideias. Consultores, como qualquer grupo de especialistas, funcionam melhor quando recebem algo com que possam trabalhar, e, quanto mais insights e detalhes pudermos fornecer sobre nossas dúvidas e necessidades, melhores os conselhos que nos devolverão.

Não posso negar que, em nossa busca por bons conselhos, o caminho foi facilitado pelo grande potencial comercial do espaço. Além da Virgin Galactic, outros estão ansiosos para se envolver no negócio: Jeff Bezos, que fez fortuna vendendo livros e outros produtos no mundo virtual com a Amazon.com; o magnata de hotéis de Las Vegas Robert Bigelow, que agora está desenvolvendo um grande hotel espacial inflável; John Carmack, criador de jogos de videogame de sucesso como *Doom* e *Quake*; e Elon Musk, fundador do PayPal, que desenvolveu o SpaceX, um serviço de transporte orbital comercial.

A demanda por pesquisa de qualidade nesse setor é tão grande que surgiram consultorias especialmente dedicadas a incentivar e moldar os mercados emergentes. Em 2002, uma pesquisa feita pela Zogby International para a Futron começou a estudar seriamente o mercado para o turismo espacial. Seus relatórios indicam que o número anual de turistas, em 2011, chegará a dois mil, e que, em 2021, quando o custo diminuir, serão, em média, 15 mil. O retorno esperado para esse negócio, em 2021, é de 676 milhões de dólares anuais.

A Zogby chegou a essas estimativas entrevistando milhares de pessoas muito ricas. Minha intenção é tornar a experiência de um voo suborbital acessível a muito mais gente. A Virgin Galactic precisará fazer apenas dois voos por dia partindo de três lugares diferentes para quebrar a barreira da pesquisa da Futron — e, se tudo correr bem, essa estimativa será conservadora. Minha previsão pessoal é que, por volta de 2019, o preço de uma viagem ao espaço suborbital terá caído a ponto de permitir que centenas de milhares de pessoas experimentem e desfrutem de um voo espacial. Para alguém que esteja na Europa ou nos Estados Unidos, será tão simples quanto ir à Austrália num feriado. Um valor abaixo de cem mil dólares pode ser alcançado. Mas, ainda que a pesquisa da Futron esteja correta, a Virgin Galactic será um negócio de sucesso.

A Virgin tem as condições ideais para entrar no mercado espacial. Temos a experiência e o conhecimento para transportar milhões de pessoas ao redor do mundo com segurança. O que a marca Virgin fará — como nenhuma outra no mercado espacial comercial — é fazer entrar na cabeça do público a ideia de que o turismo espacial é para eles: uma indústria de serviços que será pura diversão, ao mesmo tempo em que terá a maior segurança que o homem é capaz de garantir. A marca também ajuda a dar à equipe credibilidade global na fase de construção do negócio, para que seja possível incluir trabalhos de ciência ambiental no espaço, lançamento de satélites e treinamento de astronautas.

Em março de 1999, Will Whitehorn registrou a Virgin Galactic como empresa — e então nossa busca de tecnologia para nos levar ao espaço de forma relativamente barata começou para valer.

Fazia anos, porém, que eu andava de olho em toda e qualquer coisa relacionada ao difícil trabalho de decolar rumo ao espaço. Queria que fôssemos os primeiros nesse setor, da mesma forma que desejava o pioneirismo no mercado de biocombustíveis. E, assim como brincamos com alguns biocombustíveis altamente improváveis ao longo dos anos, também testemunhamos o lançamento de alguns protótipos de naves espaciais muito loucas!

Essa é a parte invisível dos negócios, aquela que ninguém nunca discute, porque, para ser honesto, não há muito o que discutir. *O segredo do sucesso em qualquer setor inexplorado é a observação, normalmente durante um período de muitos anos*. É difícil transformar a espera e a observação em lições de negócio vibrantes, mas, se há uma coisa que você deve extrair deste capítulo, é esta: o surgimento súbito da Virgin como líder em mercados de ponta é resultado de décadas de preparo. É preciso ter uma enorme dose de pura curiosidade para dar certo num setor novo.

Nossa busca por uma maneira de ir ao espaço nos levou a um admirável mundo novo de materiais exóticos e designs inovadores, além de subprodutos e oportunidades de negócios aos montes — uma comunidade próspera de pequenas empresas e novos empreendedores, motivados por prêmios e apoiados por filantropos engajados e bem-informados.

Foi uma experiência estranha. Tendo me considerado um pequeno empreendedor por toda a vida — mesmo com tantas evidências, companhias aéreas e tudo mais, provando o contrário! —, foi curioso ver-me olhando os negócios pelo outro lado do telescópio. Sim, eu pretendia montar meu próprio negócio — uma pequena companhia espacial comercial —, mas, ao mesmo tempo, via que o capital que tinha para investir podia fazer uma verdadeira diferença no setor, incentivando outros pequenos negócios a se desenvolver.

Não estava mais simplesmente inovando num mercado já existente — eu e outras pessoas estávamos de fato ajudando a criar o mercado. Isso colocava a velha questão sob um foco completamente diferente para mim: como poderíamos fazer a diferença?

O momento crucial para as viagens espaciais comerciais veio com a chegada do novo milênio, quando o empreendedor Peter Diamandis anunciou o Ansari X Prize. O prêmio propôs um desafio simples aos competidores: levar três pessoas a cem quilômetros acima da superfície da Terra duas vezes num intervalo de duas semanas. Desde 1997, Peter foi à Inglaterra várias vezes tentar me vender a ideia, e chegamos a pensar que criar um Virgin X Prize seria uma boa estratégia. No entanto, mais do que patrocinar um prêmio, queríamos levar a tecnologia adiante para que pudéssemos construir o próprio negócio.

Tomamos a decisão certa. Estávamos nos baseando em nossos pontos fortes para desenvolver a empresa. Isso posto, devo dizer que não acho que estaríamos aqui nos preparando para o lançamento de nossa primeira nave espacial se não fosse pela ideia e determinação de Peter e também pela enorme generosidade de Anousheh e Amir Ansari, que foram de fato os doadores do prêmio de dez milhões de dólares.

O Ansari X Prize teve 29 inscritos, mas apenas três competidores sérios. Desses três, só um conseguiu angariar fundos substanciais — o da SpaceShipOne.

A empresa de Burt Rutan, Scaled Composites — com sede em Mojave, na Califórnia —, revelou ter um programa espacial em 18 de abril de 2003. A *SpaceShipOne* de Burt seria levada ao limite da atmosfera por uma nave-mãe — um avião leve chamado *White Knight* — e lançada ao espaço em voo.

Em 17 de dezembro de 2003, tivemos finalmente a confirmação daquele que tinha se tornado um segredo de polichinelo no meio da aviação: Paul Allen, um bilionário recluso apaixonado por ficção científica, era o patrocinador de Burt no projeto da *SpaceShipOne*. Naquele dia, a *SS1* quebrou a barreira do som durante o primeiro voo de teste. Em 21 de junho de 2004, Mike Melvill pilotou a SS1 a mais de cem quilômetros de altitude, o que foi um avanço significativo, que derrubou de uma vez por todas o mito de que a aviação espacial estava restrita a grandes programas governamentais.

Calculei que Paul teria gasto em torno de 26 milhões de dólares para conseguir levar o prêmio de dez milhões. E decidi escrever-lhe em janeiro de 2004, propondo uma parceria meio a meio.

Caro Paul,

Permita-me parabenizá-lo pelo último voo. Pelas filmagens, vi que foi realmente maravilhoso. Seria um grande prazer trabalhar com você levando o projeto adiante e ajudando a torná-lo um empreen-

dimento de turismo espacial sério. Tenho esperanças de que, com a força da marca Virgin, o talento de nossa equipe de marketing e o seu conhecimento tecnológico, poderemos não só ter o retorno de nosso investimento como ganhar o suficiente para desenvolver o projeto ainda mais, levando-o a estágios mais avançados. Nossas sugestões são: 1) que inicialmente nós, juntos, façamos os investimentos necessários para criar uma nave de três lugares (semelhante aos modelos de teste), mas com janelas maiores. Essa nave deve estar pronta para transportar passageiros em 18 meses. Cada um de nós entraria com cem milhões de dólares, ao longo de três anos, para conseguir fazer isso. 2) Começaremos a fazer grandes campanhas de marketing que irão coincidir com o último voo antes do voo do prêmio X Prize. Ofereceremos mil viagens ao custo de duzentos mil dólares cada uma. Isso irá gerar uma soma de milhões de dólares, o que deve ser suficiente para termos o retorno de nosso investimento e ainda uma sobra que nos permitirá levar o projeto adiante, aperfeiçoando-o (possivelmente fazendo uma nave de seis lugares com um custo mais razoável por pessoa).

Sugeri o nome Virgin Galactic Airways e afirmei que acreditava ser possível começar a receber depósitos naquele verão. Eu disse: "Temos uma equipe que pode tocar isso perfeitamente bem."

Comandar uma empresa espacial comercial não interessou muito a Paul, mas adorou a ideia de desenvolver uma nave espacial comercial de seis lugares. Will Whitehorn e Alex Tai, um ex-comandante da Virgin Atlantic, foram a Seattle para se encontrar com os advogados de Paul. Jon Peachey, diretor de investimentos da Virgin e um dos membros do Conselho da Galactic, acompanhou-os. Peachey era o homem responsável pelo dinheiro, com instruções rigorosas para manter a empolgação de Will e Alex sob controle!

A primeira negociação não foi favorável à empresa de Paul, mas deixamos para finalizar as conversas um pouco depois, e, da segunda vez, tudo correu bem. Ambos os lados estavam conscientes de que o Ansari X Prize estava ali na esquina e que era necessário fechar negócio rapidamente se a nova empresa quisesse tirar proveito da publicidade. A Virgin acabou conseguindo comprar de Paul Allen os direitos que nos permitiriam usar a tecnologia dele — a apenas três semanas do X Prize! Foi um negócio maravilhoso para nós, porque a marca Virgin Galactic estaria no *SpaceShipOne* durante a cerimônia em Mojave em outubro. Isso nos daria visibilidade mundial — e passaria a mensagem de que agora estávamos no jogo para valer.

Sempre vou me lembrar da última semana de setembro de 2004 com muito carinho. Foi nessa semana que lançamos o serviço de Pendolinos pendulares que atingem 200 km/h no Reino Unido. Fomos aplaudidos pelo presidente da Nigéria pelo lançamento da Virgin Nigeria. E estive com Burt na plataforma da Royal Aeronautical Society, em Londres, para anunciar o lançamento da Virgin Galactic. Assinamos um contrato histórico de 21,5 milhões de dólares com a empresa de Paul Allen pelo uso da tecnologia e anunciamos que tínhamos desenvolvido um plano de investimento de cem milhões de dólares para criar um protótipo de aeronave espacial de seis lugares na empresa de Burt, em Mojave.

Burt Rutan é um gênio da engenharia que está anos à frente de seu tempo. Você se lembra do *Voyager*, um avião que parecia um catamarã voador e que deu a volta ao mundo com apenas um tanque de combustível em 1986? Foi Burt quem o projetou. Era o maior avião de materiais compostos já construído e o pai de muitos outros modelos da Scaled Composites que vieram depois, incluindo o *SpaceShipTwo*. A aeronave era um composto trançado de vidro, grafite e fibra sintética unidos com epóxis e resinas. Se o composto fosse aquecido sob pressão, tornava-se tremendamente forte e muito mais leve que alumínio prensado.

A *SpaceShipOne* foi construída de materiais não menos exóticos. Na verdade, havia muito pouco no design, nos materiais, na execução e no comportamento de voo da aeronave que *não fosse* exótico. A começar pelo motor — um projeto revolucionário de motor de foguete que será usado no *SpaceShipTwo* e sem o qual o turismo espacial comercial simplesmente não seria possível para nós.

Obviamente, era uma velha ideia tranformada por Burt em uma versão absolutamente única: um sistema de dupla propulsão, com um oxidante líquido e um combustível sólido. O combustível sólido reveste o casco do foguete. O oxidante líquido é injetado na cabeça do motor, gerando a ignição. A superfície do combustível sólido reage, entra em combustão e vira gás. E, como os propulsores são separados, eles não se misturam em caso de vazamento. Consequentemente, não há como ocorrer uma explosão. A maioria das falhas em sistemas nos foguetes, ao longo dos anos, foi fatal. Mas não nesse caso: as naves de Burt são muito resistentes a falhas.

E são baratas. Depois que toda a engenharia e o design estão prontos, colocá-las em linha de montagem é relativamente simples. O combustível sólido é borracha. Uma vez que o motor de ignição começa a queimar a borracha, óxido nítrico é adicionado sob pressão, produzindo uma chama. O gás se expande e gera propulsão instantânea.

O motor de foguete nos dará apenas impulso suficiente para lançar a nave na subórbita. Em seguida, esse motor é desligado, e a nave segue subindo lentamente por alguns minutos. Aí chega ao topo de seu arco e começa a descer. É como jogar um molho de chaves para cima — uma vez que acaba o impulso, começa a descer.

E outra coisa adorável sobre esse motor: ele é ecologicamente correto. Bastante correto, se comparado a qualquer outro foguete que parta do solo. Vá para o espaço com a Virgin Galactic e liberaremos menos dióxido de carbono do que uma pessoa numa viagem de ida e volta na primeira classe entre Londres e Nova York. O Space Shuttle da NASA tem o mesmo custo ambiental que toda a população de Nova York junta num fim de semana!

Mike Melvill, parceiro e amigo de Burt de longa data, foi quem pilotou a *SpaceShipOne*, presa à nave-mãe *White Knight*, quando ela decolou do Centro de Testes Aeroespaciais Civis de Mojave em 29 de setembro de 2004. Foi uma viagem turbulenta, que demandou exímio talento do piloto. A *SS1* atingiu o apogeu a 103 km de altitude. Estava no espaço.

No dia 4 de outubro de 2004, a *SS1*, com o piloto de testes Brian Binnie no controle, foi lançada de sua nave-mãe e elevada à subórbita, atingindo 112 km de distância da Terra. Para Binnie, o voo e o dia foram inesquecíveis. Tinha se tornado um astronauta.

Para Burt Rutan, foi o resultado do trabalho de uma vida. A *SS1* havia faturado o Ansari X Prize.

Na Virgin, acreditamos que o sucesso dessa pequena espaçonave revelava possibilidades comerciais e, por isso, decidimos licenciar a tecnologia da *SS1* e de sua nave-mãe, *White Knight*.

No dia 27 de julho de 2005, em Oshkosh, Wisconsin, eu e Burt anunciamos a assinatura de um contrato para formar outro negócio. Ficou acordado que a nova empresa seria dona de todos os designs de lançamento da *SS2* e da *White Knight Two* que estavam sendo desenvolvidos na Scaled Composites. O novo negócio, a Spaceship Company, era uma *joint venture* entre a Virgin e a Scaled. A empresa de Burt ficaria com a pesquisa, o desenvolvimento, os testes e a certificação das duas naves, com ele próprio no comando da equipe técnica.

Acho que o trabalho da Virgin com Paul Allen e a Scaled Composites é um ótimo exemplo de situação em que capital e inventividade trabalham juntos. Desde o primeiro dia, cada um de nós olha para o mesmo horizonte. A simbiose é quase perfeita. A genialidade de Burt está sendo desafiada e testada e ele será bem-recompensado por isso assim que nosso investimento gerar retorno. Acredito que — pondo de lado os enormes riscos financeiros envolvidos quando se faz algo novo — essa relativa facilidade de fazer negócios se deve parcialmente ao ambiente em que se trabalha, que transborda entusiasmo. Também acho que tem a ver com o fato de a Virgin encarar todos os envolvidos no projeto como empreendedores, independentemente de quanto investiram. Estamos todos, cada um à sua maneira, caminhando em direção a um território desconhecido e compartilhando a mesma experiência.

O sucesso comercial da *White Knight Two* e da *SS2* abrirá portas para nosso negócio. Uma única missão pode pôr 23 mil quilos em órbita a um custo aproximado de 450 milhões de dólares. Estamos caminhando em direção ao dia em que a *White Knight Two* será capaz de levar 12,5 quilos de carga a 15 mil metros de altitude e então lançá-los na órbita baixa da Terra. Isso dará à nave a maior capacidade do mundo, abrindo todo um leque de possibilidades para satélites meteorológicos, medições de emissão de carbono e treinamentos em gravidade zero mais baratos para os astronautas de amanhã. No futuro, a *SpaceShipTwo* e suas naves sucessoras poderão ser capazes de levar cargas ainda mais longe no espaço. Embora a Virgin Galactic precise se concentrar no plano original, essas são opções que nosso negócio terá para expandir lucros e base tecnológica.

Não quero desmerecer em nada a importância dos prêmios, mas estou feliz de termos escolhido desenvolver uma empresa em vez de patrocinar um concurso. Acho que esse novo mercado emergente se beneficia do espírito Virgin de capitalismo com marca. A Virgin inclui o público no jogo, traz capital pesado e incentiva o surgimento de pequenas ideias empreendedoras no ramo. Estamos nessa para ganhar dinheiro enquanto fazemos o bem, e nos negócios não se encontra nada muito melhor do que isso. E, acredite em mim, ter acesso barato ao espaço será algo decisivo caso a humanidade tenha esperança de resolver seus problemas aqui na Terra.

Até mesmo o mais singular e exótico dos ambientes de negócios funciona com princípios comuns. Uma vez que nossos sistemas estejam testados e aprovados e nossos primeiros viajantes espaciais estiverem falando entusiasmados sobre suas experiências, acredito que as portas irão se abrir. Uma redução considerável nos custos virá quando as seguradoras perceberem a segurança que será possível garantir em viagens ao espaço. Mais capitalistas de risco sentirão que há possibilidade de lucro na área, e os investimentos deles, por sua vez, vão permitir maiores expansões do negócio. Poderemos até ver algumas companhias de turismo espacial comercial listadas nas bolsas de Londres e Nova York.

Sinceramente, o espaço está lá para ser conquistado. Os riscos de falhas são altos e é necessário ter ideias em grande velocidade para atrair investimentos. Por outro lado, há muitas ideias a serem exploradas. A ciência de materiais e a biotecnologia estão despejando possibilidades num ritmo mais acelerado do que o mercado consegue acompanhar, daí ser vital a vontade de aprender, caso você queira aproveitar novas oportunidades nessas áreas. Isso, por sua vez, exige que se interesse de verdade pelas pessoas, pelo que elas estão fazendo e pelo melhor modo de ajudá-las. Nesse setor, você não vai descobrir o ouro sozinho.

Reality shows sobre negócios estão ficando cada vez mais populares. *Dragons' Den*, por exemplo, sucesso de audiência, foca a parte mais divertida dos negócios — criar, orçar e testar novas ideias. O júri é composto de milionários de sucesso e, ao mesmo tempo que o programa mostra o quanto eles podem ser esquisitos, acho que fica claro para todos que são também um grupo generoso e animado que gosta de injetar espírito de aventura em tudo que faz. Alguns participantes são bem preparados e trabalham cuidadosamente suas propostas; outros são lançados aos Dragões, devorados e cuspidos. Mas é um programa extremamente interessante: é impressionante a quantidade de boas ideias e planos que as pessoas apresentam.

Em uma reunião em Downing Street, um tempo atrás, novos empresários russos me perguntaram se podia ajudá-los, ensinando alguns aspectos práticos do capitalismo. Escrevi num pedaço de papel: "*Dragons' Den* russo: lançar". Enquanto caminhava pelo local, após o fim da reunião, um fotógrafo do *Times* a uns cem metros de distância conseguiu fotografar o pedaço de papel e depois ampliar a imagem. O resultado foi a seguinte manchete: "BRANSON PLANEJA LANÇAR *DRAGONS' DEN* NA RÚSSIA." Ainda acho que é uma boa ideia, mas tenho certeza que a BBC, a emissora responsável pelo programa, já devia estar pensando nisso.[1]

Em todo lugar a que vou, sou a emissora responsável por ideias de negócios. Há alguns anos, costumava sentar diante de uma pilha de ideias e trabalhar nelas. Havia, por exemplo, a oferta cheia de charme de um espanhol, escrita num inglês perfeito. Ele me dizia que queria trabalhar comigo para criar o Virgin White — um sabão em pó. Afirmava ser um produto maravilhoso e, naturalmente, talvez estivesse certo.

Algumas das propostas que recebemos são magistralmente esmiuçadas até o último detalhe, e nos oferecem uma boa fatia de mercado. Outras são rascunhos escritos de qualquer jeito, normalmente com a inscrição "privado e confidencial", dizendo basicamente: "Caro sr. Branson, tenho uma ideia de produto que talvez queira lançar — é a sopa de tomate em lata Virgin. Acho que seria um produto muito popular. Aguardo seu retorno." O que se pode dizer sobre isso? Que a Heinz e a Campbell's já têm excelentes sopas de tomate em lata? Eu não gosto de ser rude, nunca. Procurei tudo o que já

[1] Na Rússia, o programa ganhou o nome de *Capital*. (N. do E.)

tinham nos enviado e descobri que já recebemos cerca de cem propostas para criar — sim, é verdade — o Virgin White. Ou seja, você pode pensar que sua ideia é original, mas certamente há pessoas lá fora que podem ter pensado nisso antes de você.

Não quero desestimular a paixão e o entusiasmo de ninguém, mas, nos últimos 35 anos, já examinamos todas as ideias que puder imaginar. Somos bombardeados com ideias: algumas malcozidas — como a dos Feijões Virgin — outras bem crocantes — como a dos palitinhos crocantes Virgin — e, entre elas, alguns sucessos, como a Virgin Mobile.

Com o tempo, comecei a considerar todo e qualquer tipo de ideia em nossa busca, de dançarinas de cabaré a células-tronco. E, na verdade, sempre encaramos sexo e saúde como partes fundamentais da marca Virgin.

O envelhecimento da geração *baby boom* em uma série de nações ricas demonstra que as pessoas não podem mais esperar que os governos as sustentem com aposentadorias e planos de saúde. No Reino Unido, o Serviço Nacional de Saúde (NHS) está sob uma pressão cada vez maior. No futuro, haverá demanda por serviços complementares, capazes de fornecer serviços que não estejam necessariamente relacionados com problemas de saúde, mas que proporcionem melhor qualidade de vida. Não se trata de uma visão política ou de um bordão de venda. É a realidade nua e crua. O NHS não pode dar conta de tudo. Somos muitos, e é absurdo esperar que uma única organização — ainda que visionária — adote cada um dos novos procedimentos que surgem, por mais caro e raro que sejam, e os distribua para todos. É simplesmente impossível.

Independente de qualquer coisa, esse é o quadro geral. O papel da Virgin nele é bem modesto, mas também, pelo menos assim esperamos, direcionado de modo a apoiar e ajudar a manter os serviços públicos atuais. Nossa intenção é oferecer serviços complementares que não sejam de emergência e combinem fisioterapia, odontologia, oftalmologia, exames e radiografias. Considerando o crescente número de pessoas saudáveis e ativas na faixa dos quarenta, cinquenta e sessenta anos com boas condições financeiras e muito pique e vontade de viajar e ver o mundo, parece loucura não lhes oferecer a oportunidade de investirem no próprio bem-estar. Trata-se de um passo à frente para nós também: cuidar da saúde da primeira geração Virgin!

Além disso, e com a consciência de que há muitas questões regulatórias e éticas que devem ser observadas, estamos explorando o território altamente controverso da pesquisa com células-tronco. Essas células podem revolucionar o tratamento médico nos próximos anos. Foi como anotei em meu caderninho: *"Células-tronco são a essência da vida. Elas têm o potencial de virar qualquer outra célula. Dando a elas condições para isso, podem criar não apenas um coração — mas um coração para você."*

Realizamos pesquisas sobre a obtenção de células-tronco a partir das células sanguíneas dos cordões umbilicais. Montamos um banco de células Virgin, armazenando células-tronco para gerações futuras e investimos em um serviço de testes genéticos que pode ser capaz de prever certas doenças. Conversei com vários cientistas que estão trabalhando na linha de frente dessa tecnologia, incluindo o cabeça de uma companhia chamada ViaCell, uma empresa de biotecnologia clínica cujas experiências e pesquisas em medicina celular experimental podem chegar um dia a curar o câncer, doenças neurológicas, diabetes e distrofias musculares. Acredito que questões éticas complexas estão aí para serem respondidas — várias vezes, se necessário, à medida que os anos passem e a moral e os modismos mudem — e que qualquer coisa que possa salvar vidas no futuro vale a pena ser estudada.

A Virgin — como todos os melhores negócios empreendedores — está realmente à procura de algo novo. Se você pensa que irá fazer fortuna conosco lançando um sabão em pó, sopa de tomate ou até meia-calça feminina de três pernas (sim, já tivemos essa proposta: você dobra e guarda a terceira perna na calcinha, para usar caso uma das outras desfie), precisa encontrar outro empreendedor.

Outra coisa de que você vai precisar — aos montes — é sorte. Os gurus das escolas de administração tendem a subestimar esse fato, talvez porque o poder do acaso seja mais relevante que qualquer outra regra que eles já tenham lhe ensinado. Mas acredite em mim: sorte é essencial. Não existem muitos grandes executivos que admitem que simplesmente estavam no lugar certo na hora certa. Mesmo assim, o mundo dos negócios é repleto de casos de fracasso de gente que estava no lugar certo na hora errada e se deu mal. A Virgin Mobile — a empresa que mais rapidamente atingiu um faturamento de um bilhão de dólares em toda a história — foi, sem dúvida, impulsionada por uma boa dose de sorte.

Mas o acaso favorece quem está mais preparado. Gary Player, o gênio sul-africano do golfe, costumava dizer que, quanto mais treinava, mais sorte tinha. Sim, ocorrências fortuitas tiveram papel fundamental no sucesso da Virgin Mobile. Mas não se pode esquecer que sempre tivemos interesse na telefonia celular e estávamos o tempo todo procurando uma brecha no mercado; até que, quando uma cratera se revelou, estávamos prontos para investir.

No momento em que estamos vivendo, um pouco de sorte viria a calhar. A mudança climática será um desafio com que nossa geração terá de lidar, e também muitas outras à frente. As empresas já estão começando a realizar mudanças significativas, mas as coisas ainda não chegam nem perto da velocidade de transformação que seria necessária. Precisamos de tecnologias de controle avançadas e alternativas de energia limpa muito antes do que havíamos previsto — e ainda não desenvolvemos sequer uma fração do que precisamos: aquecedores de água ultraeficientes, melhor refrigeração, materiais de construção avançados, aquecimento, ventilação, isolamento, coleta de água da chuva...

Alguns produtos fantásticos já são realidade. Janelas inteligentes que se adaptam e mantêm temperaturas confortáveis nos ambientes. Iluminação supereficiente com LED. Melhorias em termos de economia de energia nos projetos de casas e construções. Tecnologia de sensores para nos ajudar a usar recursos escassos de forma mais inteligente. Até mesmo uma nova variedade de robôs superinteligentes (Bill Gates me disse que essa tecnologia é tão fascinante quanto a indústria dos PCs na época de seu surgimento, em meados da década de 1970). De acordo com um relatório de 2008 da *Scientific American*, em 2055, um computador de mil dólares terá uma capacidade de processamento tão poderosa quanto a combinação de todos os cérebros humanos. A essa altura, provavelmente não estaremos em condição de dispensar ajuda.

Há também os carros híbridos de última geração (incentivados por Peter Diamandis, fundador do X Prize e agora do Automotive X Prize), que poluem menos. Há fazendas produzindo energia eólica, perto e longe da costa, barragens marinhas e painéis solares. Há tecnologias surgindo para capturar carbono em estações de força. Espelhos parabólicos, distribuídos pelos desertos africanos, geram eletricidade ecologicamente correta. Há enormes programas de investimentos pesquisando biocombustíveis como o butanol, à base de celulose, que não acaba com nossos recursos alimentares vitais. E muitas dessas excelentes estratégias foram analisadas pelo Conselho de Investimento da Virgin.

Nos negócios, como na vida, você não pode temer fazer a coisa errada. Este livro é uma soma de registros de sucessos e equívocos, meus e de meus colegas. O primeiro investimento em biocombustível da Virgin Fuel foi em usinas que produzem etanol a partir do milho. Levando em conta o que ocorre com os investimentos em comida neste momento no mundo, todos concordaremos que foi um péssimo começo! Mas, como vimos, daquela ideia não tão boa, outras excelentes nasceram. Lembre-se: o sucesso nos negócios nunca é resultado da inatividade. Eu tive sorte nos negócios? Com certeza. Mas a maior parte das pessoas, na maior parte do tempo, tem a mesma dose de sorte. É o que você faz com ela que importa.

Inovação é o que se conquista quando capitaliza sua sorte, quando sai de trás da mesa e vai ver aonde as ideias e as pessoas podem levá-lo.

— Isto aqui é o paraíso: me passe o protetor solar, por favor? — pedi à minha mulher, enquanto pegávamos sol em nossas espreguiçadeiras. Joan e eu comemorávamos um romântico aniversário de casamento nas Maldivas, e o Oceano Índico era um espelho turquesa reluzente. Estava deliciosamente quente, com uma brisa marinha agradável, e o único barulho era o das ondas se quebrando na areia branca.

— Aqui está. Você vai ficar supercheiroso com isso espalhado no corpo — disse ela, rindo, ao me passar o vidro.

Era uma loção orgânica de fator 30 à base de coco, e meus braços, pernas e barriga ficaram brilhando depois que a passei. Joan estava certa, eu agora cheirava como uma imensa barra de doce de coco.

O romance que eu estava lendo não era dos melhores — então recoloquei os óculos para ler os ingredientes do protetor solar em vez do livro. Estou sempre procurando ideias e qualquer coisa pode atiçar meu pensamento. Comecei a contemplar a ironia de nosso planeta. Ali estava um dos lugares mais bonitos do mundo — e quase 80% dele fica menos de um metro acima do nível do mar. O aquecimento global e a elevação dos oceanos seriam uma catástrofe para aquele pedaço de céu na Terra. Haveria uma solução? Talvez parte da resposta a essa pergunta estivesse no vidro de protetor solar que estava segurando...

O aumento da população mundial e as mudanças climáticas são os maiores desafios que nosso planeta enfrenta — e a aviação contribui com cerca de 2% para o aquecimento global industrial (a agricultura é a maior vilã). Em 21 de setembro de 2006, ao lado do ex-presidente americano Bill Clinton, assumi o compromisso de investir todos os lucros do Virgin Group que fossem provenientes de nossos negócios de transportes, pelos próximos dez anos, no combate ao aquecimento global. No encontro da Clinton Global Initiative, em Nova York, eu disse:

— Nossa geração herdou um mundo inacreditavelmente lindo de nossos pais e dos pais deles. Não podemos ser a geração responsável por danificar o meio ambiente de forma irreversível.

No programa *Power Lunch*, da CNBC, repeti minha promessa:

— É óbvio que, trabalhando com transportes, lançamos uma grande quantidade de dióxido de carbono na atmosfera... Estamos nos comprometendo a investir todo o dinheiro que tivermos de retorno, em forma de lucros ou dividendos, no combate ao aquecimento global. Esperamos, nos próximos dez anos, destinar três bilhões de dólares para esse fim.

As anotações em meus cadernos, nos dias que se seguiram a esse anúncio, estão cheias de setas para todos os lados, pontos de exclamação e outros rabiscos que representavam minha tentativa de compreender os números por trás do debate sobre combustíveis.

Menos de uma semana depois, no dia 27 de setembro, a Virgin Atlantic anunciou uma iniciativa para reduzir as emissões de carbono na aviação em até 25%. Nossas companhias aéreas usam em torno de 2,6 bilhões de litros de combustível por ano. Eu queria reduzir esse consumo e pensei em algumas ideias. Na época, sabia que eram objetivos ambiciosos. E se nossos aviões fossem rebocados até a pista de decolagem antes de os motores serem ligados? Sugerimos um grid de largada para os aviões nos aeroportos e um método de pouso chamado "descida contínua", que gera economia de combustível. Também chamamos a atenção para o sistema de controle de tráfego aéreo europeu, que está agredindo o meio ambiente ao manter aeronaves em fila de espera para o pouso, dando voltas e voltas no ar. (Há 35 organizações de controle de tráfego aéreo diferentes na Europa; nos Estados Unidos existe apenas uma para todo o espaço aéreo do país!) A Virgin Atlantic estava trabalhando para reunir as companhias aéreas com o propósito de tornar a aviação comercial um ramo mais consciente em relação às questões ambientais, e, em 2008, muitas companhias aéreas do mundo — agora enfrentando críticas cada vez mais severas por seu papel no aquecimento global — tinham começado a adotar esses procedimentos para economizar combustível.

Claro, poderíamos todos parar de voar amanhã. Mas essa não é apenas uma ideia surreal, também é desastrosa do ponto de vista político e econômico para milhões de pessoas pobres no mundo. Se pararmos de levar gente à África, por exemplo, iremos apenas aumentar o sofrimento de quem vive lá. Muitas nações africanas construíram projetos de turismo bons e rentáveis. Basta olhar para o que aconteceu no Quênia em 2007, quando o turismo minguou depois que o resultado das eleições presidenciais foi contestado, para reconhecer a importância desse mercado e os efeitos desestabilizadores que uma diminuição no turismo podem gerar em uma nação.

A economia global agora depende da aviação e do turismo, que são dois dos mais importantes mercados mundiais. Ambos cresceram exponencialmente nos últimos quarenta anos e impulsionaram as economias de muitas nações em desenvolvimento. Sinceramente não vejo como poderíamos frear isso e voltar à Idade da Pedra. As pessoas adoram viajar. Viagens abrem a cabeça e aumentam a compreensão e a cooperação internacionais. Ironicamente, o ecoturismo é quase sempre a melhor maneira de proteger ecossistemas sensíveis, como as florestas tropicais.

Lentamente, o mercado da aviação está acordando para a dura realidade: a situação atual não é mais sustentável. Tanto os fabricantes de aviões quanto os de motores devem continuar procurando alternativas mais silenciosas e menos poluentes. Outra questão importante para todas as companhias aéreas é o eterno alto custo do combustível — de fato, todas as companhias aéreas da Virgin sentiram o baque do aumento do preço do petróleo. A conta de combustível da Virgin aumentou centenas de milhões de dólares entre 2004 e 2006. Reduzir nosso consumo de combustível fóssil não é uma solução que vá durar para sempre. Na melhor das hipóteses, vai apenas adiar uma crise iminente.

Qual é a solução?

O segredo para salvar nosso meio ambiente é criar energias e combustíveis mais limpos que não representem uma grande agressão à atmosfera e que também não provoquem desmatamento nem acabem com os estoques de alimento, que são vitais para as gerações futuras. A recente revolta contra os biocombustíveis jogou todos os tipos de energia e iniciativas em um mesmo saco, sem considerar argumentos individuais. Mas nem todas as drogas são nocivas — compare aspirina com heroína —, e o mesmo argumento serve para as energias renováveis. Ao mesmo tempo que sei que elas não trarão resposta para tudo, acredito que, até agora, não chegamos nem perto de descobrir o que os biocombustíveis podem nos fornecer.

Queime qualquer material orgânico — e isso inclui carvão e petróleo — e vai liberar gás carbônico na atmosfera. Carvão e petróleo advêm da vegetação que é comprimida sob o solo em milhões de anos. Se usássemos vegetação viva — cana-de-açúcar, salgueiros, amendoins, milho, cocos — em vez desses combustíveis fósseis, não estaríamos lançando o de épocas passadas em cima do carbono que já está em nosso meio ambiente. Existe uma frase que adoro e que resume perfeitamente essa visão: "Não desenterre os mortos."

Combustíveis sintéticos estão no mercado desde 1910, quando combustíveis à base de álcool foram produzidos em massa pela primeira vez. Antes da Lei Seca nos Estados Unidos, os carros eram movidos a etanol — mas como o etanol é um tipo de álcool, a prática passou a ser considerada fora da lei, como precaução para que as pessoas não o bebessem.

Vinod Khosla, o homem que fundou a Sun Microsystems e um dos mais influentes investidores da Califórnia — e dos Estados Unidos —, acredita que o etanol é o combustível do futuro para os carros e uma opção muito mais prática que o hidrogênio, que é muito difícil de manipular. No entanto, o etanol — que poderia ser uma alternativa viável como combustível para aviões — congela nas temperaturas encontradas a mais de 4,5 m de altitude.

Por quase um século, a inconveniência do etanol parece ter inibido a pesquisa de combustíveis alternativos para a aviação. Quando comecei a ter contato com o mercado, fiquei surpreso de ver a falta de progresso e interesse nesse campo. Ninguém ainda havia pensado seriamente em colocar biocombustível num avião?

Aparentemente, não: quando declarei pela primeira vez, em 2006, que estávamos procurando um combustível de jato que fosse limpo, tanto ambientalistas quanto fabricantes de motores riram de nós. As pessoas diziam que era absolutamente impossível. Vale lembrar que há razoavelmente pouco tempo, na década de 1950, figuras influentes do ramo da aviação — inclusive o aviador americano Charles Lindbergh, que na época trabalhava para a PanAm — não acreditavam que o motor a jato tivesse futuro na aviação comercial. Mudanças de paradigma causadas por orientações econômicas acontecem, sim — mas precisam de um catalisador.

A primeira porta em que batemos foi a da Rolls-Royce, o maior fabricante de motores a jato do mundo, com base em Derby. Tentamos fazê-los se interessar pelo desenvolvimento de biocombustíveis, mas eles estavam buscando um caminho diferente, melhorando a eficiência dos motores já construídos. Mais do que isso: disseram-nos que o combustível que queríamos desenvolver era "impossível". Então procuramos a GE Aviation, um dos rivais da Rolls-Royce, fabricantes de motores a jato para a Boeing e a Airbus. Concordaram em nos ajudar. E, com eles como parceiros, também conseguimos atrair o interesse da Boeing Commercial Airplanes. Por fim, os gigantes do mercado estavam se engajando na busca por combustíveis limpos.

Muitas de minhas anotações dessa época são extremamente técnicas, já que tentava entender mais de estruturas moleculares, atividades de enzimas, formação química das algas... Mas a parte realmente difícil e confusa era lidar com a bruta escala econômica dos combustíveis. Nossas necessidades de transporte para os próximos vinte anos ainda serão supridas provavelmente por combustíveis líquidos, que serão responsáveis pela combustão interna dos motores dos carros, barcos e geradores. Para que qualquer combustível líquido alternativo se torne uma opção viável, precisaremos de quantidades gigantescas de matéria-prima — o material bruto usado para produzir energia —, e ele terá de ser mais barato ou pelo menos de custo comparável ao dos combustíveis tradicionais.

Nossos estudos revelaram que a biomassa de celulose atende a ambos os requisitos, assim como o lixo orgânico produzido pela agricultura, por redes de esgoto e por animais. É nesse campo que novos negócios devem crescer, e investidores como o Virgin Green Fund e Vinod Khosla estão apostando bilhões de dólares nisso. Não é somente a matéria-prima em si, mas a coleta, o transporte e o processamento que precisam ser otimizados para que o produto final possa competir com a gasolina. Isso leva a muitas oportunidades — e a outros tantos becos sem saída. Vou contar a você algumas histórias improváveis para ilustrar a escala e a complexidade do setor de biocombustíveis, assim como o ritmo em que ele avança e o esforço que está sendo empregado.

O ineficiente etanol de milho deu início ao debate nos Estados Unidos, onde a atividade conta com subsídios maciços do governo, enquanto a experiência brasileira já provou há um bom tempo a viabilidade do uso da cana-de-açúcar. O Brasil tem mais de 35 anos de experiência no uso da cana como combustível, e, em 2008, os carros do país consumiram mais etanol do que combustível fóssil. As matérias-primas básicas para a produção de combustível renovável são o açúcar — da cana-de-açúcar — e o amido — do milho — que é a fonte da maior parte do etanol produzido nos Estados Unidos. O etanol de milho tornou-se uma preocupação séria devido ao impacto na produção de alimentos. Na Ásia, a tapioca, as batatas e outros tipos de amido também podem ser utilizados. Mas não consigo ver, hoje, o benefício de cultivar alimento e utilizá-lo como fonte de energia quando há pessoas passando fome no mundo e o preço dos alimentos sobe em toda parte.

Foi assim que me interessei pela discussão a respeito da quantidade de toneladas por hectare de plantas sem valor alimentício. Capim, salgueiros, pés de milho e palha de trigo podem todos ser usados para fabricar etanol. Conversei com John Ranieri, vice-presidente de biocombustíveis da gigante química DuPont. Eu estava interessado em entender como os gigantes do mercado lidavam com a questão. John, um cara muito íntegro, me deu bons conselhos e ótimas informações. Falou-me sobre a estratégia da Dupont para levar as tecnologias do biobutanol e do etanol de celulose ao mercado. Isso resultou em outra conversa, com Ian Ferguson, da Tate & Lyle, a gigante do açúcar. Começamos a imaginar que a República Dominicana seria um bom lugar para uma refinaria de açúcar e depois pensamos numa plantação de capim na Louisiana. Nossa pesquisa também levou o Virgin Green Fund a fazer um investimento na Gevo, uma companhia mundial de biocombustíveis que converte biomassa em butanol. Era importante investir no desenvolvimento de várias soluções de energia limpa e não apenas em uma.

Conversamos com o pessoal da Iogen, que já estava transformando parte do vasto lixo de celulose das pradarias canadenses em etanol e tinha uma fábrica com capacidade para quarenta milhões de galões, produzindo biocombustível E10 para carros. Conversamos com a Cargill, uma das maiores empresas de agricultura e alimentos do mundo. Fomos ao Brasil procurar parceiros.

Chegamos até a flertar com cocos.

É evidente que os cocos jamais resolverão uma crise global de energia. Mas têm algumas coisas a seu favor. Para começar, crescem em áreas de praia nos trópicos, onde outras plantas não podem ser bem-cultivadas. O mercado para a polpa do coco tem encolhido no mundo inteiro, e com ele o preço, o que leva a um declínio nos rendimentos das regiões produtoras, de modo que seria ótimo encontrar outro uso para essa produção. O baixo retorno do trabalho duro envolvido no corte e na secagem do coco tem feito muitos plantadores buscarem outras culturas, deixando cocos não colhidos largados nas praias. Talvez a plantação de coco em grande escala possa trazer uma bem-vinda e necessária receita financeira para essas regiões.

Óleo de coco para motores não é novidade. Foi usado nas Filipinas durante a Segunda Guerra Mundial, quando as reservas de diesel estavam baixas. Hoje, nas ilhas Vanuatu, no Oceano Pacífico, um empreendedor australiano, Tony Deamer, consegue usar óleo de coco em um combustível para veículos. Essa iniciativa tem o potencial de ajudar a revitalizar o mercado do coco, gerando, ao mesmo tempo, benefícios ambientais em larga escala. Tony, em parceria com um produtor local, tenta negociar com o governo uma redução de impostos para as misturas à base de óleo de coco. Em Vanuatu, a companhia de eletricidade local UNELCO tem usado diesel misturado com óleo de coco para fazer funcionar um enorme (e agora agradavelmente perfumado) gerador de quatro megawatts.

Fiz algumas contas e logo confirmei o que todos suspeitávamos: o trabalho pesado de quebrar os cocos e retirar sua polpa faz deles uma opção ruim para o mercado mundial de biocombustíveis. Mas o óleo do coco é, ainda assim, uma excelente solução local.

Em geral, acho que o debate sobre biocombustíveis empaca muito facilmente nesta ou naquela "solução" específica e individual, em seus prós e contras. Não temos de achar um único biocombustível que irá resolver tudo para todo o mundo. O que podemos e devemos desenvolver é uma série de soluções que funcionem bem em lugares diferentes, para atividades diferentes, em escalas diferentes. Deve ser possível, por exemplo, reduzir drasticamente a quantidade de carbono que despejamos na atmosfera introduzindo o bioetanol em carros e ônibus. A aviação, porém, precisará de uma revolução maior.

É por isso que para nós foi importante provar, em princípio, que um avião comercial pode voar movido a biocombustível. Para demonstrar isso, não importava exatamente qual biocombustível estivéssemos usando, ou se ele teria ou não como ser produzido em larga escala. Bastava que fizesse um Boeing voar. Em 24 de fevereiro de 2008, um domingo, o *Cosmic Girl*, um Boeing 747-700 da Virgin Atlantic, foi de Londres a Amsterdã num voo experimental. O 747 tem quatro motores, e, em um deles, usamos, pela primeira vez, no lugar do combustível fóssil, uma mistura de óleo de coco e óleo de um fruto brasileiro parecido, o babaçu. Nenhuma modificação ou adaptação foi feita na aeronave ou em seus motores para que pudesse voar sob essas condições.

O voo de demonstração, pilotado pelo capitão Geoff Andreasen, chefe dos pilotos de Boeing da Virgin Atlantic, decolou de Heathrow às 11h30min e pousou em Amsterdã às 13h30min (hora local). Foi um acontecimento discreto, mas intenso: durante o voo, técnicos a bordo monitoraram os instrumentos e colheram informações para análise. O voo foi um sucesso: tínhamos provado que é possível fazer um avião voar a mais de dez mil metros de altura com combustíveis ecologicamente corretos. Agora o desafio era desenvolver um biocombustível que pudesse ser produzido em larga escala, sem devorar as reservas de alimentos.

E o trabalho continua. A Imperium Renewables, que fabricou nosso combustível experimental, abriu em seguida uma das maiores refinarias de biodiesel do mundo em Grays Harbor, no estado de Washington, nos EUA. Ela é capaz de produzir até cem milhões de galões de biocombustível por ano. A empresa criou uma subsidiária no Havaí para desenvolver mais uma unidade de biodiesel, que produzirá outros cem milhões de galões por ano usando matéria-prima local — inclusive cocos.

Enquanto isso, John Plaza, presidente e CEO da Imperium, supervisiona o desenvolvimento de um biocombustível de "segunda geração" para motores a jato, cultivando algas que crescem tanto na água doce quanto na salgada. Acho que, para nós, esse caminho é muito promissor.

Algumas pessoas me perguntam por que não repasso diretamente a instituições filantrópicas os lucros que prometi investir em tecnologias ecologicamente corretas e em energia renovável. Mas isso não funcionaria. Há o momento certo de contribuir com doações diretas para instituições de caridade, mas, quando existem oportunidades de negócio envolvidas, é muito melhor direcionar a força do setor comercial para sua causa. Considerando o aumento populacional crescente e a consequente pressão ambiental, nossas soluções têm de ser tecnológicas tanto quanto sociais. Não estou dizendo: "Vamos deixar o mercado ditar as regras e tudo ficará bem." Na verdade, é justamente o contrário. Estou dizendo: "Vamos usar nossa posição no mercado para fazer um bem maior e provar que tecnologias ecologicamente corretas podem ser rentáveis." É o que o Virgin Green Fund está tentando fazer.

Os negócios têm o dever de continuar a expandir horizontes. Nos próximos dez anos, todos entraremos em território desconhecido. Haverá um enorme aumento em nossa demanda por energia, mas acredito que já deixamos para trás o pico da produção de petróleo, que agora está começando a escassear em relação à demanda. Os preços dos combustíveis à base de carbono parecem fadados a continuar altos, e precisamos urgentemente de combustíveis alternativos. Não é impossível para a inteligência humana encontrar essa resposta. E, se trabalharmos para isso pelos motivos certos e de forma organizada, buscando enfrentar a mudança climática, certamente criaremos ao longo do caminho, algumas empresas e tecnologias empolgantes e bem-sucedidas para o futuro.

A maioria desses negócios estará nas mãos de pequenas empresas. Se os debates complexos — e muitas vezes inflamados — sobre mudança climática nos ensinaram alguma coisa ao longo desses anos, foi que soluções locais e pequenas iniciativas provocam grandes impactos, enquanto medidas de larga escala empacam na própria complexidade, tendo muitas vezes consequências indesejáveis e até prejudiciais. Digo isso como um homem de negócios global que trabalha numa escala global em problemas globais.

Grandes iniciativas, como o projeto da Virgin Fuel de desenvolver um combustível limpo para a aviação, dependem de iniciativas pequenas, como a dos carros movidos a óleo de coco em Vanuatu, para se desenvolver. Ninguém encontrará uma solução para o aquecimento global baixando um decreto e, na Virgin, nunca esquecemos que "o negócio é ser pequeno".

Capítulo 6
Quando reter, quando abrir mão

Em 2004, fiz um programa chamado The Rebel Billionaire *para a Fox Television, em que eu era simpático com as pessoas e depois tinha de eliminá-las uma a uma até chegar ao vencedor. O programa teve apenas sete milhões de telespectadores, mas ajudou muito na fixação de nossa marca nos Estados Unidos.*

Em um episódio, disse a um participante que seríamos os primeiros a despencar de Victoria Falls em um barril.

Annie Taylor foi a primeira pessoa a conquistar as cataratas do Niágara, no Canadá, jogando-se de uma altura de cinquenta metros em um barril de madeira selado, em outubro de 1901. Desde então, muitos outros malucos imitavam seu feito. Mas as cataratas de Victoria, na África, com quase 110 metros, têm mais que o dobro de altura e são muito mais perigosas, com rochas pontiagudas no fundo. Perguntei a um dos participantes, Sam Heshmati, se estava pronto para o desafio de cair lá de cima comigo, num barril que eu disse ter sido desenvolvido pela NASA especialmente para a ocasião.

Será que realmente faríamos aquilo?

Num ato de coragem, Sam fez que sim com a cabeça. Entramos no barril. Um guindaste gigantesco baixou-nos até a corredeira, a poucos metros da queda. Começou a contagem regressiva de dois minutos. Parecia uma eternidade. Cinco. Quatro. Três. Dois...

Uma fração de segundo antes do momento em que mergulharíamos, gritei:

— Parem! Esperem um segundo, quero mostrar uma coisa.

Saímos do barril. E mostrei ao jovem Sam a base das cataratas. Apontei para as rochas lá embaixo.

— Sam — repreendi-o —, você estava a dez segundos da morte certa. Você não deve aceitar cegamente os conselhos de um líder. Às vezes, é preciso questioná-los.

Três anos depois, estava em Las Vegas para anunciar a nova rota da Virgin America para São Francisco. E então alguém teve a seguinte ideia para atrair publicidade: iam me jogar preso a um cabo, vestido a rigor, diretamente da torre Fantasy, no alto do Palms Casino, no meio do coquetel que estaria acontecendo no térreo.

Ora, como já desci de rapel muitas vezes, esse truque na verdade é algo que deveria me deixar relativamente tranquilo, muito embora jamais tenha sido jogado de um prédio a 160 km/h. Mas estávamos em outubro, e o vento sopra forte. Fiquei olhando para as traquitanas e os cabos usados nos filmes do Homem-Aranha e... alguma coisa a respeito daquilo me deixou inquieto. De pé no alto da torre, minutos antes do salto, descubri o que era: *Estou perto demais do prédio.* Então, disse à equipe técnica:

— Sinto muito, preciso ir para o meu quarto.

Todo mundo pensou que eu havia desistido. Mas apenas precisava *pensar*. Cento e vinte metros de altura. Uma forte ventania. E eu caindo de um prédio a uma distância em que poderia tocar as paredes...

Bateram à porta de meu quarto de hotel. É o pessoal de publicidade da Virgin America.

— Você se importaria de subir até o terraço para ao menos conversar com a imprensa, Richard?

Sabia que estava sendo enganado, mas não encontrei palavras para recusar. Minhas pernas me carregaram até o alto, e lá estava o chefe da equipe de dublês me garantindo que o vento tinha diminuído um pouco. Não parecia ter diminuído absolutamente nada. Na verdade, a impressão era de que ventava ainda mais do que antes. Mas essas pessoas são profissionais, certo? E eu não queria desapontar ninguém, certo? Então, de repente estava me jogando do alto do edifício. Despenquei e, no caminho, me choquei com a parede do cassino. Duas vezes.

Cheguei ao chão completamente zonzo e muito dolorido. Será que quebrei a espinha? Fico pendurado ali como um boneco de pano enquanto bilhetes aéreos gratuitos — parte de nosso espetáculo — caem como chuva, passando despercebidos por todos, na festa, que agora me cercam, horrorizados.

Sam, considere-se completamente vingado da piada que fizemos às suas custas. Minhas costas doíam. Minhas calças estavam em farrapos. E a imprensa tirou algumas fotos de mim naquele estado, pálido e desgrenhado. Eu devia ter seguido o próprio conselho.

A verdadeira liderança deve incluir a habilidade de distinguir entre o perigo real e o perigo aparente.

Isso se aplica tanto aos negócios quanto à escalada no gelo, ao balonismo, ao alpinismo ou à corrida de lanchas. Você precisa compreender os desafios que se impõem à sua empresa e enfrentá-los. Da mesma forma, deve resistir à tentação de reagir de forma exagerada ao primeiro sinal de perigo.

Como estou enchendo este livro com as histórias de nossos êxitos, erros e lições aprendidas, espero que me perdoe se — apenas desta vez — ilustrar o último argumento com o relato de um erro de outra pessoa.

No dia 14 de fevereiro de 2007, a empresa formada pela NTL, a Telewest e a Virgin Mobile foi relançada como Virgin Media, criando a maior companhia Virgin do mundo. Pela primeira vez, os consumidores podiam ter tudo aquilo de que precisavam numa única empresa — éramos os únicos do Reino Unido que reuniam o quarteto TV, banda larga, telefonia fixa e telefonia móvel, oferecendo o serviço mais avançado de TV sob demanda do mercado, o V+, além de nosso gravador de vídeo de última geração e um acesso realmente rápido à internet.

Do dia para a noite, a Virgin Media se tornou o mais popular provedor de banda larga do país, a maior rede virtual de telefonia móvel e o segundo maior provedor de TV por assinatura e telefonia doméstica. Estávamos roubando mercado do império Murdoch.

Rupert Murdoch teve mais poder por um período mais longo do que qualquer outro empresário do planeta. Australiano, nascido em Melbourne, construiu um império jornalístico em sua terra natal, expandiu-o para o Reino Unido, em 1968, e arrebatou o Dow Jones nos Estados Unidos, em 2007. Seu império de TV por satélite abraça o mundo inteiro, e seus jornais são imensamente influentes. Rupert Murdoch é um homem a ser, ao mesmo tempo, temido e admirado.

Rupert está hoje com setenta e muitos anos e, embora ainda tenha uma imensa energia, são seus dois filhos, Lachlan e James, que se preparam para assumir o leme em seu lugar. Em novembro de 2006, James, CEO da British Sky Broadcasting, ouviu dizer que a Virgin Media estava planejando adquirir o controle da ITV, o primeiro e maior canal de TV comercial do Reino Unido.

Profundamente preocupado com a possibilidade de uma combinação entre a Virgin Media e a ITV obrigar a Sky a lutar ferozmente por seu dinheiro, tentou nos impedir. Como? Comprou 17,9% das ações da ITV — a um custo de 940 milhões de libras para os acionistas da Sky.

Na época, ele foi, em geral, elogiado pela imprensa por essa manobra — mas ela acabou se revelando talvez o maior erro de sua carreira, que, no mais, é cheia de sucessos.

O mundo da mídia — e os políticos — sabiam que a manobra era contrária à livre concorrência e que ele a realizara apenas para nos impedir de ficar com a ITV. Desse ponto de vista, pode-se dizer que ele teve êxito. A intervenção de James Murdoch frustrou momentaneamente nossos planos de assumir o controle da ITV.

A intervenção gerou uma guerra verbal entre nós, além de um processo e uma decisão da Sky de retirar conteúdo do serviço da Virgin Media, como as séries *Lost* e *24 horas*, a um custo significativo para si mesma em termos de perda de receita publicitária.

Logo depois de a BSkyB[1] ter comprado seu lote de ações, a Virgin Media apresentou uma queixa à secretaria de governo competente, argumentando que a concorrência no mercado televisivo britânico tinha sido prejudicada. A secretaria encaminhou o caso da aquisição dos 17,9% de ações à Comissão de Concorrência.

James Murdoch adquiriu as ações da ITV por 1,35 libra cada uma, pagando mais que o valor de mercado para garantir a compra perante dois grandes investidores institucionais, que imediatamente voltaram ao mercado e recompraram posições por cerca de 1,10 libra!

No dia 29 de janeiro de 2009, a Comissão de Concorrência decidiu que a Sky deveria reduzir sua participação na ITV de 17,9% para menos de 7,5%. A BSkyB, depois de pagar 1,35 libra por ação, podia agora ser forçada a vender os papéis a um valor unitário abaixo de cinquenta pence. E o preço das ações da ITV continuava a cair. Em julho de 2008, eram cotadas a quarenta pence cada.

Qual foi, então, o custo daquela compra para a BSkyB? Com a ação valendo quarenta pence, seria algo acima de 1,3

[1] British Sky Broadcasting, empresa que administra a Sky.

bilhão de libras. O erro de James foi reagir de forma exagerada ao que a Virgin estava fazendo. Ele percebeu que os planos da Virgin Media podiam significar uma ameaça ao império Murdoch e que nos sairíamos bem. A meta da Virgin Media era concorrer de igual para igual com a Sky. Mas não creio que pudéssemos ter lhes provocado nenhum dano muito dramático — com certeza nada remotamente comparável ao que eles próprios se infligiram ao tentar nos deter.

Depois de avaliar o grau de perigo de uma determinada situação, você deve ser capaz de pesar com honestidade pontos fortes e fracos como líder. Precisa ter a capacidade de reconhecer aquilo que pode fazer como indivíduo — e como inspira e motiva outras pessoas a cooperar de boa vontade para que o trabalho seja realizado.

Como fazer isso? Bem, para começo de conversa, eis algo que deveria — ou melhor, *precisa* — estar escrito em todo plano de negócios: *Esta empresa vai promover muitas e muitas festas de confraternização*. As festas são um modo de galvanizar equipes e permitir às pessoas momentos de relaxamento. Se forem inclusivas e empolgantes, são uma excelente forma de unir as pessoas e selar uma ótima cultura empresarial.

Eu costumava convidar todo mundo da Virgin a uma festa em minha casa em Oxfordshire — mas, infelizmente, a empresa ficou grande demais. Na última festa que demos, com três dias de duração, havia quase sessenta mil pessoas. Tínhamos brinquedos de parque de diversões, espetáculos circenses, hambúrgueres, cachorros-quentes, bandas de rock — tudo pago pelo Virgin Group. Fiquei na recepção e fiz questão de apertar a mão de todos que entravam. Minha mão ficou inchada e um tanto dolorida depois de dois dias, mas valeu a pena. Hoje organizamos encontros menores, e procuro comparecer a tantos deles quanto possível.

A festa da Virgin Blue, nesse meio-tempo, tornou-se um evento de gala que levanta milhares de dólares para causas humanitárias na Austrália. Tudo é organizado, produzido e realizado pelo pessoal da Virgin Blue. Quem comanda tudo é Jane Tewson, que criou a Comic Relief no Reino Unido, além de muitos outros projetos de caridade, e que trabalha na Austrália com o povo aborígene. Faço a doação de uma semana de férias na ilha Necker, uma das Ilhas Virgens Britânicas, como prêmio principal de um leilão, e um truque que uso é propor ao autor do segundo maior lance, que ofereceu talvez oitenta mil dólares australianos, e ao primeiro colocado, que pagou, digamos, noventa mil, que deem 85 mil cada um e sigam para Necker juntos. Isso já deu início a grandes amizades. Também levantamos cem mil dólares ao deixar que alguém rebatizasse um de nossos aviões, e tudo o que isso nos custa é o trabalho de pintura da aeronave. Trata-se de dinheiro fácil para obras filantrópicas e de um estímulo fantástico ao moral dos funcionários.

Acho que os governos deveriam fazer com que as festas fossem integralmente dedutíveis do imposto de renda, sob a condição de que, toda vez que role uma, o lucro seja destinado a causas filantrópicas. Esse seria o acordo. A coisa precisa ir além de uma simples noite divertida para todo mundo. Uma noitada em que todos fiquem felizes é boa, mas pode ser ainda melhor se combiná-la com algo que faça uma diferença para outras pessoas. Eventos musicais, desfiles de moda, competições esportivas, atividades que reúnam pessoas e sejam agradáveis podem ser desenvolvidas por qualquer empresa — só não deixe que ninguém use o dinheiro da caridade para pagar as bebidas!

Um líder fraco pode infernizar a vida de um monte de gente. Liderança não significa ficar sentado no galho mais alto da árvore, tomando todas as decisões e esperando que todo mundo faça o que manda. Isso não é liderança: está mais para ditadura.

Tenho profunda admiração pela versão britânica do programa *O aprendiz*, no qual as pessoas competem por uma vaga para trabalhar com Alan Sugar. O trabalho de câmera é elegante, a edição é inteligente e a música, ótima. Se a televisão, que tem um poder imenso, é capaz de levar as pessoas a encarar os negócios com empolgação e entusiasmo, isso só pode ser uma coisa positiva. Com toda a franqueza, qualquer ação que possa inspirar os jovens a criar seus próprios empreendimentos vale a pena.

Mas tenho uma ressalva: o modo como Alan é obrigado a dizer, franzindo o cenho, ao fim de cada episódio "Você está demitido!" está em seu contrato porque é algo que funciona para a TV. E faz parte do jogo. Toda a competição se estrutura em torno do medo de ser demitido. Embora torne o programa interessante para o espectador, essa frase não reflete, em minha opinião, o modo como os negócios devem ser geridos.

O grande ponto positivo de *O aprendiz* é o retrato mais amplo que pinta do mundo moderno dos negócios. Hoje em dia há poucos empregos para a vida toda. Como indivíduos, temos de ser confiantes e saber vender nosso peixe. A maioria dos que participam do programa entendem muito bem essa questão, apesar de isso não ficar tão claro pela TV. Eles sabem que o fracasso não é algo a ser temido. Sabem que há outras opções, outros lugares onde trabalhar.

Assim, é importante frisar aqui que *existe uma diferença fundamental entre um empreendedor e um gestor*. Eles são frequentemente pessoas de características opostas, algo que é fundamental compreender. Embora eu esteja certo de que há empreendedores que poderiam ser bons gestores, meu conselho é o seguinte: não tente fazer as duas coisas.

Empreendedores têm o dinamismo necessário para pôr algo em movimento. Eles veem o mundo de modo diferente de outras pessoas. Criam oportunidades que os outros não necessariamente enxergam e têm coragem para tentar transformá-las em realidade. No entanto, um empreendedor não é necessariamente competente nos mecanismos de administração de uma empresa. Admito que esse não é meu ponto forte — e reconhecer essa fraqueza é essencial para um empreendedor. Os anais dos negócios estão apinhados de histórias de figuras motivadoras que tentaram tocar seus negócios no dia a dia — e fracassaram miseravelmente.

Bons gestores valem ouro. Pessoas com sabedoria psicológica aguçada para organizar e manejar com suavidade as pressões de um empreendimento capitalista são a cola que mantém unido o mundo dos negócios. Meus cadernos são cheios de contatos e nomes de pessoas recomendadas ou que fomos buscar no mercado para se tornarem gestores da Virgin. Valorize-as, dando-lhes a devida participação nos negócios, porque merecem uma grande fatia de qualquer sucesso. Depois que o empreendedor põe a empresa de pé e funcionando, frequentemente precisa passar o bastão para o gestor. O trabalho do criador é encontrar alguém competente que compreenda sua visão e esteja preparado para seguir na mesma trilha.

O trabalho do empreendedor é, na verdade, perder emprego toda vez que uma nova empresa esteja de pé e funcionando. Nesse momento, ele tem de sair de fininho e ficar livre para ser empreendedor em outro negócio. Em geral, não dá certo quando demora a se afastar, tentando desempenhar os dois papéis.

Você pode ser tanto o empreendedor quanto o gestor se estiver colocando uma pequena empresa de pé. Mas precisa saber e entender tudo sobre o negócio. E quero dizer realmente tudo. *Um empreendedor emergente deve assinar todos os cheques*. Examine cada fatura e logo entenderá para onde seu dinheiro está indo. Mesmo numa grande empresa como o Virgin Group, eu me sento de vez em quando para assinar cada cheque que sai e peço a meus diretores administrativos que façam o mesmo. Por um mês. Assine tudo por um mês duas vezes ao ano e, de repente, você se verá perguntando: "Para que diabos é isto aqui?" Você conseguirá cortar despesas desnecessárias dramaticamente se fizer isso.

Como pequeno empresário, deve fazer uma imersão completa em tudo e aprender o que entra e o que sai de cada departamento. À medida que for crescendo, poderá delegar responsabilidades e, quando as pessoas o procurarem para falar de seus problemas, ficarão surpresas por ver o quanto sabe e como pode lhes dar conselhos práticos. Saberá tanto porque, nos primeiros tempos da empresa, aprendeu tudo a respeito dela. É dessa forma que se conquista liderança empresarial. Não existem atalhos. Lembre-se da história que contei lá atrás, sobre Brett Godfrey, da Virgin Blue, que insiste para que seus executivos importantes passem algum tempo executando trabalhos manuais diversos, como carregar bagagem. (Precisei de atendimento médico depois do meu turno!)

E, à medida que a empresa for crescendo, terá de decidir se é um gestor ou um empreendedor. Se for um gestor, poderá permanecer na empresa e ajudá-la a se desenvolver. Se for um empreendedor, precisará encontrar alguém para administrá-la. Depois disso, pule fora, divirta-se por um tempo e, em seguida, mergulhe no próximo empreendimento.

Nada no mundo dos negócios se compara aos primeiros momentos frenéticos de um projeto ambicioso. Há sempre uma atmosfera incrível de empolgação em torno de um novo empreendimento. São momentos de tensão e alto risco, em que se constrói um clima de ânimos elevados e camaradagem que ajuda todo mundo a atravessar tempos muito desafiadores. Raramente vi pessoas trabalharem tão duro quanto nos estágios iniciais de uma nova empresa. Depois que uma empresa amadurece e se estabelece, costuma ser mais difícil manter essa excitação. O que fazemos na Virgin é não deixar que os negócios amadureçam demais. Se conseguir conservar sua empresa relativamente pequena, as pessoas terão laços mais estreitos dentro da organização e se sentirão como membros de um time.

Cabe então à liderança da organização se assegurar de que as pessoas continuem sendo desafiadas e se sentindo motivadas. Jack Welch, o grande líder empresarial que transformou a GE em uma das maiores corporações do mundo no ramo de energia, estava sempre desenvolvendo ferramentas e métodos na busca do crescimento contínuo. Recomendava aos gestores começar cada dia como se fosse o primeiro no emprego. Dizia que costumavam temer as mudanças — mas que deviam na verdade abraçá-las. Concordo com Jack nesse ponto.

Nunca deixamos que ninguém durma sobre os louros e estamos sempre tentando aprimorar as coisas. No minuto em que a Virgin Atlantic foi eleita “a companhia aérea com as melhores poltronas na classe executiva em todo o mundo”, pelo prêmio UK Airline, nosso projetista já estava trabalhando numa nova geração de poltronas — a fim de superar nossas expectativas, não a dos concorrentes. Você deve se manter à frente — ou dos outros ou de si mesmo — o tempo todo. Se de fato puser a cabeça para trabalhar, normalmente descobrirá uma alternativa melhor. É preciso questionar permanentemente o modo como as pessoas fazem as coisas.

Analisando os cadernos pessoais que mantive por mais de 35 anos, não creio que jamais tenha partido de minha escrivaninha uma carta que criticasse a equipe ou um membro dela. Houve momentos em que discordei de algumas coisas e sugeri mudanças de comportamento. Mas o Virgin Group sempre tentou enxergar nas pessoas o que elas têm de melhor. Dessa forma, é o melhor que elas lhe dão em retorno.

Da mesma forma que uma planta precisa ser regada, as pessoas precisam ser estimuladas para florescer. E daí se isso soa piegas? É verdade. Quando alguém faz um comentário positivo sobre qualquer uma das empresas Virgin, eu me sinto ótimo. Fico lisonjeado. Se alguém critica um dos meus funcionários, isso me atinge pessoalmente. Desenvolvemos uma espécie de escudo com o passar dos anos, mas espero que não tenhamos perdido a sensibilidade para fazer as coisas do jeito certo. Se até mesmo uma crítica tola ainda consegue me deixar cabisbaixo após 35 anos de sucesso nos negócios, que ridículo seria eu se saísse por aí dando lição de moral nos outros. Dizem que os negócios são uma atividade sanguinária. É verdade que o jogo é duro — existe uma razão para falarmos em "competição". E, sim, às vezes as pessoas jogam sujo. Mas nada em meus anos de Virgin mudou meu hábito de expressar gratidão ou elogiar as pessoas. Fui criado na Inglaterra por pais que me elogiavam e incentivavam o tempo todo. Por que eu me comportaria de modo diferente com os outros?

De ponta a ponta em nossos negócios, adotamos uma filosofia de incentivo. Nossos funcionários muito raramente são criticados. Se uma pessoa comete um erro escandaloso, normalmente não precisa que lhe digam isso. Ela sabe.

Um de meus pontos fracos é achar extremamente difícil dizer a alguém que seus serviços não são mais necessários para a empresa. É uma obrigação desagradável, da qual não deve, de forma alguma, se esquivar. Se sua empresa for pequena, é vital que faça isso pessoalmente. Deve olhar a pessoa cara a cara em vez de encontrar alguém que faça isso por você. Acredito que, de modo geral, uma explicação pessoal sobre a situação seja bem-vinda e ajude a pessoa que está dispensando a seguir em frente.

Naturalmente, se *gosta* de demitir pessoas, deve haver algo errado em você. Jack Welch fazia questão de regularmente promover uma limpa no pessoal de cargos mais baixos. Alan Sugar e Donald Trump também não têm medo de demitir, embora eu duvide que eles façam isso exatamente da mesma forma que é exibida em *O aprendiz*. Existe um machismo no modo como alguns gestores falam sobre contratações e demissões que considero absolutamente repulsivo. Ao falar de demissões, uma pessoa importante da Apple diz orgulhosamente, em seus discursos, que prefere "ter uma vaga do que uma praga". Minha filosofia é muito diferente. Acho que você só deve apelar para a demissão como último recurso.

Se uma pessoa infringiu uma regra grave e causou danos à sua marca, dê um gelo nela. Fora isso, pare e pense. Na verdade, hoje em dia, parar e pensar é algo que você precisa fazer. Há uma série de questões legais e trabalhistas que devem ser levadas em conta antes que decida seguir por esse caminho. Pode ser frustrante, mas, para ser sincero, não acho que seja todo esse pesadelo de que falam alguns gestores. As pessoas reagem a seu ambiente. Se alguém está metendo os pés pelas mãos de modo sério, ofereça-lhe um papel que possa ser mais adequado ou um emprego em outro departamento da empresa. Você vai ficar pasmo de ver como as pessoas mudam para melhor, se as circunstâncias forem favoráveis, e a disposição com que transformam seus erros em aprendizado, quando ganham uma segunda chance. Se promoveu equivocadamente uma pessoa e ela não está dando certo — o que pode acontecer —, ofereça-lhe o velho posto de volta em vez de demiti-la. O erro de tê-la promovido é seu, não dela.

Muitas empresas, nos dias de hoje, se autodenominam "famílias". Normalmente, isso é só um item constrangedor numa estratégia de relações públicas. Mas acredito que empresas possam ser de fato como famílias, que essa é uma boa forma de encarar os negócios e que a Virgin criou famílias corporativas melhores que a maioria. Conseguimos fazer isso aceitando o fato de que precisamos pensar além dos lucros. Em família, as pessoas perdoam-se umas às outras. Tentam contornar os problemas. Famílias exigem esforço e paciência. Você precisa estar preparado para aceitar o lado bom com o ruim. Tem de aturar irmãos problemáticos. Eles são da família: não pode simplesmente botá-los no olho da rua.

Quanto mais alto o cargo, maior o risco de você perder o emprego se não tiver um bom desempenho. No futebol, ser rebaixado para a Segunda Divisão — ou deixar de se classificar para algum campeonato — pode ser desastroso. O conselho diretor ou o presidente do clube precisa encontrar uma nova fórmula de sucesso, e a culpa sempre recai sobre o treinador. Demitir o treinador é fácil. O difícil é ter certeza de que vai contratar alguém melhor do que a pessoa que está demitindo. No futebol, isso não parece ser sempre o caso.

Leio com frequência sobre CEOs, diretores administrativos e chefões de grandes companhias que são forçados a renunciar pelos investidores, porque se meteram em apuros devido a decisões empresariais erradas. Nos Estados Unidos, por exemplo, tivemos os casos de Angelo Mozilo, CEO da Countrywide Financial, Chuck Prince, chefe do Citigroup, e Stan O'Neal, da Merrill Lynch. Todos foram embora com pacotes de indenização de mais de cem milhões de dólares, embora suas empresas tenham sido surpreendidas na crise das hipotecas *subprime*.

Um número excessivo de executivos recebe indenizações maciças e permissão para ir embora, deixando que outros consertem as coisas. Acho que deveria ocorrer o oposto. Na maioria dos casos, os líderes teriam de permanecer onde estão até que os problemas fossem resolvidos — ou uma solução qualquer fosse encontrada — e, só depois disso, se afastar, levando uma fração do dinheiro que teriam feito a empresa ganhar, se bem-sucedidos.

Cabe a uma liderança decente explicar de forma clara e não emocional por que uma determinada decisão foi tomada. Isso se aplica também a companhias grandes, em que há inúmeros empregos em jogo. Para sobreviver em condições de extrema pressão, uma empresa precisa agir de modo decidido. E, quando há demissões em larga escala, isso pode ferir o orgulho e a autoestima de diversos trabalhadores.

Após os ataques terroristas em Nova York, Washington e no voo 93 da United, no dia 11 de setembro de 2001, nosso "gabinete de guerra" se reunia todos os dias para examinar a situação que se desenrolava. Vejo, em meus cadernos, que meus primeiros telefonemas — das muitas centenas que dei naquelas horas cruciais — foram para nossos banqueiros, a fim de informá-los de como andava nosso caixa, e para o governo britânico, buscando apoio e encorajando ações conjuntas. Como tivemos de conversar de forma franca com outras companhias aéreas a fim de ter um panorama adequado dos fatos, também precisávamos de uma imunidade temporária às regras anticartel — não queríamos ser acusados de trabalhar em conchavo com elas. Liguei ainda para o prefeito de Nova York, para expressar minhas condolências.

As viagens transatlânticas simplesmente pararam e fiz um apelo a Stephen Byers, o secretário de Transportes, para que não deixasse a posição das empresas aéreas britânicas se enfraquecer num momento em que o governo americano estava dando suporte às linhas aéreas nacionais. Não tivemos a mesma rede de segurança que tiveram as companhias americanas — e não podíamos nos abrigar — e não o fizemos — sob o Capítulo 11,[2] se a Virgin Atlantic não tivesse reagido de modo decidido ao ataque às Torres Gêmeas, teríamos certamente ido à falência. Começamos a renegociar nossos empréstimos bancários e nossos contratos de aeronaves e fizemos tudo o que era necessário para cortar custos. Tivemos de reduzir em um terço a capacidade de operação nos Estados Unidos, e, para suprir essa lacuna, começamos a examinar outras rotas internacionais, explorando os mercados da Nigéria, da China e da Índia. Em seguida, fomos obrigados a dar as más notícias: relutantes, demitimos 1.200 funcionários da Virgin Atlantic. Foi a primeira demissão em massa da história da Virgin.

[2] Dispositivo legal americano que dá a empresas insolventes uma chance de se reorganizar e evitar a falência.

Oferecemos a nosso pessoal trabalhos em meio-turno, compartilhamento de emprego e licenças não remuneradas. Também tentamos encontrar trabalho em outras empresas do grupo. Nossos gestores tomaram decisões difíceis que magoaram muitas pessoas, mas prometemos que as traríamos de volta tão logo as condições melhorassem — e, felizmente, a maioria voltou.

Lidar com os engenheiros de voo da Virgin Atlantic foi especialmente difícil. Ali estava um grupo de aviadores apaixonados por seu trabalho, dotados de consideráveis habilidades e tremendamente leais e dedicados à companhia. E lá estávamos nós, mandando-os embora.

Se uma companhia aérea concorrente lança no mercado aviões que exigem apenas duas pessoas na cabine — ou seja, o piloto e o copiloto — em vez de três, como ainda era o caso da Virgin Atlantic quando tínhamos o engenheiro de voo a bordo, então está diante de uma questão séria de negócios.

A confiabilidade de uma nova geração de aeronaves e a crescente sofisticação dos sistemas de monitoramento permitiram às companhias aéreas reduzir o número de tripulantes em cada cabine e, com isso, economizar um bocado de dinheiro. Infelizmente, os engenheiros de voo foram vítimas do progresso e da obsolescência no mercado da aviação comercial. Não eram mais necessários, e tivemos de dizer a muitos de nossos engenheiros que seriam dispensados. Isso acontece. É horrível. E não há forma de contornar o problema. Se não tivéssemos feito isso, estaríamos fora da competição.

Ao longo dos anos, a diversificação do grupo Virgin tem sido uma vantagem. Conseguimos transferir pessoas de uma empresa para outra, oferecendo-lhes outros empregos enquanto a situação não voltasse a melhorar. Mas não era fácil fazer isso com nossos engenheiros de voo. Suas habilidades eram extremamente especializadas e não achamos que convertê-los em pilotos comerciais iria funcionar. Nossos comandantes e copilotos eram aviadores altamente capacitados com até dez anos de experiência em voos de curta distância.

Como estaríamos poupando dinheiro com a demissão daquelas pessoas, elas mereciam levar a maior parte dessas economias em suas indenizações. Receberam muito mais do que o mínimo legal, e creio que a maioria soube apreciar o gesto. Era um acordo decente. Os engenheiros o consideraram justo e — o que é igualmente importante — seus colegas que permaneceram na empresa concordaram.

Muitos dos aspectos da liderança podem ser planejados, ensaiados e preparados com antecedência. Você não precisa ser Winston Churchill para ser um bom líder.

Mas acredito que existe algo chamado liderança nata. É preciso ter certa generosidade de espírito para confiar nas pessoas e julgar de modo justo seus méritos e limitações. Não é pequena a coragem necessária para ser o portador de más notícias. Otimismo, cabeça aberta às possibilidades e uma profunda autoconfiança: algumas pessoas possuem essas qualidades de forma mais concentrada do que outras.

Assim, além das medidas práticas que é possível tomar, acredito que se possa ganhar muito seguindo o exemplo dos grandes líderes natos. Você com certeza pode ler sobre eles, mas também deve descobrir quem, em seu círculo de relações, é um líder com o qual pode aprender. Tenho o imenso privilégio de ter conhecido alguns grandes líderes natos em minha vida. Alguns são famosos internacionalmente; muitos não são. Se fosse mencionar toda ajuda, influência e ensinamentos de que me alimentei ao longo dos anos, teria de escrever outro livro. Por ora, vamos falar apenas de uma figura importante em minha vida: Nelson Mandela.

Quando as pessoas pensam em "Richard Branson", a primeira coisa de que tendem a se lembrar é meu envolvimento com o mercado de música. Trata-se de uma parte de nosso legado da qual somos extremamente orgulhosos. No entanto, quando olho para trás e reflito sobre o que mais me moldou como homem de negócios, deparo-me com uma fase ainda mais remota de minha carreira — lembro-me de minhas aventuras breves, felizes e esclarecedoras no jornalismo.

Afinal, o que pode ser melhor para um jovem à procura de respostas na vida do que sair por aí entrevistando as pessoas? Eu jamais seria um grande jornalista, mas uma qualidade que eu tinha era a capacidade de manter a boca fechada. Eu deixava que meus entrevistados falassem. Também não me acanhava nem um pouco de fazer perguntas que, em retrospecto, parecem ingênuas e óbvias. Estas duas habilidades eu trouxe para o mundo dos negócios, e elas me ajudaram muito. A capacidade de ouvir e de estar sempre disposto a se expor e fazer a pergunta óbvia são fundamentos empresariais criminosamente subestimados.

Fui criado nos anos 1960, uma época, em geral, cheia de compaixão, quando diversos jovens adquiriram consciência social e começaram a entender como o mundo tratava as minorias, quais deveriam ser seus direitos e como uma relação mais justa poderia alterar as coisas. Do outro lado do Atlântico, eu acompanhava fascinado a luta dos negros americanos contra o racismo, a discriminação e a desigualdade econômica.

Em março de 1968, segui orgulhosamente em passeata até a embaixada americana em Grosvenor Square, em Londres, para protestar contra o envolvimento dos Estados Unidos na Guerra do Vietnã. Caminhava lado a lado com o ativista de esquerda Tariq Ali e com a atriz Vanessa Redgrave, e lembro-me de sentir medo quando a polícia, a cavalo, nos atacou com cassetetes e gás lacrimogêneo. Eu era estimulado pela consciência de que os jovens estavam tentando tomar uma ação direta e favorável. E por meio da revista *Student*, eu — um privilegiado estudante inglês de escola abastada — ouvi falar pela primeira vez do horror da África. Aprendi um pouco sobre opressão, doenças e fome. A *Student* fez campanha contra a horripilante Guerra de Biafra, na Nigéria, utilizando as fotografias pungentes de Don McCullin, o aclamado fotojornalista cujas imagens, publicadas pelo *Sunday Times*, acabariam por definir o conflito no Vietnã e no Camboja. Ajudamos a despertar a atenção do público para a tragédia de milhões de crianças que morriam de fome em meio à guerra civil.

A edição de outono da *Student* de 1968 era um poço de fúria: os guetos negros americanos rompiam em conflitos cada vez mais violentos; estudantes rebeldes atiravam pedras na polícia nas ruas de Paris; os tanques russos tinham esmagado a Primavera de Praga na Tchecoslováquia; o Vietnã se esvaía sob uma chuva de bombas. Havia acontecimentos demais para cobrir. Lembro-me de termos Gyles Brandreth escrevendo sobre os Estados Unidos e uma reportagem enviada diretamente do Vietnã por um imberbe Julian Manyon, na época com 17 anos — hoje um veterano correspondente estrangeiro da ITN — em que ele entrevistava um médico do norte do Vietnã sobre a morte de soldados vietcongues por disenteria. Mas foi a entrevista que eu tinha feito com o escritor americano e militante negro James Baldwin que me chocou de verdade. Se você ainda tem alguma dúvida sobre o valor de perguntas ingênuas, leia este texto. Veja o que Baldwin fez com meu questionário desajeitado. Eu jamais teria provocado tanto ardor se tivesse sido menos direto.

Que tipo de educação teve James Baldwin?
— Na escola fui treinado com técnicas da Bíblia. Adquiri minha educação nas ruas.
Havia boas escolas nos Estados Unidos?

— Como poderia haver? Elas são construídas pelo Estado branco, administradas pelos poderes brancos e projetadas para manter os crioulos em seu lugar.
Os brancos podem lhes dar a liberdade ou os negros precisam conquistá-la por si mesmos?
— Os brancos não podem dar liberdade nem a si próprios. O histórico de vocês não é muito encorajador. NÃO ESPERO QUE VOCÊS ME DEEM NADA. Vou pegar o que precisar — não necessariamente tomando de vocês, esse é um mito que vocês criaram —, mas tenho a intenção de viver minha vida. Não estou interessado no que os brancos fazem. Os brancos não são tão importantes. O que se está combatendo não é o branco, mas o poder que se interpõe entre uma pessoa e sua vida. É simples assim. Não se trata de uma guerra racial, mas de uma guerra entre a pobreza e o privilégio, a liberdade e a prisão.

Fiquei atônito com o que Baldwin estava me dizendo — com sua ira colérica e, no entanto, contida em relação a como ele via a desigualdade da vida.

Em *Da próxima vez, o fogo*, escrito em 1963, ele havia previsto que em dez anos veríamos o fim da supremacia branca. Perguntei-lhe se ainda acreditava nisso.

Baldwin respondeu:

— Não foi exatamente isso que eu disse. Eu disse que isso era uma profecia — e que o profeta podia muito bem estar certo. Estou lhe dizendo que as sociedades ocidentais estão visivelmente em apuros e visivelmente se esfacelando.

— Sob a pressão dos negros?

— Sob o peso de suas próprias mentiras.

Isso era material forte e urgente para um jovem editor branco. Tratava-se de uma ira que eu não era capaz de compreender, pois não tinha parâmetros para avaliá-la. Eu queria ajudar a mudar o mundo, mas o que sabia eu sobre ele?

Fred Dube, um negro africano nascido em Joanesburgo, ativista social, casado e com dois filhos, entrou para o Congresso

Nacional Africano em 1955. De 1964 a 1967, cumpriu quatro penas de prisão por sabotagem, nas penitenciárias de Ladysmith, em Natal, Leeuwkop, em Transvaal, em Robben Island e Groenpunt, no Orange Free State. Partiu para a Inglaterra em julho de 1968 e tornou-se caixa de um banco em Londres. Ele contou à *Student* que a pobreza, o desabrigo e a destruição em seu país natal advinham todos do mesmo problema: o imoral e injusto sistema de apartheid. Algum tempo depois eu ouvi a história do ativista negro Steve Biko e, em seguida, esbarrei no nome de Nelson Mandela. Seus pais tinham-no batizado Nelson porque o nome soava "branco", o que, acreditavam eles, faria com que o filho se saísse melhor numa sociedade feita apenas para os brancos. Ele era visto como um extremista perigoso por algumas pessoas no Reino Unido, mas comecei a aprender a verdade sobre aquele homem incrível.

Quando conheci Madiba — como ele é carinhosamente conhecido na África — eu estava maravilhado e um tanto nervoso de me encontrar com ele. Mas de repente ele sorriu, e seu humor caloroso e maroto simplesmente se irradiou alcançando meu coração:

— Richard, é uma grande honra conhecê-lo.

Logo soube que ele dizia isso para qualquer pessoa que tivesse acabado de conhecer! Ali estava um homem que tinha sofrido muito por conta de sua cor e das coisas em que acreditava. Vítima da injustiça do apartheid, recebera uma sentença de prisão perpétua quando tinha 46 anos. Seu número na prisão era 466/64, o que queria dizer que se tratava do 466º prisioneiro a ser admitido na tenebrosa cadeia de Robben Island, em 1964. Sua cela tinha menos de dois metros quadrados, com paredes de sessenta centímetros de espessura. Quando se deitava, sua cabeça tocava numa extremidade e seus pés na outra. Passou seus primeiros meses na prisão ao lado de outros prisioneiros políticos, quebrando pedras até transformá-las em brita com um martelo de quase dois quilos.

Era um trabalho absurdamente pesado e doloroso. Eu vi sua cela — deve ter sido o inferno na Terra.

Mandela diz em sua autobiografia, *Long Walk to Freedom*, que "Robben Island era sem dúvida o mais duro e o mais rígido estabelecimento do sistema penal sul-africano. Era um lugar de provações não apenas para os prisioneiros, mas para os funcionários também. Os carcereiros, brancos e, em sua maioria, falantes de africâner, exigiam uma relação de mestre e servo. Mandavam-nos chamá-los de *baas*, o que nos recusávamos a fazer. A divisão racial em Robben Island era absoluta: não havia nenhum carcereiro negro e nenhum prisioneiro branco."

Mesmo assim, nunca vislumbrei uma única migalha de raiva ou indignação naquele homem.

Seu espírito está mais bem traduzido, eu acho, no discurso que ele fez, não muito tempo após ser eleito presidente, na inauguração da estátua de Steve Biko. "Embora Steve Biko tenha abraçado, inspirado e promovido o orgulho negro, ele nunca fez da negritude um fetiche... Aceitar a própria negritude é um ponto de partida crítico: um alicerce importante para se engajar na luta. Hoje, deve ser um alicerce para a reconstrução e o desenvolvimento, para um esforço humano conjunto no sentido de acabar com a guerra, a pobreza, a ignorância e a doença."

Aí estão as características de um grande líder, resumidas num punhado de frases. A preocupação com as pessoas está aí, bem como a inteligência natural que Mandela tem para julgar méritos individuais. Existe autoridade nessas palavras, mas elas não são intimidadoras ou bombásticas: nos fazem enxergar de forma clara e simples aquilo que precisa ser alcançado.

A inauguração da estátua de Biko, esculpida em bronze por Naomi Jacobson, ocorreu no dia 12 de setembro de 1997. Peter Gabriel e eu estávamos lá — os únicos rostos brancos numa multidão de cerca de cem mil pessoas. Eu intimei Peter a cantar a canção que tanto tinha ajudado a manter vivo o nome de Biko. Aquela apresentação de *Biko*, com apoio vocal de Nelson Mandela e de cem mil expectadores, é um momento que eu levarei para a vida toda. No momento em que Mandela veio apertar a minha mão e agradecer meu apoio, decidi que queria fazer algo de significativo pela África do Sul, para ajudar o país a se recuperar de suas terríveis feridas. Eu não era um compositor — mas não precisei esperar muito pela oportunidade.

Há um aspecto da liderança de Mandela que não fica aparente em seu discurso, mas que é típico da maioria dos grandes líderes que conheci: todos são exímios vendedores! Mandela é um empreendedor da cabeça aos pés. E ele está sempre em ação. Em todas as ocasiões em que estivemos juntos, Madiba raramente perdeu a chance de mexer alguns pauzinhos por seu país. Certa vez ele esteve em Londres, almoçando com Joan, Holly, Sam e eu, além de uns poucos amigos íntimos, e logo após escrevi em meu caderninho: *"Nenhum almoço ou jantar se passa sem que ele peça um favor para alguém necessitado. Ele veio à minha casa com sua nova mulher, Graca Machel, e sua filha. 'O almoço estava delicioso, Richard. Aliás, semana passada estive com Bill Gates e ele doou, em dólares, o equivalente a cinquenta milhões de libras.' Gulp!"*

Tenho orgulho em dizer que Nelson Mandela se tornou um amigo próximo. Está com noventa anos e nunca deixou de ser uma inspiração para mim como ser humano. Tenho muitas memórias preciosas dos momentos que passei em sua companhia. Acho que vale a pena contar como o impressionante tino do ex-presidente sul-africano para os negócios, aliado ao seu senso de dever, ajudou seu país. Madiba sabia que a "longa marcha para a liberdade" de seus irmãos e irmãs negros significava abraçar um futuro econômico favorável. Embora reconhecesse que seriam necessários muitos anos — talvez mesmo uma geração — para reverter as desigualdades da discriminação racial, ele tinha poucos pudores ao procurar meu envolvimento, bem como o de outros empresários, quando acreditava que isso pudesse trazer empregos e riqueza para a África do Sul.

Uma dessas ocasiões ocorreu em setembro de 2001, poucos dias após as atrocidades no World Trade Center, em Nova York. O turismo e as viagens de negócios tinham minguado da noite para o dia, o mercado de aviação comercial como um todo entrava em colapso, e eu estava sentado em minha banheira pensando em como o Virgin Group iria lidar com os imensos problemas da Virgin Atlantic quando ele me telefonou. A voz de Madiba era como um bálsamo anestésico: calma e reconfortante.

— Richard, você disse que queria ajudar a África do Sul — ele falou.

— Sim, Madiba. Você sabe que estou disposto a ajudar — respondi.

— Bem, nós temos um problema...

Uma das maiores redes de mega-academias esportivas do país, a cadeia Health and Racquet, tinha quebrado. Isso significava a perda de cinco mil empregos.

— Você acha que consegue fazer algo a respeito disso? Será que pode salvar essas pessoas?

Na verdade eu não sabia se o negócio era viável, mas segui meu instinto e meu desejo de apoiar um homem que reverenciava. Além disso, confiava em Madiba: em outra vida ele poderia ter sido um financista astuto do mundo corporativo!

Liguei para Frank Reed, CEO da Virgin Active, e para Matthew Bucknall, seu diretor financeiro, que administravam três grandes clubes no Reino Unido. Será que eles estavam preparados para assumir uma empresa sul-africana em apuros que tinha oito vezes o seu tamanho? Pude ouvir Matthew engolindo em seco — mas em seguida ele disse que agarrariam a chance com as duas mãos. Excelente! Em poucas horas conseguimos formular um pacote de resgate — rebatizando o negócio como Virgin Active. Liguei de volta para Madiba e disse que estávamos definitivamente na jogada.

Mas o dinheiro andava curto para nós e, como precisávamos levantar fundos, procuramos a empresa de investimento privado Bridgepoint Capital, que concordou em assumir 55% de um negócio de 110 milhões de libras, deixando a Virgin com 36% e Frank, Matthew e sua equipe com cerca de 8%. Quando Gordon McCallum soube da velocidade das negociações, disse: "Nesse ritmo, devíamos mudar o nome da empresa para Virgin Hyperactive."

Nossa estratégia incluía fazer o máximo para manter o maior número de pessoas em seus empregos e conservar os novecentos mil clientes da Health and Racquet, embora fosse preciso renegociar os termos do contrato de muitos frequentadores. Eles tinham recebido títulos vitalícios gratuitos em troca de uma gorda contribuição única na hora da inscrição — o que funcionou bem até o momento em que não havia mais novas inscrições! Julgamos, e depois vimos que estávamos certos, que quase todos os membros concordariam em começar a pagar uma taxa mensal, desde que oferecêssemos em troca uma experiência esportiva de primeira classe e reformássemos os ginásios dilapidados que há muito não recebiam investimentos.

O resgate nos permitiu plantar firmemente um pé na África do Sul, e desde então não paramos de nos expandir. Em outubro de 2005, a Virgin Active estava numa situação financeira melhor — tendo dobrado de tamanho e penetrado na Itália e na Espanha — e conseguiu comprar de volta a participação de 55% da Bridgepoint Capital por 134,5 milhões de libras.

*

Quando Nelson Mandela foi presidente da África do Sul, tinha consciência de sua posição diplomática. O reerguimento do país como nação dependia da força crescente e dos investimentos da China como superpotência econômica. Ele não queria ofender a China. E jamais ofendeu.

Uma vez livre do fardo da presidência, naturalmente, Madiba podia voltar a agir como quisesse.

Em novembro de 2004, eu estava em Joanesburgo no CIDA City Campus, o primeiro campus universitário gratuito para estudantes negros de cidades do interior e áreas rurais, que não podem pagar por educação. Estava ao lado de Kelly Holmes, corredora que já ganhou duas medalhas de ouro olímpicas, a cantora Estelle e a equipe da Virgin Unite, a fim de lançar uma iniciativa chamada Women on the Move [Mulheres em Movimento], que se dedica a promover a prosperidade de mulheres jovens em toda a África do Sul. Após a cerimônia, permaneci no local para ouvir o Dalai Lama, o líder tibetano exilado, que fora convidado a falar no CIDA. Era a terceira vez que ele visitava o país e discursou com verve, compaixão e um suave senso de humor. Sorria acolhedoramente ao saudar pessoas de todas as religiões, e também as não religiosas, tratando da mesma forma pretos, brancos e mestiços. Fiquei ali absorto, ouvindo aquele homem profundamente espiritual fazer apelos por paz e justiça.

Ele disse:

— Se você quiser experimentar a paz, dê paz aos outros. Se quiser ter a certeza de que está em segurança, faça com que os outros tenham essa certeza. Se quiser entender coisas aparentemente incompreensíveis, ajude a melhorar a capacidade de compreensão dos outros. Se quiser se curar da tristeza ou da raiva, procure curar a tristeza ou a raiva alheia. Os outros estão observando você. Buscam sua orientação, sua ajuda, sua coragem, sua força, sua compreensão e seu apoio nesta hora. Acima de tudo, buscam seu amor.

Não houve nada que o Dalai Lama tenha dito naquele dia que pudesse de alguma forma provocar as autoridades chinesas. Ele apenas afirmou que o abismo entre ricos e pobres é moralmente errado.

Eu tinha estado com Madiba em sua casa na tarde da véspera e lhe perguntado por que ele nunca se encontrara com o Dalai Lama. Ele ficou sério e me disse que a decisão fora inteiramente política. Os sul-africanos não queriam aborrecer a China em relação a suas atividades no Tibet. Mas eu achei que seria uma boa ideia reunir aqueles dois anciãos — e que as conveniências políticas não deveriam impedi-los de se ver.

— Você não é mais presidente, Madiba — eu disse. — Ele pode visitá-lo como uma pessoa comum. Está hospedado a poucas quadras daqui.

Mandela sorriu e olhou para Zelda le Grange, sua assistente e conselheira. Percebi que ele tinha se convencido. Mais tarde, no dia seguinte, Zelda me convidou para participar do encontro que eu mesmo havia sugerido — mas acabei recusando esse convite extraordinário. Senti que aquela era uma ocasião especial entre dois homens inspiradores e que ninguém mais deveria estar presente. À noite, após o encontro, recebemos a seguinte mensagem de Wendee, que trabalha com o Dalai Lama: "Em nome de toda a delegação, obrigado por organizar o que talvez tenha sido o primeiro e último encontro desses dois grandes espíritos... O encontro se estendeu por uma hora de profundo debate."

Muitas coisas em minha vida me proporcionaram satisfação. Mas a união dessas duas figuras icônicas em Joanesburgo é um momento que guardarei com carinho especial enquanto viver. E aquele encontro começou a dar força a uma ideia que Peter Gabriel e eu tivéramos: reunir um grupo de anciãos sábios de diversas partes do mundo...

Ilha Necker, janeiro de 2004

Caro Madiba,

Uma ideia — sim, desculpe, mais uma de minhas ideias. Inspirados por um dia absolutamente incrível — o do concerto 46664 (em novembro de 2003, uma declaração de guerra à aids na África do Sul) — Peter Gabriel e eu decidimos lhe escrever.

Como você bem sabe, nas aldeias africanas há anciãos que os outros membros da comunidade respeitam e seguem. Acreditamos que a Aldeia Global também precise ouvir seus anciãos. Quando negociava em Ruanda, você nos disse que tinha sido fácil para você conquistar a confiança dos generais porque, segundo eles, conversar com você era como conversar com um pai. Gostaríamos de criar um pequeno conselho dos "Anciãos" mais respeitados do mundo e, como você é considerado o homem mais respeitado da atualidade, queremos convidá-lo a se tornar a figura paterna dessa organização e seu Ancião número um.

Einstein disse certa vez: "Como eu gostaria que existisse uma ilha em algum lugar para aqueles que têm sabedoria e boa vontade." Eu disse que seria maravilhoso se os Anciãos pudessem se reunir em um lugar como minha ilha Necker duas ou três vezes ao ano, a fim de debater como enfrentar as questões urgentes do mundo.

Sugerimos que os Anciãos sejam inicialmente escolhidos por você e depois, no futuro, eleitos pela comunidade mundial, o que lhes dará mais legitimidade em todo o planeta. Nenhum deles será um político em atividade. O Conselho dos Anciãos teria 12 homens e mulheres. Quatro deles deixariam o posto a cada três anos. Os quatro novos seriam eleitos por votação a partir de uma lista de poucos nomes selecionados pelos Anciãos, por meio de canais como internet, televisão, correios e e-mail. Os membros do conselho seriam os representantes de um amplo espectro dos habitantes do mundo.

Peter e eu dissemos que a primeira votação em âmbito mundial estimularia as pessoas a pensar globalmente, sentindo-se parte dos eventos e se engajando num mundo que vai além de suas fronteiras, cultura e religião. Assim como as Nações Unidas representam os governos do mundo, os Anciãos representariam as esperanças, aspirações, medos e sonhos do povo.

Os Anciãos teriam a seu dispor uma Árvore em Crescimento — um exército de pessoas de todo o mundo que estejam aposentadas ou simplesmente tenham tempo e estejam dispostas a contribuir com seu trabalho e conhecimento para ajudar a resolver os problemas do mundo. Seja criando uma Universidade Aberta na África ou na Índia, seja combatendo conflitos, doenças ou a pobreza. Elas também ajudariam nos projetos de aconselhamento. Seriam uma copiosa reserva educacional.

Desde o início, o objetivo era que os Anciãos fossem um grupo de conselheiros globais, não de autoridades que dissessem aos outros como agir. Seriam indivíduos, não apenas representantes de um país ou Estado. Deveriam estar acima da política partidária e ser livres para expressar aquilo que vissem como verdade.

Sei que não seria fácil para você encontrar tempo para isso, mas daria uma enorme credibilidade ao futuro dos Anciãos se pudesse lhes dar sua bênção e ser seu pai e fundador.
Eu me comprometo a achar tempo e recursos para ajudar a organizar o conselho nos bastidores e garantir que ele se torne uma força de promoção do bem no mundo que, esperamos, continue assim por muitos anos.
Cordialmente,
Richard

Nelson Mandela adorou a ideia. Ela mexeu com seus instintos de empreendedor. Concordou em se tornar o primeiro Ancião, juntamente com sua mulher, Graca, e ambos enviaram convites às 11 pessoas que consideravam ter a maior autoridade moral em todo o mundo.

Nunca me esquecerei do momento em que saí da casa de Madiba com Jean Oelwang, depois que ele e Graca fizeram a seleção final de Anciãos. Eu tinha a sensação maravilhosa de que aquele era o começo de um dos empreendimentos mais cheios de esperança e inspiração de toda a minha vida. Além disso, sentia-me abençoado por poder passar algum tempo com dois verdadeiros líderes globais. Graca e Madiba compartilham a extraordinária capacidade de liderar com humildade, honestidade e uma atenção infalível aqueles cujas vozes ainda não podem ser ouvidas. Madiba nos lembra constantemente que, se uma linha de ação não terá impacto algum no nível da aldeia, então não devemos adotá-la.

Com o apoio da Virgin Unite, partimos então para uma jornada de criação, recorrendo a pessoas do mundo inteiro para fomentar iniciativas e construir uma rede de participação. Tivemos duas semanas gloriosas em que o Arcebispo Tutu e o ex-presidente Jimmy Carter ajudaram Peter e eu a receber em Necker um leque de diferentes grupos — de cientistas e filósofos, a empreendedores e líderes de primeira grandeza. Como ocorre com o desenvolvimento de qualquer ideia de negócios, houve momentos em que pensamos: o que de fato estamos fazendo? E depois veio aquele instante magnífico em que tudo se encaixa. Soubemos que aquilo era algo que realmente poderia fazer uma diferença no mundo. Também passamos horas divertidas — impossível não ser assim, com aquele arcebispo brincalhão tratando de manter a todos nós em guarda. Uma das memórias que guardo com mais carinho daquele tempo é de Peter e eu ensinando Tutu a nadar nas belas águas que cercam Necker.

Nunca me esquecerei do discurso que Madiba proferiu quando reunimos pela primeira vez o grupo inicial de Anciãos em Ulusaba:

> *Vamos chamá-los de Anciãos, não por causa de sua idade, mas devido à sua sabedoria individual e coletiva. A força desse grupo não está no poder político, econômico ou militar, mas na independência e na integridade daqueles que aqui estão. Eles não têm carreiras*

a construir, eleições a vencer, eleitores a agradar. Podem conversar com quem bem entender e são livres para tomar os caminhos que julgarem corretos, mesmo que sejam altamente impopulares. Sei que, como grupo, vocês vão apoiar a coragem onde houver medo, estimular o entendimento onde houver conflito e plantar esperança onde houver desespero.

Após o encontro, os Anciãos decidiram que queriam anunciar sua existência ao mundo por ocasião do aniversário de Madiba que estava por vir, no dia 18 de julho de 2007. A equipe da Virgin Unite trabalhou sem parar preparando o lançamento e me ajudando a levantar os fundos de que necessitávamos para os primeiros anos — tudo isso em pouco menos de cinco semanas! Durante esse período, tivemos a oportunidade de entrar em contato com um grupo incrivelmente humilde e sincero de empreendedores e organizações, que ajudaram a fundar os Anciãos. O vigor dessas pessoas ao se unirem por trás desse sonho, sem a mais remota consideração de interesses individuais, de fato capturou a essência dos Anciãos. Aqueles empresários e colaboradores não se tornaram apenas sócios nessa iniciativa, mas, tenho certeza, viraram amigos para a vida toda.

Os outros Anciãos são a mulher de Madiba, Graca Machel, famosa defensora dos direitos das mulheres e das crianças; o arcebispo anglicano Desmond Tutu, que trabalhou incansavelmente em sua campanha contra o apartheid na África do Sul; Kofi Annan, secretário-geral das Nações Unidas de 1997 a 2006; Ela Bhatt, fundadora da Self-Employed Women's Association, da Índia; Lakhdar Brahimi, o ex-embaixador nascido na Argélia que começou a vida lutando pela libertação de seu país e depois se tornou mediador em muitos conflitos no Oriente Médio; Gro Harlem Brundtland, ex-primeira-ministra da Noruega, que exerceu um impacto significativo na sociedade global com sua atuação nas áreas de meio ambiente e desenvolvimento sustentável; o sociólogo Fernando Henrique

Cardoso, ex-presidente do Brasil, que lutou incansavelmente pelos direitos humanos na América do Sul; Jimmy Carter, que mediou os históricos acordos de paz de Camp David quando era presidente dos EUA; Mary Robinson, ex-presidente da Irlanda e uma destacada comissária superior de Direitos Humanos da ONU de 1997 a 2002; Muhammad Yunus, o economista de Bangladesh vencedor do Nobel da Paz, que fundou o maravilhoso Grameen Bank; e Aung San Suu Kyi, um destemido e eloquente crítico da junta militar que governa sua terra natal, a antiga Birmânia.

Os Anciãos são, em essência, um grupo de pessoas imensamente influentes em nível global, agindo como empreendedores e usando sua coragem moral, sua sabedoria e sua liderança independente para ajudar o mundo a enfrentar problemas enormes e de difícil solução. A beleza dos Anciãos é que eles chegaram a um ponto em suas carreiras em que não têm mais nenhum interesse a defender que não seja o da humanidade.

Houve um tempo em que impérios inteiros eram governados de dentro de pequenas salas por um punhado de oligarcas. Esses dias felizmente ficaram de uma vez por todas no passado, e com certeza não está nos planos de ninguém dar poder político aos Anciãos! Nossa esperança e intenção é que os Anciãos possam utilizar sua influência na esfera mundial de forma ágil e pró-ativa, dando voz e consciência aos povos deste planeta.

Nestas poucas páginas em que explico a você como os Anciãos trabalham, espero convencê-lo de que *o empreendedorismo não é algo que um dia se possa deixar para trás; tampouco é adequado apenas a comerciantes solitários, pequenas empresas ou mesmo a negócios modulares como o Virgin Group. O empreendedorismo é — se isto não soar pomposo demais — uma virtude de negócios universal.* Quero dizer que ele pode ser aplicado a problemas, desafios e oportunidades *de qualquer tamanho*.

Os Anciãos foram reunidos de forma bastante semelhante à da criação de qualquer empresa Virgin. Nós facilitamos sua organização e lhes fornecemos os meios para trabalharem juntos. Asseguramo-nos de que exista uma equipe administrativa motivada. E estamos garantindo proteção ao nome e à marca dos Anciãos. É importante que o grupo desenvolva uma identidade única e reconhecida, que resista às frequentes trocas de membros e a uma agenda de atividades em constante evolução.

Peter Gabriel e eu concluímos que seria essencial que nos afastássemos, que os Anciãos tivessem completa independência e que os termos de sua associação consagrassem essa independência. Eles não têm de responder nada a ninguém — nem mesmo aos fundadores do grupo ou qualquer um de seus financiadores.

Os 12 Anciãos são indivíduos com uma tremenda integridade pessoal. Em geral têm mais de sessenta anos e estão acima da batalha de egos. Sua missão declarada diz que o papel dos Anciãos é trabalhar para resolver problemas globais e aliviar o sofrimento humano. Deu um trabalho descomunal chegar à versão final dessa declaração e a uma estrutura adequada para o trabalho.

Como já mencionei, reunimos um grupo maravilhoso de empreendedores cujas contribuições generosas garantem os custos operacionais dos três primeiros anos de trabalho dos Anciãos, de forma que eles possam ir em missão a lugares como Darfur e Quênia. Os Anciãos não ganham nada por seu trabalho. Conseguem se comunicar prontamente com profissionais envolvidos em resolução de conflitos no mundo inteiro. Sua importância internacional garante respostas imediatas se estiverem em busca de aconselhamento especializado para um projeto. Mediadores profissionais estarão à disposição para fazer o trabalho de campo antes que os Anciãos visitem alguma área.

Espero que dentro de cem anos — se o grupo for administrado corretamente — os Anciãos ainda existam, e que se juntem a eles pessoas que tiverem alcançado a excelência em suas vidas, sejam políticos, diplomatas, profissionais da ajuda humanitária ou dos negócios. Quando essas pessoas boas e de grande valor chegarem aos últimos 15 anos de suas vidas ativas, os Anciãos poderão convidá-las a participar da solução dos problemas globais.

Será que essa organização extraordinária o motiva a criar ou facilitar a criação de algo semelhante em seu próprio ramo de atividade? Espero que sim. Afinal, a ideia dos Anciãos brotou, antes de mais nada, de meus quase quarenta anos de experiência nos negócios e da experiência de Peter na fundação de organizações globais como a Witness. Cada ramo de atividade tem suas figuras de referência, pessoas a quem empresas e empreendedores recorrem em busca de conselhos e juízos confiáveis. Muitos dos grandes e bons personagens dos negócios vivem mais nos dias de hoje, levam vidas mais saudáveis e, na maior parte das vezes, seu apetite para os negócios não diminui ao longo dos anos. Imagine o quanto de assessoramento, conselhos valiosos e mesmo assistência prática existe por aí, esperando para ser explorado. Imagine se seu mercado tivesse o apoio de uma rede de figuras empresariais reverenciadas como Sir Brian Pitman.

Reconheço que isso está mais para um chamado às armas que para um conselho de negócios — mas se estas páginas o inspirarem a considerar o bem de seu mercado como um todo, e o modo como sua organização pode contribuir para esse mercado ter uma conduta eficaz e responsável, melhor ainda. Os grandes e os bons em seu ramo de negócios são recursos que você deveria levar a sério. Encontrar uma forma de mobilizar esses recursos para que eles apoiem e estimulem seu mercado adicionará valor à sua marca — e o que você aprender terá um impacto positivo direto em sua empresa.

Para ser um empreendedor sério, você tem de estar preparado para pular no precipício. Sim, é perigoso. Pode haver ocasiões em que, depois de pular, você se veja em queda livre e sem paraquedas. A possibilidade de alguns negócios se espatifarem no chão é real. Com certeza escapei por um triz algumas vezes, ao longo de minha carreira nos negócios. Mas aí você estica o braço e se agarra a uma fenda na rocha com as pontas dos dedos — e se arrasta de volta ao topo, onde estará em segurança.

A vida ficou certinha demais para muita gente, que tem seu futuro inteiramente planejado por pais e professores. Pode-se dizer que é tudo um tanto *confortável*: lá vai você para a universidade atrás de um diploma. Depois acha um bom emprego, faz um financiamento imobiliário, encontra uma boa namorada, namorado, parceiro. Trata-se de uma vida sólida — uma vida boa, sob muitos aspectos — mas qual foi a última vez que você se arriscou?

Muitos leitores deste livro devem ser pessoas ricas. Se você não se sente assim neste momento, pare um minuto para pensar: o simples fato de que pôde comprar este livro, ou achar tempo para apanhá-lo na biblioteca — ou mesmo o simples fato de que você sabe ler — o identifica como uma das pessoas mais ricas e privilegiadas da história. Não há tantos assim de nós, e não faz muito tempo que temos esses recursos, de forma que ainda não aprendemos a lidar muito bem com eles. A riqueza nos deixa preguiçosos. Ficamos complacentes. Somos enclausurados numa redoma de vidro. Se seu trabalho paga bem, quem poderá culpá-lo se você não estiver disposto a se arriscar e, digamos, abrir sua própria empresa?

A grande maioria das pessoas fica muito feliz com esse estado de coisas, o que é bom para elas. Mas se você quer ter ação e aventura em sua vida, vire um empreendedor e faça uma tentativa. Aprenda a arte de tentar criar seu próprio negócio. O que equivale a dizer: dedique-se à arte de cometer erros e aprender lições.

Porque, se você quiser ser um empreendedor e *não* cometer alguns erros pelo caminho, certamente não aprenderá muito nem realizará grande coisa.

As pessoas têm medo do fracasso, o que, apesar de perfeitamente razoável, é também bastante estranho. Porque me parece que é cometendo erros que aprendemos a fazer as coisas. Observe o ensaio de um músico um dia desses. Preste atenção num bebê que está aprendendo a andar. Ouça uma criança pequena falar. Habilidades como a de caminhar, falar e tocar um instrumento vão emergindo aos poucos, ainda que de forma constante, de uma chuva de erros (frequentemente muito engraçados). Acho que isso se aplica a *tudo* — aprender é cometer erros e crescer com eles. Eis a razão fundamental para os voos comerciais terem se tornado tão seguros no século XXI — na verdade tão seguros que você corre menos risco a bordo de um 747 a caminho de Nova York do que em casa, vendo TV.

Sim, reconheço que existe um limite além do qual você *não consegue mais* aprender com seus erros. Não espere que eu lance um disco de sucesso um dia desses, ou dê um recital no Carnegie Hall, ou escreva uma sequência de sonetos, ou qualquer outra coisa entre os bilhões de coisas em que nunca serei muito bom. Mas isso não é o mesmo que *fracasso*. Isso é descobrir aquilo que você sabe fazer bem. O mundo é muito, muito maior que você, e não há sucesso mundano, por maior que seja, que possa mudar tal fato.

Fracasso é nem ao menos tentar fazer as coisas. As pessoas que fracassam são aquelas que não tentam, que não se esforçam. Os fracassados não se dão ao trabalho. Entre as pessoas que tentaram realizar algo e malograram, há poucas que não sintam uma enorme satisfação por terem tentado, e eu aprendi mais com quem tentou e não conseguiu do que com aqueles raros felizardos para quem o sucesso veio fácil.

Em meu país, o Reino Unido, o sistema educacional tem muito a ver com nosso medo do fracasso. Acho que temos um ideal de educação que se concentra exclusivamente nas conquistas acadêmicas e subestima outras contribuições que as pessoas podem fazer para a sociedade. Tenho uma enorme admiração por cientistas e engenheiros, mas, enquanto eles recebem o respeito que merecem na Alemanha, nos Estados Unidos e no Japão, na sociedade britânica costumam ser tratados com relativo desprezo.

Como nunca frequentei uma universidade, talvez eu tenha uma visão radical da educação. Tenho um compromisso com a excelência e a perícia nos negócios, mas acredito que precisamos mostrar aos jovens o valor da criação de riquezas também. Acho que alguns cursos universitários poderiam ser finalizados mais rapidamente — nunca entendi por que alguns deles incluem apenas duas ou três aulas por semana, e por que os estudantes são obrigados a fazer as coisas por conta própria uma boa parte do tempo, sem a orientação de tutores, palestrantes e professores que, pelo que me parece, hoje em dia gastam mais energia correndo atrás de bolsas e financiamentos. Mas uma coisa é clara para mim: nossas universidades ainda estão muito carentes de espírito empreendedor.

Um de meus maiores heróis empreendedores era Sir Freddie Laker. Freddie, que morreu em fevereiro de 2006 aos 83 anos, viveu sua vida intensamente. Era uma pessoa extraordinária: um homem cheio de sortilégios e alegria. Com uma presença que iluminava ambientes, era o mais rematado dos vendedores. Um ex-colega e amigo seu, David Tait, dizia que ele seria capaz de vender um copo d'água para alguém que estivesse se afogando. Freddie, um tremendo inspirador e amigo da Virgin Atlantic, foi o padrinho das viagens aéreas internacionais de baixo custo.

Os primeiros voos da Skytrain partiram de Gatwick com direção a Nova York em setembro de 1977. Mesmo levando-se em conta o fato de que a companhia aérea de Freddie não tinha frescuras, o preço da passagem era inacreditável: apenas

59 libras o voo de ida para os Estados Unidos, um terço do preço de qualquer outra empresa. Ele lucrou um milhão de libras em seu primeiro ano — e eu me tornei um de seus passageiros assíduos quando expandimos a Virgin Records para o território americano.

A Skytrain transportava um em cada sete passageiros transatlânticos — e Freddie recebeu o título de Sir em 1978. Mas, em 1982, a companhia foi à falência, com dívidas de 264 milhões. Ele tinha feito empréstimos pesados para comprar 15 novos aviões pouco antes de a libra esterlina despencar em relação ao dólar, mas, pior ainda do que isso, as grandes companhias aéreas tinham conspirado contra ele, oferecendo tarifas mais baixas para miná-lo. As companhias também ameaçaram os fabricantes de aeronaves para que não vendessem para Freddie. Sua empresa entrou em colapso — com os passageiros ainda no ar.

Em 1983, os liquidantes da Touche Ross deram início a uma ação antitruste nos Estados Unidos, reivindicando um bilhão de dólares de dez grandes companhias aéreas — incluindo a British Airways, a PanAm, a TWA e a Lufthansa — que haviam se unido para tramar a queda de Freddie. Os advogados de defesa fizeram um acordo fora do tribunal, negociando, segundo informações, o pagamento de 35 milhões de dólares aos credores de Freddie — enquanto ele, meio a contragosto, aceitou uma compensação de seis milhões de libras e se aposentou, indo morar nas Bahamas.

Três dias antes do colapso, com seu jeito típico, ele disse: "Estou nas nuvens — não poderia estar mais confiante em relação ao futuro." E David Tait se lembra de viajar ao lado de Freddie num voo da Air Florida que saía de Gatwick, dez dias após o colapso. Lá embaixo, espremidos asa contra asa no hangar da Laker, estavam os frutos do trabalho da vida de Freddie, um tristonho lote de DC-10s ainda com o logo da Skytrain. Mas ele se virou para seu parceiro de infortúnio e disse:

— Não se preocupe, amigo, tudo vai dar certo.

Sua empresa estava acabada. Mesmo assim, Freddie, veterano de quatro casamentos, sabia que havia muito mais para viver. Ele gostava de conversar comigo a respeito do passado, tomando rum Pusser's com laranja em seu iate nas Bahamas, e apreciava uma caneca de cerveja com os amigos.

Foi num outro voo da Air Florida que ele conheceu Jacqueline Harvey, uma comissária de bordo da Eastern Airlines que estava de folga. Foi amor à primeira vista — ou ao primeiro voo —, e Jacquie tornou os últimos vinte anos de vida de Freddie muito mais divertidos, apagando qualquer memória do fracasso da empresa.

Suas máximas de negócios eram memoráveis para mim.

"Só um tolo nunca muda de ideia."

"Não me traga seus problemas — traga-me soluções."

E sua frase mais famosa: "Processe os canalhas". Advogados no mundo inteiro ainda comemoram essa máxima! Mas foi provavelmente o melhor conselho que eu poderia receber quando tive de me acertar com a British Airways depois de sua campanha de golpes baixos contra a Virgin Atlantic, no fim dos anos 1980.

Freddie nunca teve medo do fracasso. Teve sucesso na vida — e nunca deixou de tentar. Foi por isso que batizamos um dos nossos aviões como o *Vigor de Sir Freddie*.

Capítulo 7
Apenas negócios

Ao longo dos anos, vimos bilhões de dólares serem destinados a estímulos ao desenvolvimento e a programas de emergência. Mesmo assim, inacreditavelmente, ainda temos mais de 16 mil pessoas morrendo todos os dias de doenças evitáveis e tratáveis como aids e tuberculose, metade do planeta ainda subsiste com menos de dois dólares por dia, um bilhão de pessoas não têm acesso a água potável — a lista poderia prosseguir indefinidamente. O fato de esses problemas persistirem não se deve à falta de trabalho duro e compromisso por parte de setores sociais e ambientais. Entretanto, sem as forças normais do mercado e as empresas para garantir que as melhores ideias possam ser plenamente implementadas e comunicadas, o que temos no fim das contas é um mercado de boas intenções.

Por meio das viagens que fiz nas últimas duas décadas, comecei a perceber que a única forma de ampliar e acelerar as mudanças de que precisamos no mundo é realizar algumas parcerias bastante improváveis entre empresas, instituições filantrópicas, governos, ONGs e pessoas empreendedoras que estejam na linha de frente dos problemas. Na maioria das vezes, as pessoas mais afetadas sabem as respostas — só precisamos lhes dar ouvidos. Nenhum de nós pode fazer nada sozinho: temos de deixar nossas diferenças de lado e revolucionar a forma de trabalhar juntos, para garantir que deixaremos este mundo bem-cuidado por, pelo menos, "as próximas sete gerações", conforme a filosofia do povo indígena com o qual trabalhamos no Canadá.

Neste último capítulo, quero lhe falar das aventuras da Virgin no território em que há uma união dos negócios com a ação de tornar o mundo um lugar um pouco melhor. Isso sempre foi importante para mim e começou, na verdade, quando eu tinha 18 anos e abri o Centro de Aconselhamento Estudantil (Student Advisory Centre) em Portobello Road, orientando jovens sobre questões de saúde sexual. Quarenta anos depois, o centro mudou um pouco de formato, mas ainda está lá, no mesmo lugar, oferecendo serviços de aconselhamento.

Quando a aids começou a se tornar uma questão grave, em meados dos anos 1980, lançamos os preservativos Mates, misturando negócios e criatividade para fazer com que os jovens usassem camisinha e continuassem a aproveitar os prazeres de sua vida sexual (bom, eles certamente não tinham como ser impedidos!). Aquilo era tão importante que decidimos transformar a iniciativa num negócio social, com todos os lucros revertidos para a campanha do sexo seguro. A equipe fez um excelente trabalho. Conseguimos até que a BBC veiculasse anúncios sobre o tema pela primeira vez em sua história, o que elevou significativamente a consciência da importância do sexo seguro em todo o Reino Unido — tudo no estilo irreverente da Virgin. Aqui no Caribe, o slogan diz o seguinte: *"No glove — no love."*[1]

Muitos anos atrás, eu me dei conta de que, se a Virgin realmente quisesse fazer diferença frente a alguns dos problemas mais difíceis com que se defrontava a humanidade, tínhamos de começar a dar um sentido de conjunto a tudo o que realizávamos. Eu sabia que a única forma de fazer aquilo

[1] Literalmente, "Nada de luva, nada de amor". A rima é intraduzível. (N. do T.)

funcionar era colocar a responsabilidade social no cerne das atividades da Virgin. Assim, passamos meses conversando com funcionários, clientes e organizações que trabalham na linha de frente em todo o mundo. A partir daí, criamos uma filosofia empresarial de "fazer o que é melhor para as pessoas e o planeta" e lançamos a Virgin Unite. Ela agora se tornou a fundação empreendedora do grupo, trabalhando com nossas empresas e sócios para desenvolver novas formas de lidar com as questões que afligem nossa sociedade. Sua essência são ideias e pessoas — trata-se de encontrar os melhores exemplares de cada grupo e lhes dar condições de prosperar. Nossa crença fundamental é que fazer o bem é ótimo para os negócios. Não se trata de assinar cheques milionários para caridade, mas sim de garantir que estamos usando todos os recursos a nosso dispor, em todas as nossas empresas — em especial o maravilhoso espírito empreendedor de nosso pessoal — para alavancar mudanças.

Existe algo chamado interesse próprio e coletivo, e devemos fomentá-lo. É possível ter lucro e ao mesmo tempo tornar o mundo um lugar melhor. E, na medida em que possa haver respostas para os problemas do mundo, o capitalismo — definido de forma generosa e humana e trabalhando humildemente com as pessoas que compreendem os problemas e suas soluções — pode nos dar algumas dessas respostas. Contarei mais sobre os empreendimentos da Virgin nessa área, mas primeiro quero lhes falar de algumas pessoas que me inspiraram.

Já recebemos muitos hóspedes impressionantes e influentes na ilha de Necker. Mas a visita de Bill e Melinda Gates na Páscoa de 2001 me ajudou a descobrir o que deveria fazer em termos filantrópicos.

Leva-se algum tempo para chegar a conhecer Bill Gates. Ele é cerebral e intenso em tudo o que faz. Essa intensidade resultou numa excelente partida de tênis, que terminou num honrável empate.

Durante sua visita, ele me falou durante um longo tempo sobre a Fundação Bill e Melinda Gates, que em 2008 tinha 37,6 bilhões de dólares em caixa, o que a tornava a maior instituição filantrópica do mundo e uma força capaz de fazer um bem tremendo a partes problemáticas do nosso planeta. Em 2006, a fundação concedeu 1,54 bilhão de dólares para três áreas: saúde global, educação global e programas nos Estados Unidos, incluindo a criação de 43 novas escolas de ensino médio em Nova York.

Escrevi em meu caderno: *"Ele está realmente envolvido com isso. Não apenas distribuindo bilhões mas lendo sobre as doenças da África e tentando ajudar de verdade na questão da aids/malária/tuberculose, educando as pessoas para que usem camisinha."*

Naquele momento, a Fundação Bill e Melinda Gates tinha acabado de ultrapassar, no valor de seus fundos, a Wellcome Trust — uma das mais tradicionais instituições de caridade britânicas, que tem financiado pesquisas sobre a saúde humana e animal desde 1936, com gastos de 650 milhões de libras esterlinas por ano. Desde então, a fundação dos Gates cresceu exponencialmente e é hoje, de longe, a maior fundação filantrópica do mundo, combatendo a pobreza, as doenças e a ignorância ao redor do globo. Bill e Melinda fizeram um trabalho tão brilhante como "filantropos de risco" que Warren Buffett, que ultrapassou Gates em 2008 como o homem mais rico do mundo, doou uma grande parte de sua fortuna para que eles a administrassem.

Minha mulher, Joan, não sabia o que pensar de Bill a princípio, embora tenha acabado por simpatizar com ele e gostado da companhia de sua esposa, Melinda, uma mulher charmosa e inteligente. Havia reunido um enorme volume de conhecimento sobre mosquitos transmissores de malária, tuberculose, aids e rotavírus, um tipo grave de diarreia que mata mais de quinhentos mil bebês por ano. Na verdade, ela estava dando aulas a Bill sobre alguns dos temas cruciais da saúde global. Enquanto Bill estava interessado na microbiologia das pesquisas de vacina e na busca de uma solução científica, Melinda queria aliviar de forma imediata todo o sofrimento que pudesse.

Saí para velejar com Bill — descobrindo, para minha surpresa, que ele já tinha competido em provas de iatismo — e ele me contou sobre o Xbox, videogame da Microsoft que estava prestes a lançar no mercado para competir com o PlayStation, da Sony. "É a maior coisa que já fiz", disse. Mas ele estava pensativo, e senti que sua missão na vida estava mudando. Bill tinha conquistado tudo com a Microsoft, levando-a a se tornar uma das empresas mais poderosas do planeta. Em pouco mais de vinte anos, tinha mudado a cara do mundo moderno. Agora direcionava sua mente incrível para a solução de alguns dos problemas aparentemente insolúveis que afligem nossa Terra. Contou-me que tinha ido visitar Nelson Mandela.

— Eu falei: "A maioria das pessoas pensa que você é um santo. Diga-me a verdade. Você odiou as pessoas que o puseram na prisão?"

"Sim, odiei", foi a resposta de Mandela à pergunta de Bill. "Por 12 anos eu vivi disso, odiando aquelas pessoas. Então me dei conta de que elas não podiam tirar minha mente ou meu coração."

Bill ficou aturdido e me disse que o encontro com Mandela foi um momento crucial em sua vida:

— Ele me ensinou sobre a vida.

Deve ter sido um momento e tanto: o ser humano mais rico do mundo conversa com o ser humano mais respeitado do mundo e adquire um novo propósito e um desafio para a sua vida. Acho que talvez um dia isso apareça nos livros de história como um ponto de virada — o começo de algo grandioso.

Em janeiro de 2008, Bill Gates foi convidado para o Fórum Econômico Mundial em Davos, na Suíça, e disse o seguinte: "Temos de encontrar um jeito de fazer com que os aspectos do capitalismo que são bons para os ricos sejam bons também para os pobres." Ele apelidou essa ideia de "capitalismo criativo", dizendo que, ao estimular o fator básico que move o capitalismo — o interesse próprio — o capitalismo criativo pode satisfazer os interesses de quem dá *e ainda* os de quem recebe.

Concordo. Acho que já foi comprovado que o capitalismo é um sistema que funciona. Mas ele tem inúmeros defeitos. Quantias astronômicas acabam indo parar nas mãos de poucos. Isso não teria tanta importância, não fosse o fato de que os mais pobres da sociedade são na verdade miseráveis, carecendo até dos recursos básicos para a sobrevivência. Sendo este o caso, uma enorme responsabilidade recai sobre o líder de uma empresa de sucesso. Os líderes precisam reinvestir sua riqueza criando novos empregos ou combatendo os problemas sociais do mundo (de preferência as duas coisas, que é o que torna tão empolgante o movimento do microcrédito de Muhammad Yunus).

A História nunca apresentou uma alternativa viável à livre troca de capital, bens e serviços, nem à iniciativa de pessoas de bem. Mas o capitalismo como ideologia precisa ainda de muito trabalho e de reforma. O sistema precisa ser mais do que a sobrevivência do mais apto.

Meu ponto de vista, que nada tem de excepcional, é que o capitalismo deveria prestar muito mais atenção às pessoas e aos recursos deste planeta. Para abreviar, chamo isso de "capitalismo Gaia", em tributo ao trabalho do professor James Lovelock, que passou a vida pesquisando as conexões vitais entre as partes vivas e não vivas da Terra. O comportamento humano e o capital humano precisam estar em sintonia com nosso planeta.

Num sentido mais amplo, os empreendedores e os criadores de riquezas do mundo inteiro devem ser sempre uma força benéfica. Não há nada de antiempresarial em dividir os benefícios de seu negócio com pessoas felizes e realizadas — e com um planeta que ainda vai estar aqui, em toda a sua glória, para nossos filhos e netos.

Em 1997, quando propunha o lançamento de uma loteria em Joanesburgo, fiz um apelo à comunidade empresarial planetária para que administrasse suas companhias de modo mais ético — e, para começar, adotasse uma postura de tolerância zero com a corrupção. Talvez o abuso de poder econômico mais antiético e perigoso que uma empresa pode cometer seja o uso de propina para ganhar contratos. Se os diretores de uma companhia subornam políticos, a podridão começa a se instalar de cima para baixo. Policiais, agentes da alfândega, fiscais da Receita e membros do Judiciário começarão então a dizer a si mesmos: se nossos chefes aceitam propina, por que não aceitamos também?

Em meu discurso, fiz questão de expor a minha definição de ética de forma bem simples. A ética dos negócios me interessa muitíssimo, e questões éticas não são tão complexas quanto alguns cursos acadêmicos ou de negócios as fazem parecer. Eu disse que deveríamos nos comprometer a jamais fazer algo que lamentaríamos ver na imprensa. No mundo desenvolvido, temos a grande sorte de contar com uma imprensa livre. Ser mal-interpretado ou ter suas declarações distorcidas é frustrante, e um jornalista ruim pode fazer grandes estragos, mas via de regra estes são, na verdade, meros inconvenientes. A imprensa livre é a consciência de uma sociedade. Você pode, por exemplo, tentar rechaçar um concorrente com cartas na manga que sem dúvida alguma funcionariam. Mas o plano trabalha no limite da legalidade. Essas coisas podem ficar complicadas, e você não deve confiar inteiramente em seus instintos. Se o público e a mídia viessem a ler esse documento, o que eles fariam? Será que dariam de ombros ou ririam de sua coragem — ou será que você e sua empresa se tornariam os grandes vilões?

À medida que formos trabalhando para aprimorar e reformar o capitalismo, creio que essa conexão entre o livre comércio e a livre expressão vai ficar ainda mais evidente. E, embora ter uma imprensa livre seja uma grande vantagem, no mundo ideal ela será cada vez menos necessário como consciência, à medida que começarmos a colocar o bem-estar das pessoas e o meio ambiente no centro de nossos negócios.

Em junho de 1999, Nelson Mandela me convidou para a festa de encerramento de seu governo e de transmissão do cargo a seu sucessor, Thabo Mbeki. No banquete, meu vizinho de mesa, uma médica, falou-me de seu hospital — que recebe mais pacientes do que qualquer outro no mundo — e eu concordei em visitá-lo.

Na manhã seguinte fui a Soweto. Depois de toda a pompa e do luxo da noite anterior, fui trazido de volta à realidade com um baque violento. O hospital era pior do que ela o havia descrito. O setor de emergência parecia um filme sobre a Guerra do Vietnã. A fila dos remédios se estendia por quase um quilômetro. Tenho um profundo respeito pela África do Sul e quis muito ajudar. Ali estava um país com um potencial enorme e um povo muito caloroso e amigável. No entanto, uma fração estonteante de 20% das mulheres sul-africanas que dão entrada em clínicas para exames pré-natais são portadoras de HIV, contou-me a médica, e os remédios simplesmente não chegam às mãos de quem realmente precisa. Nós já tínhamos realizado um trabalho com HIV/aids no Reino Unido e agora eu estava decidido a fazer tudo ao meu alcance para deter esse sofrimento humano desnecessário na África do Sul.

Fazia alguns anos que a Virgin vinha investindo em empresas para ajudar a impulsionar a economia sul-africana. Além disso, a Virgin Unite tinha começado a estudar mecanismos para criar oportunidades para os jovens do país. Um dos meus exemplos favoritos desse tipo de ação é a Escola Branson de Empreendedorismo, no campus da CIDA. Ela começou a decolar quando o carismático líder da CIDA, Taddy Blecher, literalmente nos perseguiu na rua — a mim e a Jean — para nos vender a ideia de criar uma parceria que desse assistência financeira a jovens desprivilegiados, permitindo a eles começar seus próprios negócios. No momento em que escrevo, acabo de passar meu aniversário com alguns dos alunos da escola. A energia e o espírito positivo daqueles jovens sempre me inspiram e me enchem de humildade. Um após o outro, eles foram se levantando e falando de suas pequenas empresas, que tinham fundado como parte das atividades da Escola Branson e que agora proporcionavam independência econômica não apenas a eles, mas a suas famílias e comunidades também. Foi o melhor presente de aniversário que eu poderia ter desejado! Escrevi as seguintes palavras de um deles em meu caderno:

> *Uma coisa que me agrada na Escola Branson é o fato de ela ser um lugar que, só de estar lá, você se sente inspirado — existe uma inspiração que emana da Escola Branson. Você está sempre empolgado. No momento em que pisa lá, esquece seus problemas e se concentra no crescimento da sua empresa. Para todas as belas pessoas da Virgin eu gostaria de desejar tudo de bom, e tenho que lhes dizer uma coisa: por favor, continuem a apoiar a Escola Branson. Nós amamos vocês. Obrigado.*

Mesmo com essa incrível geração de sul-africanos começando a construir um futuro favorável, eu via claramente que a aids estava minando a capacidade do país de funcionar direito. Uma economia vibrante e dinâmica precisa de pessoas saudáveis que mantenham o tecido social para aqueles que estão doentes, debilitados ou incapacitados, mas as coisas chegam a um ponto em que os níveis de doença e morte são tão comprometedores que qualquer tipo de empreendimento se torna simplesmente inviável. Era essa situação que eu podia antever acontecendo na África do Sul. E eu ainda não estava fazendo nem perto do suficiente para evitá-la.

Por mim, foi a história de Donald Makhubele, um dos garçons de nossa reserva, Ulusaba, que deu à tragédia da aids uma face humana. Donald era poeta e músico, uma figura maravilhosa que escrevia com eloquência sobre sua terra e seu povo — e sobre sua doença. Seu testamento artístico era uma lição de humildade: "Sou um compositor que escreve sobre o HIV e a aids... Vamos trabalhar juntos, para que tenhamos orgulho de nós mesmos e que, com um objetivo comum, derrotemos o inimigo. Esta não é uma doença, mas uma guerra que existe na África, uma guerra cujo objetivo é destruir nosso continente."

Donald morreu de tuberculose associada à aids. Quando ele se foi, fiz um voto de que nenhum outro funcionário da Virgin morreria desnecessariamente. Eu julgava errado que qualquer uma das centenas de empresas estrangeiras trabalhando na África deixasse membros de sua equipe morrer de aids, e o mesmo deveria se aplicar às empresas locais.

Em Ulusaba, precisamos provar, antes de mais nada, que não tínhamos nenhuma inibição quanto ao HIV. Nelson Mandela havia me contado sobre o dia em que visitou um grupo de órfãs com aids que viviam num casebre. Em vez de atirar comida por sobre a cerca, ele resolveu entrar e passar algum tempo com as meninas. Quando retornou ao carro, o motorista estava com tanto medo de ser contaminado que abandonou o volante e saiu correndo. Madiba me disse que a princesa Diana fizera mais do que qualquer outra pessoa ao abraçar uma criança pequena com HIV — esse ato simples representou um grande passo à frente para a África.

Joan e eu convidamos Hugo Templeman, um médico maravilhoso e um extraordinário empreendedor social, para nos fazer uma visita. Em seguida reunimos toda a equipe de funcionários da reserva e fizemos um teste de HIV/aids diante deles. Tentávamos encorajar o maior número possível de pessoas a se apresentarem como voluntárias para serem testadas também — e convencemos a maioria. Em seguida, convidamos alguns jovens com HIV para contar a todos nós como os remédios antirretrovirais tinham salvado suas vidas.

Em 2005, a Virgin Unite trabalhou em parceria para financiar dois filmes criados por africanos, e traduzidos para muitas línguas, que mostravam como agiam os remédios contra HIV/aids e como funcionava o sistema imunológico humano. Em uma de nossas empresas africanas, descobrimos que 24% dos funcionários eram portadores do HIV, o que significava que quase um quarto de nossos funcionários iria morrer dentro de seis ou sete anos se não recebesse tratamento. Aquilo me chocou — no entanto, nosso caso não era diferente do de diversas outras empresas espalhadas por toda a África.

Declarei que nossa organização forneceria remédios antirretrovirais de graça a todos os que trabalhavam conosco. Em seguida demos início ao que chamamos de "Desafio do 0%", que seria aplicado à totalidade das empresas Virgin: nenhum funcionário jamais morreria de aids, ninguém mais contrairia o vírus a partir daquele momento, nenhuma mãe soropositiva transmitiria o HIV a seu bebê, e teríamos tolerância zero com qualquer tipo de discriminação contra pessoas soropositivas. O "Desafio do 0%" não está apenas ajudando a deter um sofrimento desnecessário: também faz todo sentido para nosso negócio, pois mantém nosso pessoal feliz e saudável.

Fiz um tour por projetos locais de combate à disseminação do HIV e da aids. Pedimos permissão para visitar o maior número possível de clínicas, para observar a crise em primeira mão — eu já conhecia os fatos e as estatísticas da situação, mas queria ter uma ideia melhor das dimensões da epidemia.

As imagens daquele tour ainda são lancinantes demais para serem postas em palavras. Clínica após clínica, o inferno estava lá, nítido, para quem quisesse ver. A visão de fila após fila de homens e mulheres que eram praticamente esqueletos, quase sempre com bebês ou crianças pequenas ao lado da cama, era absolutamente aterradora. E as salas de espera estavam apinhadas de gente aguardando as camas onde outras pessoas tinham morrido poucas horas antes. Não eram hospitais. Eram locais aonde as pessoas iam para morrer. E no entanto, sabíamos que aquele problema podia ser enfrentado. Sabíamos até *como*.

Escrevi em meu caderno: *"Uma mulher grávida com HIV ou aids, ao dar à luz, provavelmente passará o vírus para seu filho. Pela quantia irrisória de cinquenta centavos de dólar americano, a mãe pode ser medicada seis semanas antes do parto, e o bebê, tomar uma injeção seis semanas depois, e quase 100% dessas crianças levarão uma vida normal, livres do HIV."* Mesmo assim, pouquíssimas grávidas na África do Sul têm acesso a esses remédios capazes de salvar vidas.

Tudo isso me perturbou profundamente. Cada vez que voltava à África do Sul a trabalho, enquanto nossas empresas iam crescendo, parecia que a epidemia de HIV/aids estava mais grave. Desde o primeiro caso em 1982, milhões tinham morrido, e a incidência no país era maior que em qualquer outro lugar do mundo. Em 2006, as taxas de mulheres soropositivas que davam entrada em clínicas pré-natais tinham chegado a cerca de 29%.

Pensei em todos os homens, mulheres e crianças que tinham morrido desde que começara a fazer negócios no país. Escrevi em meu caderno:

> *"Desnecessário — e Thabo Mbeki, o presidente da África do Sul, um homem brilhante em tudo que faz, não acredita que haja rela-*

ção entre o HIV e a aids! Isso é um indício de que o que precisa ser feito não está sendo feito...

Pessoas instruídas sabem que a única maneira de deter a disseminação da aids é o uso de camisinha durante a relação sexual. E essa mensagem precisa ser passada para a grande maioria dos jovens com menos de 16 anos que ainda não se contaminou. Ou seja, as camisinhas precisam chegar a todas as pessoas sexualmente ativas, sejam elas ou não portadoras do HIV. Camisinhas grátis distribuídas por um número limitado de clínicas não são suficientes para lidar com o problema. Em áreas rurais, as clínicas às vezes ficam a horas de distância — será que um jovem vai caminhar horas quando sentir a necessidade urgente de fazer sexo com sua parceira?! E eles precisam de campanhas publicitárias com que se identifiquem. 'No glove, no love' seria um começo."

Aos que sabem que contraíram o HIV, é preciso dar esperança. Não podem simplesmente esperar pela morte e ouvir que ela ocorrerá de modo horrível em cinco anos — ou sete, se tiverem sorte. Os remédios antirretrovirais salvam vidas. Antes de darmos início a nossa campanha de tolerância zero, um de nossos funcionários em Ulusaba já tinha sido reduzido praticamente a um esqueleto: restava-lhe talvez um dia de vida quando conseguimos obter os remédios apropriados para ele. Um mês depois, tinha retornado ao peso normal. Após três meses, estava de volta ao trabalho. Se os remédios antirretrovirais forem usados de forma adequada, uma pessoa pode levar uma vida plena. Os remédios também reduzem dramaticamente as chances de o paciente espalhar a doença. Decidimos usar nosso potencial como empresa para estabelecer parcerias com algumas organizações de peso e encontrar formas de ajudar a deter essa emergência médica. Uma de minhas ideias era ajudar a fundar clínicas — que fossem autossustentáveis depois de algum tempo — para ministrar medicação e garantir que preservativos fossem distribuídos. A Virgin Unite se associou com Hugo Templeman, com Brian

Brink, da Anglo American S.A., com o governo sul-africano e com o Plano de Emergência para Alívio à aids, do governo dos Estados Unidos, para fundar o Centro Comunitário de saúde Bhubezi, em Mpumalanga — um exemplo brilhante do tipo de parceria público-privada que funciona de verdade, fazendo com que os agentes locais de saúde e a comunidade empresarial trabalhem lado a lado para combater a aids de forma mais eficaz.

A ideia de Hugo era criar um centro integrado para o tratamento básico de saúde, incluindo uma farmácia, salas de raios X e obstetrícia, uma clínica para pacientes com aids e um laboratório. Ele tinha a experiência de quem não apenas construíra um centro daquele tipo, mas também de quem ajudara a criar toda uma infraestrutura econômica, com serviços básicos como água, eletricidade, estradas e até mesmo uma padaria, um lava-jato e uma fábrica de fraldas! Para Hugo, Bhubezi era uma excelente oportunidade de aprimorar e ampliar suas ideias.

Em 2006, voltei ao país para inaugurar o centro Bhubezi. Naquele meio-tempo, mais alguns milhares de pessoas tinham sofrido com a aids e morrido em decorrência da doença, com outros milhares tendo se contaminado. Naturalmente, não estava sozinho em minhas preocupações. Havia dezenas de organizações esclarecidas e de valor, além de países doadores, trabalhando para erradicar a aids.

Os Estados Unidos, a Bélgica, a Austrália, a Alemanha, o Reino Unido e a União Europeia se concentraram no problema. O Plano de Emergência do governo norte-americano contribuía com dezenas de milhões de dólares. Bill Gates também tinha me telefonado para dizer que sua fundação oferecera cinquenta milhões de dólares para ajudar a África do Sul — mas que Thabo Mbeki havia recusado o dinheiro. Gates decidiu dar uma última chance a Mbeki e programar mais uma visita pessoal.

Decidi telefonar para Mbeki para tentar convencê-lo a aceitar o dinheiro em nome das pessoas com HIV. Depois recebi o retorno de um de seus assessores:

— Thabo mandou lhe dizer que vai ser um bom menino.

Aquela era uma boa notícia: ele aceitaria o dinheiro da fundação. Mas a escolha de palavras — "Thabo vai ser um bom menino" — me pareceu meio de mau gosto. Era como se Thabo estivesse se curvando a uma pressão indevida, o que era um tanto estranho: éramos, afinal, apenas homens de negócios tentando ajudar um governo soberano com seu programa humanitário. Em seguida, Mbeki tornou a mudar de ideia e recusou a oferta uma segunda vez. O que estava acontecendo?

Minha frustração ameaçou transbordar quando ouvi o que a ministra da Saúde estava dizendo.

Em agosto de 2006, na Conferência Internacional de aids, em Toronto, Manto Tshabalala-Msimang disse que beterraba, alho, limão e batatas africanas eram capazes de curar o HIV. (Bem, eles com certeza podem até ajudar, mas sem os remédios antirretrovirais estão muito longe de chegar à cura.)

Os comentários dela foram tratados com zombaria. Apelidaram-na Doutora Beterraba por alegar que aqueles vegetais e frutas, e não os remédios antirretrovirais, deveriam ser utilizados para tratar o HIV. Oitenta cientistas e acadêmicos de vários países disseram que a política sul-africana de combate à aids era "ineficiente" e "imoral" e pediram a demissão da ministra. Entre esses críticos estava um ganhador do prêmio Nobel, David Baltimore, e o dr. Robert Gallo, um dos descobridores do vírus HIV e o responsável pelo primeiro exame de sangue para detectá-lo.

Aquilo passava dos limites. Eu não podia simplesmente ficar sentado e ignorar o que via como verdade. Não se tratava tanto de zelo ideológico ou mesmo de indignação moral, mas de um bom hábito empresarial. Toda a minha experiência de vida me ensinou a ir direto ao ponto. E, em outubro de 2006, foi exatamente o que fiz.

Depois da inauguração do Centro Bhubezi, numa área rural cem quilômetros a nordeste de Pretória, compareci a um jantar beneficente. Como uma das convidadas era Cherie Booth, mulher de Tony Blair, fui aconselhado por diversos assessores a não apelar para o lado emocional. Jean Oelwang, da Virgin Unite, em especial, me disse que comentários críticos talvez não ajudassem, pois diversas fundações já tinham sido impedidas de trabalhar no país depois de manifestações desse tipo. Mas não pude me segurar. No dia seguinte, dei várias entrevistas à imprensa.

— A abordagem da ministra da Saúde sul-africana é perigosa. Está matando centenas de milhares de pessoas na África do Sul... É triste demais para descrever com palavras — declarei. — A dificuldade de todo mundo é que as pessoas respeitam o Congresso Nacional africano, respeitam a maior parte de suas políticas e respeitam Mbeki. De alguma maneira, por este governo ter sido tão brilhante na unificação do país, ninguém está disposto a gritar alto o suficiente.

E então dei um passo além.

Disse que o líder da África do Sul era culpado de genocídio contra o próprio povo. E acrescentei que muitos líderes mundiais estavam fazendo vista grossa para a situação.

— Acho que haveria motivos suficientes — disse eu à imprensa — para que a ministra da Saúde fosse processada por crimes contra a humanidade.

Na manhã seguinte — 27 de outubro de 2006 —, o *Financial Mail* noticiou: "O bilionário britânico Richard Branson atacou o presidente Thabo Mbeki e a ministra da Saúde, Manto Tshabalala-Msimang, por liderarem 'um governo que está matando o próprio povo'."

Fiquei olhando para o jornal. Lá estava eu, supostamente uma figura apolítica do mundo dos negócios, fazendo comentários sobre personagens políticos de destaque num país em que eu tinha interesses profissionais. Do ponto de vista puramente comercial, aquilo com certeza não era sábio. Mas sentia, e ainda sinto, que *é mais importante fazer o que você acredita ser certo na vida*, e, se isso entra em contradição com seus interesses empresariais, paciência. Não podemos deixar que os negócios pairem acima da moralidade comum.

Mas não era eu que estava em questão ali. O que estava em questão era um país e seu povo e, sim, uma liderança que eu amava. Queria que o Congresso Nacional africano fosse lembrado pelo bom trabalho realizado por seu país, não por fechar os olhos e, na prática, matar grande parte da população ao se recusar a aceitar que o HIV e a aids estão relacionados.

O que eu disse era altamente inflamável. Três dias depois, em 30 de outubro de 2006, estava num voo para a Namíbia com meu pai quando a secretária pessoal de Thabo Mbeki telefonou para dizer que o presidente tinha uma resposta a me oferecer. Em seguida, ela me enviou uma carta de cinco páginas do presidente, que recebi por meio de Lindiwe Mabuza, o alto comissário sul-africano em Londres.

Escreveu Mbeki:

> *Com toda a franqueza, estou absoluta e completamente confuso, tentando em vão entender como um programa de HIV e aids vigoroso, intenso, contínuo, detalhado e adequado aos padrões internacionais como o que nosso governo está implementando, conforme descrito no trecho abaixo, poderia nos levar a ser denunciados como "um governo que, na prática, está matando o próprio povo".*

Seguia-se uma defesa detalhada de tudo o que havia sido feito na África do Sul para combater a aids. Analisando, no mínimo, pela meticulosidade da resposta, ficou claro para mim que o presidente estava espumando de raiva. Ele acrescentou:

Pelo respeito e pela consideração que eu e muitos outros em nosso país temos pelo senhor, encaramos com a maior seriedade a grave acusação de que, conforme se alega, o senhor é responsável — a de que a abordagem de nosso governo ante a questão do HIV e da aids "está matando centenas de milhares de pessoas na África do Sul".

Foi então que arregaçou as mangas e cerrou os punhos. Defendendo sua ministra da Saúde, o presidente lançou um desafio:

Em princípio, é possível que nosso governo e as maiores de nossas ONGs ligadas à questão da aids estejam bastante equivocadas em suas ações de combate ao problema, e que você esteja em posição melhor para elaborar uma abordagem correta que nos permita parar de, "na prática, matar uma grande parte da população".

Ele me instou a procurar o alto comissário em Londres para apresentar minha "abordagem correta" e disse que, na próxima vez que eu fosse à África do Sul, fizesse uma visita a ele e a sua ministra da Saúde.

Agora a bola tinha sido jogada para mim.

Eu tinha obviamente mexido num vespeiro e não podia simplesmente recuar. O que havia de evidente era que, desde que eu comprara Ulusaba, em 1999, um milhão de sul-africanos tinham morrido de aids, muitos deles desnecessariamente. Tais eram os fatos, gostasse ou não Thabo Mbeki de eu tê-los apontado.

Mas precisava mostrar que não estava apenas posando de sabichão. Estava decidido a provar que queria ajudar a África do Sul de todas as formas que estivessem a meu alcance. Queria ser positivo. Sendo assim, consultei a chefe de nossa fundação, Jean Oelwang, Brian Brink, uma especialista em aids, Priya Bery, diretora de estratégia da Virgin Unite, e Hugo Templeman, que me disseram algumas sábias palavras. Respondi ao presidente no dia 6 de novembro de 2006:

Senhor Presidente

Obrigado por sua carta em resposta a meus comentários sobre a questão do HIV/aids na África do Sul. Minhas observações foram feitas após uma visita de grande carga emocional a uma comunidade rural em que vi centenas de crianças que tiveram suas vidas alteradas para sempre pela perda dos pais para a aids. Isso, somado aos comentários recentes de sua ministra da Saúde na Conferência de aids em Toronto, e ainda ao fato de que mais de cinco milhões de pessoas na África do Sul são soropositivas e milhares morreram (ou estão morrendo) desnecessariamente de aids todos os dias devido à falta de tratamento (visitei as "clínicas" e vi com meus olhos), provocou uma grande frustração, e daí partem meus comentários subsequentes.

Recebo sua resposta com a maior consideração. Até hoje, o senhor conduziu a África do Sul a um estágio que muitos não poderiam jamais ter imaginado. Considerando sua determinação e liderança, fico honrado de ter um canal de comunicação aberto com o senhor sobre a crise de HIV/aids na África do Sul.

Duas semanas depois, em 22 de novembro de 2006, recebi mais uma carta do presidente. Esta, com seis páginas, é o documento mais comovente e extraordinário que já li. Disseram-me que ele passou praticamente uma noite inteira em claro para escrevê-lo. Eu podia apostar toda a minha fortuna que ali estava um atestado de grande integridade. Ele me contou uma história muito pessoal:

Nasci (64 anos atrás) e passei meus primeiros anos numa área rural da África do Sul. Cresci num ambiente em que havia muitas crianças que viviam só com a mãe. Seus pais ou estavam ausentes, porque eram trabalhadores pulmonares, ou tinham morrido, principalmente em decorrência das doenças de pulmão que adquiriam trabalhando em nossas afamadas minas de ouro, diamante e carvão, um trabalho que teve uma enorme parcela de contribuição para fazer da África do Sul o que ela é hoje.

Ele disse que, na época, não havia estatísticas sobre o grande fardo da doença e da mortalidade precoce que caracterizavam a vida rural africana.

Na verdade, nessas áreas rurais, que eram reservas de mão de obra para a África do Sul branca, os camponeses africanos comuns, com quem vivíamos, atribuíam muitas das doenças — que continuam a afligir e matar nosso povo até hoje — à feitiçaria e a forças sobrenaturais malignas.

Disse ainda que, qualquer que tivesse sido o progresso alcançado pela África do Sul naqueles 12 anos desde a emancipação, 350 anos de dominação da minoria branca — culminando no *apartheid*, com tudo o que significava em termos de degradação física extrema e empobrecimento — eram um fardo ainda presente.

Se Deus quiser, um dia o senhor me dará a oportunidade de lhe mostrar a verdadeira face da pobreza, da privação e da doença em nosso país, sem absolutamente nenhuma necessidade de confirmar as mensagens da mídia sobre quem e o que nós somos enquanto povo e sem a menor intenção de lhe pedir ajuda de qualquer tipo, mas apenas para lhe expor "a outra África do Sul", como se faz a um ser humano e amigo de nosso povo.

Em seguida, ele falou-me das necessidades desesperadoras do país e dos múltiplos problemas que o governo enfrentava para aliviar a herança de décadas de pobreza. Segundo ele, os sul-africanos negros têm esperança de, um dia,

ter pronto acesso às instalações médicas que os ajudarão a recuperar integralmente a saúde quando ficarem gravemente enfermos devido à desnutrição, à tuberculose provocada pela pobreza, ao cólera e a outras doenças transmitidas pela água, ao diabetes causado por má nutrição, aos estilos de vida que levam à falência do coração, à sífilis e a outras doenças sexualmente transmissíveis que não são tratadas, à falta de acesso a tratamentos adequados, às mortalidades materna e infantil desnecessárias provocadas por uma infraestrutura de saúde primitiva, à ausência de recursos para operações de cataratas que restaurem a visão, à ausência de instalações psiquiátricas para tratar distúrbios mentais, à condenação dos deficientes físicos à humilhação e à morte precoce, ao preconceito social e à exclusão e à ausência de instalações de apoio, aos violentos conflitos entre os pobres que caracterizam as áreas favelizadas em Glasgow, Washington DC, São Paulo, Moscou, Manila ou Joanesburgo, e à incidência da aids, que reflete o colapso dos sistemas imunológicos individuais, provocado pelo HIV, por doenças crônicas, pela pobreza e, de resto, por um ataque fisiológico multifacetado e contínuo ao corpo humano, de tal forma que os mecanismos inatos de defesa já não conseguem se desincumbir de suas responsabilidades de proteger o corpo da doença terminal.

A tudo isso, disse ele, o governo sul-africano estava fazendo o melhor que podia para reagir. E, apesar de tudo, prestava atenção especial ao problema da aids.

Até hoje realmente não sei — e parece que ninguém sabe — por que Mbeki aturou os absurdos de sua ministra da Saúde por tanto tempo, e por que resistiram com tanta intransigência a reconhecer a correlação evidente entre o vírus HIV e a aids. Mas a generosidade e a candura de sua carta me permitem especular: o problema não é o puritanismo (embora não ajude); não é um orgulho nacional deslocado (embora isso seja parte do problema); a questão é que, para a liderança da África do Sul, o mecanismo e a disseminação do HIV e da aids parecem confirmar, de forma terrível, a velha mentira do *apartheid* — a de que os negros são regidos por apetites primitivos. O próprio Mbeki chegou perto de dizer exatamente isso no discurso que proferiu em 2001 na Universidade de Fort Hare, quando sugeriu que a aids reforçava a pecha dos africanos como "portadores de germes".

A tragédia da aids na África do Sul é que os líderes do país a consideram literalmente impronunciável. E, naturalmente, quanto mais se varre o problema para debaixo do tapete, mais a aids vai ficando parecida com a "praga negra" da mitologia racista do apartheid.

Ainda creio que as políticas do presidente em relação à aids são equivocadas, danosas e fatais para muita gente. Mas seus erros não são propositais nem decorrentes de negligência. Às vezes, é mais fácil perceber os equívocos à distância. Tudo o que podemos fazer, tentando construir pontes entre culturas diferentes, é o que Mbeki fez: explicar que "somos quem somos, e é assim que precisamos ser compreendidos".

A carta de Thabo Mbeki era, com seu tom caseiro e nada grandiloquente, o testemunho incrivelmente corajoso de um estadista, e eu soube, no momento em que a li, que conseguiríamos trabalhar juntos e que algo de positivo podia — e devia — resultar daquela nossa correspondência.

O que sugeri foi a criação de um gabinete de guerra sul-africano — na prática, um centro para o controle de doenças que coordene todas as organizações maravilhosas que trabalham na África subsaariana combatendo os horrores de HIV/aids, da tuberculose e da malária.

O gabinete de guerra será um recurso ímpar para o governo sul-africano e a Comissão Nacional Sul-Africana de Aids (SANAC). Envolverá o setor corporativo e o apoio comunitário, complementando o plano nacional por meio do monitoramento de áreas críticas e do deslocamento de recursos e suprimentos para onde são mais necessários. Sugeri um sistema de gerenciamento reativo capilarizado até o nível local. Isso significa que o gabinete de guerra vai ser como um grupo de generais que reúnam recursos e equipamentos para combater um inimigo extremamente astuto, enviando "tropas de choque" para enfrentar emergências, coletando e passando adiante todas as informações mais atualizadas e desenvolvendo as melhores práticas por toda a África do Sul. Mbeki deu apoio integral à ideia.

O gabinete de guerra será um memorial para Donald Makhubele e todas as outras incontáveis vítimas de doenças na África. Será também uma prova do humanitarismo de Thabo Mbeki.

Certo dia, em abril de 2006, recebi uma cópia da parábola da estrela-do-mar enviada pela Starfish, uma organização filantrópica voltada para a questão dos órfãos da aids na África do Sul.

Uma menina está caminhando na praia, atirando estrelas-do-mar de volta ao oceano, quando encontra um velho que lhe pergunta por que está jogando as estrelas-do-mar. Ela diz: "O sol está forte e a maré está baixa, se não jogá-las de volta, todas elas vão morrer." O velho responde: "Mas temos aqui uma praia inteira, que se estende por quilômetros. Seu ato não faz a menor diferença." A menina pega uma estrela-do-mar e a devolve à água. "Fez diferença para esta."

O que você pode fazer para ajudar? E por que deve fazê-lo?

Se o relato de parte de nosso trabalho na África saltou de forma um tanto vertiginosa de inovações em pequena escala para as manobras políticas de porte, e depois fez o caminho de volta, isso ocorreu pela excelente razão de que a escala dos investimentos sociais *não importa*.

O que importa é que se torne uma força do bem em todas as dimensões que estiverem a seu alcance. Um programa de combate à aids que se estenda por todos os funcionários de sua empresa é tão importante quanto um programa de combate à aids que se estenda por todo o Virgin Group — ou por toda uma nação. O importante é ter a ideia e implementá-la, mesmo que de forma modesta.

Isso inclui examinar estratégias futuras de investimento para tentar encontrar oportunidades de negócios que, ao mesmo tempo, ajudem a combater problemas difíceis.

Nos últimos cinco anos, a Virgin Unite cresceu para transformar-se numa plataforma que ajuda a todos nós do Virgin Group a promover mudanças. Ela nos une no propósito comum de tentar fazer o melhor possível pelas pessoas e pelo planeta. A Virgin Unite garante que não seja apenas eu tentando fazer a minha parte, mas que toda a comunidade Virgin trabalhe para realizar tudo o que pudermos — em pequena ou grande escala — para fazer a diferença.

Essa diferença pode se dar das mais variadas formas, dependendo da empresa por trás da iniciativa. Na Virgin Atlantic, na luta para se tornar uma companhia aérea que seja autossustentável, a equipe estuda vários ângulos do negócio para prever como reduzir o impacto no meio ambiente. Algo que me entusiasma em especial é o teste com biocombustível que foi finalizado com sucesso poucos meses atrás. Encontrar um combustível alternativo que não agrida o meio ambiente será uma das maiores contribuições que jamais poderemos oferecer como companhia aérea.

Dan Schulman e sua equipe na Virgin Mobile USA têm trabalhado com a Virgin Unite, funcionários, clientes e jovens americanos para encontrar formas de fazer seu negócio ajudar a selecionar a questão dos 1,5 milhão de adolescentes sem-teto que existem nos Estados Unidos. É chocante que, em países tão desenvolvidos, ainda se permita que adolescentes vivam nas ruas. A Virgin Mobile usa seus canais de mensagem de texto, seu site, seus lobistas e quaisquer outros recursos que possa encontrar para ajudar a construir uma consciência pública do problema e também a levantar dinheiro. Em parceria com a cantora e compositora Jewel e com a Virgin Unite, pressionaram o governo americano e conseguiram que novembro fosse declarado o "Mês do Adolescente Sem-Teto". Foi uma iniciativa excelente não apenas para nossos parceiros, como a organização Stand Up for Kids, e para os jovens que eles atendem, mas para a empresa também. Construiu de fato uma comunidade entre nossos clientes, funcionários e adolescentes sem-teto, que formaram um grande grupo para impulsionar mudanças e aprender uns com os outros.

Às vezes, as empresas se concentram inteiramente nos próprios programas, mas, em outras ocasiões, formam grupos, a fim de produzir um impacto maior. Por exemplo, uma iniciativa que lançamos recentemente é a busca e o apoio às melhores ideias, sugeridas por pessoas comuns, que tenham benefícios ambientais e ainda ajudem a criar vagas de trabalho localmente — seja empregando aborígenes na Austrália para que desenvolvam técnicas de queimada que minimizam a emissão de carbono e protegem a biodiversidade, seja desenvolvendo, no Quênia, uma cabana ecológica que ajudará o movimento Green Belt a sustentar projetos de reflorestamento. Temos esperanças de que esses projetos menores ganhem maiores proporções nos próximos anos, transformando a luta contra a mudança climática e a necessidade de proteger nossas reservas naturais numa oportunidade de combater também a pobreza no mundo.

Soluções boas e pequenas são como ouro em pó, pois frequentemente se pode aumentar as proporções ou copiá-las em outros lugares, para que alcancem influência global. O Grameen Bank de Muhammad Yunus é um exemplo clássico disso.

Não deixe, portanto, que questões referentes ao tamanho da iniciativa o desviem de suas metas. *Pense de forma realista e criativa sobre o que pode realizar*. É possível fazer isso sendo um gestor corporativo ou um pequeno comerciante — e o que aprenderá em termos de empreendedorismo acabará por beneficiar diretamente a sua empresa.

Se há uma frase que resume todas as variadas e curiosas lições que aprendi nos negócios, é esta: *o tamanho não importa — as pessoas, sim*. Esse modo de pensar se reflete em parte do meu trabalho atual: criar pequenos "gabinetes de guerra" com espírito empreendedor para tratar de grandes questões.

Então deixe-me lhe mostrar, por fim, como estou trabalhando com a Virgin Unite e com outros parceiros para instituir um gabinete de guerra que ajude a combater o maior, mais intangível, mais urgente e mais abstrato de todos os problemas: a mudança climática.

Ao ler histórias em quadrinhos, quando era criança, um de meus pesadelos recorrentes era a invasão de alienígenas vindos de Marte. Era uma coisa aterradora: para onde quer que olhasse, monstros de olhos esbugalhados reduziam humanos a pó com suas pistolas de raios. Os filmes de ficção científica dos anos 1950, como *O dia em que a Terra parou* e *Guerra dos mundos*, não paravam de mostrar nosso planeta sendo atacado. Era uma perspectiva horripilante. A solução, invariavelmente, era todas as nações do mundo deixarem de lado as diferenças para combater um inimigo comum.

Algo equivalente àquelas invasões alienígenas já se encontra entre nós. É impossível de ver, não tem cheiro e está em toda parte. Nossa guerra é contra o carbono. No fim das contas, não se trata de uma ameaça alienígena, mas — ironia das ironias — de uma das etapas na construção da vida.

Na escala Celsius, zero é o ponto de congelamento e 100°C, o de fervura da água. Nos últimos dez mil anos, a temperatura média da superfície da Terra tem ficado em torno de 14°C. A temperatura mais alta já registrada foi de 58°C em El Azizia, no deserto do Saara, em 1922. E o ano de 2007 foi, em média, o mais quente de que se tem notícia.

Mas, se a temperatura média da superfície subir 5°C — e os cientistas agora dizem que vai subir, a menos que paremos com esse negócio de queimar combustíveis que liberam dióxido de carbono na atmosfera —, nosso planeta se tornará um lugar árido e hostil. Estamos hoje em 14,5°C. Chegar a 19°C será desastroso. Precisamos agir já.

No início deste ano, estava me livrando de parte das posses do antigo proprietário da ilha de Mosquito, no Caribe, que está sendo transformada num destino ecoturístico de baixa emissão de carbono, quando esbarrei em alguns velhos livros ilustrados, escritos por Jacques-Yves Cousteau. Cousteau, que foi o inventor do *aqualung* (equipamento de mergulho), alertou-nos para a destruição do mar. Nos anos 1970, filmou uma área poluída e sem vida do Mediterrâneo, imagens chocantes que desencadearam uma ação ambiental imediata.

Em seu primeiro livro, *Window in the Sea,* publicado em 1973, Cousteau levantou a seguinte questão: o que acontecerá se nossos oceanos morrerem?

> *Se os oceanos da Terra morrerem — isto é, se a vida nos oceanos de alguma forma chegar a um fim ab-rupto —, será a derradeira e a maior catástrofe na história tumultuada do homem e de outros animais e plantas com os quais dividimos este planeta.*
>
> *Sem vida nos oceanos, a concentração de dióxido de carbono que existe na atmosfera dispararia inexoravelmente. Quando esse nível de CO_2 ultrapassasse um certo ponto, o "efeito estufa" entraria em ação: o calor irradiado pela Terra em direção ao espaço ficaria preso sob a estratosfera, fazendo disparar as temperaturas nas superfícies ao nível do mar. Nos Polos Sul e Norte, as calotas polares derreteriam e os oceanos subiriam talvez trinta metros em alguns poucos anos.*

A calamidade com que estamos agora nos defrontando não era desconhecida ou imprevisível — nem sequer é surpreendente. Cousteau escreveu seu alerta profético 35 anos atrás.

Todas as empresas do mundo precisam agora mudar radicalmente a forma de pensar. Em cada aspecto de suas operações, devem fazer muito mais para reduzir o volume de dióxido de carbono que liberam na atmosfera. E isso não vai ser fácil, uma vez que os progressos humanos, na agricultura e na indústria, decorrentes da demanda crescente de consumidores e clientes, foram, para início de conversa, parcialmente responsáveis por criar o problema.

Como já mencionei, todas as empresas Virgin estão estudando formas de reinventar o modo como trabalham, com o objetivo de tentar minimizar o impacto que exercem no meio ambiente. Essa questão mobilizou-me pessoalmente, instigando minha imaginação e me lançando numa jornada em busca de novas abordagens.

Em primeiro lugar, precisava reunir as informações corretas. Só então poderia observar o mercado e elaborar um esquema. Mas eu precisava também do aconselhamento de especialistas — e obtive-o do professor James Lovelock, um homem que é o equivalente de Nelson Mandela para o meio ambiente, e de Tim Flannery, um ecologista cujo livro, *Os senhores do clima,* é o melhor guia para a situação atual que já li.

Os cientistas conseguiram perfurar um buraco profundo na calota de gelo da Antártica a fim de coletar amostras que seriam então examinadas. As amostras de gelo contêm bolhas de ar. Com base na quantidade de dióxido de carbono aprisionado nessas cápsulas do tempo congeladas, os cientistas são capazes de estimar como as temperaturas têm subido ao longo dos anos. A invenção do motor a vapor e o advento da Revolução Industrial no Reino Unido, nos anos 1780, deram início a esse ciclo ancestral. Mas os avanços médicos e sociais que nos deram água potável, instalações sanitárias, dieta mais nutritiva e vacinas contra doenças comuns tiveram uma influência ainda maior. Pois, de repente, estávamos em maior número. A população do mundo explodiu, continua a explodir, e praticamente todos os habitantes do planeta consomem hoje mais energia do que os pais. Estamos pegando "empréstimos" sem garantia — o equivalente ecológico das hipotecas *subprime*.

Antes de 1800, havia cerca de 280 partes por milhão (ppm) de CO_2 na atmosfera. Desde então, a indústria queimou, fundiu e forjou, e os seres humanos cultivaram, cozinharam e se aqueceram com quantidades descomunais de carbono. Ainda assim, a situação se manteve equilibrada por gerações, pois a vegetação usava o dióxido de carbono da atmosfera para crescer. Mas hoje estamos no vermelho no banco de carbono e caminhando — em alta velocidade — para uma situação como a do Northern Rock ou do Bear Stearns.

A prosperidade econômica do mundo moderno foi construída com base em dois hidrocarbonetos mortais, porém cheios de energia: carvão e óleo. Ao longo de muitos milênios, a maior parte do carbono da Terra ficou trancafiado no subsolo.

Plantas e animais mortos, enterrados e comprimidos, tornaram-se combustíveis fósseis. Se a atividade humana chegasse a extrair todo o carbono do subsolo e o queimasse, o carbono liberado seria combinado ao oxigênio para produzir CO_2, e então não teríamos mais que nos preocupar com o aquecimento global: já estaríamos mortos por asfixia. Não restaria oxigênio suficiente para respirarmos.

Em julho de 2005, o Relatório Stern sobre a mudança climática foi anunciado por Gordon Brown, que era então ministro da Fazenda. Sir Nicholas Stern, um ex-economista-chefe do Banco Mundial, queria avaliar os benefícios de um modelo econômico de baixa emissão de carbono e nosso potencial de adaptação às mudanças climáticas. Publicado em outubro de 2006, o relatório, em minha opinião, contribuiu de forma grandiosa para o debate. Informava que a concentração atmosférica de gases responsáveis pelo efeito estufa tinha subido de 280 ppm, durante a Revolução Industrial, para 430 ppm. A previsão é de que chegue a 550 ppm, em 2035, quando teremos uma chance de 77% de que a temperatura global média suba mais de 2°C. Um aumento de dois graus é o máximo que os cientistas acreditam sermos capazes de tolerar, antes que o clima entre em colapso total.

O alerta mais alarmante feito por Stern era de que, se não tomarmos nenhuma medida quanto às emissões de dióxido de carbono, a temperatura do mundo poderá aumentar em mais de 5°C até o fim do século XXI. Isso faria com que a vida humana na Terra entrasse em território desconhecido. Stern assinalava que mesmo um aumento de 3°C ou 4°C provocaria um grave declínio nas colheitas e um aumento no nível dos oceanos que ameaçaria Londres, Nova York, Xangai, Hong Kong e o Cairo. Significaria também o colapso da floresta amazônica e a possível extinção da Corrente do Golfo — responsável pelo clima temperado de maior parte da Europa.

Stern calculou que os riscos e os custos totais da mudança climática seriam equivalentes a perder pelo menos 5% do produto bruto global. Mas, se um espectro maior de riscos for levado em conta, como o da disseminação de doenças, esse número poderia subir para 20% ou mais. Em termos puramente técnicos, trata-se de um risco para os negócios que hoje precisa ser levado a sério — e equacionado em todas as áreas do pensamento comercial.

A fim de estabilizar os gases atmosféricos entre 500 e 550 ppm, as emissões globais teriam de ser reduzidas (com base nos níveis de 2006) em 80%. O desafio é que as emissões precisam ser detidas logo, e, em seguida, cair de 1% a 3% ao ano por todo o futuro que podemos antever. Entre as propostas de Stern, havia quatro conjuntos de medidas que tinham um interesse especial para o Virgin Group: reduzir a demanda por bens e serviços que produzem altas taxas de emissões; aumentar a eficiência dos motores que utilizam carbono; adotar medidas rápidas quanto a emissões não energéticas, como as que advêm da queima e derrubada de florestas tropicais; e migrar para tecnologias menos dependentes de carbono para obter energia, aquecimento e transporte.

Algumas empresas globais têm feito um belo esforço para enfrentar o problema, mas esforços isolados não serão suficientes. Nossa guerra contra o dióxido de carbono precisa ser estendida, por governos e pela iniciativa privada, a todos os produtos, todas as aplicações, todos os projetos. Também precisamos fazer algo para retirar da atmosfera o maior volume possível do dióxido de carbono hoje existente. Foi esse desafio que atraiu imediatamente a minha atenção.

Steve Howard, CEO do Climate Change Group, acredita que temos poucos anos para fazer uma diferença efetiva que tenha em vista todo o planeta — do contrário, a vida humana tal qual a conhecemos deixará de existir em dois séculos. Como sou um otimista, acredito que as empresas podem — e irão — encontrar soluções para esse problema gigantesco. Mas, em nome de nossas crianças, temos de abraçar o desafio de verdade, todos os dias, a partir de agora.

Talvez eu não desse muita atenção à natureza, acreditando que sempre estaria lá. Fui criado no belíssimo interior da Inglaterra, cercado de vida silvestre, pássaros e árvores. O amor pelo meio ambiente sempre foi uma parte importante de minha vida. Mas foi com a visita de um ex-candidato à presidência dos Estados Unidos à minha casa em Londres que houve um ponto de virada em minha perspectiva sobre como esse amor deve ser incorporado à própria forma de administrar nossas empresas.

O ex-vice-presidente americano Al Gore veio me visitar em Holland Park. Era a primeira vez que nos encontrávamos. Procurou-me porque estava em busca de um líder empresarial que fosse reconhecido em todo o mundo. Aparentemente, eu me encaixava no perfil. Gore queria de mim um gesto que pudesse ser seguido por outros líderes empresariais. Passou duas horas proporcionando a mim, a Will Whitehorn e a Jean Oelwang um passeio guiado pelos temas que cercam a mudança climática — apresentação que, mais tarde, chegaria a milhões de pessoas por meio de seu documentário vencedor do Oscar, *Uma verdade inconveniente*.

Antes da visita de Al Gore, eu tinha lido um livro chamado *O ambientalista cético*, que julguei leitura perigosamente conveniente para pessoas de negócios! O livro argumentava que o aquecimento global pode até ser algo positivo, por impedir que o mundo caminhe para a próxima era do gelo. Depois do encontro com Al Gore, porém, voltei a procurar cientistas e pensadores. Redescobri o trabalho de Crispin Tickell e James Lovelock. E, ao fim dessas leituras, encontrei minha própria verdade inconveniente: tinha de fazer alguma coisa, não podia simplesmente ficar parado.

Até que um dia deram-me um livro que me gelou a espinha. Era *Os senhores do clima*, de Tim Flannery. A tese de Tim era fascinante — e assustadora. Trazia sentido ao conceito de aquecimento global. Dava exemplos concretos do que estava acontecendo e por quê. Devorei suas várias histórias, escritas de forma belíssima. Uma em particular ficou em minha memória: como os pioneiros americanos cortaram e queimaram as grandes florestas do Leste e queimaram e lavraram as planícies e desertos do Oeste. Com o tempo, a vegetação voltou a nascer — razão pela qual a maioria das florestas dos Estados Unidos tem menos de sessenta anos de idade e cresce novamente com vigor, absorvendo meio bilhão de toneladas de CO_2 por ano. Isso ajudou a refrescar o planeta. Quando essa vegetação amadurecer, contudo, deixará de absorver tanto CO_2 — exatamente no momento em que mais precisaremos dessa ajuda.

O livro de Tim era uma preciosidade, e percebi que volta e meia ele se reportava ao trabalho de James Lovelock. Tim fora enormemente influenciado pelo livro de Lovelock, *Gaia*, que, de modo persuasivo, retratava a Terra como um único organismo vivo.

Tinha de me encontrar com James Lovelock e descobrir o que ele pensava. Um dos privilégios de minha vida é que tenho a oportunidade de conhecer um grande número de pessoas brilhantes. Jim é um pensador independente, um inventor e um cientista. Já próximo dos noventa anos, é ágil e lúcido. Professor honorário da Universidade de Oxford, já ganhou muitas medalhas e homenagens por seu pensamento original em relação ao meio ambiente.

Quando era um jovem matemático e cientista, James Lovelock visitava regularmente o Laboratório de Propulsão a Jato, em Pasadena. O laboratório tinha uma relação estreita com a NASA e com o programa espacial americano, realizando trabalhos para missões espaciais não tripuladas. As invenções de Jim fizeram parte de diversas sondas interplanetárias lançadas pela NASA, ao longo dos anos, para explorar outros planetas. Jim também trabalhou num laboratório de microbiologia por controle remoto, que seria despachado num foguete para Marte a fim de testar a capacidade do Planeta Vermelho de sustentar a vida de bactérias, fungos e outros microorganismos. Foi então que Jim começou a levantar uma questão básica: o que é a vida — e como podemos reconhecê-la?

Em parceria com sua aclamada colega Dian Hitchcock, começou a estudar o potencial de vida em Marte. E, à medida que trabalhavam, os cientistas naturalmente se voltaram para a Terra como base de comparação — tendo em vista sua biosfera e atmosfera. Chegaram à conclusão de que a única explicação plausível para a atmosfera de nosso planeta era que era manipulada diariamente a partir da superfície. O constante fluxo de gases diversos na atmosfera terrestre era em si uma prova de atividade viva.

A teoria de Jim era que a Terra e sua atmosfera compunham um único sistema vivo que respirava. Tratava-se, na época, de uma visão radical e rejeitada pela comunidade científica. No entanto, Carl Sagan, editor da revista de astronomia *Icarus*, ficou suficientemente intrigado para publicar as ideias de Jim.

Quando, em 1965, o governo americano abandonou o projeto de exploração de Marte em que ele estivera empenhado,

Jim foi trabalhar para a Shell Research, investigando os efeitos da poluição do ar e suas consequências globais. Isso ocorreu em 1966, três anos antes da fundação da organização Amigos da Terra. Jim fez então um alerta sobre o acúmulo de partículas que destruíam a camada de ozônio — uma película gasosa que nos protege da radiação solar. Uma de suas muitas invenções foi um aparelho capaz de capturar elétrons, essencial para detectar e medir a concentração atmosférica de clorofluorcarbonetos (CFCs), os agentes químicos responsáveis pela deterioração da camada de ozônio.

Foi um amigo seu, o escritor William Golding, autor de *O senhor das moscas*, quem lhe forneceu um nome para sua teoria. Golding sugeriu "Gaia" em homenagem à deusa grega da Terra (é daí que tiramos o radical de palavras como geografia e geologia). Jim apresentou sua "hipótese Gaia" num congresso científico sobre as origens da vida em Princeton, Nova Jersey, em 1968. Gaia é a forma sucinta encontrada por Jim para falar das complexas interações que ocorrem na Terra entre biosfera, atmosfera, oceanos, rochas e solos. A Terra, em sua visão, é de fato um mecanismo autorregulável — uma máquina de vida.

Quando conversei com Jim pela primeira vez, ele me contou que, nos anos 1970, não tinha uma ideia clara sobre como tal máquina funcionava, mas, como cientista, sabia que a Terra era diferente de nossos vizinhos próximos no Sistema Solar, e ficava fascinado pelo modo como a Terra, diferentemente de Marte e Vênus, conseguia sempre se manter um lugar apropriado e saudável para viver.

Jim Lovelock tornou-se um grande amigo e compartilhou comigo o manuscrito de seu próximo livro, há muito tempo aguardado — um monólogo para sua amada Gaia. Mesmo em idade avançada, a liberdade de pensamento de Jim é impressionante. Não sou um acadêmico e tenho dificuldade com parte do material técnico e seus detalhes científicos, mas as descrições são belas, pungentes e facilmente compreensíveis.

Jim sabe que não viverá para sempre e que suas ideias desaparecerão, a menos que as observemos já. Ele tem me enviado uma série de projetos, na esperança de que eu consiga transformar pelo menos alguns deles em negócios. Fala de colocar tubos no oceano, de enterrar algas no fundo do mar e de lançar doses extras de enxofre na atmosfera. Não é um excêntrico ou uma voz isolada. É uma figura internacionalmente conhecida e respeitada, cujas ideias têm ampla circulação. O que falta é pesquisa séria, com financiamento pesado, que mostraria quais de suas ideias valem mais a pena implementar.

Em abril de 2006, quase na mesma leva de correspondências em que chegou a parábola da Starfish, encontrei uma carta do ex-presidente americano Bill Clinton me convidando para a Clinton Global Initiative, que aconteceria em setembro, em Nova York. Respeito muito o trabalho que Bill está fazendo para enfrentar problemas sociais e ambientais e poucos dias depois concordei em participar. Bill me ligou e perguntou se não haveria um gesto que eu quisesse fazer.

Estava sentado na banheira quando me ocorreu: por que não pegar todos os lucros do Virgin Group em nossos negócios emissores de carbono — como as companhias aéreas e ferroviárias — e investi-los na busca de tecnologias mais limpas para o futuro? Também sondaria o mercado a respeito de oportunidades no campo de energia eólica, solar ou qualquer outra que viesse a substituir os combustíveis fósseis. Quando lhe dei a notícia, Bill ficou empolgado. Quis transformar aquilo na peça central do encontro de setembro. Disse que gostaria de ver Al Gore, ex-vice-presidente de Bill, entre os presentes. Expliquei que, se Al não tivesse me visitado, aquela ideia jamais teria me ocorrido. Bill Clinton me apresentou com as seguintes palavras:

— Tive o privilégio, em minha vida cada vez mais longa, de conhecer inúmeras pessoas incríveis, e Richard Branson é uma das pessoas mais interessantes, criativas e dedicadas com quem já tive o prazer de me deparar.

Engoli em seco de tanto constrangimento quando soube disso. Obrigado, Bill — mas você esperava que eu fizesse um *discurso*?

Felizmente, eu não estava lá. Um auxiliar gritou para ele: "Ele não chegou. Está a caminho." Como sempre, perdi minha deixa. Estava no banheiro.

Bill passou calmamente ao próximo item da pauta. Bom, no fim das contas, acabei falando. Delineei meus planos para o Virgin Group.

— O que decidimos fazer é investir todo o lucro auferido pelo Virgin Group, em nossos negócios de transporte, na busca de soluções para problemas ambientais, e, com um pouco de sorte, isso pode significar algo em torno de três bilhões de dólares ao longo de alguns anos... Assim como Al Gore, não acho que seja tarde demais. Acho que um punhado de anos para encarar um problema que já foi iniciado e enfrentá-lo. E, se conseguirmos criar combustíveis alternativos, se as pessoas se arriscarem no negócio de desenvolver enzimas, se dermos um jeito de conseguir etanol de celulose e aposentar os combustíveis sujos que usamos no momento — nesse caso, acho que um grande futuro nos espera.

Al se levantou.

— Richard — disse — tenho uma pergunta. Não vi isso na lista e queria ter certeza: os lucros projetados para os foguetes espaciais também vão entrar nisso?

Fiz que sim com a cabeça e disse:

— A propósito, nossos foguetes espaciais são ecologicamente corretos!

A conferência foi bem-recebida e minha declaração teve o efeito que Al Gore desejava. O fato de um líder empresarial do ramo dos transportes admitir que o aquecimento global era de fato um problema e que algo precisava ser feito sobre a questão rendeu manchetes. Isso faria com que fosse um pouco mais difícil para as companhias de petróleo e carvão continuar negando suas responsabilidades. Mas decidi que tinha de contribuir dando um passo além — e, dessa vez, um prêmio fazia todo o sentido. Criamos um prêmio para encorajar pensadores inventivos a encontrar um modo de retirar dióxido de carbono da atmosfera terrestre. Se conseguíssemos fazer isso, a temperatura de nosso planeta poderia ser controlada pelo homem, subtraindo dióxido de carbono da atmosfera quando ficasse quente demais.

No dia 9 de fevereiro de 2007, anunciei o Virgin Earth Challenge. Para ganhar o prêmio de 25 milhões de dólares, o participante teria de apresentar um projeto comercialmente viável que seja capaz de remover — ou deslocar — da atmosfera uma porção significativa dos gases do efeito estufa. O desafio ficará em aberto por dez anos.

Al Gore concordou em ser um dos juízes; assim como Tim Flannery e James Lovelock. Também convidei duas outras pessoas de destaque para fazer parte do grupo — Sir Crispin Tickell, diretor do Policy Foresight Programme, no Instituto James Martin de Ciência e Civilização, da Universidade de Oxford, e o dr. James Hansen, professor do Instituto Terra da Universidade de Columbia e líder do Instituto Goddard de Estudos Espaciais, da NASA, em Nova York. Era um grupo de avaliadores de peso.

O júri vai decidir se algum dos esquemas apresentados terá potencial para exercer impacto significativo no aquecimento global e se o prêmio deve ser dado a um vencedor ou dividido entre dois ou três. Achamos que não fazia sentido fixar metas prescritivas, já que há inúmeros modos de abordar o problema dos gases do efeito estufa. Esse aspecto foi sublinhado muito bem por James Lovelock, mais afiado do que nunca nas críticas às nossas primeiras sugestões:

Fiquei surpreso ao ler, na carta de intenções do Virgin Earth Challenge, que o vencedor seria quem fosse capaz de remover pelo menos um bilhão de toneladas de CO_2 da atmosfera por ano. Isso parece pouco diante dos cerca de trinta bilhões de toneladas que adicionamos. Na verdade, 6,3 bilhões de seres humanos respiram quase dois bilhões de toneladas de CO_2 — tentar recuperar a Terra com a remoção de um ou mesmo dois bilhões de toneladas anuais é como tentar se salvar de um naufrágio num bote furado usando uma colher de chá...

Ele disse que devíamos ter em mente que um bilhão de toneladas de carbono poderiam ser retirados da atmosfera se sintetizássemos nossa comida, o que liberaria áreas imensas utilizadas para plantação que seriam, então, revertidas à vegetação natural.

Será tarde demais para tornar as condições de vida mais duras e, ao mesmo tempo, mais gerais? Seria uma pena ter de recusar uma boa proposta de um método para fabricar alimentos saborosos e nutritivos com base na síntese bioquímica, diretamente da combinação água e ar.

Sabia que precisava fazer com que Jim se envolvesse mais no projeto, e Will Whitehorn se ofereceu para ir vê-lo. Retornando de uma conferência sobre mudança climática na França com o ex-presidente Jacques Chirac, ele concordou em completar a escalação dos juízes do prêmio. "É uma excelente ideia", escreveu, "e quem sabe possa de fato promover a descoberta de uma resposta. Passamos tempo demais caminhando feito sonâmbulos rumo à extinção e precisamos de um incentivo."

Creio que toda as pessoas de negócios deviam ter em seus círculos de amigos cientistas céticos que as desafiassem, cutucassem e estimulassem. Jim estava fazendo isso por mim.

Um concorrente de sucesso ao Virgin Earth Challenge poderia muito bem, quem sabe, levar em conta a capacidade autorreguladora da Terra. Em setembro de 2007, Jim e seu colega Chris Rapley escreveram para a revista científica *Nature*: "A remoção de quinhentas gigatoneladas de dióxido de carbono do ar por iniciativa humana direta está além de nossa capacidade tecnológica atual. Se não podemos nós mesmos "curar o planeta", talvez possamos ajudar o planeta a se curar."

Uma forma de fazer isso seria instalar tubulações verticais no oceano. A força das ondas permitiria a um simples tubo trazer água fria e rica em nutrientes das profundezas à superfície relativamente estéril do oceano. Isso promoveria o crescimento de algas, que consumiriam CO_2 e produziriam dimetil sulfeto, o agente químico que transforma o ar úmido em nuvens.

Jim citou esse exemplo para mim uma semana antes de um encontro em Washington em que pretendia discutir a ideia com cientistas e engenheiros. Recentemente, escreveu-me com uma nova ideia:

> *Cada vez mais acredito que nossa melhor chance de reverter o aquecimento global reside em enterrar carvão no continente e no oceano. Se a maior parte do lixo das fazendas fosse transformado em carvão a cada ano e então enterrado, isso, por si só, teria muito mais efeito do que qualquer medida que já tenha sido proposta. Mais ainda, o preparo do carvão libera um volume modesto de biocombustível, que, no total, pode vir a ser bem grande. Levaria mais tempo adotar o mesmo esquema em fazendas oceânicas, mas, se realmente queremos fazer alguma coisa, o caminho é esse.*

Era uma ideia engenhosa — e talvez viesse mesmo a se provar uma boa proposta de negócios.

No primeiro ano, o Virgin Earth Challenge atraiu mais de três mil notificações de interesse — o que foi muito empolgante. Mas algo começou a ficar claro para mim: prêmios levam tempo para produzir resultados. Peter Diamandis criou o X Prize para projetos de voos espaciais comerciais em 1994 e, por um longo tempo, o apresentou a muita gente em busca de financiamento — inclusive à Virgin —, mas, só dez anos mais tarde, o prêmio foi vencido por Burt Rutan e Paul Allen. Como combatentes na guerra contra o aquecimento global, estamos todos conscientes de que o tempo é um produto extremamente escasso.

Um prêmio de 25 milhões representava um incentivo para departamentos de diversas universidades —, mas comecei a pensar: e se a recompensa fosse dez ou mesmo vinte vezes maior? Talvez isso estimulasse indústrias de ponta a investir em pesquisa e desenvolvimento. Um prêmio dessa magnitude contribuiria imensamente para incentivar as grandes corporações, com suas gordas verbas de pesquisa.

Com isso em mente, aceitei, no início de 2008, um convite para falar num seminário de dois dias sobre mudança climática na ONU, ocasião em que fui nomeado Cidadão do Ano da ONU pelo secretário-geral Ban Ki-moon pelo trabalho que desenvolvo na área. Como proprietário de diversas companhias aéreas, até eu percebo a ironia que existe nisso!

Já tinha grande simpatia pelos pontos de vista de Jeffrey Sachs, expostos em seu livro *A riqueza de todos*, quando afirmou: "Quando se trata de solucionar problemas numa escala global, continuamos a ser travados pelo cinismo, pelo derrotismo e por instituições obsoletas. Um mundo de forças de mercado sem rédeas e estados nacionais competitivos não oferece nenhuma solução automática para tais desafios. A chave está em desenvolver novas tecnologias sustentáveis e garantir que cheguem rapidamente a todos os que delas precisam."

Assim, cheguei a Nova York, em companhia de Jackie McQuillan e Jean Oelwang, decidido a fazer um apelo público pela criação de um Gabinete de Guerra Ambiental. Pretendia abrir meu discurso com uma citação de Cousteau: "Não há fronteiras no planeta Terra real. Nada de Estados Unidos, Rússia, China ou Taiwan. Os rios fluem sem barreiras por vastas extensões continentais. As marés persistentes e o pulso do oceano não discriminam nada: fustigam todos os diversos litorais do planeta."

O presidente da Assembleia Geral da ONU, Srgjan Kerim, ex-ministro das Relações Exteriores da Macedônia, presidiu a sessão. Se bem me lembro, ela ocorreu sob uma faixa que dizia: "Abordando a Mudança Climática: As Nações Unidas e o Mundo Trabalhando". Srgjan foi um anfitrião extremamente gentil. Entre os outros participantes havia o secretário-geral e Michael Bloomberg, prefeito de Nova York. Também comigo, na conferência, estava a atriz Daryl Hannah, uma militante sensível em questões de mudança climática.

No dia 11 de fevereiro, Srgjan abriu a sessão:

— É um estímulo perceber que o clima está mudando, pelo menos no que se refere ao clima político, e que as pessoas estão trocando a ignorância pela consciência. A consciência é hoje uma aliada, mas não é suficiente. Não estamos falando de planejamento de longo prazo e do mundo de amanhã. Estamos falando das emergências do agora.

Ele explicou que as Nações Unidas mantinham diálogos sobre parcerias e que um processo de negociação estava em curso entre os países-membros no sentido de estabelecer metas para os gases do efeito estufa. Mas acrescentou que só funcionariam as parcerias que incluíssem a iniciativa privada, a mídia, as organizações não governamentais e as instituições acadêmicas — como aquela que resultara no Painel Intergovernamental sobre Mudanças Climáticas (IPCC), que ganhou o prêmio Nobel da Paz, em 2007, e ajudou os políticos a compreender a magnitude do problema. Enfatizou que a ONU não podia fazer tudo sozinha. Então disse que, preparando-se para sua missão como presidente da Assembleia Geral, tinha lido muito sobre mudança climática — e mencionou a criação do Virgin Earth Challenge.

— Não é por acaso que estão aqui. Eles me serviam de inspiração — disse. — Eu os convidei... e é por isso que estamos juntos.

Comecei num tom sombrio. Até que, no último minuto, decidi dispensar a introdução poética de Cousteau e fui direto na jugular.

— Existem alguns cientistas altamente respeitados que acreditam já termos ultrapassado o ponto crítico e que não há nada que a humanidade possa fazer agora para impedir a Terra de esquentar cinco graus, com todas as consequências funestas que isso acarretará.

Citei então Jim Lovelock, dizendo que ele ia além do relatório da ONU e previa que todo o gelo flutuante do Ártico desapareceria num prazo de dez anos, estimando que o aumento de cinco graus na temperatura aconteceria em quarenta anos, e não oitenta, como havia vaticinado a ONU. Entretanto, diferentemente do relatório das Nações Unidas, ele acredita que o mundo se estabilizará após esse aumento de temperatura e que haverá sobreviventes. Mas grande parte do ambiente rico e confortável de que usufruímos hoje desaparecerá, dando lugar a um deserto amorfo. A perda de vida vai ser provavelmente gigantesca, e teremos um mundo em que a produção de alimentos e os suprimentos de água não chegarão nem perto de ser suficientes para sustentar uma grande população.

— Quer você acredite já termos ultrapassado o ponto crítico, quer não, a maior parte dos cientistas concorda que, no mínimo, estamos extremamente perto dele e que a situação não parece muito boa. A história nos ensinou que, em momentos de perigo, quando tudo parece perdido, reunir as mentes mais brilhantes para trabalhar juntas com um objetivo comum — a sobrevivência — é a forma mais eficaz de prevalecer. Estou convencido de que uma estratégia bem-sucedida pode ser traçada. As grandes mentes estão por aí — mas pensam isoladas. Temos de fazer nosso papel para que todos os cientistas, engenheiros e inventores do mundo inteiro se unam e descubram maneiras inovadoras e radicais de lidar com o problema, incluindo uma forma de extrair carbono da atmosfera terrestre. Se essa revolução virar realidade, o homem será capaz de regular a temperatura da Terra, extraindo carbono quando estiver muito quente e adicionando-o quando ficar muito frio. Evidentemente, já descobrimos como adicioná-lo — só precisamos descobrir como subtraí-lo. A solução desse problema não pode estar além da sabedoria humana.

Fiz então uma vigorosa oferta de parceria a qualquer um que realmente se preocupe com a questão.

— A Virgin lançou um prêmio de 25 milhões de dólares para estimular cientistas e inventores a dedicarem-se ao problema. Hoje, gostaríamos de convocar os vinte governos nacionais mais ricos a igualar nossa oferta nessa empreitada, para que possamos instituir o maior prêmio científico já oferecido na história: meio bilhão de dólares.

Com certeza, isso faria alguma diferença! Ainda estou esperando uma ligação.

Sinto que, se houver determinação suficiente, o mundo pode se unir para lutar contra esse inimigo comum. Acredito que a engenhosidade do homem — impulsionada, em muitos casos, pelo tino para os negócios — pode dar a volta por cima nessas questões catastróficas. Tenho pensado na forma como os tempos difíceis fazem as grandes mentes se concentrarem num objetivo comum. É exatamente disso que precisamos hoje: todo o mundo precisa trabalhar junto e encontrar a melhor solução para o problema. Quando o Reino Unido se viu diante da perspectiva de uma guerra na Europa, no fim dos anos 1930, a Royal Air Force determinou, por meio de sua divisão operacional, que se projetasse um monomotor sob medida para enfrentar os nazistas. Havia dois projetos competindo entre si. O Spitfire, de Reginald Mitchell, e o Hawker

Hurricane, desenvolvido pela Camm. Tinham de ser capazes de atingir um bombardeiro 266 vezes, danificando-o fatalmente. Para ficar à altura do desafio, os projetistas precisavam levar seus aviões a disparar mil projéteis por minuto. Ambos conseguiram. Há inúmeros exemplos de novas tecnologias que surgiram para superar desafios em tempos de guerra — da invenção de canhões poderosos o bastante para derrubar muralhas de castelos ao nascimento do computador moderno entre os decifradores do código Enigma em Bletchley Park, na Inglaterra, uma equipe liderada por Alan Turing. Sendo assim, por que não criar um gabinete de guerra em tempos de paz para combater um novo inimigo comum — a mudança climática desenfreada?

O Gabinete de Guerra Ambiental será uma combinação única de força empreendedora, de melhores dados possíveis e da capacidade de mobilizar recursos e inspirar inovação. Representantes de grandes empresas e do mundo das finanças trabalharão lado a lado com representantes de organizações "verdes", com as quais tenham possivelmente brigado no passado. Será uma coleção dos "melhores da classe" reunidos para o bem de todos — e verdadeiramente global. O plano é ter uma equipe pequena e independente que estabeleça parcerias estreitas para garantir que não haja duplicidade ou redundância, e sim que sejam ligados os pontos daquilo que já está acontecendo, fornecendo informação confiável e ajudando a acelerar as soluções.

O gabinete de guerra identificará as melhores ideias (em alguns casos radicais), mapeará quem está fazendo o que e monitorará o impacto das soluções já existentes para redução de carbono e conservação dos ecossistemas. Providenciará análises de toda a informação coletada, identificando e priorizando as melhores opções.

Numa iniciativa como essa, a liderança é fundamental. Durante a sessão de perguntas e respostas na conferência da

ONU, os jornalistas mostraram-se curiosos para saber quem iria liderar nossas tropas na batalha — e perguntaram-me diversas vezes se seria Al Gore. Desviei-me da pergunta porque ainda estávamos considerando quem deveríamos indicar — eu reconhecia que Al seria uma pessoa excelente para nos liderar em uma batalha como essa, mas não tinha certeza de como ele encararia isso. Precisamos de uma figura como Winston Churchill ou Franklin D. Roosevelt — alguém que goze de respeito, estatura e voz para impor autoridade.

Assim, da mesma forma que a equipe Virgin Unite está agora envolvida no processo de criar um gabinete de guerra na África subsaariana, está também criando um gabinete de guerra para enfrentar o carbono.

Se falharmos na busca por uma solução tecnológica, então precisaremos começar a preparar o mundo para as consequências de uma elevação de cinco graus na temperatura, examinando formas de amenizar os piores efeitos que isso trará. O Gabinete de Guerra precisa encontrar ideias radicais e ganhar a aceitação da comunidade global para que sejam postas em prática, como ocorreu quando os gases CFC foram banidos em todo o mundo para enfrentar o problema do buraco na camada de ozônio.

No encontro em Nova York, apresentei uma ideia como exemplo.

— Hoje é largamente aceito que a elevação do nível do mar, causada pelo aquecimento global, destruirá centenas de milhares de casas em áreas costeiras em todo o mundo, desalojando milhões de pessoas. E se começarmos hoje a planejar a criação de imensos lagos continentais na África, na Ásia, na Austrália, no norte do Canadá e na América do Sul, usando a água dos rios que, do contrário, desaguariam no mar? Podemos recorrer a esses mares intracontinentais quando o nível dos oceanos começar a subir, com o objetivo de mantê-lo no ponto em que se encontra hoje. Terão ainda, como se trata de água, o benefício adicional de ajudar a refrescar a Terra. Ajudarão a criar mais chuva em regiões áridas, o que, por sua vez, faria crescer mais árvores — que, por sua vez, contribuiria para a absorção de carbono.

O Gabinete de Guerra Ambiental terá a capacidade de fixar o preço dessas ideias grandiosas, negociando "custos" de compensação com cada país. Mas enfatizei que a ONU precisará trabalhar em parceria com o gabinete para assegurar que a implementação ocorra. Tinha preparado uma citação de Sir Winston Churchill, que criou o famoso Gabinete de Guerra em Londres, durante a Segunda Guerra Mundial: "Nunca se deve virar as costas ao perigo e tentar correr dele. Se você fizer isso, o perigo dobrará de tamanho. Mas, se enfrentá-lo de imediato e sem medo, você o reduzirá à metade. Nunca saia correndo de nada. Nunca!"

Em março de 2008, por sugestão de Richard Stromback, um ex-jogador profissional de hóquei que fez fortuna como empreendedor no ramo de tecnologias limpas, decidimos promover uma pequena reunião de pessoas que estavam enfrentando o problema para ver como podíamos unir forças. Richard, CEO da Ecology Coatings, o Climate Group e a Virgin Unite convidaram um grupo de empresários com ideias afins e ex-políticos para o evento que se destinava a examinar novas oportunidades. Larry Page, da Google, o capitalista de risco Vinod Khosla, Elon Musk, do PayPal, Jimmy Wales, da Wikipedia, e Tony Blair — o ex-primeiro-ministro britânico, que hoje trabalha como enviado de paz no Oriente Médio — estavam entre os que compareceram.

Nos Estados Unidos, o boom dos negócios de "tecnologia limpa" já começou, não apenas no Vale do Silício e no restante da Califórnia, mas também em Boston e arredores, na região de Albuquerque, no Novo México e na área próxima a Austin, no Texas. Os investimentos em energia já são o terceiro maior componente de todos os fundos americanos de capital de risco, e esse é, disparado, o segmento que mais rápido cresce. O número de empresas e indivíduos envolvidos no setor é hoje enorme, com companhias como Odersun, Solyndra, Clipper Windpower e Enphase Energy crescendo com grande rapidez.

Shai Agassi, ex-presidente do grupo SAP de produtos e tecnologia, começou a agir por conta própria, como fundador do Better Place de Palo Alto, e está tentando criar a infraestrutura para operar uma frota nacional de veículos elétricos em Israel.

Elon Musk, criador do PayPal e hoje um empreendedor no ramo de viagens espaciais, falou de sua empresa, a Tesla Motors, que fica no Vale do Silício e fabrica carros esportivos elétricos vendidos hoje a cem mil dólares. (Larry encomendou um, mas estou me resguardando por enquanto — raramente uso carro hoje em dia.) Hunt Ramsbottom, CEO da empresa de combustível sintético Rentech, falou de seus planos de fabricar biocombustíveis para aviões, enquanto William McDonough apresentou-nos os projetos de um edifício em Abu Dhabi com painéis solares embutidos nas janelas e um centro de distribuição do Wal-Mart com um telhado de grama que contribui para a economia de energia.

Foi então que Tony Blair disse uma coisa que mexeu comigo — e deixou-me mais determinado do que nunca a seguir em frente com o Gabinete de Guerra. Ele disse que os governos estão ocupados demais tentando tapar buracos para que possam realmente fazer diferença.

— É assustador pensar que, no corre-corre do dia a dia do governo, sobra tão pouco tempo para tratar das grandes questões como o carbono — ele nos disse. O ministro do Meio Ambiente britânico se reunia com ele talvez duas horas por mês, se tivesse sorte. O Gabinete escolhia um ou outro projeto de curto prazo e dizia: "Certo, vamos fazer isso ou aquilo."

Se o caso de Blair for comum em outros governos, então necessitamos mesmo, desesperadamente, de um Gabinete de Guerra Ambiental — e vejo a comunidade verde empreendedora desempenhando um papel central em sua operação.

Para gerir um negócio de forma ética, *você precisa levar em conta o efeito de suas operações sobre os outros*. Você não toleraria a propina, e, pelo mesmo motivo, não deve tolerar danos casuais ao meio ambiente.

Levei algum tempo para compreender isso. Tinha um certo medo de encarar o problema do clima de frente. Esmorecia. Achava que era grande demais para mim — grande demais para qualquer um. E, assim, tentei convencer-me de que ele não existia.

Like one that on a lonesome road
Doth walk in fear and dread,
And having once turned round walks on,
And turns no more his head
Because he knows, a frightful friend
Doth close behind him tread[2]

Mas, de um ponto de vista contrário ao do Velho Marinheiro de Coleridge, os negócios têm a ver com a coragem de enfrentar a realidade. Problemas reais — ainda que um tão gigantesco como a mudança climática — nunca são tão assustadores quanto os fantasmas deles que existem em nossa mente. Podemos fazer alguma coisa a respeito do aquecimen-

---

[2] *Como alguém que pela rua, só,*
Vai cheio de pavor,
E após olhar para trás uma vez
Segue em frente e não olha mais;
Pois sabe que um coisa-ruim
Vem vindo logo atrás.
Trecho do poema "The Rime of The Ancient Mariner", de Samuel Taylor Coleridge. (N. do T.)

to global. Só precisamos perder o medo dele. Passamos tempo demais petrificados de horror e recusa. Temos de agir.

Ninguém está lhe pedindo que salve o planeta. *Apenas sonhe um pouco e trabalhe numa ideia ou outra*. Ninguém espera que encontre uma solução para todos os problemas do mundo. *Apenas faça a diferença onde puder*. Soluções locais têm um valor em si mesmas, e algumas podem ser ampliadas, de modo que não importa o quão modesto é seu orçamento: você pode fazer e fará uma diferença.

Essa é a boa notícia.

Agora vem a parte que dá medo.

Se não fizer isso, é quase certo que será varrido dos negócios, talvez não no ano que vem, mas em cinco, dez ou vinte anos. O clima está mudando enquanto a população cresce exponencialmente. Em decorrência disso, o preço das coisas não para de flutuar. O mercado de seguros está um caos. Casos inesperados e imprevisíveis de desabastecimento atrapalham a produção. O clima instável tem posto grandes populações em risco e desequilibrado a economia de países inteiros.

E, antes de tudo isso melhorar, ainda vai ficar muito pior.

Deve recordar que, quando eu falava do desenvolvimento de biocombustíveis para viagens espaciais, afirmei que o sucesso repentino num mercado novo é algo que não existe — que a proeminência precoce da Virgin nesses setores era consequência de anos de leitura e pesquisa.

O setor que poderíamos chamar de "respostas ao desafio climático" não está a seu dispor para que escolha ou não trabalhar nele. É um setor que hoje envolve a todos nós, gostemos disso ou não. Grandes ou pequenos, precisamos fazer negócios nessa área porque, se não fizermos, isso nos levará à ruína.

Se você não tomar a frente neste jogo, se não começar a pesquisar soluções para problemas que poderão afetar sua empresa daqui a uma década, então correrá o sério risco de ter uma pane e perecer.

Mas por que olhar para isso por um viés tão sombrio? O reverso é igualmente verdadeiro: se emplacar um sucesso nesse setor, vai se descobrir transformando algo que beneficia a todos e ainda traz um lucro atraente para sua empresa.

Com esse lucro, você vai poder então sonhar mais alto e experimentar soluções de alcance cada vez maior. Lidar com a mudança climática é um bom negócio. Garanto que, no momento em que encarar o problema de frente e começar a trabalhar nesse setor, não vai mais querer parar.

HIV/aids e mudança climática são questões pelas quais tenho uma paixão pessoal e que fazem sentido para o Virgin Group. Estamos trabalhando em outros projetos sociais e ambientais, mas o que todos os nossos esforços nessa área têm em comum é que alavancam o maior trunfo da Virgin — o espírito empreendedor de nosso pessoal. Esse espírito, aliado aos parceiros certos e a grandes ideias, pode, sim, nos ajudar a fazer a diferença, ajudar comunidades a prosperar e ajudar nosso planeta.

Se quisermos um planeta de que possamos nos orgulhar por deixar para as próximas sete gerações, toda empresa precisará examinar a questão de como provocar mudanças em todos os aspectos de suas operações. Um último ponto: *não se esqueça de ouvir* — algumas das melhores ideias virão de sua equipe, de seus clientes e de outras pessoas na linha de frente.

Se quiser se juntar a nós um dia, como parceiro em qualquer um de nossos empreendimentos para fazer do mundo um lugar melhor, por favor, entre em contato com a Virgin Unite: www.virginunite.com.

Epílogo

SUCESSO

Se eu não tivesse machucado seriamente o joelho na adolescência, teria provavelmente me tornado um esportista. Se não fosse disléxico, não teria abandonado a escola aos 16 anos para fundar uma revista, o que significa dizer que não teria ido parar à frente da Student, *o que significa que a Virgin Records jamais teria nascido, o que significa...*

Há diferentes rumos que você pode tomar na vida, e escolher o certo é extremamente importante. E, como se isso não fosse pressão suficiente, não resolve nada escolher *não* escolher, porque essa abordagem é uma garantia absoluta de fracasso.

Creio que não se presta atenção ou assistência suficiente aos jovens para encaminhá-los na direção correta. Todos os jovens merecem ser aconselhados com sabedoria. Precisam de alguém que lhes aponte um futuro. Precisam ter a oportunidade de descobrir o que podem fazer da vida, como podem aproveitá-la, como sustentar essa opção financeiramente e como assumir responsabilidades por seus atos.

Considero uma pena que ensinemos às crianças tudo *sobre* o mundo, mas não lhes ensinemos como fazer parte dele, como implementar uma ideia, como medir as consequências de seus atos, como saber perder ou como compartilhar o sucesso. Que mundo é este que construímos, em que as pessoas podem usar a frase "são só negócios" sem serem questionadas ou refutadas?

O empreendedorismo é o coração dos negócios. Sua essência não é o capital: são as ideias. Uma grande parte dele pode ser ensinada — e, para enfrentar os imensos desafios globais do século XXI, precisamos desesperadamente ensiná-la.

Empreendedorismo também tem a ver com excelência — não uma excelência que se meça em prêmios, ou pela aceitação dos outros, mas do tipo que se alcança por conta própria, explorando o que o mundo tem a oferecer. Escrevi recentemente a alguém que, como eu, é disléxico. Disse que é importante descobrir nossos pontos fortes — e tentar chegar à excelência naquilo que fazemos melhor.

Aquilo em que você não é bom, na verdade, não interessa a ninguém, e certamente não deveria interessar a você. Por mais realizado que se torne na vida, as coisas que não sabe fazer direito serão sempre mais numerosas do que as que faz bem. *Não deixe suas limitações abaterem sua autoconfiança*. Deixe-as de lado e mergulhe de cabeça em seus pontos fortes.

Eis aí, creio eu, um bom conselho para os jovens. Para aqueles entre vocês que já tiverem deixado a juventude, meu conselho é o seguinte: releia o parágrafo anterior acrescentando pontos de exclamação ao fim de cada frase.

Porque, nos negócios, há sempre uma escolha e a obrigação de escolher. Com a atitude correta, os negócios manterão sua mente eternamente jovem, porque estão sempre mudando, o que propicia o surgimento de oportunidades, fazendo com que você jamais consiga se esconder das mudanças que vêm dobrando a esquina.

Nos negócios empreendedores, uma mente conservadora o tolherá, uma atitude defensiva o deixará mais fraco e a incapacidade de encarar os fatos será mortal. O empreendedorismo prefere cabeças abertas. Prefere pessoas cujo otimismo as leve a se preparar para possibilidades futuras intensas, em grande parte pelo simples prazer de fazê-lo. Prefere pessoas com uma visão humana e engajada do mundo, que possam se imaginar na pele de seus consumidores, de seus funcionários e de todos os que sejam afetados por suas atividades. Os negócios combinam com pessoas que, ao verem um problema ou injustiça, tentam fazer algo a respeito. Prefere os pragmáticos aos perfeccionistas, os aventureiros aos puros sonhadores.

Quando feitos da melhor maneira possível e com o estado de espírito certo, os negócios também lhe trarão sucesso — seja lá o que isso for.

Na verdade, como medir quem é realmente bem-sucedido? Minha lista das pessoas mais bem-sucedidas do mundo inclui Sir Freddie Laker — que está longe de ser uma escolha óbvia, se levamos em conta as manchetes, listas dos mais ricos e toda a parafernália da indústria de celebridades empresariais. Assim, convém colocar esse negócio a nu de uma vez por todas: quando falamos de sucesso, o que queremos dizer de fato?

Será que estamos falando de dinheiro? Como medida de sucesso, o dinheiro é, na melhor das hipóteses, um parâmetro grosseiro. As pessoas estão sempre muito interessadas em avaliar a riqueza material dos outros. É um tema fascinante, que rende infinitas páginas de matérias e discussões. Mas a verdade é que a riqueza é como um córrego. Em certas estações, o fluxo de dinheiro é uma torrente que o inunda. No momento seguinte, você investe para criar um negócio e seu fluxo de caixa seca de repente, deixando o leito árido e cheio de rachaduras.

Assim, mesmo a mais bem-apurada lista dos mais ricos precisa especular um pouco na hora de fechar seus números. Houve momentos em que estava praticamente falido e fiquei muito contente de ver meu nome na lista dos mais ricos do *Sunday Times*, porque achava que aquilo convenceria o gerente de meu banco. (Os números quase sempre passavam longe da realidade, fosse para cima ou para baixo — mas não me queixava.) Nos últimos anos, as coisas estão indo bem para o Virgin Group. Em 2008, por exemplo, alcançamos um faturamento de 12 bilhões de libras esterlinas.

E quanto a mim? Estou rico. Pronto, falei. É uma coisa bem americana falar do próprio dinheiro. No Reino Unido, ainda ficamos meio constrangidos de mencionar isso, o que acho bom. Quando vou a uma festa, vejo pessoas e não saldos bancários, e gosto de imaginar que, ao conversar comigo, os outros pensam da mesma forma. Para ser totalmente honesto, odiava ver a palavra "bilionário" no nome daquele programa de TV que fiz para a Fox. Era um ótimo nome, mas aquilo não tinha nada a ver com meu estilo. O dinheiro só interessa se lhe permite fazer as coisas. Teoricamente, se vendesse amanhã todas as participações que tenho em empresas, seria dono de uma fortuna considerável. Mas que graça teria isso?

Se o dinheiro não é um bom indicativo de sucesso, ser ou não uma celebridade é um parâmetro ainda pior. A mídia gosta de personalizar e simplificar as coisas — o que é compreensível. É muito mais fácil falar de Steve Jobs da Apple, de Bill Gates da Microsoft e de Richard Branson da Virgin, mas isso não dá conta de que existe uma legião de pessoas graduadas em cargos importantes que tomam decisões vitais todos os dias. Todo mundo quer fazer dos negócios algo "simples", e esta é uma de minhas metas constantes; mas, na verdade, existem certas complexidades que são inerentes à administração de uma empresa de mídia, de um negócio de turismo espacial ou de uma companhia aérea. As implicações financeiras de administrar um negócio global, que se espalha por várias jurisdições, demandam um nível substancial de conhecimento especializado em contabilidade, tributarismo e outros aspectos legais, sem mencionar tecnologia da informação, marketing e recursos humanos. Nunca conheci um CEO que tivesse todas essas habilitações. Naturalmente, a pessoa que está no topo da pirâmide toma decisões estratégicas significativas, mas elas têm por base o trabalho especializado de outros profissionais da empresa. Todos temos o mesmo número de horas de trabalho na semana. Nas empresas de sucesso, o trabalho duro nunca se restringe a uma ou duas pessoas — normalmente, você descobrirá que uma forte ética do trabalho percorre a companhia de ponta a ponta.

Se nem o dinheiro nem os holofotes podem ser de fato bons indicativos do sucesso, que tal o poder pessoal? Já me perguntaram o que acontecerá se um dos balões de Richard Branson estourar enquanto estiver voando: será que o Virgin Group é dependente demais de um só indivíduo? Respondi brincando que, em nossos tempos de Virgin Records, sempre observávamos que, quando um grande artista do rock morria, a venda de seus discos disparava.

Passei mais de 35 anos construindo a marca Virgin e creio que, se eu for atropelado amanhã, ela vai seguir em frente sem mim, da mesma forma que a Google vai seguir em frente sem seus fundadores e a Microsoft, sem Bill Gates. No meu caso, o trabalho mais importante já foi feito. Muitas pessoas trabalharam com dedicação excepcional, nos primeiros anos, para construir a marca. Estando eu presente ou não, a Virgin cotinuará firme por muitos anos.

Isso é poder? Num certo sentido, suponho que sim. Mas a ideia de que, de alguma forma, "controlo" a marca é um tanto tola e sinistra. Eu dei à luz a marca. Cuidei dela e continuo a cuidar. Trouxe-a ao mundo e defendi-a. Pensar nela é uma das coisas que me tiram da cama de manhã. Mas, na verdade, não se podem controlar as ideias.

A outra coisa que me tira da cama de manhã é a ideia de fazer a diferença. É por isso que nunca quis administrar uma grande empresa, e é por isso que tenho um prazer enorme em criar e cuidar de um monte de empresas pequenas. (Tenho de ser cuidadoso com as palavras neste ponto, porque, afinal, companhias aéreas estão longe de ser empresas pequenas! Mas espero que a esta altura você já saiba o que quero dizer.) Por nunca se esquecer de como é ser um pequeno empreendedor, o Virgin Group conseguiu exercer impacto positivo num grande e diversificado número de áreas de mercados.

Acredito que, quanto mais se engajar de forma ativa e prática, mais bem-sucedido se sentirá. Na verdade, esta pode muito bem ser minha definição de sucesso. Neste momento, vejo-me fazendo cada vez mais para ajudar nosso futuro neste planeta. Será que isso me traz sucesso? Bem, com certeza me traz felicidade.

Bem, espero que os pensamentos e as histórias deste livro lhe sejam úteis. Acredito ter deixado claro que minha definição de sucesso nos negócios não tem nada a ver com o lucro em si. Isso é muito importante. *A medida do sucesso para mim é saber se você criou algo de que possa se orgulhar de verdade*. Os lucros são necessários para que se possa investir no próximo projeto — também para pagar as contas, os investidores e recompensar todos os que trabalharam duro —, mas seu sentido se esgota aí. Ninguém é lembrado pelo dinheiro que conseguiu juntar na vida. Se você morrer com um bilhão de dólares no banco ou com vinte dólares debaixo do travesseiro, eis uma questão que, na verdade, não faz muita diferença. Não é isso que se alcança na vida. O que importa é saber se criou algo especial — e se causou um impacto significativo na vida dos outros. Muitas vezes, empreendedores, cientistas e artistas que morrem na pobreza são os verdadeiros heróis.

Pessoas bem-sucedidas não são detentoras de segredos que só elas conhecem. Não se impressione com pessoas que lhe parecem "vencedoras", mas preste atenção, isso sim, na sabedoria das que tiveram vidas de grande valor — que, por exemplo, souberam encontrar tempo para os amigos e a família. Seja generoso em sua interpretação do sucesso. As vidas mais significativas e cheias de sentido nem sempre têm final feliz. Meu amigo Madiba passou 27 anos na prisão. Se ele tivesse morrido antes de sair, será que sua vida não teria lição nenhuma a nos ensinar?

Nos negócios, como na vida, só o que importa é fazer algo positivo. Obrigado pela leitura — e aproveite a vida. Você só tem uma.

SE...

Se podes conservar o teu bom senso e a calma
No mundo a delirar para quem o louco és tu...
Se podes crer em ti com toda a força de alma
Quando ninguém te crê... Se vais faminto e nu,

Trilhando sem revolta um rumo solitário...
Se à torva intolerância, à negra incompreensão,
Tu podes responder subindo o teu calvário
Com lágrimas de amor e bênçãos de perdão...

Se podes dizer bem de quem te calunia...
Se dás ternura em troca aos que te dão rancor
(Mas sem a afetação de um santo que oficia
Nem pretensões de sábio a dar lições de amor)...

Se podes esperar sem fatigar a esperança...
Sonhar, mas conservar-te acima do teu sonho...

Fazer do pensamento um arco de aliança,
Entre o clarão do inferno e a luz do céu risonho...

Se podes encarar com indiferença igual
O triunfo e a derrota, eternos impostores...
Se podes ver o bem oculto em todo o mal
E resignar sorrindo o amor dos teus amores...

Se podes resistir à raiva e à vergonha
De ver envenenar as frases que disseste
E que um velhaco emprega eivadas de peçonha
Com falsas intenções que tu jamais lhes deste...

Se podes ver por terra as obras que fizeste,
Vaiadas por malsins, desorientando o povo,
E sem dizeres palavra, e sem um termo agreste,
Voltares ao princípio a construir de novo...

Se puderes obrigar o coração e os músculos
A renovar um esforço há muito vacilante,
Quando no teu corpo, já afogado em crepúsculos,
Só exista a vontade a comandar avante...

Se vivendo entre o povo és virtuoso e nobre...
Se vivendo entre os reis, conservas a humildade...
Se o inimigo ou o amigo, o poderoso e o pobre
São iguais para ti à luz da eternidade...
Se quem conta contigo encontra mais que a conta...
Se podes empregar os sessenta segundos
Do minuto que passa em obra de tal monta
Que o minuto se espraie em séculos fecundos...

Então, ó ser sublime, o mundo inteiro é teu!
Já dominaste os reis, os tempos, os espaços!...
Mas, ainda para além, um novo sol rompeu,
Abrindo o infinito ao rumo de teus passos.

Pairando numa esfera acima deste plano,
Sem receares jamais que os erros te retomem,
Quando já nada houver em ti que seja humano,
Alegra-te, meu filho, então serás um homem!...[1]

Rudyard Kipling (tradução de Félix Bermudes)

---

[1] IF
If you can keep your head when all about you
Are losing theirs and blaming it on you,
If you can trust yourself when all men doubt you,
But make allowance for their doubting too;
If you can wait and not be tired by waiting,
Or being lied about, don't deal in lies,
Or being hated, don't give way to hating,
And yet don't look too good, nor talk too wise:
If you can dream – and not make dreams your master;
If you can think – and not make thoughts your aim;
If you can meet with Triumph and Disaster
And treat those two impostors just the same;
If you can bear to hear the truth you've spoken
Twisted by knaves to make a trap for fools,
Or watch the things you gave your life to, broken,
And stoop and build 'em up with worn-out tools:
If you can make one heap of all your winnings
And risk it on one turn of pitch-and-toss,
And lose, and start again at your beginnings
And never breathe a word about your loss;
If you can force your heart and nerve and sinew
To serve your turn long after they are gone,
And so hold on when there is nothing in you
Except the Will which says to them: 'Hold on!'
If you can talk with crowds and keep your virtue,
Or walk with Kings – nor lose the common touch,
If neither foes nor loving friends can hurt you,
If all men count with you, but none too much;
If you can fill the unforgiving minute
With sixty seconds' worth of distance run,
Yours is the Earth and everything that's in it,
And – which is more – you'll be a Man, my son!

Créditos das citações

A Editora Nova Fronteira Participações S.A. não mediu esforços na obtenção dos direitos de publicação junto aos titulares de todo o material reproduzido nesta obra. Todos os direitos encontram-se devidamente reservados.

Citação de Sir Brian Pitman de que "ninguém iria se dar bem no caso do banco Nothern Rock" (p. 247) foi cortesia do jornal *Financial Times*.

Trecho de *A riqueza de todos*, publicado pela Editora Nova Fronteira em 2008, foi uma cortesia da Editora Nova Fronteira Participações S.A.

Trecho de *Long Walk to Freedom*, de Nelson Mandela, copyright © 1994,1995 by Nelson Rolihlala Mandela, com permissão da Little, Brown and Company.

Citações de Herb Kelleher retiradas do livro *Nuts: Southwest Airlines' Crazy Recipe for Business and Personal Success* (Austin: Texas Bard Press, 1996, edição em tecido). Broadway (Random House), Nova York, 1998, edição capa dura.

Citações de Alan Davison e Stanley Simmons nos artigos da revista *Music Week* foram cortesia da *Music Week*, copyright CMPi

Citações da entrevista do jornal *Santa Barbara Independent* com Muhammad Yunus foram uma cortesia do jornal *Santa Barbara Independent*.

Citações de Matthew Paris do artigo publicado na revista *The Times*, 25 de outubro de 2003, © *The Times* foram uma cortesia de *The Times*/NISyndication.

Citações de Jacques-Yves Cousteau retiradas de *Window in the sea*, parte de The Ocean World of Jacques Cousteau, publicado pela Prentice Hall.

O material parlamentar foi reproduzido com permissão do Controller of HMSO em nome do Parlamento.

O poema "If", de Rudyard Kipling, foi reproduzido com permissão de A P Watt Ltd em nome de The National Trust for Places of Historic Interest or Natural Beauty.

Índice

C

F

G

H

I

M

N

O

P

Q

R

S

T

U

V

W

X

Y

Z

Este livro foi composto em DINPro e IowanOldSt BT
e impresso pela Ediouro Gráfica sobre papel offset 75g
para a Agir em setembro de 2010.